Rechte Richter

Joachim Wagner

—

Rechte Richter

AfD-Richter, -Staatsanwälte und -Schöffen:
eine Gefahr für den Rechtsstaat?

2. aktualisierte und erweiterte Auflage

Berliner Wissenschafts-Verlag

Dr. Joachim Wagner ist Volljurist. Nach vier Jahren als Assistenzprofessor für Strafrecht, Strafprozessrecht und Kriminologie an der FU Berlin übernahm er 1979 das Ressort Rechtspolitik beim NDR Hörfunk. 1987–2008 war er Leiter und Moderator des Magazins Panorama, Leiter des ARD-Studios London und zum Schluss als stellvertretender Chefredakteur im ARD-Hauptstadtstudio. Seitdem ist er als freier Journalist und Autor aktiv.

Bibliografische Information der Deutschen Nationalbibliothek:
Die Deutsche Nationalbibliothek verzeichnet diese Publikation in der Deutschen Nationalbibliografie; detaillierte bibliografische Daten sind im Internet über http://dnb.d-nb.de abrufbar.

Dieses Werk einschließlich aller seiner Teile ist urheberrechtlich geschützt. Jede Verwertung außerhalb der engen Grenzen des Urheberrechtes ist unzulässig und strafbar.

© 2023 BWV | BERLINER WISSENSCHAFTS-VERLAG,
ein Imprint der Franz Steiner Verlag GmbH, Stuttgart,
E-Mail: bwv@bwv-verlag.de, Internet: http://www.bwv-verlag.de

Layout und Herstellung durch den Verlag
Satz: DTP+TEXT Eva Burri, Stuttgart
Umschlagabbildung: © Ingo Bartussek – stock.adobe.com
Druck: Memminger MedienCentrum, Memmingen
Gedruckt auf holzfreiem, chlor- und säurefreiem, alterungsbeständigem Papier.
Printed in Germany.

ISBN Print   978-3-8305-5177-5
ISBN E-Book   978-3-8305-4397-8

Inhaltsverzeichnis

Einleitung 9

Unterschätzt: die verhängnisvolle Wirkung von Einzelfällen 15

Ohne politisches Gespür: die falsch verstandene Toleranz von Staatsanwaltschaften gegenüber rechter Propaganda 19

Judenhetze ohne Folgen: Braunschweiger Staatsanwaltschaft verharmlost israelbezogenen Antisemitismus 19

Auf dem rechten Auge blind: rechtsextremistischer Antisemitismus bleibt straffrei 22

Impfgegner mit Judensternen: hässliche Geschmacklosigkeiten oder strafwürdiges Verharmlosen des Holocaust? 48

Eine Spende für die AfD: der Fall des Staatsanwalts Martin Zschächner 61

Besorgnis der Befangenheit: zwei Staatsanwälte von Ermittlungen in Neuköllner Brandserie abgezogen. 64

Gerichtlicher Rechtspopulismus: eine Gefahr für die Neutralität der Justiz I 69

Bundeskanzlerin Merkel als Störerin des öffentlichen Friedens: ein AfD-Kommentar in einer Urteilsbegründung. 69

Im Duktus der NPD: eine braun gefärbte Gesellschaftsanalyse als Urteilsbegründung. 70

Verwaltungsgericht Gera: kaum Chancen für Asylbewerber aus Afrika 77

Schwören auf den Koran: ein Erfurter Staatsanwalt demütigt Muslime 87

„An der Grenze zur Rechtsbeugung": Anti-Corona-Richter verharmlosen Pandemie-Gefahr 95

Amtsrichter mit politischer Agenda: Weimar, Weilheim, Meiningen 96

Corona-Rebellen in Robe: das *Netzwerk Kritischer Richter und Staatsanwälte* .. 121

Milde Strafen durch Entpolitisierung: politische Einstellungen und Tatmotive 133

„Eine Melange aus Unfähigkeit und Unwilligkeit": das Ballstädt-Verfahren 133

Waffenlager von Elite-Polizisten und -Soldaten: der rechtsextremistische Hintergrund spielt bei der Strafzumessung keine Rolle 139

Drei Gerichte in NRW: Brandanschlag auf eine Synagoge ist nicht antisemitisch 145

Konstruierte Mehrdeutigkeiten: die Entkriminalisierung rechter Propaganda 151

Aus der Mitte der Gesellschaft: rechtslastige Ermittlungen und Entscheidungen 155

Außergerichtlicher Rechtspopulismus: eine Gefahr für die Neutralität der Justiz II 161

Eine Stimme für die AfD: der Fall der Meißener Amtsrichterin Gritt Kutscher ... 161

„Gib Gates keine Chance": AfD-nahe Berliner Staatsanwältin demonstriert mit „Reichsbürgern" und „Querdenkern" 171

AfD-Richter und -Staatsanwälte als Amtsträger und Wahlkämpfer 175

Eine offene Wunde des Rechtsstaates: der juristische Streit um die Rückkehr des rechtsextremistischen AfD-Abgeordneten und Richters Maier in die sächsische Justiz 175

Überraschende Kehrtwende: Berliner Justizsenatorin will AfD-Landrichterin Malsack-Winkemann in den Ruhestand versetzen 184

„Neger" ist keine Beleidigung: der Fall des Freiburger AfD-Staatsanwalts Thomas Seitz 188

Ein „gemäßigter Law-and-Order-Mann": der Fall des Richters am Oberlandesgericht Schleswig Gereon Bollmann 190

„Patriotismus mit bürgerlichem Antlitz": ein AfD-Richter und -Abgeordneter verliert sein Amt als Referendarausbilder 191

Ein AfD-Richter mit Trillerpfeife: Protest gegen die Zuwanderung 194

In Kantinen und Kaffeerunden: justizinterne Ausgrenzung von rechten Robenträgern 196

**Der wehrhafte Rechtsstaat:
kein Zugang zum Referendariat für Links- und Rechtsextremisten**   199

Intransparenz statt Aufklärung: eine Umfrage bei den Landesjustizverwaltungen
zum Zugang von Extremisten zum Vorbereitungsdienst 199

Gegen linksextreme Juristen: Bundesverfassungsgericht entwirft Leitbild
für die Referendarausbildung 202

Pilotverfahren beim Oberlandesgericht Hamm: Rechtsextremist Krolzig
darf nicht Referendar werden 203

Verlorene Prozesse: der erfolglose Bewerbungsmarathon des Rechtsextremisten
Matthias B. um ein Referendariat 204

Einladung nach Dresden: Sächsischer Verfassungsgerichtshof öffnet
Referendariat für Matthias B. und andere rechtsextremistische Juristen. 207

Der Fall Brian E.: rechtsextremistischer Gewalttäter darf sein Referendariat
beenden. 210

AfD-Juristen vor und im Referendariat: Fazit und Ausblick. 212

**Machtgewinn in der Justiz: AfD-Abgeordnete
in Richterwahlausschüssen** 215

**Politisierung und Entpolitisierung:
neue Gefahren für die Unabhängigkeit der Justiz**. 221

Zu milde und zu langsam: das Versagen der richterlichen Dienstaufsicht 223

Persönlichkeitsschutz contra öffentliches Informationsinteresse:
die Intransparenz der richterlichen Dienstaufsicht 226

Rechtsbeugung: ein stumpfes Schwert mit einer Ausnahme 228

**Die unklare Rolle des Verfassungsschutzes: der lückenhafte Schutz
der Justiz vor extremistischen Juristen** 229

Den Anfängen wehren: Fazit und Ausblick. 237

Der Drang ins Ehrenamt: rechte und rechtsextremistische Schöffen und ehrenamtliche Richter.................................... 243

Das Ende einer Illusion: die unpolitische Schöffenwahl 244
Von der DVU zur AfD: die kurze Tradition rechter Schöffen 246
AfD-Wahlerfolge: politische Machtverschiebungen bei der Schöffenwahl 247
Zwei zu eins: die potenzielle Macht von Laienrichtern 249
Ausgrenzung und Kooperation: politische Machtkämpfe um die Aufstellung der Vorschlagslisten 250
Chancengleichheit und Willkürverbot: rechtliche Grenzen bei der Schöffenwahl 253

Losen statt Wählen: die Überforderung der Schöffenwahlausschüsse in Großstädten 257

Ohne Kenntnis der Bewerber: die Kontrollschwäche des Schöffenwahlausschusses 257
Gesetzeslücken: extremistische Kandidaten können nicht entdeckt werden...... 260

Reichsbürger und NPD-Mitglieder: Amtsenthebungen extremistischer Laienrichter 263

Die Angst vor einem neuen Radikalenerlass: die umstrittene Rolle des Verfassungsschutzes bei Schöffenwahlen 267

Ohne Kontrollwirkung: das öffentliche Aushängen von Schöffenlisten 267
Der Bremer Vorstoß: extremistische Schöffen verhindern statt rauswerfen...... 269

Ungern geduldet: ehrenamtliche AfD-Richter an den Verfassungsgerichtshöfen der Bundesländer............................ 273

Verfassungsrichter unter Verfassungsfeinden: ein problematischer Rechtspopulist am Bayerischen Verfassungsgerichtshof.. 274
Vernachlässigt: die unklare Rechtsstellung ehrenamtlicher Verfassungsrichter ... 276

Für einen wehrhaften Rechtsstaat: Fazit und Ausblick.. 279

Literaturverzeichnis 285

Einleitung

Das Richterbild des Deutschen Richtergesetzes ist von einem Zielkonflikt geprägt.[1] Der Gesetzgeber wollte einen „politischen Richter", der sein Amt aber „politisch neutral" ausüben soll.[2] Er sollte politisch interessiert und aktiv sein und sich der (rechts-) politischen Bedeutung seiner Entscheidungen bewusst sein und sie bedenken, ohne die Pflicht zur Zurückhaltung zu verletzen. Dieses Richterbild lässt Mitgliedschaft und Engagement in Parteien zu – im Gegensatz zu Frankreich, wo Richter nicht Mitglied einer Partei sein dürfen. „Es ist immer eine Gratwanderung zwischen parteipolitischer Neutralität und der Freiheit der Richter, sich politisch zu betätigen, begrenzt durch das Mäßigungsgebot", weiß der frühere Dresdner OLG-Präsident Gilbert Häfner. Dieses Bild des politischen Richters übersteht den Praxistest nur, wenn Richter Amt und Teilnahme am politischen Meinungskampf strikt trennen und sich in der politischen Arena zurückhalten. Richter, die Mitglieder von CDU/CSU, SPD, FDP, den Grünen und der Linkspartei waren oder sind, haben sich bisher an diesen ungeschriebenen Verhaltenskodex gehalten – abgesehen von wenigen Ausnahmen wie den Anzeigenaktionen und Sitzblockaden gegen die Raketenstationierung in den Achtzigerjahren. Diesen Kodex haben einige AfD-nahe Richter und Staatsanwälte in den Jahren nach 2015 aufgekündigt und bewusst oder unbewusst gegen ihn verstoßen – gerichtlich wie außergerichtlich.[3]

Angesichts der Wahlerfolge der AfD und der Zustimmung zu ihrem Programm in vielen sozialen Milieus und Berufsgruppen ist es kein Wunder, dass Rechtspopulisten heute in der Justiz Recht sprechen und sich zugleich für die AfD engagieren. Das zeigt ein erster oberflächlicher Blick. Ein zweiter Blick verrät jedoch, dass sich die Dritte Gewalt unversehens einer Herausforderung gegenübersieht, auf die sie nicht vorbereitet ist: den Umgang mit Richtern, Staatsanwälten, Schöffen und ehrenamtlichen Richtern aus dem gesamten rechten Spektrum von rechtspopulistisch bis rechtsextremistisch.

Bei der AfD muss die Justiz vor allem auf zwei Phänomene reagieren:

Erstens: Aus der Tatsache, dass die Partei mittlerweile im Bundestag und in allen Landtagen vertreten ist, leitet die als ‚Rechtsstaatspartei' auftretende AfD in gewissem Umfang legitime politische wie rechtliche Ansprüche auf Teilhabe und Repräsentanz in der Justiz ab.[4] Sie ist dabei erfolgreicher als ihre rechten Vorgängerparteien, die vor allem

---

1 Aus stilistischen Gründen wird im Text das generische Maskulinum verwendet.
2 Schmidt-Räntsch, Deutsches Richtergesetz, § 39, Rn. S. 21 ff.
3 Schmidt-Räntsch, Deutsches Richtergesetz, § 39, Rn. S. 31 ff.
4 So zum Beispiel der AfD-Co-Vorsitzende Timo Chrupalla: „Wir haben uns nichts vorzuwerfen, wir sind eine Rechtsstaatspartei", Frankfurter Allgemeine Zeitung vom 7. März 2022, S. 5.

über Schöffenämter die Rechtsprechung der Strafgerichte beeinflussen wollten.⁵ Die DVU hatte es vorübergehend in neun Landtage geschafft, bis sie mit der NPD fusionierte und 2011 von der politischen Bühne verschwand. Den *Republikanern*, die zwischen rechtskonservativ und rechtsextremistisch changierten, gelangte vorübergehend der Sprung in die Landtage von Berlin und Baden-Württemberg und ins Europaparlament, bevor sie politisch verglühten. Im NPD-Verbotsverfahren kam das Bundesverfassungsgericht zu dem Schluss, dass die Partei zwar verfassungsfeindliche Ziele verfolgt, aber trotzdem nicht verboten wird, weil sie wegen politischer Bedeutungslosigkeit die freiheitlich-demokratische Grundordnung nicht bedroht. Die AfD ist die erste rechte Partei in der Geschichte der Bundesrepublik, die eine Position im Macht- und Verfassungsgefüge erklommen hat, die in die Justiz abstrahlt. AfD-Abgeordnete sind Vorsitzende und Mitglieder von Rechtsausschüssen im Bundestag und einigen Landtagen, und sie sitzen in Richterwahlausschüssen. Von diesen Plattformen aus können sie rechte Rechtspolitik betreiben.⁶ Die Rechtspopulisten haben ferner rechtliche Ansprüche auf Ämter als ehrenamtliche Richter in den Verfassungsgerichtshöfen in Bayern, Baden-Württemberg und Hessen.⁷

Zweitens: Einige rechtspopulistische Robenträger haben gerichtlich wie außergerichtlich in einem Maße mit Tabubrüchen und Regelverletzungen gegen das richterliche Mäßigungsgebot und gegen das Gebot der Trennung von Politik und Richteramt verstoßen, das in der Justizgeschichte bisher nicht bekannt war. Der rechtsextremistische Dresdner Ex-Landrichter Jens Maier war auf diese Sonderrolle sogar stolz. Die Frage einer Verteidigerin nach der Nähe eines Richters zu AfD oder Pegida kommentierte er auf Twitter mit dem Tweet: „Wenn Angeklagte AfD-Richter fürchten, haben wir alles richtig gemacht."⁸ Dieses verirrte Selbstverständnis hat ihm das Sächsische Richterdienstgericht in seinem Beschluss vom 24. März 2022 vorgehalten, der die Untersagung seiner Amtsgeschäfte rechtfertigte: „In öffentlichen Äußerungen" habe er den „Eindruck erweckt, er sehe sich selbst als AfD-Richter und heiße eine von der politi-

---

5 Vgl. S. 243 ff.
6 Rechtsanwalt Stephan Brandner, der dem Höcke-„Flügel" zugerechnet wird, war vom 31. Januar 2018 für fast zwei Jahre Vorsitzender des Rechtsausschusses des Bundestages, bis er am 13. November 2019 abgewählt wurde. Ein in der bundesdeutschen Parlamentsgeschichte einmaliger Vorgang. Der AfD-Abgeordnete Stefan Möller ist Vorsitzender des Justizausschusses im Thüringer Landtag, der AfD-Abgeordnete Hans-Thomas Tillschneider in Sachsen-Anhalt sitzt dem dortigen Rechtsausschuss vor. Möller wie Tillschneider sind in den jeweiligen Landtagen umstritten, weil sie den Höcke-„Flügel" unterstützen. Vgl. zu den Richterwahlausschüssen die S. 215.
7 Vgl. hierzu die S. 273 ff.
8 Zitiert nach dem Sächsischen Dienstgericht für Richter, Beschluss vom 24. März 2022 Az. 66 DG 1/22 – juris, Rn. 10.

schen Gesinnung geprägte Ausübung des Richteramts gut".[9] Auf solche neuen Herausforderungen war die Dritte Gewalt nicht vorbereitet.

Drittens: Nach einer Studie der Bertelsmann-Stiftung „Rechtsextreme Einstellungen der Wähler:innen vor der Bundestagswahl 2021" ist die AfD die „erste mehrheitlich rechtsextrem eingestellte Wählerpartei im Deutschen Bundestag seit Gründung der Bundesrepublik".[10] Seit dem Machtzuwachs des formell aufgelösten, aber immer noch wirkmächtigen völkisch-nationalen Flügels verschwimmen die Grenzen zwischen gemäßigten und extremistischen Strömungen in der AfD. Verfassungsschützer schätzten den Anteil des Höcke-Lagers 2019 auf etwa 40 Prozent im Osten und etwas weniger im Westen.[11] AfD-Fraktionschef Alexander Gauland kommt auf einen noch etwas höheren Anteil der Rechtsaußen. Er sprach grob von der „Hälfte der Partei", die durch die Attacken des im Januar 2022 ausgetretenen früheren Co-Parteichefs Jörg Meuthen „beschädigt" werde.[12] Meuthen hatte seinen Austritt unter anderem damit begründet, dass „Teile der Partei nicht mehr auf dem Boden der freiheitlich-demokratischen Grundordnung stehen".[13] Anfang März 2022 hat das Verwaltungsgericht Köln entschieden, dass das Bundesamt für Verfassungsschutz die Bundespartei AfD als „Verdachtsfall" einstufen darf, weil es „ausreichend tatsächliche Anhaltspunkte für verfassungsfeindliche Bestrebungen innerhalb der Partei" gebe.[14] Untersagt hat das Kölner Verwaltungsgericht dem Bundesamt hingegen, den radikalen Höcke-„Flügel" als „erwiesen rechtsextremistisch" zu bezeichnen, weil für eine solche Einordnung nach seiner formalen Auflösung die „Gewissheit über die Existenz des Beobachtungsobjekts" fehle. Die Herunterstufung des „Flügels" zum Verdachtsfall eröffnet dem Verfassungsschutz trotzdem hinreichende Möglichkeiten, „durch die Beobachtung zu klären, inwiefern der ‚Flügel' weiter fortbestehe und Einfluss habe". Das Bundesamt für Verfassungsschutz hat die Bundespartei jüngst als „Verdachtsfall" eingestuft. In Brandenburg, Sachsen, Sachsen-Anhalt und Thüringen werden die AfD-Landesverbände als Verdachtsfall von den Landesämtern für Verfassungsschutz beobachtet. In Thüringen gilt der AfD-Landesverband inzwischen als „erwiesen extremistisch". Für die Justiz ist durch die Rechtsverschiebung bei den Rechtspopulisten ein kompliziertes Rechtsproblem entstanden: Sie muss sich damit beschäftigen, wie sie mit potenziell verfassungsfeindlichen Berufsrichtern, Staatsanwälten und „Richtern ohne Robe" (Schöffen und ehrenamtliche Richter) verfahren soll.

9   Sächsisches Dienstgericht für Richter, Beschluss vom 24. März 2022 Az. 66 DG 1/22 – juris, Rn. 43.
10 Vehrkamp, Rechtsextreme Einstellungen der Wähler:innen vor der Bundestagswahl 2021, S. 1.
11 Süddeutsche Zeitung vom 12. Januar 2021, S. 2.
12 Süddeutsche Zeitung vom 12. Januar 2021, S. 2.
13 U. a. in der Sendung Leute im SWR1, online unter https://www.swr.de/swr1/swr1leute/ex-afd-politiker-joerg-meuthen-swr1leute-100.html (abgerufen am 16. Februar 2022).
14 Presseerklärung des VG Köln vom 8. März 2022.

Ein öffentlicher Dialog über das Verhalten von beruflichen und ehrenamtlichen Justizdienern mit AfD-Parteibuch, AfD-Nähe und sogar brauner Gesinnung und den Reaktionen der Justiz auf sie hat bisher nicht stattgefunden. Der konservative *Deutsche Richterbund* und die linksliberale *Neue Richtervereinigung* haben sich zu diesem Problemkreis bislang nur selten geäußert. Gleichwohl markieren ihre Positionen die beiden Pole einer Diskussion, die in den Anfängen stecken geblieben ist.

Der *Deutsche Richterbund* hat sich zum Thema rechter Justizdiener dreimal öffentlich zu Wort gemeldet. Als der frühere Dresdner Landrichter und ehemalige AfD-Bundestagsabgeordnete Jens Maier Boris Beckers Sohn Noah 2017 als „kleinen Halbneger" verunglimpfte, rügte der damalige Vorsitzende Jens Gnisa diese Äußerung als „unerträglich und völlig inakzeptabel".[15] Dieselben Worte wählte der Geschäftsführer des *Richterbundes* Sven Rebehn bei seiner Reaktion auf Bemerkungen desselben Jens Maier, als dieser „voll verschleierte Muslima" als „Schleiereulen" und „Asylsuchende" als „potenzielle Kriminelle" diskreditierte. Außerdem fügte Rebehn hinzu: „Wer das Weltbild eines Björn Höcke teilt, macht sich als Vertreter des deutschen Rechtsstaates unglaubwürdig".[16] Von diesen Wortmeldungen zu rassistischen Ausreißern abgesehen hält der *Richterbund* zum Treiben von AfD-Richtern, -Staatsanwälten und -Laienrichtern Distanz. Als Vorwürfe gegen zwei Berliner Staatsanwälte wegen rechtslastiger Amtsführung bei Ermittlungen in einer Neuköllner Brandserie öffentlich wurden, hat die *Deutsche Richterzeitung*, die *Hauspostille des Richterbundes*, bei Justizministerien und -senatoren 2020 nachgefragt, mit welchen Kontrollinstrumenten sich die Justiz vor Verfassungsfeinden schützt. Das Ergebnis der Umfrage: Zwölf Länder meinten, dass sich die bisherige „Praxis im Einstellungsverfahren bewährt habe und eine zusätzliche Regelanfrage von Erkenntnissen beim Verfassungsschutz nicht geplant sei".[17] Lediglich Bayern teilte damals mit, dass es eine „beschränkte Regelanfrage" (nur mit Zustimmung des Bewerbers) vor der Einstellung in den Justizdienst eingeführt hat. Inzwischen hat Mecklenburg-Vorpommern die Regelanfrage vor der Einstellung von Richtern und Staatsanwälten eingeführt, und Brandenburg, Niedersachsen und Bremen planen sie oder denken darüber nach.[18] Der Geschäftsführer des *Richterbundes* Rebehn feierte das Umfrageergebnis damals unter der Überschrift *Verfassungsfeinde haben keine Chance*.[19] Das ist eine völlig überzogene Interpretation der Erhebung. Drei Viertel der Länder

---

15 Weise, 2018, Darf dieser AfD-Mann Richter bleiben?, unter https://bild.de/politik/inland/politik/darf-afd-maier-richter-bleiben-54384772.bild.html (abgerufen am 22. April 2020).
16 Lorenz, 2017, Nach Skandal-Auftritt mit Björn Höcke – LG Dresden prüft Disziplinarmaßnahmen gegen AfD-Richter, unter https://www.lto.de/recht/hintergruende/h/afd-richter-jens-maier-auftritt-bjoern-hoecke-afd-npd-lg-dresden-prueft-disziplinarmassnahmen/ (abgerufen am 22. April 2020).
17 Rebehn, DRiZ 9 (2020), S. 292 f.
18 Vgl. zu den neueren Entwicklungen, S. 229 ff.
19 Rebehn, DRiZ 9 (2020), S. 292.

hatten nicht gesagt, dass Verfassungsfeinde in der Dritten Gewalt keine Chance haben, sondern nur, dass sie ihre Schutzinstrumente in der Vergangenheit und in Zukunft für ausreichend erachten. Außerdem vertrat immerhin ein Viertel der Länder eine andere Auffassung oder war sich in diesem Punkt noch nicht sicher. Was sich hinter dieser Überschrift und in einer flankierenden Presseerklärung verbirgt, ist der Wunsch des Lobbyverbandes, die Gefahr rechter Robenträger zu relativieren und sich schützend vor die Justiz zu stellen. Unausgesprochen bleibt ein weiterer Aspekt: Die wenigen Einzelfälle rechter Justizdiener rechtfertigen es nach Ansicht des *Richterbundes* nicht, der Justiz mangelnde Sensibilität oder Abwehrbereitschaft gegenüber Rechts vorzuwerfen. Deshalb sind AfD-nahe oder auf dem rechten Auge blinde Justizdiener für den *Richterbund* bisher kein relevantes Thema.

Die *Neue Richtervereinigung* hat das relativ neue Phänomen rechter Robenträger zweimal in Presseerklärungen aufgespießt. Anlass war einmal ein Urteil des Verwaltungsgerichts Gießen, das in einem NPD-Plakat mit dem Slogan „Stoppt die Invasion: Migration tötet – Widerstand jetzt" keine Volksverhetzung im Sinne des § 130 StGB sah. Das Urteil des Verbandes war harsch: „Die *Neue Richtervereinigung* ist fassungslos, dass sich ein Richter der hessischen Justiz [...] hinreißen lässt, ein Urteil mit rassistischem Gedankengut und menschenverachtender Position zu begründen".[20] Zum anderen hat es das Urteil des Amtsgerichts Weimar zur Maskenpflicht in Schulen für „juristisch unhaltbar" erklärt.[21] Angestoßen durch solche und ähnliche Urteile sowie außergerichtliche Äußerungen von rechten Robenträgern im Bundestagswahlkampf 2017 hat die *Neue Richtervereinigung* auf der Bundesmitgliederversammlung am 27./28. November 2021 einen Beschluss mit dem Titel „Richter:innen am Rande des Rechtsstaates" verabschiedet. Konkret ist das Papier nur in einem Punkt, der Absage an eine „Regelanfrage beim Verfassungsschutz vor der Einstellung in den höheren Justizdienst". Kompromissfähig war dann offenbar nur noch, dass die Vereinigung „autoritären, undemokratischen und rassistischen Tendenzen" entgegentreten und die „erforderliche Diskussion weiterführen will" – auch intern.

Grundsätzliche strukturelle Probleme wie die Selbstkontrolle der Justiz durch die Dienstaufsicht, Verfahren wegen Rechtsbeugung und Gesetzeslücken beim wehrhaften Rechtsstaat scheinen für beide Vereinigungen weiter weitgehend tabu zu sein. Auf folgende sechs Fragen sollen im Folgenden Antworten gesucht werden:

- Besteht durch rechtspopulistische und rechtsextreme Richter, Staatsanwälte und Laienrichter eine Gefahr für die Justiz?

---

20 Presseerklärung vom 3. Dezember 2019. Vgl. hierzu im Einzelnen S. 70 ff.
21 Presseerklärung vom 11. April 2021. Vgl. S. 96 f.

- Wie verbreitet sind rechtspopulistische und rechtsextreme Richter, Staatsanwälte und Laienrichter in der Justiz?
- Wie soll die Justiz auf Staatsanwälte und Richter reagieren, bei denen der Verdacht rechtslastiger Ermittlungen und Entscheidungen entstanden ist?
- Wie ist mit rechtspopulistischen und rechtsextremen Staatsanwälten, Richtern und Laienrichtern umzugehen, die im Internet oder im Wahlkampf gegen das Mäßigungsgebot verstoßen?
- Wie groß ist die Wirkung von Einzelfällen für das Ansehen der Justiz und das Vertrauen in sie?
- Muss der Schutz der Justiz vor rechtspopulistischen und rechtsextremen Richtern, Staatsanwälten und Laienrichtern verstärkt werden?[22]

---

22 Im Text gibt es zahlreiche Zitate ohne Fundstellen. Sie stammen aus Gesprächen des Verfassers mit den jeweiligen Personen. Alle Zitate sind autorisiert.

Unterschätzt:
die verhängnisvolle Wirkung von Einzelfällen

Aufgefallen sind AfD-Richter und -Staatsanwälte bisher in drei Feldern: durch rechtslastige Amtsführung, durch außergerichtliche Aktivitäten im Internet, als Wahlkämpfer und durch Bundes- und Landtagsabgeordnete mit einer Vergangenheit in der Dritten Gewalt.

Nach einer Netzrecherche saß in den 16 Landesparlamenten 2020 nur noch ein AfD-Robenträger: Christopher Emden. Er hat als Richter am Amtsgericht Norden in der Öffentlichkeit zurückhaltend agiert, bevor er 2017 als AfD-Abgeordneter in den niedersächsischen Landtag eingezogen ist. Der Richter am Landgericht Dresden Stefan Dreher und der Anklamer Amtsrichter Matthias Manthei haben nach einjährigen Intermezzi als AfD-Abgeordnete im sächsischen beziehungsweise mecklenburgischen Landtag die Partei wieder verlassen – wegen des *Höcke-„Flügels"* oder parteiinterner Querelen.

Auffällig ist, dass die AfD bei der Bundestagswahl 2017 alle kandidierenden Richter und Staatsanwälte auf vorderen Plätzen der Landeslisten platziert hat. Gewählt wurden damals auf dem AfD-Ticket der (mittlerweile ehemalige) Freiburger Staatsanwalt Thomas Seitz, der (mittlerweile Ex-) Dresdner Landrichter Jens Maier, der Berliner Oberstaatsanwalt Roman Reusch und die Berliner Landrichterin Birgit Malsack-Winkemann. Bei den Bundestagswahlen 2021 waren die AfD-Robenträger nicht ganz so erfolgreich. Thomas Seitz wurde wiedergewählt, der frühere Richter am OLG Schleswig Gereon Bollmann ist neu in den Bundestag eingezogen. Jens Maier hat es trotz Platz zwei auf der sächsischen Landesliste nicht geschafft, weil die AfD in Sachsen zu viele Direktmandate gewonnen hatte. Auch Birgit Malsack-Winkemann, auf Platz fünf der Berliner Landesliste, verfehlte den Wiedereinzug in den Bundestag. Hinter der prominenten Aufstellung von Robenträgern auf Landeslisten steckt wohl ein strategisches Kalkül der Rechtspopulisten: Sie wollen ihrem Anspruch als ‚Rechtsstaatspartei' Glaubwürdigkeit verleihen und eine bürgerliche Klientel ansprechen.

Aktiv im Dienst sind noch die AfD-nahe Meißener Amtsrichterin Gritt Kutscher, belastet mit drei Disziplinarverfahren wegen Verstößen gegen das richterliche Mäßigungsgebot, der Berliner Amtsrichter Antonin Brousek, der Erfurter AfD-Sympathisant und Staatsanwalt Martin Zschächner und der Weidener Landrichter Reinhold Ströhle.

Wie verbreitet das Phänomen von AfD-nahen Justizdienern ist, weiß niemand. Die Partei hat angeblich keine Erkenntnisse über die Zahl in ihren Reihen. Außerdem verschweigen etliche AfD-Robenträger ihre Parteimitgliedschaft, um sich Beförderungschancen nicht zu verbauen oder im Kollegenkreis nicht ausgegrenzt zu werden. Von der AfD-Mitgliedschaft ihres Kollegen Gereon Bollmann erfuhr die Richterschaft am OLG Schleswig erst während des Bundestagswahlkampfes 2017, als die *Kieler Nachrichten* über seine neuen politischen Ambitionen berichtete. Der Berliner Staatsanwalt und heutige AfD-Bundestagsabgeordnete Roman Reusch verheimlichte bis zum Einzug ins Parlament seine Mitgliedschaft bei den Rechtspopulisten. Dies brachte ihn noch in den Genuss einer Beförderung – zum Verdruss des verantwortlichen Generalstaatsanwalts Ralf Rother, der sich getäuscht fühlte.

Falsch wäre es indes, das Problem rechter Richter, Staatsanwälte und Laienrichter auf jene mit offenen AfD-Sympathien zu beschränken. Es gibt daneben eine Gruppe von Richtern und Strafverfolgern, deren Verfügungen, Beschlüsse und Urteile einen rechtslastigen Eindruck hinterlassen, der sich vor allem in der Auslegung des § 130 StGB (Volksverhetzung) niederschlägt.[23]

Die Justiz hat dem Problem der AfD-nahen Richter, Staatsanwälte und Laienrichter bisher wenig bis keine Aufmerksamkeit geschenkt. Bei Treffen der Präsidenten der Oberlandesgerichte und der Landgerichte waren sie bisher kein Thema, wie Teilnehmer berichten. Für diese Haltung haben sie einige gute Argumente. Wenn nur bei einem guten Dutzend von 26 240 Richtern und Staatsanwälten bekannt ist, dass sie AfD-Parteibücher besitzen oder den Rechtspopulisten nahestehen, ist das nach Einschätzung des früheren Dresdner Landgerichtspräsidenten Martin Uebele und heutigen Generalstaatsanwalts von Sachsen „kein Problem, das über Einzelfälle hinausgeht": „Ich mache mir keine Sorgen über die rechtsstaatliche Gesinnung der Richterschaft." Dabei übersieht er, welch verhängnisvolle Auswirkungen auch Einzelfälle auf das Ansehen und die Neutralität der Justiz bei bundesweiter Publizität haben. Das „gängige Argument", dass bisher nur „Einzelfälle" rechter Robenträger Aufsehen erregt hätten, überzeugt den ehemaligen Sprecher der Neuen Richtervereinigung Carsten Loebbert nicht: „Auch sie schaden dem Ansehen und dem Vertrauen in die Justiz. Es geht darum, rechtsstaatliche Standards bei der Einstellung abzusichern." Ihn treibt die Sorge um die „Integrität der Justiz und ihre Freiheit von extremistischem Gedankengut" um. Ein Rückblick in die Weimarer Republik habe, so Loebbert, „später gezeigt, dass die Richterschaft nicht hinter dem Staat gestanden habe". Den „Verweis" gegen den AfD-Richter Jens Maier hat das Landgericht Dresden ausdrücklich damit begründet, dass seine Wahlkampfausfälle „dem Ansehen der Justiz allgemein und des Landgerichts Dresden im Besonderen Schaden zugefügt" haben.[24] Ja, Einzelfälle in der Justiz können sogar Gesetzesänderungen anstoßen. So wurde in Bayern die eingeschränkte Regelanfrage beim Verfassungs-

---

23   Vgl. S. 31 ff., 48 ff., 156, 158 ff.
24   Presseerklärung des Landgerichts Dresden vom 11. August 2017.

schutz bei der Einstellung von Richtern und Staatsanwälten eingeführt, nachdem bei einem von Brandenburg nach Bayern umgezogenen Richter entdeckt wurde, dass er zuvor Frontmann der Neonazi-Band Hassgesang war.[25] Und in Sachsen wurde die Ausbildungsordnung für Jura-Referendare geändert, nachdem die Justizverwaltung realisiert hatte, wie schwer es ist, einen Referendar zu entlassen, der wegen Teilnahme an Krawallen von Neonazis und Hooligans im Leipziger Stadtteil Connewitz rechtskräftig wegen schweren Landfriedensbruchs verurteilt worden war. Bei ihm hegte die Justizverwaltung schon lange Zweifel an dessen Verfassungstreue. Aufgrund dieser Personalie hat Sachsen im März 2021 die Ausbildungsordnung für Gerichtsreferendare so geändert, dass Verfassungsfeinden in extremen Fällen bereits der Eintritt in das Referendariat verwehrt werden kann.[26] Einzelfälle können also weitreichende rechtliche und politische Folgen nach sich ziehen, wenn sie zum Beispiel Gesetzeslücken offenlegen, die vorher nicht bekannt waren.

Außerdem übersieht Ex-Präsident Uebele, dass rechte Staatsanwälte und Richter längst zum Thema im politischen Meinungskampf geworden sind. Das zeigt nicht nur das Engagement der Linkspartei im Fall des Geraer Staatsanwalts Zschächner, auf den später ausführlich eingegangen wird.[27] In Schwerin entspann sich zum Beispiel eine Diskussion zwischen SPD und den Grünen auf der einen Seite und der CDU auf der anderen, ob Matthias Manthei als AfD-Landesvorsitzender wegen seiner „unheilvollen Nähe zur rechtsextremen NPD" und „fremdenfeindlicher Äußerungen" als Richter noch tragbar sei. Die CDU hielt dagegen, dass ihm „dienstrechtlich wenig vorzuwerfen" sei.[28]

Allerdings sind Gerichtspräsidenten, wie sie in Nebensätzen verraten, „froh, wenn sie keinen AfD-Problemfall in ihrem Haus haben". Auch diese Einstellung ist nachvollziehbar. Unter Umständen notwendig werdende Disziplinarverfahren gegen Justizdiener kosten in der Regel viel Zeit, Arbeit und Nerven. Dienstvorgesetzte müssen immer damit rechnen, dass sich Betroffene rechtlich wehren, in jahrelangen Prozessen über mehrere Instanzen mit häufig ungewissem Ausgang. Diese Mühen ersparen sich Präsidenten gern, indem sie zunächst nichts tun oder, wenn Reaktionen unvermeidbar sind, Betroffene zu einvernehmlichen Lösungen einschließlich Rechtsmittelverzicht bewegen. So geschehen bei den Zuständigkeitswechseln des AfD-Richters Maier beim Landgericht Dresden, des Geraer Staatsanwalts Zschächner und der Amtsrichterin Kutscher in Meißen. Das Vermeiden von arbeitsintensiven Rechtsstreitigkeiten ist ein Grund für das

---

25 Vgl. S. 231.
26 Weitere Einzelheiten S. 210 ff.
27 Vgl. hierzu S. 61 ff.
28 Volgmann, 2015, Matthias Mantei: AfD-Landeschef als Richter noch tragbar?, unter https://www.svz.de/regionales/mecklenburg-vorpommern/afd-landeschef-als-richter-noch-tragbar-id10996671.html (abgerufen am 18. März 2020).

häufig zögerliche Vorgehen der Dienstaufsicht gegen rechte Robenträger. Hinzu kommt, dass Präsidenten hier politisch vermintes und rechtliches Neuland betreten müssen. Entsprechend tief reicht die Verunsicherung der Justizverwaltungen beim Umgang mit rechten Justizdienern. Das Reaktions- und Sanktionsspektrum der Justiz ist, wie wir sehen werden, gemischt und weit: Es spannt sich von der Untätigkeit richterlicher und staatsanwaltlicher Dienstaufsicht über Versetzungen und Verweise für Richter bis zur Entlassung eines Staatsanwalts. Dass sich die Justiz bei AfD-nahen Richtern bisher meist mit Verweisen als schwächster disziplinarischer Sanktion begnügt hat, rechtfertigt sie damit, dass diese in der Regel disziplinarisch nicht vorbelastet sind und ein schärferes Vorgehen gegen den Grundsatz der Verhältnismäßigkeit verstoßen würde.

Ohne politisches Gespür:
die falsch verstandene Toleranz von Staatsanwaltschaften gegenüber rechter Propaganda

Eines der höchsten und schützenswerten Güter der Justiz ist ihre politische Neutralität, die Richter und Staatsanwälte bei ihrer gerichtlichen wie außergerichtlichen Tätigkeit einschränkt.[29] Nicht berührt von dieser Schranke ist das jedem Rechtsprechenden eigene erkenntnistheoretische „Vorverständnis". Bei rechten Richtern und Staatsanwälten besteht die Gefahr, dass sich ein legitimes „Vorverständnis" in eine illegitime „Voreingenommenheit" und dann sogar in eine rechtslastige Amtsführung verwandelt.

Judenhetze ohne Folgen:
Braunschweiger Staatsanwaltschaft verharmlost israelbezogenen Antisemitismus

Für den 24. November 2020 hatte die Partei Die Rechte eine Versammlung in Form einer Mahnwache mit Fackeln gegenüber der Synagoge in Braunschweig angemeldet, also in zeitlicher Nähe zur Reichsprogromnacht am 9. November 1933. Das Motto für den Aufruf lautete: „Freiheit für Palästina – Menschlichkeit ist nicht verhandelbar! Zionismus stoppen". Als Zeitraum für die Mahnwache war „19.33 bis 19.45" angegeben. Als die Regionalpresse über die Mahnwachen-Pläne der Rechten – nach dem Verfassungsschutzbericht 2019 des Landesamtes für Verfassungsschutz in Nordrhein-Westfalen ein „Sammelbecken für Neonazis, ideologisch wesensverwandt mit dem Nationalsozialismus" – berichtete, rief das Braunschweiger *Bündnis gegen Rechts* zu einer Gegendemonstration auf. Die fand statt, obwohl Die Rechte die Mahnwache zuvor abgesagt hatte. Der Hintergrund: Die Versammlungsbehörde der Stadt Braunschweig hatte den Protest in unmittelbarer Nähe der Synagoge für unzulässig erklärt und an eine gesichtslose Kreuzung verlegt, den Zeitraum auf 20.00 bis 20.30 Uhr verändert und das Tragen von Fackeln untersagt. Der provokativen Zuspitzung der Mahnwache durch Ort und Zeit beraubt, verlor Die Rechte Interesse an dem Vorhaben. Ganz im Gegensatz zu dem Ehepaar Bernadette und Joachim Gottschalk aus Hannover-Laatzen, das seit Jahren gegen den wieder aufflackernden Antisemitismus in Deutschland kämpft. Sie fuhren zur Gegendemonstration nach Braunschweig. Bedeutsamer aber noch: Bernadette Gottschalk stellte einen Strafantrag bei der Staatsanwaltschaft Braunschweig gegen die Anmelder der Versammlung. In der Ankündigung der Mahnwache sah sie, deren Großeltern und weitere Verwandte im Konzentrationslager Auschwitz ermordet

---

29 Schmidt-Räntsch, Deutsches Richtergesetz, § 2, Rn. 19.

worden waren, einen „Angriff auf mein Judentum".[30] Die Erste Staatsanwältin Cording stellte das Ermittlungsverfahren ohne Begründung mit der Feststellung ein, dass es keine „zureichenden tatsächlichen Anhaltspunkte für ein strafrechtlich relevantes Verhalten" gäbe.[31] Joachim Gottschalk, Volljurist, legte im Namen seiner Frau Beschwerde ein.[32] Er kritisierte das Fehlen einer „konkreten Argumentation" und forderte die Strafverfolgerin auf, wegen Volksverhetzung (§ 130 StGB) und Beleidigung (§ 185 StGB) zu ermitteln: Als Jüdin fühle sich seine Frau „durch das Motto ‚Zionismus stoppen' mit der Angabe 19.33 bis 19.45 daran erinnert, dass meine jüdischen Verwandten in diesem Zeitraum durch ‚Totalvernichtung' an der Auswanderung nach Palästina ‚gestoppt' worden" seien. Jeder einzelne Jude werde durch diesen Aufruf bezogen auf 19.33 und 19.45 erneut einem Ermordungsaufruf ausgesetzt: „Das ist purer Judenhass." In seiner Entgegnung wies Gottschalk ferner auf eine bemerkenswerte, historisch sensible Entscheidung des Bundesgerichtshofs hin. Nach ihr werde durch den § 185 StGB auch die „Ehre der Gesamtheit der in Deutschland lebenden Juden" geschützt, nicht nur der „Kreis der Betroffenen, die unter der Verfolgung des ‚Dritten Reiches' leben mussten und sie überlebt haben": „Das entsetzliche Geschehen prägt in der Bundesrepublik das Bild ihrer Bürger jüdischer Abstammung schlechthin; sie verkörpern diese Vergangenheit, auch wenn sie an ihr nicht teilhaben mussten".[33] Solche Gedanken waren der Staatsanwältin Cording offenbar fremd. Als sie ihren Einstellungsbeschluss bestätigte, ging sie weder auf die besondere Verantwortung der deutschen Justiz gegenüber den jüdischen Mitbürgern ein noch auf die Argumente in den Beschwerden des Ehepaares Gottschalk. Die Verteidigung ihres Einstellungsbeschlusses war rechtlich dürftig, weil er sich im Wesentlichen auf die wörtliche Wiedergabe des § 130 StGB beschränkte – ohne jede Subsumtion. Zu Recht rügte Joachim Gottschalk in einer weiteren Eingabe die Wiederholung des § 130 StGB in „einfacher Sprache" „ohne Offenlegung Ihrer Argumentation": „Wir hatten sie ausdrücklich gebeten, Ihre Begründung für die Einstellung nicht wie in einer Arkanverwaltung geheim zu halten."[34] Eine Begründung verweigerte auch der nächste Ermittler, der mit dem Verfahren befasst war. Der Erste Staatsanwalt Weiland beschränkte sich wortkarg auf den Satz, dass er „keinen Anlass zu weiterer Veranlassung" sähe.[35] Seine abermalige Entgegnung leitete Joachim Gottschalk spitz und ein wenig bitter mit der Bemerkung ein, dass es „Staatsanwaltschaften gibt, die

---

30   Strafantrag vom 2. Dezember 2020.
31   Einstellungsbescheid der Staatsanwaltschaft Braunschweig vom 11. Dezember 2020 Az. NZS 701 UJs 67068/20.
32   Beschwerde vom 16. Dezember 2020.
33   BGH vom 18. September 1979 NJW 1980, S. 45 ff.
34   Schriftsatz vom 3. Januar 2021.
35   Schriftsatz vom 1. Januar 2021.

eine offene Kommunikation mit Strafantrag stellenden Bürgern durchführen".[36] Er verwies darauf, dass Die Rechte den „Begriff des ‚Zionismus' als Synonym- und Zwillingsbegriff für die inhaltliche Bezeichnung von ‚Israel' benutzt". Und er bittet Staatsanwalt Weiland, den „Aufruf ‚Zionismus stoppen' und dessen Koppelung mit 19.33–19.45 nicht vordergründig und oberflächlich nur rein begrifflich vorzunehmen, sondern auf der Grundlage der mehrtausendjährigen kultur- und religionsgeschichtlich geformten Lebensstruktur und -weise des jüdischen Volkes". Und er fährt fort: „Diese Lebenswelt mit dem Aufruf ‚Zionismus stoppen / 19.33–19.45' zu belegen, bejaht subkutan öffentlich die Schoa und brandmarkt erneut das Judentum." Gottschalks Fazit: „Die Aussage ‚Stoppt Zionismus' nimmt Bezug auf die Vernichtungs- und Ausrottungsaufrufe der Zeit von 1933 bis 1945, die aktuell wieder vorgenommen werden."[37]

Erst im vierten Anlauf des Beschwerdemarathons fand das Ehepaar Gottschalk mit seinen Argumenten Gehör: beim Generalstaatsanwalt in Braunschweig. Ende Februar 2021 hob dieser den Einstellungsbescheid auf und „bat, die Ermittlungen aufzunehmen".[38] Für Bernadette Gottschalk ein erster „Hinweis, dass die Staatsanwaltschaft sensibler gegenüber antisemitischen Handlungen geworden ist".

Fast ein Jahr später haben die Braunschweiger Ermittler das verheerende Bild korrigiert, das sie beim Umgang mit dem Strafantrag des Ehepaares Gottschalk zunächst abgegeben hatten. Sie haben beim Amtsgericht Braunschweig einen Strafbefehl gegen einen Beschuldigten wegen Beleidigung (§ 185 StGB) beantragt, den das Gericht auch erlassen hat. Eine Strafbarkeit wegen Volksverhetzung hat die Staatsanwaltschaft in einem rechtlich anspruchsvollen und ausführlichen Vermerk nachvollziehbar abgelehnt.[39] Dabei ist sie zunächst zu dem realitätsgerechten Schluss gekommen, dass das Motiv, sich für die „Freiheit des palästinensischen Volkes einzusetzen" nur **„vorgeschoben"** war. „Angesichts der Wahl der Uhrzeit und Örtlichkeit, dem Zusatz ‚Zionismus stoppen' sowie der inhaltlichen Programmatik der Partei ‚Die Rechte'" sei der Versammlungsantrag „als Angriff auf die jüdische Bevölkerung zu werten". Auch liege ein „Aufruf zu Gewaltmaßnahmen" vor, weil der Aufruf zur Versammlung mit der Botschaft „Zionismus stoppen wie 1933 bis 1945" an die nationalsozialistische Gewalt erinnere. Trotzdem schied am Ende nach Auffassung des Staatsanwalts eine Strafbarkeit wegen Volksverhetzung aus, weil die Partei Die Rechte zu der Versammlung nicht „öffentlich" aufgerufen, sondern nur einen Antrag gestellt habe. Dagegen sei die Versammlungsanmeldung

---

36   Schriftsatz vom 3. Februar 2021.
37   Schriftsatz vom 4. Januar 2021.
38   Schriftsatz vom 24. Februar 2021.
39   Der Vermerk ist in einer E-Mail der Braunschweiger Staatsanwaltschaft an den Verfasser vom 17. Januar 2022 enthalten.

„Zionismus stoppen wie 1933 bis 1945" eine Ehrverletzung aller in Deutschland lebenden Juden. Gegen den Strafbefehl wurde Einspruch eingelegt.

Den Erlass eines Strafbefehls wegen Beleidigung wird das Ehepaar Gottschalk als späte Genugtuung empfinden. Trotz zahlreicher erfolgloser Beschwerden und psychischer Belastungen will das Ehepaar seinen Kampf gegen den Antisemitismus nicht aufgeben. Auf dem Habenkonto kann es immerhin zwei erfolgreiche Beschwerden bei den Generalstaatsanwaltschaften Braunschweig und Celle verbuchen. Durch diese Anerkennung lässt sich auch leichter ertragen, dass die Partei Die Rechte die beiden seit 2016 beobachtet, sie bedrängt und gegen sie hetzt. Auf einem Straßenschild mit Hausnummern für eine Zeile von Reihenhäusern hat sie die Nummer 90 des Ehepaares mit einem Aufkleber verdeckt. Gottschalks hatten damals zuerst das Gefühl, dass ihre Familie damit „als nicht existent erklärt" wird: „Dieser Akt hat geistig gesehen eliminatorischen Charakter und knüpft damit an die Schoa an", sagt Joachim Gottschalk. Ende Februar 2021 lag abends ein Umschlag vor der Tür des Ehepaares. Er enthielt Schriften der Partei Die Rechte und einen kurzen Brief, der mit dem zynischen Satz endete: „In der Hoffnung, Ihnen mit unserer kleinen Wundertüte des Wissenszuwachses eine große Freude bereitet zu haben, verbleiben wir mit Gruß Ihr Kreisverband Die Rechte Braunschweig/Hildesheim".[40]

Auf dem rechten Auge blind: rechtsextremistischer Antisemitismus bleibt straffrei

In unmittelbarer Nähe zur Synagoge in Pforzheim hatte die Partei Die Rechte im Europawahlkampf 2019 zwei Plakate fünf Meter hoch an einem Laternenpfahl angebracht. Auf einem stand in fetten gelben Lettern „Israel ist unser Unglück!", darüber in kleineren weißen Buchstaben „Zionismus stoppen" und in einer weißen Unterzeile „Schluss damit!". Unterlegt sind die Parolen mit der Flagge Israels und dem blauen Davidstern. Auf dem zweiten Plakat prangte ebenfalls in großen gelben Buchstaben der Satz „Wir hängen nicht nur Plakate", darunter in kleinen weißen Buchstaben „Wir kleben auch Aufkleber". Als sich am 14. Mai 2019 rund 50 Personen in der Nähe der Synagoge zum *Rat der Religionen* trafen, waren einige so wütend, dass sie beschlossen, die Plakate runterzuholen und zu zerstören.[41] Aus dem benachbarten Gotteshaus holen sie zu diesem Zweck eine Bockleiter. Bevor ein Aktivist auf die Leiter steigen konnte, griff die Polizei

---

40   Süddeutsche Zeitung vom 11. März 2021, S. 6.
41   Lorch-Gerstenmaier, 2019: Parolen der Partei „Die Rechte" rufen Empörung hervor – Polizei muss Plakat schützen, unter https://www.pz-news.de/pforzheim_artikel,-Parolen-der-Partei-Die-Rechte-rufen-Empoerung-hervor-Polizei-muss-Plakat-schuetzen-_arid,1294876.html (abgerufen am 19. März 2021).

ein, drei Uniformierte und zwei Staatsschützer in Zivil, um eine Straftat, eine Sachbeschädigung, zu verhindern.

Die Stadtverwaltung von Pforzheim sah die beiden Plakate durch das Grundrecht der Meinungsfreiheit geschützt und die „öffentliche Sicherheit und Ordnung" nicht gefährdet (§ 15 VersammlG). Der Sprecher der Karlsruher Staatsanwaltschaft Tobias Wagner ergänzte, dass die beiden Plakate nicht den „Tatbestand der Volksverhetzung" erfüllen.[42]

Als Rami Suliman, Vorsitzender der Jüdischen Gemeinde Pforzheim, die beiden Poster zum ersten Mal sah, dachte er „Schon wieder". Bilder aus der Zeit des Nationalsozialismus standen ihm unvermittelt vor Augen. Er kann bis heute nicht verstehen, warum die Stadtverwaltung die rechten Plakate seinerzeit nicht abgenommen hat und die verantwortlichen Vorsitzenden der Partei Die Rechte nicht bestraft worden sind.

Die beiden antisemitischen Plakate waren Teil einer bundesweiten Werbeaktion der Partei Die Rechte vor der Europawahl 2019. Für Unmut und Empörung in jüdischen Gemeinden und im links-grünen Milieu sorgte noch ein drittes Poster der Partei. Es zeigte rechts oben das Porträt der 90-jährigen Holocaust-Leugnerin Ursula Haverbeck, die damals eine Haftstrafe in der Justizvollzugsanstalt Bielefeld verbüßte, weil sie das Vernichtungslager Auschwitz als reines „Arbeitslager" bezeichnet hatte. Links oben auf dem Plakat befand sich neben ihrem Porträt der Slogan „Mit 90 Jahren: Für die Meinungsfreiheit inhaftiert". Darunter war in Form eines Verkehrsverbotsschildes rot durchgestrichen der § 130 StGB zu erkennen.

Die drei Plakate hatte Die Rechte teilweise zusammen oder in Sichtweite voneinander angebracht, wie zum Beispiel in der Innenstadt Hannovers. Für die judenfeindlichen Attacken hatte sie überdies bevorzugt Plätze in der Nähe von Synagogen gewählt, etwa in Pforzheim, Bielefeld und Wilhelmshaven. Diese Plakate haben in etlichen jüdischen Gemeinden Empörungswellen ausgelöst, vor allem in Niedersachsen, Baden-Württemberg, Hessen und Nordrhein-Westfalen. „Mitglieder der jüdischen Gemeinden fühlen sich an das Geschehen in der Weimarer Republik erinnert. Wir wissen, wohin das führte, es darf nie wieder passieren", sagt Rami Suliman, auch Vorsitzender der Israelitischen Religionsgemeinschaft Baden: „Die Juden in Baden-Württemberg sind entsetzt und wütend". Nach seiner Strafanzeige sprechen die Plakate jüdischen Gemeinden das „Existenzrecht in Deutschland" ab, und ihren Mitgliedern wird „angedroht, sie zu hängen". Der Geschäftsführer des Landesverbandes der Jüdischen Gemeinden von Westfalen-Lippe Alexander Sperling berichtet in seiner Strafanzeige, dass sich „Mitglieder durch die Plakate bedroht, beleidigt und verunglimpft fühlen". „Das jüdische Volk ei-

---

42 Kraus, 2019: Staatsschutzabteilung aktiv – Plakate der Rechten in Pforzheim: Volksverhetzung oder nicht?, unter https://bnn.de/pforzheim/volksverhetzung-oder-nicht (abgerufen am 20. März 2021).

nem Vernichtungs- und Ausrottungsaufruf zu unterwerfen, stellt eine Volksverhetzung dar und [...] eine Herabwürdigung einer jeden individuellen jüdischen Person, seiner Familie und damit auch meiner Person und meiner Familie", heißt es im Strafantrag des Ehepaares Gottschalk.

Die drei beschriebenen Plakate der Rechten haben eine Flut von Strafanzeigen und Strafanträgen wegen Volksverhetzung provoziert: von Bürgern in Köln, Bonn, Duisburg, Dortmund, Siegen-Wittgenstein, Bochum, Münster, Olpe und Mönchengladbach, von Städten wie Eppingen, Bedhard, Pfinztal, Bremerhaven, vom Oberbürgermeister und dem Rat der Stadt Hannover, dem Landesverband der Jüdischen Gemeinden in Westfalen-Lippe, der Israelitischen Religionsgemeinschaft Baden, der Jüdischen Gemeinde Pforzheim, der Israelitischen Kultusgemeinde Nürnberg und der Deutsch-Israelischen Gesellschaft Hannover.

Ein weiterer Stein des Anstoßes für jüdische Gemeinden war, dass die meisten Stadtverwaltungen die antisemitischen Plakate der Rechten aus rechtlichen Gründen geduldet und nicht abgenommen haben. Neben der strafrechtlichen gibt es also auch noch eine verwaltungsrechtliche Front, die bei jüdischen Mitbürgern Verdruss und Empörung ausgelöst hat.

Nach dem Verfassungsschutzbericht 2019 des Bundesamtes für Verfassungsschutz propagiert die Partei Die Rechte ein „eindeutig rechtsextremistisches Weltbild [...] mit antisemitischen Positionen".[43] In der Wahrnehmung des Bundesamtes spiegelt die „uneingeschränkte Solidarisierung mit der inhaftierten Holocaust-Leugnerin (Ursula Haverbeck) [...] den unverhohlenen Antisemitismus und die fundamental ablehnende Haltung der Partei gegenüber der Werteordnung des Grundgesetzes wider". Der Abschnitt über Die Rechte im Verfassungsschutzbericht 2019 schließt mit einer Einordnung des Plakates „Israel ist unser Unglück": „Diese explizite und pauschale ‚Anti-Israel-Agitation' überschreitet die Grenze bloßer Kritik an der Politik Israels und dient als Vehikel für eine möglichst öffentlichkeitswirksame, antisemitische Propaganda". In einer Antwort des Düsseldorfer Justizministeriums auf eine Kleine Anfrage des Abgeordneten Alexander Langguth analysiert der NRW-Verfassungsschutz den Slogan „Israel ist unser Unglück!": „Er ist eine bewusste Anspielung auf den Satz ‚Die Juden sind unser Unglück', der seit 1927 auf allen Titelseiten des in der Zeit des Nationalsozialismus von Julius Streicher herausgegebenen antisemitischen Wochenblattes ‚Der Stürmer' stand." Nach Ansicht der Verfassungsschützer ist in den „Äußerungen" „Zionismus stoppen: Israel ist unser Unglück! Schluss damit!" ein „volksverhetzender Charakter [...] erkennbar".[44] Es ist unerfindlich, warum keine der beteiligten Staatsanwaltschaften und

---

43 Bundesamt für Verfassungsschutz, Verfassungsschutzbericht 2019, S. 78 f.
44 Landtag Nordrhein-Westfalen Drucksache 17/6630, S. 2.

Gerichte auf die Expertise der Verfassungsschutzämter bei der Interpretation der Plakate zurückgegriffen hat, zum Beispiel ihre Experten als Sachverständige zu hören.[45]

Der Bundesbeauftragte der Bundesregierung für jüdisches Leben und den Kampf gegen Antisemitismus Felix Klein und sein baden-württembergisches Pendant Michael Blume haben im Mai 2019 Kommunen aufgefordert, die drei judenfeindlichen Plakate der Rechten zu entfernen.[46] Michael Blume rief die Kommunen in Baden-Württemberg auf, dieser „widerlichen Form des Antisemitismus durch Entfernung entgegenzutreten": Sie „gefährde die öffentliche Sicherheit und Ordnung".[47] „Hier wird bewusst an die Propaganda der Nationalsozialisten" angeknüpft, schimpfte auch Felix Klein: „Eine solche Hetze darf in unserem Land nicht geduldet werden. Nach meiner Einschätzung bieten die Polizei- und Ordnungsgesetze der Bundesländer hinreichende Möglichkeiten dafür, dass die Kommunen dagegen vorgehen können."[48] Die Wahlkampfwerbung der Rechten sei ein „Verstoß gegen die Grundsätze der Völkerverständigung".

Eine erste Abwehrfront gegen die antisemitischen Plakate der Rechten hätten die Ordnungsbehörden der Kreise und kreisfreien Städte errichten können, wenn sie die Aufstellung der Wahlplakate der Rechten nicht genehmigt hätten. Ohne Genehmigung darf keine Partei Wahlplakate aufstellen. Unbekannt ist, ob und in welchem Umfang Die Rechte solche eingeholt hat. In Bochum zum Beispiel hat die Stadtverwaltung ihre Plakate entfernt, weil sie ohne Genehmigung aufgestellt worden waren.

Bei seinem Appell an die Kommunen konnte sich der Bundesbeauftragte für Antisemitismus Klein auf ein Rechtsgutachten des Bundesinnenministeriums stützen, das ein „ordnungspolitisches Vorgehen" gegen die Anschläge für „möglich" gehalten hatte. „Vor diesem Hintergrund sollten Ordnungsbehörden nicht zögern, entsprechende Maßnahmen [...] gegen die ungewöhnlich hetzerische Rhetorik" „zu prüfen und zu ergreifen", hieß es in der Expertise. Dies war ein indirekter Aufruf an die Behörden, Mut zu zeigen. Das Gutachten hatte Klein seinerzeit an alle Landesbeauftragten für Antisemitismus versandt. Aufschlussreich war seine juristische Untermauerung. Die Stellungnahme berief sich einmal auf eine Entscheidung des Bundesverfassungsge-

---

45 Vgl. S. 34, 37.
46 Aus stilistischen und inhaltlichen Gründen wird künftig nicht der lange offizielle Titel des Amtes benutzt, sondern der Begriff Bundesbeauftragter für Antisemitismus verwendet.
47 Stuttgarter Zeitung, 2019: Partei „Die Rechte" – Judenfeindliche Wahlplakate sorgen für Ärger im Südwesten, unter https://www.stuttgarter-zeitung.de/inhalt.die-rechte-judenfeindliche-wahlplakate-sorgen-fuer-aerger-im-suedwesten.6c11f8f1–972f.-400e-a21f.-40dcbfff810d.html (abgerufen am 20. März 2021).
48 Stimme, 2019: Beauftragte fordern Entfernung antisemitischer Wahlplakate, unter https://www.stimme.de/suedwesten/nachrichten/pl/Beauftragte-fordern-Entfernung-antisemitischer-Wahlplakate;art19070,4193661 (abgerufen am 20. März 2021).

richts, die die Abnahme eines NPD-Plakats mit dem Slogan „Polen-Invasion stoppen" für rechtmäßig erklärte. Es sah in dem Plakat einen Angriff auf die Menschenwürde der Polen, deren „Lebensrecht als gleichwertige Persönlichkeiten abgesprochen und sie als minderwertige Wesen behandelt werden und daher der Tatbestand der Volksverhetzung (§ 130 StGB) erfüllt" sei.[49] Zum anderen zitierte das Gutachten eine Verbalnote der Botschaft Israels an das Auswärtige Amt vom 7. Mai 2019. Darin äußert der Botschafter die Sorge, dass die Partei Die Rechte „Hass gegen Israel schürt und Antisemitismus anstachelt". Die Partei verwende die gleiche Sprache wie die Nazis in den 1930er Jahren. Die Botschaft „würde sich wünschen, dass Maßnahmen ergriffen werden, um diese öffentliche Kampagne zu stoppen und zukünftig Kampagnen dieser Art zu verhindern". Am Ende bittet der Botschafter, über die Maßnahmen informiert zu werden.

Auch Gerichtsentscheidungen, die während des Europawahlkampfs ergangenen sind, hätten Kreise und kreisfreie Städte ermuntern können, gegen die zwei Plakate vorzugehen. Eine Auflage, diese bei einer Veranstaltung der Partei Die Rechte nicht zu zeigen, hat das Verwaltungsgericht Gelsenkirchen in einem Eilverfahren für rechtmäßig erklärt, weil die Plakate gegen das Versammlungsrecht verstoßen könnten.[50] Der Beschluss stützte sich auf zwei Argumente. „Aufgrund der grafischen Gestaltung stehen die Aussagen ‚Wir hängen nicht nur Plakate auf' und ‚Israel ist unser Unglück – Schluss damit' im Vordergrund und werden vom oberflächlichen Beobachter praktisch allein und damit ohne die möglicherweise zur Mehrdeutigkeit der Aussagen und ihrer Relativierung führenden Zusätze wahrgenommen". Die zweite Kernaussage: Die Plakate üben nicht nur „Kritik am Zionismus und der Politik Israels", sondern bedrohen „darüber hinausgehend" die „jüdische Bevölkerung auch in Deutschland". Zu diesem Schluss ist das Verwaltungsgericht auch gekommen, weil es die Slogans beider Plakate nicht „isoliert", sondern „im Zusammenwirken" betrachtet hat. Das OVG Münster hat diesen Beschluss bestätigt. Seine zusätzlichen Argumente: Die Wendung „Israel ist unser Unglück" spiele im Zusammenhang mit dem Begriff des Zionismus auf den Topos der „jüdischen Weltverschwörung" an und erscheine als eine „bloße Abwandlung der in der NS-Zeit propagierten Hassparole ‚Juden sind unser Unglück'". Das Plakat mit der Aufschrift „Wir hängen nicht nur Plakate" versteht das Oberverwaltungsgericht „für sich genommen" oder als „Gesamtbetrachtung" mit anderen Anschlägen [...] „als Kundgabe der Gewaltbereitschaft oder als Ankündigung von oder Bereitschaft zur Selbstjustiz": „Der optisch in den Hintergrund tretende Zusatz ‚Wir kleben auch Aufkleber' stellt diese Lesart nicht infrage." Nach dem Urteil des OVG Münster hat sich unter anderem die Stadt Lünen entschlossen, die Plakate der Rechten zu entfernen. Diesen Schritt hät-

---

49   BVerfG vom 24. September 2009 Az. 2 BvR 2179/19, Rn. 11.
50   Beschluss des VG Gelsenkirchen vom 23. Mai 2019 Az. 14 L 840/19.

ten auch andere Städte in Nordrhein-Westfalen ohne hohe rechtliche Risiken gehen können.

Die Beschlüsse des VG Gelsenkirchen und des OVG Münster zeigen beispielhaft, wie weit die rechtlichen Beurteilungsspielräume bei den Wahlplakaten der Rechten reichen und wie sie zugunsten des Schutzes der jüdischen Mitbürger und zulasten einer rechtsextremistischen und antisemitischen Partei hätten genutzt werden können.

Trotz des Drängens der jüdischen Gemeinden und der Antisemitismusbeauftragten haben nur wenige Städte und Gemeinden Wahlplakate der Partei Die Rechte abgehängt: Bochum, Duisburg, Gelsenkirchen, Kamp-Lintfort und Bedburg sowie in Baden-Württemberg die Gemeinden St. Georgen und Pfinztal. Das geschah nicht immer unfallfrei. Im hessischen Städtchen Neunkirchen waren die judenfeindlichen Plakate Bürgermeister Klemens Olbrich ein Dorn im Auge. „Wir wollen so etwas hier nicht und generell in Deutschland nie wieder haben", verkündete er.[51] Auch aus der Bevölkerung hagelte es Beschwerden. Kurzerhand ließ das Stadtoberhaupt die Plakate von Bauamtsmitarbeitern abhängen. Die Rechte reagierte prompt. Sie warf Olbrich vor, ihr Recht auf freie Meinungsäußerung zu verletzen. Sie setzte der Stadt eine Frist, innerhalb der sie die einbehaltenen Plakate wieder aufhängen solle. Komme die Stadt der Aufforderung nicht nach, drohten rechtliche Folgen. Olbrich wandte sich an den hessischen Städte- und Gemeindebund (HSGB). Der riet von einem Rechtsstreit ab. „Ich kann nicht jemandem empfehlen, vor Gericht zu ziehen, wenn ich nach der derzeitigen Rechtsprechung davon ausgehen muss, dass der Prozess verloren wird", erklärte HSGB-Direktor Karl Christian Schelzke dem *Schwälmer Boten*. Wohl oder übel brachte die Stadt die Plakate wieder an, die dann allerdings häufig von Bürgern heruntergerissen wurden. Das genügte der Deutsch-Israelischen Gesellschaft Kassel nicht.[52] Sie entwarf ein Gegenplakat mit dem hebräischen Chai-Zeichen für „Leben", das sie in Neunkirchen direkt neben den Plakaten der Rechten anbrachte. Diese Nähe provozierte Die Rechte offensichtlich dermaßen, dass sie diese Gegenposter nach der Europawahl zusammen mit ihren Plakaten herunterriss.

Eine beeindruckende Zivilcourage beim Umgang mit den Plakaten der Partei Die Rechte haben die Gemeindeverwaltung und die Bürger von Pfinztal in der Nähe von Karlsruhe bewiesen. Als sie am Montag vor der Europawahl erwachten, regten sich viele Bürger über die Poster der Rechten auf, die nach Augenzeugenberichten gegen

---

51 Seeger, 2019: Juden-Hass im Europa-Wahlkampf: Ärger um rechte Hetz-Plakate in Neunkirchen, unter https://www.lokalo24.de/lokales/schwalm-eder-kreis/schwaelmer-bote/juden-hass-europa-wahlkampf-aerger-rechte-hetz-plakate-neunkirchen-12293725.html (abgerufen am 22. März 2021).
52 Deutsch-Israelische Gesellschaft e. V., 2019: Plakataktion zur Europawahl „Gegen jeden Antisemitismus", unter https://kassel.deutsch-israelische-gesellschaft.de/plakataktion-zur-europawahl-gegen-jeden-antisemitismus/ (abgerufen am 22. März 2021).

drei Uhr in der Nacht von fünf Personen in Springerstiefeln und Kampfmontur aufgehängt worden waren. Sie beschwerten sich bei der Gemeindeverwaltung. Dort trafen sie auf offene Ohren. Die Gemeinde hat eine philosemitische und geschichtsbewusste Tradition, Partnerschaftsmodelle mit Israel, eine Geschwister-Scholl-Realschule und ein Ludwig-Marum-Gymnasium[53]. Am nächsten Tag ließ die Gemeindeverwaltung die aus ihrer Sicht „inakzeptablen Plakate" aufgrund der Landes- und Polizeigesetze abhängen, weil „sie Angst verbreiten und jüdisches Leben direkt bedrohen", sagte Frank Hörter, Bürgermeisterstellvertreter und einer der Initiatoren der Abhängaktion. Am nächsten Tag drohte der Parteivorsitzende der Rechten Sacha Krolzig mit einem Antrag auf einstweilige Anordnung beim Verwaltungsgericht mit einer Strafanzeige wegen Unterschlagung, Dienstaufsichtsbeschwerden und dem „Notwehrrecht nach § 32 StGB, das unsere Wahlkämpfer auszuüben verstehen", also mit Gewalt. Und: „Sollten die abgehängten Plakate nicht um 18 Uhr wieder aufgehängt sein, stellen wir zudem in Aussicht, 200 weitere Plakate aufzuhängen." Die Gemeindeverwaltung ließ sich nicht erpressen und teilte dem Parteivorsitzenden höflich mit, dass er die Plakate „selbstverständlich bei unserem Bauhof während der Öffnungszeiten abholen könnte". Am Abend veranstaltete Die Rechte eine Spontanversammlung mit fünf Personen unter dem Motto „Gegen Behördenwillkür – Pfinztal wählt Die Rechte". Am nächsten Tag erschien ein Vertreter der Rechten in der Gemeindeverwaltung und setzte sie nochmals massiv unter Druck, Parteifreunde holten parallel die entfernten Plakate vom Bauhof. Am folgenden Morgen trauten die Gemeindevertreter und Bürger ihren Augen nicht. Um das Rathaus herum hingen ca. 30 Plakate der Rechten – doppelt so viele wie zuvor. Die Gemeinde bewies aber weiter Rückgrat. Am Freitag vor den Europawahlen ordnete Bürgermeisterstellvertreter Frank Hörter ein zweites Mal an, die Plakate zu entfernen, und stellte eine Strafanzeige wegen Volksverhetzung bei der Staatsanwaltschaft Karlsruhe, auf die er bisher keine Antwort bekommen hat. Ein „Armutszeugnis", meint er: „Ich verstehe es nicht." Dafür hat Die Rechte schnell reagiert. In der Nacht zum Samstag hängte sie im Gegenzug die geächteten Plakate vor Hörters Privathaus auf und steckte einen Parteiflyer in seinen Briefkasten. So endete eine politisch und rechtlich turbulente Woche in Pfinztal. Wenn es einen Orden für politische Zivilcourage für Gemeinden gäbe, Pfinztal hätte ihn verdient.

Der Bundesbeauftragte für Antisemitismus Klein ist von der Reaktion der Städte und Kommunen auf die Poster der Rechten „enttäuscht", denn Pfinztal war nur eine Ausnahme. Er führt den fehlenden Mut auf eine „verbreitete Unsicherheit" der Ordnungsämter zurück, „was erlaubt ist und was nicht", und auf eine „falsch verstandene Toleranz". Für seinen Stuttgarter Kollegen Blume hatten die „kleinen Kommunen mehr Mut als die großen Städte". Um sich vor einer Abnahme der Plakate rechtlich abzusi-

---

53   Ein deutscher Rechtsanwalt jüdischer Herkunft und SPD-Politiker.

chern, erkundigten sich zum Beispiel die Stadtverwaltungen in Wilhelmshaven oder Pforzheim bei den zuständigen Staatsanwaltschaften, ob die Plakate den Tatbestand der Volksverhetzung erfüllen. Das verneinten diese in der Regel.[54] Daraufhin verzichteten etliche Bürgermeister auf Abhängaktionen und beschränkten sich auf Strafanzeigen. So lief es auch in Hannover. Das dortige Rechtsamt stellte mit deutscher Gründlichkeit detaillierte rechtliche Erwägungen an über die Aufstellungsorte, Beseitigungsanordnung, Ersatzvornahme, Anordnung der sofortigen Vollziehbarkeit, Fristsetzung, rechtliches Gehör und das Einholen einer Stellungnahme der Staatsanwaltschaft. Da über diese Prüfung viel Zeit ins Land ging, musste der Bürgermeister schließlich eingestehen, dass „aufgrund der Kürze der bis zum Wahltag verbleibenden Zeit ein ordnungsgemäßes und rechtsstaatliches Verfahren nicht mehr durchgeführt werden konnte". Als politisch-moralischen Ersatz stellte die Stadt Hannover eine Strafanzeige.

Unter den Kreisen und kreisfreien Städten war damals der Wunsch nach einer „Handreichung" der Innenministerien verbreitet, um rechtlich auf der sicheren Seite zu stehen. Den haben nur wenige erfüllt. Zum Beispiel die Innenministerien in Brandenburg und Thüringen. Sie haben die Kommunen aufgefordert, das NPD-Plakat „Stoppt die Invasion: Migration tötet" abzuhängen.[55] Die meisten Kreise und kreisfreien Städte fühlten sich während des Europawahlkampfes bei der rechtlichen Bewertung der Plakate von den übergeordneten Behörden alleingelassen. Bei einigen Bürgermeistern schimmerte die Angst durch, dass sie einen Rechtsstreit verlieren könnten, weil das Abhängen von Plakaten ein unzulässiger Eingriff in den Wahlkampf sei, der schlimmstenfalls zu einer Wahlanfechtung führen könnte. Das war zum Beispiel in Konstanz ein Motiv der Gemeindeverwaltung, ein Plakat der rechtsextremistischen Partei Der III. Weg, einer Splittergruppe der NPD, nicht abzuhängen.[56] In zahlreichen Rathäusern und Amtsstuben dominierte ein Klima der Rechtsunsicherheit, was auch verständlich ist, da die Rechtslage häufig unklar ist. Denn widersprüchliche Gerichtsentscheidungen gab es im Europawahlkampf 2019 auch zu Wahlplakaten der rechtsextremistischen Parteien NPD und Der III. Weg.

Nach Meinung des Sächsischen Oberverwaltungsgerichts erfüllte das NPD-Plakat „Stoppt die Invasion: Migration tötet – Widerstand jetzt" den Tatbestand der Volksverhetzung, weil das Plakat ein „Angriff auf die Menschenwürde der Gruppe von Mi-

---

54 Benöhr-Laquer, Kommunale Praxis spezial 2020, 79, S. 2.
55 T-online, 2019: Plakate müssen weg – Gericht stuft NPD-Plakate als volksverhetzend ein, unter https://www.t-online.de/nachrichten/deutschland/innenpolitik/id_85808218/gericht-stuft-npd-plakate-als-volksvertzend-ein.html (abgerufen am 6. April 2021).
56 https://www.suedkurier.de/region/kreis-konstanz/konstanz/Die-rechtsextreme-Partei-Der-dritte-Weg-hat-auch-in-Konstanz-fuer-die-Europawahl-plakatiert-Das-stoert-viele-dagegen-unternehmen-kann-man-aber-nichts;art372448,10159873.

granten" ist, indem behauptet wird, „dass sämtliche in der Bundesrepublik lebenden Migranten potenzielle Straftäter von Tötungsdelikten sind".[57] Das Thüringische Oberverwaltungsgericht sah im gleichen Wahlplakat dagegen keine Volksverhetzung, weil es auch als ein „freilich überspitzter" Beitrag zur „Diskussion um die deutsche Migrationspolitik" verstanden werden kann, der auf die „befürchteten Risiken zu offener Grenzen" hingewiesen hat.[58]

Ein weiteres Beispiel für eine unklare Rechtslage ist der Umgang der Behörden mit drei nationalistischen Wahlplakaten der Partei Der III. Weg. Ein Poster forderte „Europa verteidigen! Grenzen dicht!", wobei der Betrachter in den stilisierten Lauf einer Waffe blickt. Auf einem zweiten Anschlag wurde behauptet „Multikulti tötet" mit roten Flecken auf einer weißen Wand. Auf einem dritten Plakat lauteten die Parolen „Volksverräter stoppen. Deutsch wählen". In Zittau und Chemnitz hat die Stadtverwaltung die Anschläge entfernt, in Lichtenberg, Memmingen und Konstanz fehlte die Courage dazu.[59] Während die Staatsanwaltschaft Würzburg ein Strafverfahren wegen Volksverhetzung wegen dieser Plakate einstellte, billigte das Verwaltungsgericht Chemnitz das Abhängen des Plakates „Multikulti tötet", verpflichtete aber die Stadtverwaltung von Chemnitz gleichzeitig, das Plakat „Volksverräter stoppen" wieder aufzuhängen.[60] Ein „eindeutiges Verständnis" des Begriffes „Volksverräter" im Sinne seiner nationalsozialistischen Vergangenheit ließ sich nach Ansicht der Chemnitzer Verwaltungsrichter nicht feststellen, weil der Begriff Volksverräter auch in der aktuellen politischen Debatte benutzt würde, um Kritik an der mangelnden Bereitschaft von Regierungen und Abgeordneten in Berlin und Brüssel, aber auch in Gemeindevertretungen zu üben, auf die Meinungen und Interessen der angeblichen Mehrheit der Bevölkerung einzugehen.[61] Dagegen erfülle das Plakat „Multikulti tötet" in einer Zusammenschau mit Zitaten aus dem Internetauftritt der Partei Der III. Weg den Tatbestand der Volksverhetzung, weil aus ihm die Aussage herauszulesen sei, dass „Ausländer sämtlich gefährliche Straftäter sind, die eine akute Bedrohung für Leib und Leben der deutschen Bevölkerung

---

57 Sächsisches Oberverwaltungsgericht vom 23. Mai 2019 Az. 3 B 155/19, S. 7 f.
58 Thüringisches Oberverwaltungsgericht vom 22. Oktober 2019 Az. 3 EO 715/19, S. 4.
59 https://www.suedkurier.de/region/kreis-konstanz/konstanz/Die-rechtsextreme-Partei-Der-dritte-Weg. (abgerufen am 6. April 2021); Die LOKALE Zeitung Memmingen, 2019: Verdacht auf Volksverhetzung – OB Schilder stellt Strafanzeige gegen Partei „Der III. Weg", unter https://www.lokale-mm.de/news/verdacht-auf-volksverhetzung/ (abgerufen am 6. April 2021); Kohlhepp, 2020: Hetz-Plakate in Gemünden: Verfahren gegen Dritter Weg eingestellt, unter https://www.mainpost.de/regional/main-spessart/hetz-plakate-in-gemuenden-verfahren-gegen-dritter-weg-eingestellt-art-10401881 (abgerufen am 1. April 2021); https://www.zeit.de/politik/deutschland/2019-05/volksverhetzung-npd-wahlplakate-eilantrag-abgelehnt-rechtsextremismus (abgerufen am 6. April 2021).
60 Staatsanwaltschaft Würzburg 2. Dezember 2019 Az. 701 UJs 10634/19; Verwaltungsgericht Chemnitz vom 3. Mai 2019 Az. 7 L 271/19.
61 Verwaltungsgericht Chemnitz vom 3. Mai 2019 Az. 7 L 271/19, S. 9 f.

darstellen".⁶² Mit anderen Worten: „Wer das deutsche Volk erhalten möchte, muss die multikulturelle Gesellschaft konsequent ablehnen", wie es an anderer Stelle des Internetauftritts des Dritten Weges heißt. Das Sächsische Oberverwaltungsgericht hat den Beschluss des Chemnitzer Verwaltungsgerichts mit einer in Nuancen anderen Begründung bestätigt.⁶³

Für juristische Laien muss es verwirrend erscheinen, dass die Staatsanwaltschaft Würzburg und sächsische Verwaltungsrichter bei der Anwendung des Volksverhetzungsparagrafen auf dasselbe Plakat zu so unterschiedlichen Ergebnissen gekommen sind. Eine offensichtliche Erklärung gibt es: Fleiß und Sorgfalt. Während die Staatsanwaltschaft Würzburg anscheinend kein anderes Ziel hatte, als das Verfahren auf lediglich anderthalb Seiten „totzumachen", wie es so schön im Jargon heißt, hat das Verwaltungsgericht Chemnitz sein Ergebnis auf 17 Seiten differenziert und überwiegend nachvollziehbar begründet, das Sächsische Oberverwaltungsgericht auf elf Seiten.

Während die verwaltungsgerichtlichen Auseinandersetzungen um die Wahlplakate der Rechten über kleine Scharmützel nicht hinausgingen, entzündeten sich an ihnen in der Strafjustiz Machtkämpfe. Auf der einen Seite stand eine Front aus den Staatsanwaltschaften in Karlsruhe, Köln, Bonn, Dortmund, Siegen, Duisburg, Kassel und Hannover, den Generalstaatsanwaltschaften in Karlsruhe, Hamm, Düsseldorf und Köln und dem Amts- und Landgericht Hannover. Mit verblüffend ähnlichen Begründungen gelangten sie zu dem Ergebnis, dass die Plakate keinen Anfangsverdacht für eine Volksverhetzung oder eine Beleidigung begründen und deshalb keine Ermittlungen einzuleiten seien⁶⁴. Der tragende Grund: Nach ihnen gibt es die Möglichkeit, die Wahlplakate der Rechten auch als straflose Israel-Kritik zu verstehen.

Bemerkenswert ist, dass hier nicht nur ein einzelner Staatsanwalt oder Richter eine fragwürdige Rechtsmeinung entwickelt hat. Hier geht es nicht mehr um **isolierte Einzelfälle**, sondern um ein Verhalten der **Institution Justiz**. Dass derselbe Rechtsstandpunkt in über einem halben Dutzend Städte herausgebildet wurde, lässt mindestens zwei Erklärungen zu. Entweder die Beschlüsse sind von einem gemeinsamen rechtli-

---

62 Verwaltungsgericht Chemnitz vom 3. Mai 2019 Az. 7 L 271/19, S. 12 f.
63 Sächsisches Oberverwaltungsgericht vom 21. Mai 2019 Az. 3 B 136/19.
64 Staatsanwaltschaft Karlsruhe vom 4. September 2019 Az. 578/19 CM07, Generalstaatsanwaltschaft Karlsruhe vom 12. Juni 2019 Az. 11 Zs 925/19 und vom 4. März 2020 Az. 37 Zs1558/19; Staatsanwaltschaft Hannover vom 12. Juli 2019 NZS 111 Js 47704/19; AG Hannover vom 3. März 2020 Az. 174 Gs 239/20; LG Hannover 96 Az. Qs 16/20, Generalstaatsanwaltschaft Celle vom 28. November 2019 Az. 2 Zs 1421/19 und 21. Januar 2021 Az. 2 Zs 2156/20; Staatsanwaltschaft Dortmund vom 9. Juli 2019 Az. 600 Js 180/19; Staatsanwaltschaft Köln vom 29. April 2019 Az. 121 Js 271/19; Generalstaatsanwaltschaft Hamm 26. September 2019 Az. 2 Zs 2010/19; Staatsanwaltschaft Kassel vom 21. Februar 2021 Az. 1622 UJs 62219/21; Generalstaatsanwaltschaft Düsseldorf vom 5. Mai 2021 Az. 4 Zs 674/21; Generalstaatsanwaltschaft Köln vom 6. Mai 2021 Az. 58 Zs 27/21.

chen und politischen Vorverständnis geprägt, oder sie haben ihre Einstellungsentscheidungen informell abgestimmt. An der anderen Front standen die Generalstaatsanwaltschaft Celle und das Oberlandesgericht Karlsruhe.[65] Sie vertraten die Auffassung, dass die drei Plakate der Rechten zumindest den Anfangsverdacht einer Volksverhetzung begründen und Ermittlungen einzuleiten waren. In der Hauptstadt des Rechts mündete der Rechtsstreit in eine offene Feldschlacht. Die Aufforderung des Oberlandesgerichts Karlsruhe, wenigstens Ermittlungen aufzunehmen, konterte die Generalsstaatsanwaltschaft Karlsruhe mit einer „Gegendarstellung". Auf die antwortete der erste Senat des Oberlandesgerichts mit einer verbalen Keule: Die „Annahme einer bloßen Kritik am Staat Israel in Verbindung mit einem Statement für die Wiedereinführung der Todesstrafe in Deutschland [...] liegt ausgesprochen fern und muss – nach erneuter Prüfung der Sache – sogar als abwegig angesehen werden".[66] Eine rechtliche Ohrfeige für die obersten Ermittler des Ländles. Für Christoph Mährlein, Pforzheimer Rechtsanwalt der Jüdischen Gemeinde und deren Vorsitzenden, ist es „schon etwas Besonderes, wenn das Oberlandesgericht in einem Klageerzwingungsverfahren bei der Generalstaatsanwaltschaft die Wiederaufnahme von Ermittlungen anordnet".

Am Ende verliefen Mährleins hartnäckige Bemühungen, die Generalstaatsanwaltschaft Karlsruhe mithilfe des Oberlandesgerichts Karlsruhe doch noch zu Ermittlungen zu zwingen, im Sande. Einen neuen Vorstoß wehrte das OLG Karlsruhe mit der Begründung ab, dass ein „Freispruch der Beschuldigten aus tatsächlichen Gründen wahrscheinlicher erscheint als eine Verurteilung".[67] Der Hauptgrund: 2022 sei es unmöglich, noch eine strafrechtliche Verantwortung einzelner Parteimitglieder für die Gestaltung der Plakate, die innerparteiliche Entscheidungsfindung und die deutschlandweite Verbreitung auszumachen. Diese Hürden hätte man möglicherweise überspringen können, wenn die Strafverfolger von Anfang an konsequent und entschlossen ermittelt hätten.

Alle Staatsanwaltschaften und Gerichte, die sich gegen Ermittlungen wegen Volksverhetzung gesperrt haben, berufen sich auf die Rechtsprechung des Bundesverfassungsgerichts. Nach ihr ist § 130 StGB im Lichte von Art. 5 Abs. 1 GG restriktiv auszulegen. Plakate im Wahlkampf genießen daher als Beiträge zur Meinungsbildung einen besonderen Schutz. Auf den können sich auch extremistische Parteien wie Die Rechte, die NPD oder Der III. Weg berufen, solange sie nicht verboten sind. Dieser Schutz ist allerdings nicht vorbehaltlos garantiert, sondern findet seine Grenze unter anderem in der Strafbarkeit der Volksverhetzung oder den Polizeigesetzen.

---

65   Generalstaatsanwaltschaft Celle vom 28. November 2019 Az. 2 Zs 1421/19. OLG Karlsruhe vom 26. Februar 2020 Az. 1 Ws 285/19 und 17. März 2020.
66   1. Strafsenat OLG Karlsruhe vom 17. März 2020 Az. 1 Ws 285/19.
67   OLG Karlsruhe vom 9. Februar 2022 Az. 1 Ws 189/21.

Bei der Auslegung und rechtlichen Würdigung von Meinungsäußerungen fordern die Bundesverfassungsrichter, deren „Sinn zutreffend zu erfassen": Gemeint ist damit, dass der ‚objektive Sinngehalt' „nach dem Verständnis eines unvoreingenommenen und verständigen Durchschnittspublikums zu ermitteln" ist. Für die Auslegung von mehrdeutigen Aussagen hat das Bundesverfassungsgericht besondere Regeln entwickelt, die freilich widersprüchlich sind. Einmal dürfen Beschuldigte nach ihm nicht verurteilt werden, wenn bei mehrdeutigen Aussagen eine straflose Deutung **„nicht mit nachvollziehbaren und tragfähigen Gründen ausgeschlossen werden kann"**.[68] Dahinter steht der Gedanke, dass niemand wegen mehrdeutiger Äußerungen verurteilt werden darf, wenn eine Deutung strafbar, eine andere aber straflos wäre. Das begründet das Bundesverfassungsgericht einmal mit der im Lichte des Art. 5 Abs. 1 GG gebotenen restriktiven Auslegung des § 130 StGB, zum anderen mit der Anwendung der Grundsatzes „im Zweifel für den Angeklagten" auf der rechtlichen Ebene. Als Orientierungsmarke für die eine oder andere Auslegung gilt der Wortlaut, bei dem auch „zwischen den Zeilen" gelesen werden darf. Außerdem dürfen bei der Interpretation der „sprachliche Kontext" und „Begleitumstände" berücksichtigt werden.

Verwirrung stiftet eine zweite Formel, die das Bundesverfassungsgericht in einer älteren Entscheidung zu mehrdeutigen Aussagen herausgebildet hat. Wegen der „mit der offenen Aussage verdeckt enthaltenen zusätzlichen Aussage" darf nur verurteilt werden, „wenn sich die verdeckte Aussage dem angesprochenen Publikum als **unabweisbare Schlussfolgerung aufdrängt**".[69] Auch wenn der Unterschied zwischen beiden Formeln gering scheint, hat er sich, wie wir sehen werden, bei der rechtlichen Würdigung der Plakate der Rechten in den Bescheiden der Staatsanwaltschaften und den Beschlüssen der Gerichte entscheidungserheblich niedergeschlagen.

Für rechtspopulistische und rechtsextremistische Propaganda ist charakteristisch, dass sie häufig Formulierungen benutzen, die eine nationale Gesinnung verraten, ohne strafrechtlich angreifbar zu sein. Nach dem Verfassungsschutzbericht des Landes Nordrhein-Westfalen 2018 „verfolgt Die Rechte […] die Strategie, Provokation und Einschüchterung zu maximieren und das strafrechtliche Risiko zu minimieren".[70] Zwi Rappoport, Vorsitzender des Landesverbandes der Jüdischen Gemeinden Westfalen-Lippe und ehemaliger Amtsrichter in Dortmund, hat den Eindruck, dass Die Rechte juristisch beraten wird, um „grenzwertig, aber straflos" zu texten. Ein beliebtes Mittel ist hier, mehrdeutig zu formulieren. Ein Beispiel ist das Plakat, auf dem in großen gelben Buchstaben steht „Wir hängen nicht nur Plakate!", in einer kleinen weißen Schrift

---

68 Unter anderem BVerfG vom 24. September 2009 2 BvR 2179/09.
69 BVerfG vom 25. März 2008 1 BvR 1753/03 NJW 2008, 2907 (2908).
70 Verfassungsschutzbericht 2018, S. 88.

darunter „Wir kleben auch Aufkleber!" Ein anderer semantischer Trick in der rechten Szene ist der Gebrauch von Signalwörtern und Chiffren. So ist die Bezeichnung „Zionist" inzwischen ein Codewort für Juden.[71]

Nach dem Bundesamt für Verfassungsschutz richtet sich „israelbezogener Antisemitismus" gegen den „Staat Israel, der delegitimiert und als – jüdisches Kollektiv – diffamiert wird. Das geschieht unter anderem dadurch, dass das Existenzrecht Israels verneint oder die israelische Politik mit derjenigen des nationalsozialistischen Staates auf eine Stufe gestellt wird." Die Zustimmung zum israelbezogenen Antisemitismus ist in Deutschland relativ hoch. Die Anteile pendeln, je nach Fragestellung, zwischen 26 und 40 Prozent.[72] In aller Regel meinen die Bezeichnungen „Israelis" oder „Zionisten" dann „Juden".[73] Diese Verschleierungstaktik bei der Auslegung angemessen zu enttarnen, ist eine rechtliche Herausforderung, aber unverzichtbar für die Akzeptanz staatsanwaltlicher und richterlicher Entscheidungen in diesem Bereich.

Dass die Mehrheit der Staatsanwaltschaften sowie das Amts- und Landgericht in Hannover zum selben Ergebnis gekommen sind, liegt daran, dass sie dasselbe Argumentationsmuster angewandt haben, dass nämlich die Mehrdeutigkeit der Plakate die Möglichkeit eröffnet hat, sie auch als straflose Israel-Kritik zu lesen. Dass es hier einen Auslegungsspielraum gibt, zeigt die Tatsache, dass die Generalstaatsanwaltschaft Celle und das OLG Karlsruhe zu anderen Ergebnissen gekommen sind. Der Schlüssel für die divergierenden rechtlichen Weichenstellungen liegt im Umgang mit den Auslegungskriterien **„sprachlicher Kontext"** und **„Begleitumstände"**. Dabei geht es konkret um die Frage, ob die **Absicht** der Partei bei der **Formulierung** der Slogans, der **Name** der Partei, der **Ort und die Anordnung** der Plakate und die **Wahlprogramme** bei der Exegese einzubeziehen sind oder nicht.

Um Wiederholungen zu vermeiden, soll der Meinungsstreit in erster Linie am Beispiel der niedersächsischen Justiz mithilfe der Entscheidungen der Staatsanwaltschaft sowie des Amts- und Landgerichts Hannover und der Gegenposition der Generalstaatsanwaltschaft Celle dargestellt werden.[74] Auf Verfügungen anderer Staatsanwaltschaften wird nur eingegangen, wenn sie die Gesamtproblematik erhellen.

---

71   In diesem Sinne das AG Essen vom 30. Januar 2015 57Cs-29 Js 579//14–631/14, unter https://openjur.de/u/762150.html.
72   Antisemitismusbericht der Bundesregierung 2017, BT-Drucksache 18/11970, S. 65.
73   Bundesamt für Verfassungsschutz, Antisemitismus im Rechtsextremismus, S. 9 f.
74   Staatsanwaltschaft Hannover vom 12. Juli 2019 Az. NZS 1111 Js 47704719; AG Hannover vom 10. März 2020 Az. 17 Gs 239/20; LG Hannover vom 20. April 2020 Az. 96 Qs 16/20; Generalstaatsanwaltschaft Celle vom 28. November 2019 Az. 2 Zs1421/19.

Die Justiz in Hannover verkennt nicht, dass der Ausspruch „Israel ist unser Unglück" semantisch an den von den Nationalsozialisten verbreiteten Slogan „Die Juden sind unser Unglück" anknüpft, der in der Regel auf der Titelseite der antisemitischen Zeitung *Der Stürmer* stand. Der Wortlaut der anderen beiden Sätze, die Gestaltung des Plakates und die Kombination der Begriffe „Zionismus" und „Israel" lassen nach Ansicht des Amtsgerichts Hannover aber auch eine andere Interpretation der Aussagen zu: „Der Duden misst dem Begriff ‚Zionismus' zwei Bedeutungen bei, nämlich einerseits eine jüdische Bewegung, die das Ziel hat, einen selbstständigen Nationalstaat für Juden in Palästina zu schaffen. Andererseits eine [partei]politische Strömung im heutigen Israel und innerhalb des Judentums in aller Welt, die eine Stärkung und Vergrößerung des Staates Israel befürwortet und zu erreichen sucht". Der Begriff Zionismus lasse nach dem Duden also zwei Bedeutungsvarianten zu, den „Staat Israel" und das „Volk Israel". Unterstützt werde diese Auslegung durch die bildliche Hinterlegung mit der israelischen Nationalflagge. Das Fazit: „Ein unbefangener Durchschnittsleser könnte […] durch die zusätzliche Darstellung der Staatsflagge und den Begriff des Zionismus das Wahlplakat auch als ‚Kritik am Staat Israel' verstehen".

Interessant ist, dass das Amtsgericht Hannover im Unterschied zu Staatsanwaltschaften in Baden-Württemberg und Nordrhein-Westfalen immerhin davon ausgeht, dass die Partei Die Rechte „Codewörter" benutzt und der Begriff „Zionist" ein „antisemitisches Codewort" ist.[75] Diese richtige Erkenntnis meint das Amtsgericht dann aber unter Berufung auf das Bundesverfassungsgericht nicht in die Auslegung einbeziehen zu dürfen, weil nach ihm die „innere Haltung" der Partei oder die „parteiliche Programmatik" bei der Interpretation eines Wahlplakats keine Rolle spielen dürfen.[76] Wäre damit das letzte Wort gesprochen, wäre es künftig schwer bis unmöglich, rechtspopulistische oder rechtsextreme Verschleierungsrhetorik zu bestrafen. Prof. Jens Lehmann von der Generalstaatsanwaltschaft Celle will diese Konsequenz vermeiden: „Wer gezielt mehrdeutige Formulierungen einsetzt, um zum Hass gegen Teile der Bevölkerung aufzustacheln, kann sich nicht darauf berufen, nach objektivem Maßstab komme auch eine harmlose Auslegung in Betracht."[77] Nach seiner Auffassung ist es in solchen Fällen geboten, hier „**auch** die Absicht des sich Äußernden zu ergründen. Sie fließt in die Ermittlung des objektiven Sinns ein".

Während nach dem Bundesverfassungsgericht die „Absicht" eines Verfassers bei der Auslegung eines Wortlautes nicht berücksichtigt werden soll, ist die Rechtsprechung des Bundesgerichtshofs hier nicht einheitlich.[78] Für die Interpretation von rechten

---

75 In diesem Sinne AG Essen vom 30. Januar 2015 Az. 57 cs-29 Js579/14–631/14.
76 BVerfG vom 15. Mai 2019 1 BvQ 43/19, Rn. 11.
77 Lehmann, Leugnung des Holocaust und „Israelkritik" als neuere Formen der Volksverhetzung, in: Rechtsextremismus und Rechtsterrorismus, hrsg. von Frank Lüttig/Jens Lehmann, S. 279 (303 f.).
78 Lehmann, a. a. O., S. 304.

Plakaten sind zwei Entscheidungen richtungsweisend. In ihnen hat er nicht nur akzeptiert, sondern sogar verlangt, „Hintergrundwissen" über die Autoren in die Auslegung des Wortlautes zu integrieren. Dass die Parole „Das Reich muss wieder her" nicht das „Reich Bismarcks", sondern das „Dritte Reich" meint, haben die Bundesrichter damit begründet, dass der Verfasser „seit Jahrzehnten rechtsradikales Gedankengut verbreitet und die freiheitlich-demokratische Grundordnung bekämpft".[79] Bei der Verbreitung einer CD mit zwei Liedern mit der Textzeile „Blut und Ehre", einer Parole der Hitlerjugend, hat der Bundesgerichtshof berücksichtigt, dass der Angeklagte „aufgrund seines politischen Werdegangs" als Mitglied des NPD-Bundesvorstands „und seiner über viele Jahre ausgeübten Berufstätigkeit mit dem Vokabular politisch rechtsgerichteter Kreise in hohem Maße vertraut war".[80] Eine Orientierung an diesen Maßstäben erlaubt, ja macht sogar notwendig, den Namen der Partei Die Rechte, ihr Parteiprogramm und ihr Programm für die Europawahl bei der Auslegung zu berücksichtigen.

Dieser Befund lenkt den Blick auf eine zweite Auslegungsebene: die des „sprachlichen Kontextes" und der „Begleitumstände". Erstaunlicherweise gehen die meisten Einstellungsverfügungen der Staatsanwaltschaften bei der Auslegung der Plakate gar nicht auf den Namen der Partei Die Rechte ein. Dieser Name hat eine Signalwirkung, nämlich dass die Partei dem äußersten rechten Spektrum zuzuordnen ist, und er verrät eine gewisse Nähe zum nationalsozialistischen Gedankengut.

Irritierend ist ferner, dass die meisten Verfügungen der Staatsanwaltschaften und die Hannoveraner Gerichtsurteile das Wort „unser" in dem Slogan „Israel ist unser Unglück" bei ihren Auslegungsbemühungen übersehen oder ignorieren. Würde man es auf „Israel" beziehen, wäre das Wort „unser" „sinnentleert", wie die Generalstaatsanwaltschaft Celle feststellt: Die Plakate im Europawahlkampf „richten sich an die inländische Bevölkerung. Wenn man die Plakate dahin verstehen wollte, dass diese Kritik an der Siedlungspolitik Israels darstellten, würde die Bezeichnung als ‚unser' Unglück keinerlei nachvollziehbaren Sinn ergeben".[81]

Hinzu kommt, dass die von den Staatsanwaltschaften für möglich gehaltene Deutung, dass sich das Plakat gegen Israel richtet, im Kontext eines Europawahlkampfes keinen Sinn macht. Der Staat Israel ist nicht Teil der Europäischen Union, und die Europawahl hat keinen sichtbaren Bezug zum Staat Israel. Auch das Programm der Partei enthält lediglich auf Deutschland bezogene nationalistische Aussagen. Rechtsanwalt Mährlein: „Warum der Staat Israel, der zu Deutschland in keinen herausgehobenen wirtschaft-

---

79 BGH NStZ 2003, S. 145 f.
80 BGH Beck RS 2008, 06865.
81 Generalstaatsanwaltschaft Celle vom 28. November 2019 Az. 2 ZS 1421/19, S. 3 f.

lichen Beziehungen steht, für Deutschland ein Unglück sein soll, ist in keiner Weise nachvollziehbar und völlig abwegig."

Es fragt sich, warum Staatsanwälte und Richter diese sich aus dem Wortlaut des Plakats ergebenden naheliegenden Auslegungsschritte nicht getan haben? Waren es handwerkliche Defizite oder doch ein gewisses Vorverständnis, dass sie die für eine Strafbarkeit sprechenden Indikatoren übersehen oder ignoriert und die eine Straflosigkeit indizierenden Indikatoren betont haben? Dann hätten sie selektiv ausgelegt, **im Ergebnis** gegen den strafrechtlichen Schutz jüdischer Mitbürger und für die Straflosigkeit antisemitischer Rechtsextremisten. Und im Widerspruch zum Neutralitätsgebot der Justiz.

Auch bei der Möglichkeit, „Begleitumstände" bei der Interpretation der Plakate heranzuziehen, verfolgt die Mehrheit der Staatsanwaltschaften einen restriktiven Kurs, allen voran die Generalstaatsanwaltschaft in Karlsruhe: „Begleitumstände, die in der Schrift selbst keinen Niederschlag gefunden haben – wie Motive, Absichten, Vorstellungen, Ziele und Neigungen […] des Herstellers oder Verbreiters –, bleiben entsprechend dem Deliktcharakter als Verbreitungsdelikt grundsätzlich außer Betracht."[82] Die ranghöchsten Ermittler des Landes wollen deshalb bei der Auslegung nicht das Wahlprogramm der Rechten beziehen und nicht erkunden, welche „Ideologie" ihre Mitglieder vertreten und welche „Taktik" sie anwenden, um diese „beim Auftreten im öffentlichen Raum zu verschleiern". Auch beim Bundesamt für Verfassungsschutz wollen sie nicht anfragen, um dessen Expertise zu berücksichtigen. Beides angeblich, weil es für die Aufklärung nicht „sachdienlich" sei. Diese hartnäckige und engstirnige Aufklärungsverweigerung der Generalstaatsanwaltschaft hat das OLG Karlsruhe mit deutlichen Worten zurückgewiesen und einem Klageerzwingungsverfahren stattgegeben.[83]

Kopfschütteln muss auch die Feststellung der Staatsanwaltschaft Karlsruhe auslösen, dass das „in unmittelbarer Nähe zur Pforzheimer Synagoge aufgestellte" Plakat **„nicht zwingend** auf einen Bezug zu den in Deutschland bzw. in Pforzheim lebenden Juden hindeutet".[84] Sie meint, dass das Plakat an dem Aufstellungsort auch mit einer „straflosen Kritik an der Politik des Staates Israel in Einklang zu bringen und nach der Rechtsprechung des Bundesverfassungsgerichts nicht mit überzeugenden Gründen nachvollziehbar und tragfähig auszuschließen" sei. Erstaunlich bis peinlich ist die Begründung: Die Gemeinde nehme an einem Austauschprogramm für Jugendliche mit Israel teil. „Dies hat nichts mit Zionismus zu tun und ist auch für Deutschland kein Unglück",

---

82 Gegenvorstellung der Generalstaatsanwaltschaft Karlsruhe vom 4. März 2020 Az. 37 ZS 1558/19, S. 2.
83 OLG Karlsruhe vom 17. März 2020 Az. 530 Js 34668/19.
84 Staatsanwaltschaft Karlsruhe vom 4. September 2019 Az. 578/19 CM07, S. 4 f.

kommentiert der Anwalt der Jüdischen Gemeinde Mährlein die befremdliche Interpretation eines Jugendaustauschprogrammes spitz. Auch die Generalstaatsanwaltschaft Karlsruhe vertritt die Auffassung, dass die „Platzierung der Wahlplakate vor der Synagoge" ein Umstand ist, der „nicht herangezogen werden darf".[85] Dabei gibt es kaum einen aussagekräftigeren „Begleitumstand" als die Standorte der Plakate in der Nähe von Synagogen: Dort haben die Plakate einen klaren Bezug zu den betroffenen jüdischen Gemeinden. Für diese Interpretation spricht auch, dass am 18. Mai 2019 ein Bus der Rechten mit zwei der beschriebenen Plakate kurz vor der Synagoge in Pforzheim hielt und dort Propagandaparolen abspielte. Wegen dieses Vorfalls hat die Staatsanwaltschaft Karlsruhe ein zweites Ermittlungsverfahren wegen Volksverhetzung gegen vier Mitglieder der Rechten eingeleitet und ihre Wohnungen durchsucht. Wo der Unterschied zwischen den zunächst abgelehnten und den neu aufgenommenen Ermittlungen liegen soll, wo doch dieselben Plakate zur Schau gestellt wurden, erklärt der Sprecher der Karlsruher Staatsanwaltschaft mit der „Gesamtschau" des Vorfalls. Vielleicht spielt eine Rolle, was Augenzeugen Rami Suliman berichtet haben. Danach sollen dort rechte Aktivisten vor der Synagoge „Raus aus Deutschland" gerufen haben.[86]

Während die Mehrheit der Staatsanwaltschaften und Gerichte es ablehnt, ein Parteiprogramm als „Begleitumstand" bei der Auslegung zu berücksichtigen, berufen sich das Amtsgericht Hannover und die Staatsanwaltschaft Karlsruhe bei der Auslegung des Plakates „Wir hängen nicht nur Plakate. Wir kleben auch Aufkleber!" auf das Wahlprogramm der Rechten zur Europawahl.[87] Beide kommen zu dem überraschenden Schluss, dass der Satz „Wir hängen nicht nur Plakate" auch als „Bekenntnis zur Todesstrafe gedeutet werden" kann beziehungsweise als Plädoyer für ihre „Wiedereinführung". In Ziffer 10 des Wahlprogramms fordere die Partei: „Bei Mord, Hoch- und Landesverrat: Wiedereinführung der Todesstrafe". Unter Berücksichtigung der verfassungsrechtlichen Rechtsprechung zu Art. 5 Abs. 1 GG sei eine „eindeutige Interpretation", dass hier eine einheimische Bevölkerungsgruppe indirekt mit Gewalt bedroht werde, nicht möglich. Die Deutungsmöglichkeit Todesstrafe für „Wir hängen nicht nur Plakate" ist für Rechtsanwalt Mährlein „fernliegend", insbesondere, wenn ein solches Plakat in unmittelbarer Nähe zu einer Synagoge wie in Pforzheim aufgehängt wurde. Auch das Wort „wir" spricht gegen eine von einem Gericht verhängte Todesstrafe, sondern eher mit dem OLG Karlsruhe für eine „Bedrohung durch Gewaltbereitschaft" und/oder eine „Ankündigung von Selbstjustiz".[88]

85 Gegenvorstellung der Generalstaatsanwaltschaft Karlsruhe vom 4. März 2020 Az. 37 Zs 1558/19, S. 2.
86 Pforzheimer Kurier vom 16. Januar 2021, S. 13.
87 AG Hannover vom 10. März 2020 Az. 174 Gs 239/20, S. 5; Staatsanwaltschaft Karlsruhe vom 4. September 2019 Az. 578/19 CM07.
88 OLG Karlsruhe vom 26. Februar 2019 Az. 1 Ws 285/19, Rn. 2d.

Bitter stößt auf, dass einige Robenträger bei der Berücksichtigung der Parteiprogramme ein weiteres Mal selektiv vorgehen. Konnten die Programme als Argument für eine Strafbarkeit dienen, haben sie einen Rückgriff auf sie für unzulässig erklärt. Halfen sie hingegen als Argument für eine Straflosigkeit wie in diesem Fall das Europawahlprogramm, war es plötzlich zulässig und relevant.

An der Auslegung der beiden hier im Vordergrund stehenden Plakate soll sich nach der Staatsanwaltschaft Hannover auch nichts durch den Umstand ändern, dass sie häufig zusammen mit dem Plakat der damals noch inhaftierten Holocaust-Leugnerin Ursula Haverbeck aufgestellt wurden. Auf Letzterem steht der Slogan: „Mit 90 Jahren: Für ihre Meinung inhaftiert".[89] Für sich betrachtet sei diesem Plakat „weder ein Billigen noch ein Leugnen oder ein Verharmlosen von Verbrechen des NS-Regimes" „mit der erforderlichen Eindeutigkeit zu entnehmen", sagen die Ermittler an der Leine. Vielmehr werde Frau Haverbeck „als Opfer der Justiz dargestellt, das zu Unrecht wegen Volksverhetzung verurteilt worden" sei: „Eine ausschließliche Deutung des Slogans ‚Mit 90 Jahren: Für ihre Meinung inhaftiert' dahingehend, dass sich die Partei Die Rechte auch mit den Äußerungen, die zur Verurteilung von Frau Haverbeck geführt haben, identifiziert, ist im Lichte der Rechtsprechung des Bundesverfassungsgerichts unzulässig." Diese Exegese ist vertretbar, zeigt aber zugleich, wie geschickt die Partei ist, nationalsozialistisches Gedankengut unterhalb der Strafbarkeitsschwelle zu verbreiten. Eine rechtliche Bedeutung ist dem Plakat gleichwohl zuzuschreiben, wenn es zusammen mit den beiden anderen Anschlägen präsentiert wird: als Interpretationshilfe für den antisemitischen Inhalt aller drei Plakate.

Fazit: Die dominierende Meinung in den Staatsanwaltschaften und die Auffassung des Amts- wie Landgerichts Hannover halten die zwei hier diskutierten Plakate für nicht strafbar, weil mit nachvollziehbaren und tragfähigen Gründen nicht auszuschließen sei, dass mit dem Plakat „Israel ist unser Unglück" der Staat Israel gemeint sei und es deshalb an einem in „Deutschland lebenden Bevölkerungsteil" (dem jüdischen Bevölkerungsteil) im Sinne des § 130 StGB fehle. Aufgrund derselben Deduktion soll das Plakat „Wir hängen nicht nur Plakate!" straflos bleiben, weil es auch als strafloses Plädoyer für die Wiedereinführung der Todesstrafe verstanden werden kann. Daran soll auch eine Gesamtschau aller drei Plakate nichts ändern.[90]

Beispielhaft für eine zweite mögliche Lesart der Plakate ist eine Verfügung der Generalstaatsanwaltschaft Celle, die mehreren Beschwerden gegen die Einstellung des Verfahrens durch die Staatsanwaltschaft Hannover stattgegeben hat, auch einer des Ehepaars

---

89   Staatsanwaltschaft Hannover vom 27. Juli 2019 Az. NZS 1111 Js 47704/19, S. 4.
90   Staatsanwaltschaft Hannover vom 12. Juli 2019 Az. NZS 1111 Js 4770/19, S. 5; LG Hannover vom 20. April 2020 Az. 96 Qs 16/20, S. 2.

Gottschalk. Die Verfügung, vom Generalstaatsanwalt Frank Lüttig persönlich verfasst, stellt fest, dass das Plakat „Juden sind unser Unglück" auch unter Berücksichtigung der Rechtsprechung des Bundesverfassungsgerichts zu Art. 5 Abs. 1 GG „nur dahin gedeutet werden kann, dass der Begriff ‚Israel' nicht den Staat meint, sondern als Synonym für die (auch hier lebenden) Juden steht". Die im Fettdruck in den Vordergrund platzierte Hauptaussage „Israel ist unser Unglück" lehne sich „in perfider Weise" an die während der NS-Zeit regelmäßig in der Hetzschrift verbreitete Parole „Die Juden sind unser Unglück" an. „Zwar wollten die Verfasser des Plakats durch den Zusatz ‚Zionismus stoppen!' vom eigentlichen Sinngehalt des Plakates ablenken", fährt der Generalstaatsanwalt fort: „Tatsächlich unterstreichen sie hierdurch aber bewusst noch die tatsächliche Aussage des Plakats, wonach ‚Juden' und nicht der Staat Israel gemeint sind". Für Lüttig steht fest, dass die „Bezeichnung ‚Zionist' im Sprachgebrauch des Antisemitismus ein Codewort für Juden" ist. Soweit die Verfasser des „Plakats vordergründig Kritik an Israel und dessen Siedlungspolitik üben", sei „dies lediglich als Verschleierungsversuch des wahren Sinngehalts des Plakats" zu werten. Zu beachten sei ferner, dass Israel aufgrund einer Gesetzesänderung seit 2018 den Status eines „jüdischen Nationalstaates" habe und somit „unschwer als Synonym für das Judentum herangezogen werden" könne und „in diesem Fall" auch müsse. Da das Plakat „unverhohlen" auf die Nazi-Zeit Bezug nehme, sei daran erinnert, dass der „Staat Israel damals noch nicht existierte", aber alle männlichen Juden ab 1938 den Namenszusatz „Israel" führen mussten, „was den Eindruck untermauert, dass es [das Plakat] sich gegen die jüdische Bevölkerung und nicht gegen den Staat Israel" richte.

Im Gegensatz zur Mehrheitsmeinung in der Justiz und unter Beachtung der Grundsätze des Bundesverfassungsgerichts zu Art. 5 Abs. 1 GG berücksichtigt der Generalstaatsanwalt bei der Auslegung des Plakats „weitere Umstände" in einer „Gesamtschau". Dazu gehört für Lüttig, dass der Anschlag „Israel ist unser Unglück" in Hannover „in optischer unmittelbarer Verbindung" zu dem Plakat mit der Holocaust-Leugnerin Ursula Haverbeck gruppiert war. Damit solidarisiere sich die Partei mit ihr und ihren Aussagen.

Am Ende legt der Generalstaatsanwalt dar, warum nach seiner Auffassung die rechtlichen Voraussetzungen des § 130 StGB vorliegen: „Das Plakat stellt eine reine Provokation und Hetze gegenüber der jüdischen Bevölkerung dar. Es richtet sich [...] an Gesinnungsgenossen und stellt auf der anderen Seite eine nicht hinzunehmende, bedrohliche Äußerung gegenüber der hiesigen jüdischen Bevölkerung dar". Durch den „eindeutigen Bezug zu der NS-Hetzparole ‚Die Juden sind unser Unglück'" stachele das Plakat „zum Hass gegen den jüdischen Teil unserer Gesellschaft auf". Durch den Zusatz „Schluss damit" rufe es zudem „zur Ergreifung von (Gewalt-)Maßnahmen zur Beseitigung des „Unglücks" auf, wodurch das Plakat „auch geeignet" sei, den „öffentlichen Frieden zu stören".

Aufhorchen lässt die Presseerklärung der Generalstaatsanwaltschaft, in der sich Generalstaatsanwalt Lüttig mit den Worten zitieren lässt: „Dies ist ein starkes Zeichen des wehrhaften Rechtsstaates gegen diejenigen, die unter dem Deckmantel einer vermeintlichen Israel-Kritik die Würde unserer jüdischen Mitbürger mit antisemitischen Hetz-Parolen gezielt öffentlich angreifen und herabsetzen". Das ist ein politisches Statement. Es offenbart sein Vorverständnis und sein Engagement in diesem Verfahren. Beides schimmert auch in der Wortwahl der Verfügung durch. Stark wertende Adjektive wie „perfide" und „unsäglich" finden sich in offiziellen Äußerungen einer Staatsanwaltschaft eher selten.

Weit trug dieses persönliche Engagement des Generalstaatsanwalts nicht. Als die Staatsanwaltschaft Hannover in einem zweiten Anlauf einen Durchsuchungsbeschluss für die Räume der Partei Die Rechte beantragte, um die verantwortlichen Verfasser und Verbreiter der Poster zu identifizieren, lehnte das Amtsgericht Hannover diesen ab, weil kein Anfangsverdacht bestehe.[91] Die dagegen eingelegte Beschwerde des Ehepaars Gottschalk beim Landgericht verpuffte ebenfalls.[92] Eine weitere Beschwerde von Frau Gottschalk wies die Generalstaatsanwaltschaft Celle als „unbegründet" ab, weil der Beschluss des Landgerichts „unanfechtbar" sei. Bemerkenswert ist, dass die Oberstaatsanwältin Frau Gottschalk in der Ablehnung der Beschwerde wissen ließ, dass sie die Entscheidungen des Amts- und Landgerichts für „rechtsirrig" halte, weil die „verächtlichen und abstoßenden Auswüchse [der] antisemische[n] Hetze der Plakate [eine] Brücke zur NS-Propaganda [...] schlagen [...] und nach meinem Verständnis nicht mehr von der Meinungsfreiheit gedeckt sind"[93]. Diesem Schreiben folgte vier Tage später eine weitere außergewöhnliche Presseerklärung der Generalstaatsanwaltschaft Celle.[94] In ihr gab sie ihre rechtliche Niederlage zu, mit der sie sich aber offenbar nur schwer abfinden konnte. Am Ende gab sie nämlich einen ungewöhnlichen Wink mit dem Zaunpfahl, wie man das Blatt doch noch wenden könnte: „Gegen die Entscheidung der Generalstaatsanwaltschaft kann ein Antrag auf gerichtliche Entscheidung durch das Oberlandesgericht Celle im Wege des sogenannten Klageerzwingungsverfahrens gestellt werden." Das ist ein ziemlich unverblümter Appell, gegen die eigene Entscheidung vorzugehen, um über den Umweg über das Oberlandesgericht – wie in Karlsruhe – doch noch die eigene Rechtsauffassung durchzudrücken.

Trotz der gesellschaftlichen Tragweite ist das Echo auf die verbreitete Verweigerung der Justiz, antisemitische Plakate einer rechtsextremistischen Partei strafrechtlich als Volksverhetzung zu verfolgen, in der allgemeinen Öffentlichkeit wie der Fachöffent-

---

91 Beschluss des Amtsgerichts vom 10. März 2020 Az. 174 Gs 239/20.
92 Beschluss des Landgerichts vom 20. April 2020 Az. 96 Qs 16/20.
93 Schreiben vom 21. Januar 2021 Az. 2 ZS 2156/20.
94 Presseerklärung vom 25. Januar 2021.

lichkeit bisher gering. In den jüdischen Gemeinden und bei ihren Rechtsvertretern ist die Kritik dagegen laut und massiv. „Die Entscheidung diverser Staatsanwaltschaften in Deutschland zu den Wahlplakaten halte ich im derzeitigen Klima für fatal", sagte der Präsident des Zentralrats der Juden in Deutschland Josef Schuster.[95] Er fürchtet, dass der „Verzicht auf Anklagen in der rechtsextremen Szene als Freibrief und Ermutigung aufgefasst werden könnte": „An einer solchen Entscheidung wird man sich künftig orientieren – wenn sie Bestand hat." Bei der nächsten Wahl könnten rechte Parteien leicht veränderte Formulierungen aus der Zeit des Nationalsozialismus verwenden, ohne rechtliche Konsequenzen fürchten zu müssen. Und Schuster zeigt auf die offene Wunde: „Bei der Begründung sträuben sich bei mir die Haare. Wenn Deutschland es mit dem Kampf gegen den Antisemitismus ernst meint, dann muss die Justiz ihre Spielräume nutzen, um gegen Rechtsextremisten und deren antisemitische Propaganda mit allen Mitteln vorzugehen". In dieselbe Kerbe schlägt Zwi Rappoport, Vorsitzender des Landesverbandes der Jüdischen Gemeinden von Westfalen-Lippe: „Das ignorante Verhalten der Justiz halte ich für untragbar. Meinungsfreiheit ist ein hohes Gut, ein Freibrief für Antisemiten und Hassprediger darf sie nicht sein". In der Wahrnehmung von Kay Schweigmann-Greve, Vorsitzender der Deutsch-Israelischen Gesellschaft Hannover, hat die „hannoverische Staatsanwaltschaft als Organ einer lebendigen und wehrhaften Demokratie versagt".

Diese heftigen Reaktionen werfen mindestens drei Fragen auf: Welchen rechtsdogmatischen Spielraum hatten Staatsanwälte und Richter bei der Auslegung des Paragrafen § 130 StGB und wie haben sie ihn vermessen? Was waren die Motive der dominierenden Meinung in der Justiz, bei den Plakaten nicht einmal einen Anfangsverdacht für eine Volksverhetzung zu bejahen? Was sagt uns die Amtsführung der Staatsanwaltschaften in vier Bundesländern und der Richter in Hannover über ihr Selbstverständnis als Rechtsanwender vor dem Hintergrund des Versagens der Justiz im Dritten Reich?

Beim rechtlichen Streit über die Auslegung des § 130 StGB berufen sich Mehrheits- und Minderheitsmeinung gleichermaßen auf die Rechtsprechung des Bundesverfassungsgerichts. Der Vorsitzende des Landesverbandes der jüdischen Gemeinden in Westfalen-Lippe und ehemalige Dortmunder Amtsrichter Rappoport wirft der Dortmunder Staatsanwaltschaft vor, die Rechtsprechung des Bundesverfassungsgerichts „verkannt zu haben". Rechtsanwalt Mährlein kritisiert, dass die Karlsruher Staatsanwaltschaft die „Grundsätze des Bundesverfassungsgerichts für Meinungsäußerungen unter Berücksichtigung von Art. 5 GG verletzt hat". Als Beispiele nennt er, den Slogan

---

95 epd online unter, https://www.evangelisch.de/inhalte/158870/31-07-2019/juedische-verbaende-entsetzt-ueber-entscheidung-von-staatsanwaltschaften?kamp=b-016 (abgerufen am 29. September 2022)

„Wir hängen nicht nur Plakate" als Forderung nach Wiedereinführung der Todesstrafe zu deuten und die Sätze „Zionismus stoppen: Israel ist unser Unglück" als straflose Israel-Kritik zu interpretieren.

Für diese Überschreitungen der Auslegungsgrenzen sind Formulierungen des Bundesverfassungsgerichts mitverantwortlich, wenn es fordert, dass bei mehrdeutigen Äußerungen „straflose Auslegungsvarianten mit nachvollziehbaren und tragfähigen Gründen auszuschließen" sein müssen. Wann ist eine Auslegungsvariante bei absichtlich mehrdeutigen Texten ausgeschlossen? Diese Formel birgt ein relativ hohes Risiko für Fehldeutungen. Zwar hat das höchste Gericht in anderen Entscheidungen selbst versucht, diese Gefahr zu verringern, wenn es zum Beispiel erläutert, dass ein Gericht „nicht auf entfernte, weder durch Wortlaut noch durch Umstände der Aussage gestützte Alternativen eingehen" muss. „Erst recht" sei „es nicht gehalten, abstrakte Deutungsmöglichkeiten zu entwickeln, die in den konkreten Umständen keinerlei Anknüpfungsmöglichkeiten finden."[96] Auf solch falschen Wegen haben sich die Staatsanwaltschaft Karlsruhe und das Amtsgericht Hannover verirrt, als sie nicht ausschlossen, dass das Poster „Wir hängen nicht nur Plakate" als straflose Forderung für die Wiedereinführung der Todesstrafe verstanden werden kann. Das OLG Karlsruhe bezeichnet diese Auslegungsvariante im ersten Beschluss als „fernliegend", im zweiten als „abwegig".[97]

Auf welch falsche Fährten Staatsanwaltschaften durch die Rechtsprechung des Bundesverfassungsgerichts geraten können, zeigt ein Einstellungsbeschluss der Staatsanwaltschaft Mühlhausen. In einer Wahlkampfrede 2017 hatte der AfD-Fraktionsvorsitzende Alexander Gauland die Absicht geäußert, die damalige Integrationsbeauftragte der Bundesregierung Aydan Özoguz nach „Anatolien entsorgen" zu wollen. Das war eine Reaktion auf ein Interview, in dem sie erklärt hatte, dass eine „spezifisch deutsche Kultur, jenseits der Sprache, schlicht nicht identifizierbar" sei. Obwohl eigentlich klar sein müsste, dass die Aufforderung, eine deutsche Politikerin mit türkischen Wurzeln nach Anatolien zu „entsorgen", ein Angriff auf die Menschenwürde türkischstämmiger Mitbürger ist, lehnte die Staatsanwaltschaft Mühlhausen mithilfe des Grundsatzes „Im Zweifel für den Angeklagten" einen Anfangsverdacht ab.[98] Es müsse „zugunsten des Beschuldigten davon ausgegangen werden, dass sich seine Ausführungen nicht gegen die Person der Integrationsbeauftragten, sondern gegen die von dieser vertretenen sozio-

---

96 Vgl. hierzu die Rechtsprechungshinweise bei Lehmann, Leugnung des Holocaust und „Israelkritik" als neue Formen der Volksverhetzung, in: Rechtsextremismus und Rechtsterrorismus, hrsg. von Lüttig/Lehmann, S. 279 (303 Fußnote 51).
97 OLG Karlsruhe vom 26. Februar 2019 Az. 1 Ws 285/19, Rn. 2d und Beschluss vom 17. März 2020, Rn. 2 c.
98 Stegbauer, Die Propaganda- und Äußerungsdelikte der §§ 86, 86 a, 111, 130,140 StGB, in: Rechtsextremismus und Rechtsterrorismus, hrsg. von Lüttig/Lehmann, S. 254 (269).

kulturellen These richten".⁹⁹ Wie kann man auf die Idee kommen, bei einer prononcierten Meinungsäußerung, die seinerzeit bundesweit Aufsehen erregte, Person und These voneinander zu trennen, zumal Gauland ganz offensichtlich eine Person „entsorgen" wollte und keine „These", was schon begrifflich keinen Sinn ergibt?

Schon schwieriger ist die Frage zu beantworten, ob beim Slogan „Zionismus stoppen: Israel ist unser Unglück" die Interpretation als straflose Israel-Kritik mit „nachvollziehbaren und tragfähigen Gründen auszuschließen" ist. Auch hier hält das OLG Karlsruhe diese Deutung in seinem ersten Beschluss für „fernliegend", in seinem zweiten für „abwegig". Heißt das aber, dass sie mit „nachvollziehbaren und tragfähigen Gründen" auszuschließen ist? Diese Frage beantworten weder das OLG Karlsruhe noch die Generalstaatsanwaltschaft Celle. Sie berufen sich stattdessen auf die ältere, bereits zitierte Entscheidung des Bundesverfassungsgerichts als Interpretationshilfe. Sie orientieren sich an der Formel „verständiger Würdigung der sich aufdrängenden Bedeutung [...] relevanter Texte".¹⁰⁰ Es ist evident, dass bei der Interpretation mehrdeutiger Texte mithilfe des Kriteriums des Sich-Aufdrängens eine Strafbarkeit eher zu bejahen ist als mit dem Erfordernis, dass eine straflose Deutung von mehrdeutigen Äußerungen „aus nachvollziehbaren und tragfähigen Gründen ausgeschlossen" sein muss. Das ist **eine** Erklärung für die unterschiedlichen Ergebnisse von Mehrheits- und Minderheitsmeinungen in der Justiz.

Weil die jüdischen Gemeinden und ein Teil der Fachöffentlichkeit von der Einstellungspraxis der Staatsanwaltschaften in mehreren Bundesländern und der Justiz in Hannover überrascht oder entsetzt waren, haben sie nach den Motiven gesucht, warum sich die Justizdiener beharrlich geweigert haben, wegen geschmackloser und hässlicher Plakate einer rechtsextremistischen und antisemitischen Partei zu ermitteln. Bisher vergeblich. Rami Suliman, Vorsitzender der Jüdischen Gemeinde in Pforzheim, kann nur spekulieren: „Sie wollen nicht nach rechts und nach links gucken. Manchmal denke ich, dass sie auf dem rechten Auge blind sind. Oder sie wollen kein Fass aufmachen". Auch Rechtsanwalt Mährlein „versteht die Staatsanwaltschaft nicht": „Rechte Kreise versuchen bewusst, den Rechtsstaat vorzuführen, und die Staatsanwaltschaften wehren sich nicht dagegen". Ihm fällt nur eine mögliche Erklärung ein: Der Wille, diese Verfahren einzustellen, liegt im „System Staatsanwaltschaft": „Wenn die Behörde eine Strafbarkeit bejaht, macht sie sich Arbeit. Und das auch noch in einem Bereich, in dem eine relativ hohe Gefahr besteht, von einer höheren Instanz aufgehoben zu werden. Arbeitsvermeidung spielt hier vermutlich eine große Rolle". Einen ähnlichen Akzent setzt Kay Schweigmann-Greve, Vorsitzender der Deutsch-Israelischen Gesellschaft Hannover:

---

99 Staatsanwaltschaft Mühlhausen vom 14. Mai 2018 Az. 101 Js 56420/17, S. 2.
100 OLG Karlsruhe 17. März 2020 Az. 1 Ws 285/19 2e unter Bezugnahme auf BGH vom 3. April 2008 Az. 3 StR 394/07 BeckRS 2008, 6865, Rn. 45 und Generalstaatsanwaltschaft Celle vom 28. November 2019 Az. 2 Zs 1421/19, S. 2; vgl. S. 32.

„Offensichtlich ging es der Staatsanwaltschaft darum, sich nicht mit einer Entscheidung zu profilieren, die sie auch hätte vertreten müssen, wenn später die Gerichte anders entschieden hätten. Was den Staatsanwälten fehlt ist nicht die Rechtskenntnis, sondern ein Rückgrat". Für die ehemalige Bundesjustizministerin und heutige NRW-Antisemitismusbeauftragte Sabine Leutheusser-Schnarrenberger könnte es eine „bewusste Zurückhaltung sein, sich als staatliche Organe nicht in den Wahlkampf einzumischen". Denkbar wäre für sie auch, dass „einige Staatsanwälte und Richter Israel wegen der expansiven Siedlungspolitik negativ sehen".

Die Kritik an der Nicht-Verfolgung der verantwortlichen Hersteller und Verbreiter setzt zwei unterschiedliche Akzente: einen rechtspolitischen und einen gesellschaftspolitischen.

Eine Tagung in der Akademie Loccum im Jahr 1968 mit dem Thema „Krise der Juristenausbildung" gab den Startschuss für eine mehrjährige Diskussion über die Reform der Juristenausbildung unter drei Vorzeichen: Aufarbeitung des Versagens der Justiz im Dritten Reich, Stärkung des Praxisbezuges und Einbeziehung der Sozialwissenschaften in die Rechtswissenschaft. Die einseitige Fixierung auf dogmatische Antworten auf eine antisemitische Provokation durch eine rechtsextremistische Partei ohne Einbeziehung unserer geschichtlichen Verantwortung und von Verfassungsschutzerkenntnissen spricht dafür, dass die langjährigen Reformbemühungen der Juristenausbildung bei einem Teil der heutigen Generation von Robenträgern kaum Spuren hinterlassen hat. Für den Antisemitismusbeauftragten von Baden-Württemberg Michael Blume hat die „Justiz es versäumt, sich grundlegend zu reformieren". Felix Klein, Bundesbeauftragter für Antisemitismus, findet die Einstellungspraxis der Staatsanwaltschaften bei Plakaten der Rechten „sehr legalistisch: Man hätte sich mehr politisches Gespür gewünscht und bessere Kenntnisse vom Versagen der Justiz am Ende der Weimarer Republik und im Nationalsozialismus". Auch der ehemalige Amtsrichter Rappoport sieht die Ursachen für die verweigerten Ermittlungen „in der juristischen Sozialisation und im mangelnden Geschichtsbewusstsein". Er versteht nicht, „warum die Staatsanwälte nicht willens oder nicht in der Lage sind, scheinbare Zionismus- und Israelkritik als antisemitisch zu dekodieren". Er vermisst „Sensibilität und Empathie". Die NRW-Antisemitismusbeauftragte Leutheusser-Schnarrenberger „schließt nicht aus, dass es auch unter Staatsanwälten und Richtern Vorbehalte gegenüber Juden gibt". Sie sind ein Abbild unserer Gesellschaft. „Antisemitisches Denken" wabert „nach allen Umfragen in 15 bis 20 Prozent unserer Bevölkerung".[101]

---

101 Vgl. hierzu die unterschiedlichen Zustimmungsraten bei klassischem, sekundärem und israelbezogenem Antisemitismus, Antisemitismusbericht der Bundesregierung 2017, Deutscher Bundestag, Drucksache 18/11970, S. 63–65.

Um Kenntnisse und Sensibilität beim Erkennen und Verfolgen von antisemitischen Straftaten zu verbessern, gibt es inzwischen Antisemitismusbeauftragte bei den Generalstaatsanwaltschaften in Berlin, München, Bamberg, Stuttgart, Karlsruhe und Frankfurt am Main. In diesem Zusammenhang hat Andreas Franck, Antisemitismusbeauftragter bei der Generalstaatsanwaltschaft München, einen sehr luziden Leitfaden *Antisemitische Straftaten erkennen* erarbeitet. Der Bundesbeauftragte für Antisemitismus Klein möchte, dass solche Antisemitismusbeauftragten bei allen Generalstaatsanwaltschaften als Kompetenzzentren für Fragen und Fortbildung installiert werden.

Im August 2020 erreichte der Unmut der jüdischen Gemeinden in Niedersachsen die Justizministerin Barbara Havliza (CDU). Auf ihre Initiative hin trafen sich in den Räumen des niedersächsischen Antisemitismusbeauftragten Franz Rainer Enste die Generalstaatsanwälte aus Celle, Braunschweig und Oldenburg, Michael Fürst, Vorsitzender des Landesverbandes der Jüdischen Gemeinden von Niedersachsen, die Ministerin und der Hausherr Enste, um über den Umgang der Staatsanwaltschaften mit rechten Straftaten zu reden. Über drei Punkte bestand am Ende ein Konsens. Die geltenden Gesetze mit den Strafvorschriften für Beleidigung, Verleumdung und Volksverhetzung reichen aus. Es sei nicht Aufgabe der Staatsanwaltschaft, nach Gründen zu suchen, warum antisemitische Äußerungen straflos sind. Selbst **grenzwertige** Aussagen sollen künftig angeklagt werden, damit am Ende Gerichte entscheiden können. Fürst: „Es ist das Gebot der Stunde, dass der Staat nicht mit sich spaßen lässt. Der Staat soll sein Gewaltmonopol ausüben und die Weichen bei rechten Straftaten deutlicher stellen." Sabine Leutheusser-Schnarrenberger hat versucht, ähnliche Gespräche mit dem Düsseldorfer Justizministerium zu führen. Bisher vergeblich. „Es ist Aufgabe der Justizminister, zur Rechtssicherheit beizutragen", merkt sie enttäuscht an.

Es gibt Indizien dafür, dass sich das Treffen der Justizministerin mit den drei Generalstaatsanwälten in Hannover auch in der Praxis auszuwirken beginnt.[102] Ein Mitglied des Kreisverbandes der Rechten in Braunschweig soll bei einer Demonstration am Volkstrauertag 2020 Begriffe wie „Judenpresse", „Judenpack" oder „Feuer und Benzin für Euch" gegenüber anwesenden Journalisten verwendet haben. Nach mehreren Beschwerden hatte die Staatsanwaltschaft Braunschweig Ermittlungen mangels Tatverdachts zunächst abgelehnt. Das hat die Generalstaatsanwaltschaft Braunschweig anders gesehen. Sie hat Ermittlungen angeordnet, weil die mutmaßlichen Äußerungen einen Anfangsverdacht für Volksverhetzung wie Beleidigung begründen.

Das Treffen der niedersächsischen Justizministerin mit den drei Generalstaatsanwälten ist ein Zeichen für ein Umdenken in Teilen der Politik und Justiz, nämlich der Erkenntnis, dass der Kampf gegen den Antisemitismus auf der strafrechtlichen Ebene bisher

---

102 Vgl. hierzu die Presseerklärung der Generalstaatsanwaltschaft Braunschweig vom 10. Mai 2021.

nicht mit der Entschlossenheit und Konsequenz geführt worden ist, die unsere Geschichte gebietet. Eine Reaktion auf dieses Versagen der Strafjustiz ist die Einrichtung von Antisemitismusbeauftragten bei Generalstaatsanwaltschaften. Von ihnen gibt es mittlerweile neunzehn in zehn Bundesländern.[103] Ihre Aufgaben: konsequente Verfolgung judenfeindlicher Straftaten; Einstellungen nach dem Opportunitätsprinzip sollen bei antisemitischen Straftaten nur noch in Ausnahmefällen erfolgen; die grundsätzliche Annahme eines öffentlichen Interesses bei Privatklagedelikten und eine einheitliche Strafverfolgungspraxis in den jeweiligen Zuständigkeitsbereichen. Einen etwas anderen Akzent bei der Aufgabenbeschreibung von Antisemitismusbeauftragten setzt Nordrhein-Westfalen. Zwischen Rhein und Ruhr sollen sie in erster Linie das „Vertrauen jüdischer Mitbürgerinnen und Mitbürger in die konsequente Strafverfolgung stärken" und „Opfern sowie Vertretern der jüdischen Verbände und Gemeinden als Ansprechpartner zur Verfügung stehen und ihnen gegebenenfalls die strafrechtliche Bewertung solcher Übergriffe ergänzend erläutern". Deshalb sollen in NRW auch bei allen 19 Staatsanwaltschaften Antisemitismusbeauftragte berufen werden. Dort steht also die Opferperspektive im Vordergrund, während die anderen Antisemitismusbeauftragten ihren Schwerpunkt bei der Strafverfolgung sehen. In Bayern gibt es seit Kurzem zusätzlich bei allen 22 Staatsanwaltschaften „Ansprechpartner Antisemitismus", die nach innen wie außen wirken sollen.

In Bayern und Baden-Württemberg haben die Antisemitismusbeauftragten kluge und kenntnisreiche Leitfäden zur Erkennung und Verfolgung antisemitischer Straftaten für den internen Gebrauch bei Staatsanwaltschaft und Polizei erarbeitet. Besonders wichtig für eine bundesweit einheitliche Strafverfolgungspraxis: Die Antisemitismusbeauftragten haben sich zu einem Netzwerk zusammengeschlossen, über das sie Erfahrungen, Rechtsansichten und Urteile austauschen.

Die Antisemitismusbeauftragten ermitteln in der Regel nicht selbst. Das tun die Staatsschutzabteilungen oder die Dezernate gegen Hasskriminalität. Aufgrund ihres Rollenverständnisses versuchen sie jedoch, bei Sachverhalten, bei denen zwei Auslegungsvarianten vertretbar sind, Staatsanwälte und Polizei von ihren eher zur Strafbarkeit von judenfeindlichen Äußerungen neigenden Rechtsauffassungen zu überzeugen. Das tun sie unter anderem mit Prüfvermerken, Revisionsbegründungen und in Ausnahmefällen mit Anklageschriften. Ein besonderes Anliegen ist, „Marschrouten für die Polizei fest-

---

103 Generalstaatsanwaltschaften München, Nürnberg und München in Bayern, die Generalstaatsanwaltschaften Stuttgart und Karlsruhe; die Generalstaatsanwaltschaften Berlin, Brandenburg, Hamburg, Frankfurt am Main, Dresden, Schleswig sowie in Niedersachsen die Generalstaatsanwaltschaften in Braunschweig, Celle und Oldenburg. In NRW sind Antisemitismusbeauftragte erst im April 2022 bei den Generalstaatsanwaltschaften in Düsseldorf, Köln und Hamm und bei allen 19 Staatsanwaltschaften eingerichtet worden.

zulegen" (Ilona Finger, Antisemitismusbeauftragte bei der Generalstaatsanwaltschaft Karlsruhe).[104] Von deren Beamten hängt nämlich ab, ob sie bei Demonstrationen oder beim Surfen im Netz beim Verdacht auf Straftaten Strafanzeigen fertigen und diese dann an die Staatsanwaltschaften weiterleiten.

Ein weiteres Zeichen für das Umdenken bei der Bekämpfung antisemitischer Straftaten ist ein Beschluss der Justizministerkonferenz vom 16. Juni 2021. Darin nehmen die „Justizministerinnen und Justizminister mit größter Sorge den in den vergangenen Jahren zu beobachtenden Anstieg antisemitisch motivierter Straftaten zur Kenntnis". Sie fordern auf, „alle Anstrengungen zu unternehmen, um antisemitische Hintergründe von Straftaten zu erkennen, zu benennen und dadurch das Dunkelfeld weiter zu erhellen". Am Schluss des Beschlusses bekennen sie: „Die Justiz stellt sich – wie bei anderen Straftaten auch – schützend vor die Opfer judenfeindlicher Straftaten."

Impfgegner mit Judensternen: hässliche Geschmacklosigkeiten oder strafwürdiges Verharmlosen des Holocaust?

Eine aktuelle Bewährungsprobe haben die Antisemitismusbeauftragen durch die Provokation von Corona-Gegnern zu bestehen, die auf Demonstrationen Nachbildungen eines Judensterns mit den Aufschriften „ungeimpft", „Impfen macht frei" oder „Covid 19" tragen oder solche im Internet verbreiten. Die ersten Judensterne mit solchen Slogans hat der Bundesverband der Recherche- und Informationsstellen Antisemitismus (RIAS) am 3. April 2020 gemeldet: Ein Sticker in Form eines Judensterns mit der Aufschrift „Coronavirus Infiziert!!" klebte an einer Fensterscheibe eines Hamburger U-Bahn-Wagens.[105] Im selben Monat entdeckte RIAS, dass der Online-Shop „politaufkleber.de" in Halle an der Saale Judensterne mit der Aufschrift „ungeimpft" anbietet. Die Artikelbeschreibung nahm auf Bill Gates und Corona Bezug mit der Ergänzung: „Bald sind die Ungeimpften die Juden von heute". Zur selben Zeit wurde zum ersten Mal auf einer Anti-Corona-Versammlung eine Armbinde mit dem Wort „Jude" gesichtet. Diese abscheuliche Provokation fand viele Nachahmer. In der Zeit vom 3. April 2020 bis 31. Januar 2022 hat RIAS 150 Vorfälle mit der Symbolik eines Judensterns dokumentiert, davon zwei Drittel auf Versammlungen und Demonstrationen in fünf-

---

104 Ein Beispiel aus dem Prüfvermerk des Generalstaatsanwalts Brauneisen: „Das Landeskriminalamt hat inzwischen die Polizeidienststellen darüber unterrichtet, dass ein Anfangsverdacht grundsätzlich zu bejahen ist und der örtlich zuständigen Staatsanwaltschaft entsprechende Strafanzeigen vorzulegen sind."
105 Die folgenden Informationen beruhen auf einer Sonderauswertung des Bundesverbandes der Recherche- und Informationsstellen Antisemitismus e. V. (RIAS) vom 3. Februar 2022.

zehn Bundesländern.[106] Die meisten Vorfälle sind in Bayern (18), Nordrhein-Westfalen (15), Berlin (13) und Hessen (12) aufgefallen, was in erster Linie mit der Zahl der Bewohner in den jeweiligen Bundesländern und einer aktiven demokratischen Zivilgesellschaft zusammenhängen dürfte, die vor allem in größeren Städten lebt. Die umgewidmeten Judensterne sind seitdem ein bundesweites, beschämend-aufrüttelndes Phänomen ohne erkennbare Schwerpunkte in den alten oder neuen Bundesländern. Nach Einschätzung des Bundeskriminalamtes werden diese aufreizenden Symbole ab Herbst 2020 bei Anti-Corona-Demonstrationen vermehrt, in jüngster Zeit „regelmäßig" getragen.[107] Das Bundesamt für Verfassungsschutz greift die neue Anti-Corona-Protestform erstmals im Verfassungsschutzbericht 2020 auf: „Die Relativierung des Holocaust ist eine Form des Antisemitismus. Indem man einen gelben Stern trägt, stellt man sich auf eine Stufe mit den Opfern des Nationalsozialismus und verharmlost damit die NS-Verbrechen."[108]

Diese neue Ausprägung von Judenfeindlichkeit erschüttert und bestürzt die Mitglieder jüdischer Gemeinden. „Mit der Ausbreitung des Coronavirus hat der Judenhass offenbar eine neue Projektionsfläche erhalten", analysiert Charlotte Knobloch, Präsidentin der Israelitischen Gemeinden München und Oberbayern: „Das ist eine unerträgliche Verhöhnung aller Holocaustopfer, aller jüdischen Menschen. Das ist Antisemitismus pur."[109] Angegriffen und verletzt fühlt sich auch Sharon Fehr, stellvertretender Vorsitzender des Landesverbandes Jüdischer Gemeinden in Westfalen-Lippe: „Für mich und alle meine jüdischen Freunde ist es unerträglich, dass ideologisierte Impfgegner und Verschwörungserzähler die Corona-Politik immer selbstverständlicher mit dem Verbrechen des Nationalsozialismus vergleichen".[110] In den Augen des Bundesbeauftragten gegen Antisemitismus Felix Klein sind die Nachbildungen des Judensterns von Corona-Protestlern „bewusste Tabubrüche": „Das ist absolut nicht hinnehmbar und sollte gegebenenfalls auch strafrechtlich verfolgt werden."[111] Die Schlüsselfrage: Sind diese Nachbildungen von Judensternen mit Worten wie „ungeimpft" und „Impfen macht frei" hässliche Geschmacklosigkeiten oder strafwürdige Proteste?

---

106 Die Zahlen sind nicht repräsentativ und hängen von Zufällen und der Meldebereitschaft der aktiven demokratischen Zivilgesellschaft ab.
107 Auskunft für den Verfasser vom 2. Februar 2022.
108 Verfassungsschutzbericht 2020, S. 64. Ähnlich das „Lagebild Antisemitismus" des Bundesamtes für Verfassungsschutz Juli 2020, S. 50.
109 Reister, 2020, Ein konsequenter Schritt: Die Stadt untersagt künftig das Tragen von „Judensternen" auf Corona-Demos, unter https://www.juedische-allgemeine.de/unsere-woche-/ein-konsequenter-schritt (abgerufen am 29. Januar 2022).
110 Jüdisches Echo Westfalen Nr. 9 Februar 2022, S. 16.
111 https://www.zdf.de/nachrichten/politik/corona-demos-klein-judenstern-kopien-100.html (abgerufen am 24. Januar 2022).

Mit Ausnahme weniger Einzelfälle haben Staatsanwaltschaften im Tragen oder Posten umgewidmeter Judensterne zunächst keine Straftat gesehen, über einen Zeitraum zwischen einem halben oder mehr als einem Jahr.[112] Corona-Leugner kamen in diesen Zeiträumen straflos davon.[113] Danach verlief der Meinungsumschwung bei den meisten Staatsanwaltschaften im Schneckentempo. Typisch sind die Entwicklungen in Berlin und Bayern.

Bereits Anfang 2021 wurde zwischen der Abteilung Hasskriminalität der Berliner Staatsanwaltschaft und der Antisemitismusbeauftragten der Berliner Generalstaatsanwaltschaft Claudia Vanoni die Frage diskutiert, wie die umgewidmeten Judensterne auf Demonstrationen und im Internet strafrechtlich zu bewerten seien. Es gab rechtliche Bedenken, ob der Tatbestand der Volksverhetzung erfüllt sei, insbesondere, oder beziehungsweise in welchen konkreten Situationen die antisemitischen Judensterne „geeignet" seien, den „öffentlichen Frieden zu stören" (§ 130 StGB). Außerdem war fraglich, ob die Corona-Leugner vorsätzlich handelten, wenn sie durch den Vergleich mit dem Schicksal der Juden im Dritten Reich nur in besonders drastischer Weise ihre Empörung über die Freiheitseinschränkungen Ausdruck verleihen wollen, die mit den staatlichen Anti-Corona-Maßnahmen einhergehen. „In der Staatsanwaltschaft wurde das nicht einheitlich gesehen", erinnert sich die Antisemitismusbeauftragte Vanoni bei der Berliner Generalstaatsanwaltschaft: „Volksverhetzung ist strafrechtlich schwieriger zu bewerten als ein Diebstahl, und es kommt immer auf den konkreten Einzelfall an." Die Wende brachten dann zwei Gerichtsentscheidungen: ein rechtskräftiges Urteil des Amtsgerichts Berlin-Tiergarten im Dezember 2021, das eine Strafbarkeit wegen Volksverhetzung bejahte, und im selben Monat die Nichtannahme einer Verfassungsbeschwerde gegen ein Urteil des Bayerischen Obersten Landesgerichts, das gleichfalls eine Strafbarkeit eines umgewidmeten Judensterns angenommen hatte.[114] In Berlin dauerte es dann aber noch bis Januar 2022, bis die Polizei eine „Handlungsanweisung" ins Intranet stellte, nach der „beim Verwenden adaptierter Judensterne bei Versammlungen [...] grundsätzlich von einer Störung des öffentlichen Friedens [...] auszugehen" sei.[115]

---

112 Ausnahmen sind Strafbefehle der Amtsgerichte Köln, Augsburg und Freiburg für Judensterne, die im Mai 2020 getragen wurden.
113 Süddeutsche Zeitung vom 1. Dezember 2021, S. 6.
114 AG Tiergarten vom 9. Dezember 2021 Az. (251 b C s) 231 Js 2702/21(185/); Bayerisches Oberstes Landgericht vom 25. Juni 2020 Az. 205 StRR 240/20; Bundesverfassungsgericht vom 21. September 2021 Az. 1 BvR 1787/2.
115 Fröhlich, 2022, „Ungeimpft" – Berliner Polizei geht gegen Tragen des „Judensterns" bei Protesten vor, unter https://www.tagesspiegel.de/berlin/verharmlosung-der-shoa-bei-corona-demos-ungeimpft-berliner-polizei-geht-gegen-tragen-des-judensterns-bei-protesten-vor/28004270.html (abgerufen am 2. Februar 2022).

Auch unter den Antisemitismusbeauftragten der Generalstaatsanwaltschaften in Nürnberg, Bamberg und München wurde die Strafbarkeit von Impfgegnern mit Judensternen und Holocaust-Vergleichen auf der Basis der bisherigen Rechtsprechung zunächst kontrovers diskutiert. Im Sommer 2021 stellte Oberstaatsanwalt Andreas Franck, damals noch Antisemitismusbeauftragter der Generalstaatsanwaltschaft München, heute für ganz Bayern zuständig, ein „krasses Missverhältnis zwischen den persönlichen Befindlichkeiten der Impfgegner und ihren Vergleichen mit Massenmorden während des Nationalsozialismus" fest: „Dabei nehmen sie billigend in Kauf, dass der Holocaust bagatellisiert und verharmlost wird." Das sei ein strafwürdiger Protest.

Im Grundmuster decken sich Judensterne mit Schriftzügen wie „nicht geimpft" oder „Impfen macht frei", sie variieren nur am Rande, dort eher strafverschärfend als -mildernd. Einige Beispiele: Hinzu kommen die Überschrift „Die Jagd auf Menschen kann wieder beginnen", eine Verkleidung als Sträfling mit dem Schild „Maske macht frei", Zeichnungen des Eingangstors von Auschwitz mit dem Slogan „Impfen macht frei" und neben dem Tor zwei Torwachen, die, einem Gewehr ähnlich, übergroße Spritzen mit grünem Impfstoff in ihren Händen halten. Besonders perfide war ein Judenstern auf einem Spielpatz in Leipzig mit der Aufschrift „Ungeimpfte sind hier nicht erwünscht". Unter dem Aufkleber war eine Rasierklinge befestigt. Einige Beschuldigte beziehungsweise Verurteilte waren Querdenker, AfD-Anhänger oder Rechtsextremisten.

Zu den umgewandelten Judensternen sind bisher über ein Dutzend Gerichtsentscheidungen ergangen.[116] Zwei Drittel haben eine Strafbarkeit wegen Volksverhetzung bejaht. Dagegen haben sich das OLG Saarbrücken, das Amtsgericht und das Landgericht Aschaffenburg wie das Landgericht München I ausgesprochen.[117] Sieben Strafbefehle der Amtsgerichte Freiburg, Augsburg, Tiergarten, Baden-Baden, Esslingen, Calw und Köln sind bereits rechtskräftig.[118] Gegen drei Strafbefehle der Amtsgerichte Clausthal-Zellerfeld, Wolfenbüttel und Stuttgart sind Einsprüche eingelegt worden.[119] Die Geldstrafen pendeln zwischen 80 Euro bei einem Hartz-IV-Empfänger und über 750 Euro

---

116 Vgl. hierzu auch Süddeutsche Zeitung vom 17. Januar 2022, S. 5 und den Mediendienst Integration vom 24. Februar 2022 https://mediendienst-integration.de/fileadmin/Dateien/MDI_Recherche_ungeimpfte_sterne.pdf.
117 OLG Saarbrücken vom 8. März 2021; AG Aschaffenburg vom 19. Februar 2022 Az. 308 Cs 104 Js 815/21; LG Aschaffenburg vom 12. März 2021 Az. 31/21; LG München I vom 20. August 2021 Az. 2 Qs 6/21.
118 AG Freiburg vom 26. Mai 2021 Az. Cs 510 Js 748/21; AG Augsburg Az. Cs 103 Js 1120867/21; AG Tiergarten vom 29. September 2021 Az. (234 Cs) 231 Js 925/21(203/21); AG Baden-Baden vom 29. April 2021 Az. 17 Cs 550 Js 1126/21; Amtsgericht Calw vom 28. Mai 2021 Az. 15 Cs 14 Js 8870/21; AG Esslingen vom 6. Dezember 2021 Az. Cs 4 Js 59291/21.
119 AG Clausthal-Zellerfeld Az. Cs 801 Js 35154/21 und AG Wolfenbüttel Cs 801 Js 21233/21; AG Stuttgart vom 26. November 2021 Az. 4 Js 59291/21.

bis 2400 Euro bei Bessergestellten. Bei den anderen Verfahren ist Berufung oder Revision eingelegt worden. In Dortmund, Wiesbaden, Bremen und München haben die Stadtverwaltungen das Tragen von umgewidmeten Judensternen auf Anti-Corona-Demos verboten.[120] In Nordrhein-Westfalen und Niedersachsen haben Innenministerien Polizeidirektionen und Versammlungsbehörden jüngst angewiesen, das Tragen der umgewidmeten Judensterne auf Demonstrationen konsequent zu unterbinden.[121]

Merkwürdig ist, dass nach Auskunft der Antisemitismusbeauftragten bei der Generalstaatsanwaltschaft Hessen Christina Kreis wegen der umgewidmeten Sterne in dem Bundesland bis Februar 2022 weder Ermittlungsverfahren eingeleitet noch Anklagen erhoben worden sind. Es gäbe keine entsprechenden Anzeigen. Das irritiert, weil bei der Informationsstelle RIAS bereits zwölf Meldungen zu den judenfeindlichen Sternen aus Hessen eingegangen sind. Eine Ursache für diese passive Haltung könnte die Strafverfolgungspraxis Hessens sein, nach der die Staatsanwaltschaft im Einzelfall entscheiden will, wann ein Anfangsverdacht für eine Volksverhetzung bei umgewidmeten Judensternen vorliegt oder nicht. Deshalb gibt es dort auch keine generelle Marschroute für die Polizei, in solchen Fällen Strafanzeigen zu fertigen.

Ein Nachzügler bei der Verfolgung judenfeindlicher Straftaten, insbesondere von umgewidmeten Judensternen als Anti-Corona-Protest, ist die Strafjustiz in Nordrhein-Westfalen. Und das in doppelter Hinsicht. Erstes Indiz: Das Justizministerium in Düsseldorf hat erst im April 2022 Antisemitismusbeauftragte bei den Generalstaatsanwaltschaften in Hamm, Köln und Düsseldorf installiert – was die Vorreiter Berlin und Bayern bereits im September 2018 getan haben. Zweites Indiz: Mit Ausnahme von zwei rechtskräftigen Strafbefehlen des Amtsgerichts Köln gibt es in NRW bisher keine rechtskräftigen Entscheidungen zu diesem Komplex, im Gegensatz zu Berlin, Bayern und Baden-Württemberg. Dieser Zeitverzug deutet darauf hin, dass die Verfahren erst in jüngster Zeit eröffnet worden sind – trotz zahlreicher Meldungen von umgewidmeten Judensternen bei der Informationsstelle RIAS.[122] In der Zuständigkeit der Generalstaatsanwaltschaft Düsseldorf sind seit Ende 2022 acht Verfahren zum Komplex der umgewidmeten Judensterne anhängig, ohne dass es bisher zu einer gerichtlichen Entscheidung gekom-

---

120 https://www1.wdr.de/nachrichten/ruhrgebiet/dortmunder-polizei-verbietet-gelben-stern-bei-impfgegner-demos-100.html (abgerufen am 26. Februar 2022); https://www.wiesbaden.de/medien/rathausnachrichtenPM_Zielseite-php?showpm=true&pmurl; https://www.juedische-allgemeine.de/unsere-woche/ein-konsequenter-schritt (abgerufen am 29. Januar 2022).
121 Presseerklärung des niedersächsischen Innenministeriums vom 9. Februar 2022; https://www.juedische-allgemeine.de/politik/reul-haelt-tragen-von-judensternen-auf-corona-demos-fuer-strafbar/ (abgerufen am 25. Februar 2022).
122 Vgl. S. 48 ff.

men ist.[123] Im Bezirk der Generalstaatsanwaltschaft Hamm sind vierzehn Verfahren eingeleitet worden.[124] Im Zuständigkeitsbereich der Generalstaatsanwaltschaft Köln scheinen Verfolgungsbemühungen sehr unterschiedlich ausgeprägt zu sein. Die Staatsanwaltschaft Aachen gab an, dass dort „mehrere Verfahren wegen Judensternen und der Losung ‚Impfen macht frei' geführt werden", man aber mangels statistischer Erfassung nichts über deren Ausgang sagen könne. Grundsätzlich gehe man davon aus, dass die umgewandelten Judensterne den Tatbestand der Volksverhetzung erfüllen.[125] Bei der Staatsanwaltschaft Bonn haben die Ermittler von den fünf einschlägigen Verfahren vier mit Hinweisen auf die Rechtsprechung des Bundesverfassungsgerichts oder mangels hinreichenden Tatverdachts eingestellt. Ein fünftes wurde gegen eine „hohe Geldauflage" gemäß § 153a StPO abgeschlossen.[126] Im Gerichtsbezirk der Staatsanwaltschaft Köln dominieren zwei Eindrücke: engagierte Bemühungen der Ermittler pro Strafbarkeit und ein „geteiltes Meinungsbild" bei den Amtsgerichten in Köln und Gummersbach sowie beim Landgericht Köln (so der Oberstaatsanwalt und Antisemitismusbeauftragte Ulf Willuhn).[127] Von den fünf Verfahren endeten zwei mit rechtskräftigen Strafbefehlen und drei ohne Sanktionen, teils nach heftiger, aber erfolgloser Gegenwehr der Staatsanwaltschaft.[128] Besonders krass fallen die unterschiedlichen strafrechtlichen Bewertungen der umgewidmeten Judensterne im Landgericht Köln aus. Die 13. Große Strafkammer ist für ihre Strafbarkeit eingetreten, die 11. und die 20. Große Strafkammer haben dagegen entschieden. Diese Gerichte haben eine Strafbarkeit teils mit nachvollziehbaren Argumenten abgelehnt, weil ein Sachverhalt nicht aufgeklärt werden konnte, häufiger aber unter Berufung auf die in zwei Richtungen auslegungsfähige Rechtsprechung des Bundesverfassungsgerichts. Sie haben behauptet, dass die umgewandelten Judensterne entweder den Nationalsozialismus nicht verharmlosen oder nicht geeignet seien, den öffentlichen Frieden zu stören.[129]

---

123 Der Bezirk umfasst die Staatsanwaltschaften Düsseldorf, Duisburg, Kleve, Krefeld, Mönchengladbach, E-Mails des Sprechers der Generalstaatsanwaltschaft Düsseldorf vom 14. März 2022 und 27. Mai 2022.
124 Der Bezirk umfasst die Staatsanwaltschaften Arnsberg, Bielefeld, Dortmund, Essen, Münster, Paderborn, Siegen. E-Mail des Sprechers der Generalstaatsanwaltschaft Hamm vom 17. März 2022.
125 Auskunft der Generalstaatsanwaltschaft Köln vom 18. März 2022.
126 Auskunft der Generalstaatsanwaltschaft Köln vom 18. März 2022.
127 E-Mail an den Verfasser vom 27. Mai 2022.
128 Rechtskräftige Strafbefehle des AG Köln vom 21. Dezember 2020 Az. 523 Cs 198/20 und vom 15. Februar Az. 524 Cs 40/22. Gegen eine Strafbarkeit das Amtsgericht Köln vom 24. Januar 2022 Az. 526 Ds 508/21 und AG Gummersbach 31. Januar 2021 Az. 83 Ds 345/21; das Landgericht vom 1. März 2020 Az. 120 Qs 7/22 und vom 4. März 2022 Az. 111 Qs 13/22.
129 Der Bezirk umfasst die Staatsanwaltschaften Aachen, Bonn und Köln. Dieses Urteil stützt sich im Wesentlichen auf eine Mail des Sprechers der Generalstaatsanwaltschaft Köln vom 18. März 2022 und eine Mail von Oberstaatsanwalt Willuhn vom 27. Mai 2022.

Es entsteht der Gesamteindruck, dass die NRW-Strafjustiz die umgewandelten Judensterne auf Demonstrationen oder im Netz bislang ohne besondere Aufmerksamkeit und Engagement verfolgt und ihnen erst jüngst, dem Zeitgeist folgend, mehr Gewicht beigemessen hat.

Verstörend ist der anscheinend sehr reduzierte Verfolgungseifer der Strafjustiz in den neuen Bundesländern bei den umgewidmeten Judensternen. In keinem einzigen Strafverfahren wurde dort bislang ein rechtskräftiges Urteil erstritten. In Sachsen gibt es bisher zwei Ermittlungsverfahren und einen rechtskräftigen Strafbefehl des Amtsgerichts Leipzig. In Thüringen zählt die Generalstaatanwaltschaft vier Ermittlungsverfahren, in zweien davon sind Strafbefehle beantragt worden. In Mecklenburg-Vorpommern hegt der Sprecher der Generalstaatsanwaltschaft Rostock ebenfalls Zweifel an der Strafbarkeit der Anti-Corona-Judensterne. Nach Auskunft des Antisemitismusbeauftragten bei der Generalstaatsanwaltschaft Brandenburg haben die Ermittler dort erst jüngst vier Ermittlungsverfahren eingeleitet. Ein besonders problematisches Land ist Sachsen-Anhalt. Dort haben die Staatsanwaltschaften in Magdeburg und Halle bisher eine Strafbarkeit von umgestalteten Judensternen abgelehnt, in einem Fall sogar mit regionaler Prominenz. Auf einer Kundgebung Ende Dezember 2021 hatte der AfD-Landtagsabgeordnete Hans-Thomas Tillschneider in Abwandlung der Inschrift „Arbeit macht frei" gesagt: „Ich warte darauf, dass irgendwann über der Tür der Stiko steht ‚Impfen macht frei'."[130] Mit Stiko ist die Ständige Impfkommission gemeint. Ein anwesender Polizist hatte eine Strafanzeige wegen des Verdachts der Volksverhetzung gestellt. Tillschneider, Vizechef des AfD-Landesverbandes und der AfD-Fraktion im sächsisch-anhaltinischen Landtag, ist einer der führenden Köpfe des offiziell aufgelösten Höcke-„Flügels", der vom Verfassungsschutz als Verdachtsfall beobachtet wird. Nach Prüfung der Strafanzeige hat die Staatsanwaltschaft Halle jedoch kein Ermittlungsverfahren eingeleitet, weil die Äußerung Tillschneiders keine „Außenwirkung" im Sinne einer Gefährdung des öffentlichen Friedens gehabt hätte, so der Sprecher des Gerichts Dennis Cernota gegenüber dem Verfasser: „Weder beinhalte die Rede einen Appell zum Rechtsbruch noch ergaben sich Anhaltspunkte, dass diese auf Realwirkung [...] angelegt war."[131] Der grüne Innenpolitiker Sebastian Striegel nannte die Entscheidung der Staatsanwaltschaft „beschämend".[132] Er forderte Justizministerin Franziska Weidinger (CDU) auf, von ihrem Weisungsrecht Gebrauch zu machen: „Ministerin Weidinger muss hier eingreifen und dafür sorgen, dass sich die Staatsanwaltschaft Halle der bundesweiten

---

130 Zitiert nach https://www.mz.de/mitteldeutschland/sachsen-anhalt/slogan-impfen-macht-frei-von-afd-rechtsaussen-tillschneider-bleibt-straflos-3320523 (abgerufen am 22. Februar 2022).
131 E-Mail an den Verfasser vom 24. Januar 2022.
132 Zitiert nach https://www.mz.de/mitteldeutschland/sachsen-anhalt/slogan-impfen-macht-frei-von-afd-rechtsaussen-tillschneider-bleibt-straflos-3320523 (abgerufen am 22. Februar 2022).

Rechtsprechung anpasst." Wegen des öffentlichen Echos hat die Generalstaatsanwaltschaft Naumburg das Verfahren von Amts wegen an sich gezogen, um die Rechtmäßigkeit der Einstellungsentscheidung der Staatsanwaltschaft Halle zu überprüfen.

Letztere hatte sich auch in einem anderen Komplex als hartleibig erwiesen: gegenüber dem Online-Shop „politaufkleber.de" des Rechtsextremisten Sven Liebich. Wer das Portal im Januar 2022 anklickt, kann dort Nachbildungen des Judensterns mit den Inschriften „Ungetestete sind hier nicht erwünscht", „ungeimpft" und „Ungetestete werden hier nicht bedient" erwerben. Nach Auskunft der Staatsanwaltschaft Halle läuft Anfang 2022 kein Ermittlungsverfahren gegen Liebich als Betreiber dieses Portals.

Bei den Staatsanwaltschaften dominieren mittlerweile die Meinungen pro Strafbarkeit wegen Volksverhetzung. Dafür haben sich bislang ausgesprochen die Generalstaatsanwaltschaften Stuttgart, Karlsruhe, Braunschweig, Celle, Oldenburg, Brandenburg, Thüringen, Sachsen, Bayern, Berlin, die Zentralstelle zur Verfolgung von Kriminalität in Göttingen, die Staatsanwaltschaft in Hamburg – fast immer mit Hinweisen auf das Urteil des Bayerischen Obersten Landesgerichts und der Nichtannahme einer Verfassungsbeschwerde gegen das Urteil durch das Bundesverfassungsgericht.

Für die Effektivität der Strafverfolgung von umgewidmeten Judensternen ist entscheidend, dass diese Rechtsauffassung an die Polizei kommuniziert wird. Dafür reicht es nicht wie in Bremen, das Tragen von umgewandelten Judensternen auf Demonstrationen nur zu „verbieten", weil „ihre Verwendung eine erhebliche Gefahr für die öffentliche Ordnung darstellt", und nicht auf die Strafbarkeit hinzuweisen.[133] Die Folge: Obwohl die Polizei solche Sterne schon auf Kundgebungen an der Weser beobachtet hat, hat die Staatsanwaltschaft Bremen noch kein Ermittlungsverfahren wegen Verdachts der Volksverhetzung gegen solche judenfeindlichen Anti-Corona-Demonstranten begonnen. Vorbildlich ist hier Niedersachsen. Hier hat das Innenministerium die Polizeidirektionen und Versammlungsbehörden aufgefordert, „das Tragen dieser Symbole konsequent zu unterbinden und bei derartigen Vorkommnissen entsprechende Strafverfahren einzuleiten".[134] Bei der Bekämpfung der antisemitischen Judensterne auf Anti-Corona-Demonstrationen sollte der Staat immer zweigleisig fahren: polizei- wie strafrechtlich.

„Die strafrechtliche Bewertung" der umgewandelten Judensterne „ist in der Rechtsprechung bisher nicht geklärt", resümiert der Stuttgarter Generalstaatsanwalt Achim Brauneisen die bisherigen Gerichtsentscheidungen in einem Prüfvermerk vom Dezember 2021 für Baden-Württemberg. Das ist trotz des leichten Übergewichts von

---

133 Erlass des Senators für Inneres vom 8. Juni 2021.
134 Presseerklärung des Innenministeriums vom 9. Februar 2022.

Pro-Strafbarkeit-Entscheidungen zutreffend. Es gibt bisher zu wenige zweitinstanzliche Urteile in den Bundesländern, um von einer geklärten Rechtslage sprechen zu können. Die Folge ist eine verbreitete Rechtsunsicherheit.

Die meisten Gerichtsentscheidungen stimmen darin überein, dass die abgewandelten Judensterne den „unter der Herrschaft des Nationalsozialismus begangenen" Völkermord „verharmlosen". Typisch für diese Meinung ist die Argumentation des Amtsgerichts Augsburg: „Durch die Gleichstellung von ‚Juden' und ‚Ungeimpften', die vor dem Hintergrund der Corona-Pandemie bzw. der laufenden Impfkampagne erfolgte, haben sie bewusst und gewollt die Judenverfolgung bzw. -vernichtung verharmlost. Ihnen war bewusst, dass eine Impfung gegen Covid-19 in keinem Zusammenhang mit der Judenverfolgung steht".[135]

Einen gegenteiligen Akzent setzen das Amtsgericht und Landgericht Aschaffenburg. Sie akzeptieren die Einlassung etlicher Beschuldigter, dass sie mit dem Judenstern in erster Linie darauf verweisen wollten, dass sie als Impfgegner ausgegrenzt werden wie die Juden. Für das Amtsgericht Aschaffenburg steht die „Ausgrenzungswirkung" des Judensterns im Vordergrund.[136] Das Landgericht Aschaffenburg hält die „Einschätzung des Amtsgerichts zumindest für nachvollziehbar, dass es dem Beschuldigten mit seiner Veröffentlichung eher darum ging, die Lage der Nicht-Geimpften bzw. Impfgegner zu dramatisieren".[137] Die Mehrheit der Gerichte hält diese Einlassungen für Schutzbehauptungen, weil es im März 2020 keinen gesellschaftlichen Druck gab, sich impfen zu lassen und den Trägern die Bedeutung des Judensterns als Symbol der Judenverfolgung bewusst war.[138] Das Landgericht Augsburg sieht in den umgewidmeten Judensternen deshalb „eindeutige" Äußerungen, weil Juden den Judenstern im Dritten Reich „ab 1941 bis zum Kriegsende als Zwangskennzeichen tragen mussten", um die „Deportation und Vernichtung der Juden" zu erleichtern. Daraus ergebe sich ein „unmittelbarer Bezug zum Holocaust": „Aus diesem Grund kann das [...] verwendete Zeichen gerade nicht nur als Symbol für die gegen Juden im Dritten Reich gerichtete Ausgrenzung und Stigmatisierung verstanden werden".[139] Diese Auslegung hat das Bayerische Oberste Landesgericht als rechtsfehlerfrei gebilligt.[140] Dass das „Protestmittel" Judenstern „allein auf die Ausgrenzung der Juden anspiele, den Holocaust aber nicht in Bezug neh-

---

135 AG Augsburg vom 23. August 2021 Az. Cs 103 Js 112086/21.
136 AG Aschaffenburg vom 19. Februar 2021, Az. 308 Cs 104 Js 815/21, S. 4.
137 LG Aschaffenburg vom 12. März 2021 Az. Qs 31/21, S. 4.
138 So zum Beispiel das AG Tiergarten vom 9. Dezember 2021 Az. (215b Cs) 231 Js 2702 /21 (185/21).
139 LG Augsburg vom 9. Dezember 2021 Az. 14 Ns 101 Js 134200/18.
140 Diese Auslegung hat das Bayerische Oberste Landesgericht in seiner Entscheidung vom 25. Juni 2020 gebilligt, Az. 205 StRR 240/20, S. 5.

men" soll, „erscheint nicht naheliegend", findet auch der Stuttgarter Generalstaatsanwalt Brauneisen.[141]

Der trennende Dissens in der Rechtsprechung besteht bisher vor allem bei der Frage, ob die abgewandelten Judensterne „geeignet" sind, „den öffentlichen Frieden zu stören" (§ 130 Abs.3 StGB). Die widerstreitenden Meinungen berufen sich beide auf die Rechtsprechung des Bundesverfassungsgerichts.[142] Nach ihr erlaubt Art. 5 Abs. 1 und 2 GG keinen „staatlichen Zugriff auf die Gesinnung". § 130 StGB schützt nach Meinung des höchsten Gerichts auch nicht „vor subjektiver Beunruhigung der Bürger durch die Konfrontation mit konfrontativen Meinungen und Ideologien" [...] Der Schutz vor einer „Vergiftung des geistigen Klimas" sei ebenso wenig ein Eingriffsgrund wie der Schutz der Bevölkerung vor einer „Kränkung ihres Rechtsbewusstseins durch totalitäre Ideologien oder eine offenkundig falsche Interpretation der Geschichte".[143] Die Grenze zur Strafbarkeit bei der Auslegung des § 130 StGB ziehen die Karlsruher Richter später: Die „Gewährung der Friedlichkeit" sei erst dann gefährdet, wenn Meinungsäußerungen über die Überzeugungsbildung hinaus „mittelbar auf **Realwirkungen** angelegt sind und etwa in Form von Appellen zum Rechtsbruch, aggressiven Emotionalisierungen oder durch Herabsetzung von Hemmschwellen rechtsgutgefährdende Folgen unmittelbar auslösen können".[144] Im Zentrum der kontroversen Rechtsprechung steht also die Frage, ob die Anti-Corona-Judensterne über die Vergiftung des geistigen Klimas hinaus zum Rechtsbruch, zur aggressiven Emotionalisierung oder zum Senken der Hemmschwellen zur Gewalt führen können.

Bei der Prüfung, ob eine Äußerung geeignet ist, den öffentlichen Frieden zu stören, sollen nach der Rechtsprechung Art, Inhalt, Form, Umfeld, Stimmungslage der Bevölkerung und der politischen Situation zusammen gewürdigt werden. Hier öffnet sich ein weites Interpretationsfeld für die Berücksichtigung realer politischer und gesellschaftlicher Verhältnisse und Veränderungen. Im Extremfall kann das dazu führen, dass eine Subsumtion unter den Volksverhetzungsparagrafen am Anfang eines Jahres anders ausfällt als am Ende. Das ist aber nur ein Faktor, der die Auslegung des § 130 StGB so kompliziert macht. Einen zweiten Auslegungsspielraum eröffnet die Frage, wann Äußerungen real geeignet sind, den öffentlichen Frieden zu stören. Die dafür notwendige Prognose über die potenziellen Auswirkungen von Äußerungen hängt von den aktuellen realen gesellschaftlichen und politischen Umständen, vom rechtlichen und politischen Vorverständnis von Staatsanwälten und Richtern ab und von den Instrumenten

---

141 Prüfvermerk vom 17. Dezember 2021, S. 3.
142 BVerfG vom 22. Juni 2018 1 BvR 2083/15.
143 A. a. O., Rn. 26.
144 A. a. O., Rn. 27.

und Methoden, um die Prognose über die Ebene bloßer Behauptungen hinaus zu stellen und plausibel zu begründen.

Im März 2021 hat das Oberlandesgericht Saarbrücken entschieden, dass eine Ersetzung des Wortes „Jude" in einem Judenstern durch die Wörter „nicht geimpft", „AfD-Wähler", „SUV-Fahrer" und „Islamophob" in einem Facebook-Profil ein Beitrag zur öffentlichen geistigen Auseinandersetzung ist und nicht den Tatbestand der Volksverhetzung erfüllt, wenn nicht weitere Umstände hinzutreten.[145] Der zentrale Unterschied zur Mehrheitsmeinung: Das OLG sieht in den Äußerungen zwar einen „weiteren Beitrag zur Vergiftung des politischen Klimas", „nicht aber dazu, ihr einen unfriedlichen Charakter zu verleihen"[146]. Bei anderen Gerichten, die eine Eignung zur Störung des öffentlichen Friedens ablehnen, klingt die Deduktion ähnlich. Das Amtsgericht Aschaffenburg meint, dass die „Bezugnahme auf nationalsozialistische Verbrechen im vorliegenden Fall nicht geeignet sei, [...] den geneigten Adressatenkreis (Facebook-Freunde) zu Aggression und zu einem Tätigwerden gegen die jüdische Bevölkerung zu veranlassen".[147] Von einem erheblichen Realitätsverlust zeugt die Auffassung des Landgerichts Aschaffenburgs: Dass das Zeigen des Judensterns mit der Aufschrift „Nicht geimpft" und mit der Überschrift „Die Jagd nach Menschen kann nun wieder beginnen" „in einem Kontext aktueller rechter Hetze erfolgt, vermag die Kammer nicht zu erkennen".[148] Gemeinsam ist diesen Entscheidungen, dass sie Behauptungen ohne jeden empirischen Beleg aufstellen, obwohl die Gerichte bei der Auslegung des Volksverhetzungsparagrafen aufgefordert sind, die Stimmung in der Bevölkerung und die politische Lage zu berücksichtigen. Dass man einen Zusammenhang zwischen Vergiftung des politischen Klimas und einer Eignung, den öffentlichen Frieden zu stören, auch anders sehen kann, zeigt das Bayerische Oberste Landesgericht, auch wenn sich der Sachverhalt nur in einem Punkt deckt.[149] Der rechtskräftig Verurteilte hatte auf dem Gelände vor dem AfD-Bundesparteitag 2018 in Augsburg ein Schild mit der Überschrift „Hetze in Deutschland" getragen, darunter auf der linken Plakatfläche ein Judenstern mit den Zeitraum „1933–1945", auf der rechten Plakatfläche das AfD-Logo sowie der Zeitraum „2013?". Dasselbe Plakat hatte er auf Twitter verbreitet. Hier fand das Bayerische Oberste Landesgericht, dass ein „auf Breitenwirkung angelegtes Verharmlosen von Völkermordhandlungen" vorliege. Das tauge auch zur „Vergiftung des politischen Klimas", weil es „Würde und Ansehen der Überlebenden sowie insbesondere der Ermordeten und ihrer Angehörigen in einem für das ganze Gemeinwesen unerträglichen Maße

---

145 OLG Saarbrücken vom 8. März 2021 Az. Ss 72/2020 (2/21 – juris).
146 A. a. O., Rn. 26.
147 AG Aschaffenburg vom 19. Februar 2021 Az. 308 Cs 104 Js 815 /21, S. 3.
148 LG Aschaffenburg 12. März 2021 Az. Qs 31/21, S. 6.
149 Bayerischer Oberster Gerichtshof vom 25.Juni 2020 Az.ö 205 StRR 240/20.

tangiere".¹⁵⁰ Solche Äußerungen gefährden „regelmäßig den öffentlichen Frieden". Auch hier wird rein dogmatisch argumentiert, wenn auch mit einem anderen Ergebnis. Einen vorsichtig empirisch fundierten Weg wählt der Stuttgarter Generalstaatsanwalt Brauneisen: „Angesichts der aktuell steigenden Zahl gewalttätiger Demonstrationen, auf denen der abgewandelte Judenstern von einer erheblichen Anzahl von Teilnehmern getragen wird, ist die Eignung zur Friedensstörung neu zu beurteilen [...] Damit ist die Schwelle zur Störung des öffentlichen Friedens über die bloße Vergiftung des politischen Klimas hinaus [...] überschritten".¹⁵¹ Ähnlich argumentiert das Amtsgericht Tiergarten: „Es kam 2020 und 2021 zu einer Vielzahl von Gewalttaten gegenüber Vertretern des Staates und sonstigen Personen auf Demonstrationen, aber auch außerhalb. Wenn in diesem gewaltbereiten Klima noch suggeriert wird, dass das, was gerade an staatlichen Maßnahmen getroffen wird, in irgendeiner Weise vergleichbar ist mit der millionenfachen Verfolgung und Ermordung der Juden während des Nationalsozialismus, so führt dies zu einer weiteren Eskalation und schürt die Gewaltbereitschaft bei den ohnehin gewalttätigen Anhängern der Querdenkerbewegung."¹⁵²

Methodisch beispielhaft ist die Auslegung des § 130 StGB in der Anklageschrift des Oberstaatsanwalts und Antisemitismusbeauftragten von Bayern Franck.¹⁵³ Der Angeklagte hatte auf seinem Facebook-Account ein zweigeteiltes Bild veröffentlicht, auf dessen oberer Hälfte eine Zeichnung mit dem Eingang eines Konzentrationslagers mit dem Schriftzug „Impfen macht frei" zu sehen war. Unter dem Schriftzug standen zwei schwarz uniformierte Männer mit jeweils übergroßen Spritzen in der Hand. Bei der Frage, ob dieses Bild geeignet war, den öffentlichen Frieden zu stören, hat sich Franck auf soziologische Studien über die Auswirkungen des Netzes auf die Mobilisierung von Demonstranten, Kriminalstatistiken über die Entwicklung politischer Straftaten mit dem Hintergrund der Corona-Pandemie sowie politische Ereignisse wie die Erstürmung der Reichstagstreppe gestützt. Vor diesem emotional-aggressiven Hintergrund waren nach Ansicht von Franck die Zeichnungen plus Slogans geeignet, die „Hemmschwelle vor einer Realisierung von Gewaltmaßnahmen zu senken", und waren dadurch

---

150 A. a. O., S. 4.
151 Prüfvermerk vom 17. Dezember 2021.
152 AG Tiergarten vom 29. September 2021 Az. (234 Cs) 231 Js 925/21 (203/21), S. 4.
153 Anklageschrift vom 18. November 2021 Az. 510 Js 371/21 f–h. A. A. in diesem Fall das Landgericht München I vom 20. August 2021 Az. 2 Qs 6/21, das einen Durchsuchungs- und Beschlagnahmebeschluss des Amtsgerichts München in diesem Fall für rechtswidrig erklärt hatte: „Aus dem ‚facebook-Post' [...] ergibt sich keine Außenwirkung, die geeignet wäre, den öffentlichen Frieden zu stören. Ein irgendwie gearteter Appell zum Rechtsbruch oder auch nur mittelbare Anlegung auf Realwirkungen kann dem Beitrag nicht entnommen werden. Er stellt vielmehr, da er einen wertenden Vergleich beinhaltet, eine Meinungsäußerung zum Thema Impfzwang dar, die von der Meinungsfreiheit geschützt ist". (S. 4).

„geeignet", den „öffentlichen Frieden im Sinne der Friedlichkeit der öffentlichen Auseinandersetzung zu gefährden".

Durch die Aufforderung der Rechtsprechung, bei der Auslegung des Volksverhetzungsparagrafen die Stimmung der Bevölkerung und die politische Lage zu berücksichtigen, werden Staatsanwälte und Richter eingeladen, bei der Exegese auf Verfassungsschutzberichte, Kriminalstatistiken, Meinungsumfragen, publizistische und soziologische Studien oder Einzeltaten wie den versuchten Anschlag auf die Synagoge in Halle oder die gescheiterte Erstürmung des Reichstages zurückzugreifen. Einige Beispiele für potenzielle Interpretationshilfen: Nach dem Antisemitismusbericht des Bundesverbandes der Recherche- und Informationsstellen Antisemitismus (RIAS) gab es 2020 bundesweit 1909 antisemitische Vorfälle. Über ein Viertel der Fälle hatten einen direkten Corona-Bezug. Nach dem Bundesinnenministerium ist die Zahl antisemitischer Straf- und Gewalttaten von 2014 bis 2020 mit einer Ausnahme immer gestiegen auf 2351 judenfeindliche Straftaten und 57 Gewalttaten im Jahr 2020.[154] Im Jahr 2021 sprang die Zahl der antisemitischen Straftaten noch mal um gut 28 Prozent auf 3027, was in erster Linie auf eine judenfeindliche Strömung bei den Anti-Corona-Protesten zurückgeführt wird. In Sachsen hat das Landesamt für Verfassungsschutz bereits im Mai 2020 „erste gewalttätige Ausschreitungen bei Anti-Corona-Demonstrationen" festgestellt. Dann habe sich die Gewaltspirale weitergedreht: „Seit Dezember 2021 beobachtet das Amt in Sachsen zum Teil massive Angriffe auf Polizeibeamte, die neben weiteren Repräsentanten des Staates zum Feindbild der hiesigen Protestszene ‚avanciert' sind."[155] Für diesen negativen Trend macht Judith Porath, Geschäftsführerin des Vereins „Opferperspektive", die „Querdenker und Corona-Leugner mit verantwortlich". Sie wirft der „Bewegung vor, zunehmend ein Katalysator für antisemitische Verschwörungsmythen, Schoa-Relativierung antidemokratischer Bestrebungen und rechter Gewalt" zu sein.[156] Im Tenor ähnlich der Chef des Hamburger Landesamtes für Verfassungsschutz Torsten Voß: „Antisemitische Narrative spielen auch in der Querdenker- und insbesondere der QAnon-Szene eine zentrale Rolle. Verschwörungsideologisch werden Menschen jüdischen Glaubens zu Sündenböcken für alles Mögliche in der Welt stilisiert, und da ist es bis zur möglichen Gewalttat kein weiter Schritt mehr".[157] Aus diesem Grund begrüßt Voß auch, dass das Tragen und Verbreiten des verwandelten Judensterns als „Volksverhetzung strafrechtlich verfolgt" wird.

---

154 Übersicht Hasskriminalität, Entwicklung in Fallzahlen, S. 5.
155 Auskunft gegenüber dem Verfasser.
156 https://de.statista.com/infographik/22240/anzahl-der-antisemitischen-Straftaten-gewalttaten-in-deutschland.
157 Hamburger Abendblatt vom 17. Januar 2022, S. 6.

Fazit: Bei der strafrechtlichen Beurteilung der umgewidmeten Judensterne von Corona-Leugnern sind Pro- und Kontra-Rechtsmeinungen vertretbar. Es hängt vom politischen und rechtlichen Vorverständnis der Staatsanwälte und Richter ab, wie sie die unbestimmten Rechtsbegriffe des Volksverhetzungsparagrafen auslegen. Eine Determinante wird sein, ob die Entscheider der Auffassung sind, dass die Strafjustiz eine wichtige Rolle beim Kampf gegen Antisemitismus übernehmen soll oder nicht. Die zur Strafbarkeit der umgewidmeten Judensterne neigende Strafverfolgungs- und Rechtsprechungspraxis in den alten Bundesländern deutet auf erfolgreiches Wirken einiger Antisemitismusbeauftragten bei den Generalstaatsanwaltschaften hin. Was die Mindermeinung motiviert, muss unklar bleiben, weil sie nur dogmatisch argumentiert. Wir müssen uns daher mit einem **Befund** und zwei **Eindrücken** bescheiden. Fest steht, dass die Staatsanwaltschaften dem judenfeindlichen Treiben von Corona-Gegnern lange Zeit tatenlos zugeschaut haben. Bei der Mindermeinung, die eine Strafbarkeit der umgewidmeten Judensterne ablehnt, entsteht der Anschein einer rechtslastigen Strafverfolgung, weil der Wortlaut des Volksverhetzungsparafen auch eine liberale, geschichtsbewusstere Auslegung zulässt.[158] Und es drängt sich der Eindruck auf, dass die Justiz in den neuen Bundesländern die Provokationen durch antisemitisch motivierte Anti-Corona-Demonstranten und -User bisher eher als Geschmacklosigkeiten denn als strafwürdigen Antisemitismus bewertet.

Eine Spende für die AfD: der Fall des Staatsanwalts Martin Zschächner

Zum Repertoire der Links-Fraktion im thüringischen Landtag gehören Kleine Anfragen zu Ermittlungs- und Strafverfahren wegen Bildung von kriminellen und terroristischen Vereinigungen (§§ 129, 129a, 129b StGB). Die Fraktion hegt den Verdacht, dass Strafverfolgungsorgane solche Verfahren missbrauchen könnten, um politische Gegner mithilfe von Observation und dem Einsatz von V-Leuten auszuforschen, die in solchen Ermittlungen erlaubt sind. In der Anlage 1 einer Antwort des Justizministeriums auf eine solche Standardanfrage vom 8. März 2019 stieß der linke Abgeordnete Steffen Dittes zufällig auf ein Verfahren gegen eine „Gruppierung von Aktionskünstlern".[159] Detektivische Kleinarbeit der Fraktion förderte zutage, dass sich das Verfahren gegen die Künstlergruppe *Zentrum für politische Schönheit* richtete. Weitere Nachfragen ergaben, dass ein Staatsanwalt namens Martin Zschächner am 29. November 2017 ein Ermittlungsverfahren gegen die Aktionskünstler wegen Bildung einer kriminellen Vereinigung eingeleitet

---

158 Die Süddeutsche Zeitung vom 17./18. Juli 2021, S. 11 spricht von einer „gefährlichen Melange aus fehlendem Mut, Dienst nach Vorschrift und dem Unwillen, rechten Angriffen konsequent entgegenzutreten".
159 Thüringer Landtag Drucksache 6/6928, Anlage 1.

hatte.[160] Ein Schelm, wer Böses dabei denkt: Einen Tag zuvor hatte AfD-Rechtsaußen Björn Höcke die Künstlergruppe als „kriminelle und terroristische Vereinigung" öffentlich attackiert. Die Aktionskünstler hatten neben seinem Wohnhaus einen Nachbau des Berliner Holocaust-Mahnmals errichtet, um gegen dessen Verunglimpfung durch Höcke als „Denkmal der Schande" zu protestieren. Und sie hatten angekündigt, ihn durch einen „zivilgesellschaftlichen Verfassungsschutz" beobachten zu lassen. Während das Landgericht Köln und einige Staatsanwaltschaften ähnliche Verfahren gegen die Aktionskünstler bald einstellten, ließ Staatsanwalt Zschächner es sechzehn Monate laufen, ohne allerdings konkret zu ermitteln, wie eine spätere Akteneinsicht ergab.[161] Mit großer Hartnäckigkeit hat er selbst nach Bekanntwerden des Verfahrens und trotz massiver öffentlicher Kritik noch einen Ermittlungsauftrag an die Kriminalpolizei geben wollen. Dessen Ausführung hat sein Behördenleiter nach Intervention des damaligen Justizministers Dieter Lauinger (Die Grünen) dann aber geblockt.[162]

Die Aufdeckung dieses Ermittlungsverfahrens – für den Berliner Rechtsanwalt Peter Raue ein „skandalöser Wahnsinn" – wirkte auf Politik und Medien wie ein Aufmerksamkeitsbeschleuniger.[163] Er brachte zwei Erkenntnisse ans Tageslicht: Die Dienstaufsicht der Staatsanwaltschaft Gera, der Generalstaatsanwaltschaft Thüringen und des Justizministeriums hatten im Falle Zschächner versagt. Zum anderen zeigte sich, dass der Justizapparat in Gera erst auf massiven öffentlichen Druck der Zivilgesellschaft reagiert hat, insbesondere von Rechtsanwälten, Parteien und Medien. „Es gab keinen Selbstheilungsprozess der Justiz", analysiert der Berliner Rechtsanwalt Johannes Eisenberg: „Auf sachliche Einwände hat sie nicht reagiert, das passierte erst, als sie öffentlich wahrnehmbar wurden".

Im April 2019 wurde Zschächner „auf eigenen Wunsch" (treffender wohl: auf Druck des Justizministers und der Generalstaatsanwaltschaft) als Pressesprecher abgelöst und von der Staatsschutzabteilung in ein Dezernat für Branddelikte und allgemeine Strafsachen versetzt.

Staatsanwalt Zschächner war für Strafverteidiger aus dem links-grünen Milieu seit Langem ein Feindbild. Die Jenaer Rechtsanwältin Kristin Pietrzyk und der Berliner Strafverteidiger Johannes Eisenberg haben mit Dienstaufsichtsbeschwerden gegen seine

---

160 Thüringer Landtag Drucksache 6/7231, S. 2.
161 Thüringer Landtag Drucksache 6/7264, S. 1; Reuter, 2019, Zschächners Akte: Nichts ermittelt, aber das Verfahren gegen die Aktionskünstler 17 Monate laufen lassen, unter https://netzpolitik.org/2019/zschaechners-akte-nichts-ermittelt-aber-das-verfahren-gegen-die-aktionskuenstler-17-monate-laufen-lassen/ (abgerufen am 13. April 2019).
162 Klaus, 2019, Minister kassiert Auftrag von umstrittenem Geraer Staatsanwalt an Kripo wieder ein, unter https://www.thueringer-allgemeine.de/politik/minister-kassiert-auftrag-von-umstrittenem-geraer-staatsanwalt-an-kripo-wieder-ein-id225415889.html vom 4. Mai 2019.
163 Zitiert nach https://de.wikipedia.org/wiki/Martin_Zschächner.

fehlende politische Neutralität protestiert.[164] Eine Dokumentation der Links-Fraktion für das Ministerium für Migration, Justiz und Verbraucherschutz beschreibt neunzehn „problematische Verfahren" Zschächners.[165] Neun Verfahren wegen Beleidigung, Bedrohung oder Volksverhetzung, die gegen AfD-Mitglieder oder rechte Eiferer liefen, hat er mit zum Teil hanebüchenen Vergleichen oder argumentativen Verrenkungen eingestellt; zum Beispiel durch den schiefen Vergleich der Menschenrechtsverbrechen in Auschwitz mit der militärischen Niederlage in Waterloo[166] oder dadurch, dass die Behauptung, „Afros" seien „Urmenschen" „weder beschimpfend noch böswillig verächtlich machend" sei[167]. Ein drittes Beispiel: Dass ein AfD-Politiker Katja Kipping von der Links-Partei beschimpfte und „am Spieß braten" wollte, sei eine „Aussage", die mit der „revolutionären Rhetorik der französischen Nationalhymne" vergleichbar sei.[168] Bei Gerichten ist Zschächner immer wieder mit Anträgen, Anklagen und Einstellungen aufgelaufen: Hausdurchsuchungen wurden abgelehnt, Hauptverhandlungen nicht eröffnet oder Verfahren eingestellt, die er eingeleitet hatte. Unerklärlich ist zum Beispiel, dass das politisch brisante Ermittlungsverfahren gegen das *Zentrum für politische Schönheit* nach einer Antwort des thüringischen Justizministeriums auf eine Kleine Anfrage der Links-Fraktion erst Anfang April 2019 zu einem „Berichtsfall" erklärt wurde, also 14 Monate nach seiner Einleitung.[169] In diesem Verfahren habe die „interne Kontrolle der Staatsanwaltschaft nicht funktioniert", moniert der Abgeordnete der Linken Steffen Dittes. „Dass die Vorgesetzten nicht gewusst oder gesehen haben, was der Mann trieb", schließt Rechtsanwalt Johannes Eisenberg aus: „Es wurde vielfach pressenotorisch".

Parallel zum Aufbegehren der Anwaltschaft und der Politik begannen Medien Zschächners Vergangenheit und Umfeld auszuleuchten und die staatsanwaltliche Dienstaufsicht ins Visier zu nehmen. Nach ZEIT-Online soll Zschächner eine 30-Euro-Spende an die AfD überwiesen haben.[170] Aufgeschreckt durch die Berichterstattung meldeten sich ehe-

---

164 https://de.wikipedia.org/wiki/Martin_Zschächner.
165 Nach Auskunft des Abgeordneten Steffen Dittes wurde die Dokumentation über den zuständigen Koalitionsarbeitskreis informell an das Ministerium für Migration, Justiz und Verbraucherschutz weitergeleitet.
166 Hinrichs, 2019, Streit über Staatsanwalt: „Die Grenze des Erträglichen weit überschritten", unter https://www.welt.de/politik/plus191741087/Streit-um-Staatsanwalt-in-Gera-Thomas-Fischer-im-Interview.html (abgerufen am 11. April 2019).
167 Prantl, 2019, Es riecht nach Rechtsbeugung aus politischen Gründen, unter: https://www.sueddeutsche.de/politik/prantl-afd-staatsanwaltschaft-thueringen-zentrum-fuer-politische-schoenheit-1.4400201?reduced=true (abgerufen am 11. April 2019).
168 https://de.wikipedia.org/wiki/Martin_Zschächner.
169 Thüringer Landtag Drucksache 6/7264, S. 3.
170 Fuch/Hommerich, 2019, Der Rechts-Staatsanwalt, unter https://www.zeit.de/politik/2019-04/zentrum-fuer-politische-schoenheit-kuenstlerkollektiv-bjoern-hoecke-afd „Spende fuer die Alternative fuer Deutschland" (abgerufen am 20. April 2020).

malige Kommilitonen Zschächners aus der Studienzeit zu Wort. Ihnen sei schon damals klar gewesen, dass er „rechtsaußen" stand und schon mal „Jura-Nazi" gerufen wurde.[171] Ehemalige Studienkollegen hat gewundert, wie er jemals in den Justizdienst gelangen konnte. In der *Thüringischen Landeszeitung* fragte Sebastian Haak angesichts der Fülle von Verfahren mit „eigenartigem Ausgang", warum seine Vorgesetzen „von all dem nichts mitbekommen haben – oder ob sie weggesehen haben, obwohl sie von all dem wussten"?[172]

Bei seinen Vorgesetzten scheint es bis heute weder Einsicht noch Selbstkritik zu geben. Eine Überprüfung von Zschächners Verfahren durch die Generalstaatsanwaltschaft Thüringen hätte „keine Anhaltspunkte für fehlende Neutralität des Staatsanwalts ergeben", heißt es. Damit nicht genug. Am Ende betont der Vermerk, dass seine Versetzung keinen „disziplinarischen Charakter" trage, „da sich die gegen den Beamten erhobenen Vorwürfe [...] im Kern als unzutreffend erwiesen haben".[173] Wie man Zschächner angesichts der geschilderten Amtsführung „Neutralität" attestieren kann, ist für Rechtsanwalt Eisenberg nicht nachvollziehbar: „Er hat sein Amt zur Bekämpfung politischer Gegner genutzt." Den Abgeordneten der Linkspartei Steffen Dittes ärgert die rein „formalistische" Begründung des Freispruchs, die jede „politische Dimension" vermissen lasse.

Besorgnis der Befangenheit: zwei Staatsanwälte von Ermittlungen in Neuköllner Brandserie abgezogen

Heinz Ostermann, Inhaber der Neuköllner Buchhandlung Leporello, war schon dreimal Zielscheibe rechter Gewalt.[174] Erst zersplitterten seine Fenster, dann brannte sein erstes Auto ab, ein Jahr später dessen Ersatz. Ostermann vermutet, dass ihn sein Engagement beim Bündnis *Neuköllner Buchläden gegen Rechtspopulismus und Rassismus* in den Fokus der Rechten gerückt hat. Die drei Attacken auf Ostermann rechnet die Polizei zu einer Neuköllner Anschlagsserie von insgesamt 72 Straftaten, die zwischen 2016 und 2019 begangen wurden: darunter 14 Brandstiftungen, Sachbeschädigungen, Drohungen und der Diebstahl von Stolpersteinen. Sie trafen Politiker, Gewerkschafter, Lehrer, Buchhändler. Im Visier hatten die Ermittler zwei örtliche Rechtsextremisten: den NPD-

---

171 Meissner, 2019, „Wir nannten ihn nur den ‚Jura-Nazi'" – Ein Staatsanwalt aus Gera und seine Nähe zur AfD, unter https://www.tagesspiegel.de/politik/wir-nannten-ihn-nur-den-jura-nazi-ein-staatsanwalt-aus-gera-und-seine-naehe-zur-afd/24202498.html (abgerufen am 10. April 2019).
172 Haak, 2019, Über menschliche und staatliche Fehler – Die Geschichte des David R. aus Erfurt, unter https://www.tlz.de/leben/recht-justiz/ueber-menschliche-und-staatliche-fehler-die-geschichte-des-david-r-aus-erfurt-id225376339.html (abgerufen am 26. April 2019).
173 Auskunft des Thüringer Ministeriums für Migration, Justiz und Verbraucherschutz vom 12. März 2020.
174 Leber, 2019, Brandserie in Neukölln: Das Feuer, der Verdacht – und das Vertrauen in den Staat, unter https://www.tagesspiegel.de/themen/reportage/brandserie-in-neukoelln-das-feuer-der-verdacht-und-das-vertrauen-in-den-staat/23962854.html (abgerufen am 13. Januar 2021); Süddeutsche Zeitung vom 7. August 2020.

Vorsitzenden Sebastian T. und Tilo P., lange Zeit im Neuköllner AfD-Kreisvorstand aktiv, bis er wegen zu enger Verbindungen zur Neonazi-Szene rausgeworfen wurde. Trotz intensiver polizeilicher Ermittlungen und Beobachtung durch den Verfassungsschutz gelang es den Strafverfolgungsbehörden über Jahre nicht, Indizien zu einem konkreten Tatverdacht gegen die beiden Rechtsextremisten zu verdichten. Durch die ausbleibenden Ermittlungserfolge erreichten Angst und Ärger der Opfer schließlich ein Ausmaß, dass sie aktiv wurden. Im Dezember 2018 wandten sie sich mit der brieflichen Bitte an den Generalbundesanwalt, die Ermittlungen zu übernehmen. Sie hofften wohl auf ein ähnliches Ergebnis wie in Freital oder Chemnitz, wo es den Karlsruher Staatsanwälten in kurzer Zeit gelungen war, Neonazi-Strukturen aufzudecken und zu zerschlagen.[175] Die Karlsruher Strafverfolger lehnten diesmal jedoch ab, weil sich die Voraussetzungen für eine solche Übernahme „bisher nicht ergeben" hätten. Im August 2020 dann ein Paukenschlag bei den sich zäh dahinschleppenden Ermittlungen. Die Berliner Generalstaatsanwältin Margarete Koppers zog die verantwortlichen Staatsanwälte wegen des Verdachts der Besorgnis der Befangenheit ab und beauftragte ihre Behörde mit weiteren Nachforschungen.[176] Betroffen waren der Leitende Oberstaatsanwalt und Leiter der Staatsschutzabteilung F. und Staatsanwalt S., der die Neuköllner Brandserie bearbeitete. Ob sie mit Zustimmung oder gegen ihren Willen versetzt beziehungsweise sogar degradiert worden sind, ist unklar. Diese spektakuläre Rochade war durch die Beschwerde einer Opferanwältin ausgelöst worden. Deren Mitarbeiterin war bei der Durchsicht von Protokollen einer Telefonüberwachung zufällig auf eine „Unterhaltung von zwei Rechtsextremisten" gestoßen, nach der einer der beiden zuständigen Staatsanwälte in einer Vernehmung erklärt haben soll, dass er „AfD sei oder AfD wähle". Daraufhin hatte der Vernommene einem Gesinnungsgenossen erzählt, man könne sich „gut aufgehoben fühlen bei der Staatsanwaltschaft wegen dieser Äußerung". Diese irritierenden Aussagen wurden in der Staatsanwaltschaft ohne weitere Veranlassung zu den Akten gelegt, ohne Nachfragen oder Meldungen an Vorgesetzte. Dadurch lag für Generalstaatsanwältin Koppers ein „Schatten über den Ermittlungen", der die „Betroffenen mit Recht misstrauisch macht", erklärte sie in der *rbb-Abendschau*. Dort machte sie aber auch zugleich deutlich, dass es bisher keine „Hinweise" gäbe, dass „etwas nicht sauber gelaufen" wäre.

In der Staatsanwaltschaft des Kriminalgerichts Moabit ist die Entmachtung der beiden Kollegen nicht gut angekommen. Sich auf einen Chat von zwei Rechtsextremisten zu

---

175 Leber, 2019, Brandserie in Neukölln: Das Feuer, der Verdacht – und das Vertrauen in den Staat, unter https://www.tagesspiegel.de/themen/reportage/brandserie-in-neukoelln-das-feuer-der-verdacht-und-das-vertrauen-in-den-staat/23962854.html (abgerufen am 13. Januar 2021).
176 Fröhlich/Füchsel, 2019, Der Neukölln-Komplex: Koppers greift gegen Oberstaatsanwalt F. durch – was ist da los?, unter https://www.tagesspiegel.de/berlin/polizei-justiz/der-neukoelln-komplex-koppers-greift-gegen-oberstaatsanwalt-f-durch-was-ist-da-los/26073874.html (abgerufen am 1. Januar 2021).

stützen, die gern mit ihren guten Kontakten zu Polizei und Staatsanwälten prahlen, sei unseriös.

Kurz vor Weihnachten 2020 wurden die von Anfang an verdächtigten Sebastian T. und Tilo P. auf Antrag der Generalstaatsanwaltschaft verhaftet. Die Haftbefehle stützten sich auf eine Palette von Vorwürfen: Sachbeschädigungen durch Nazischmierereien, Sozialhilfebetrug, Corona-Subventionsbetrug sowie zwei schwere Brandstiftungen. Einen Durchbruch aufgrund neuer Erkenntnisse gab es nicht. Die Generalstaatsanwaltschaft begründete die Haftbefehle im Wesentlichen mit Indizien, die die alten Strafverfolger zusammengetragen hatten, setzte aber bei der Beweiswürdigung andere Akzente. Bei Sebastian T. war ein neuer Betrugsvorwurf hinzugekommen. Der Haftrichter bejahte bei beiden einen konkreten Tatverdacht, gewährte Thilo P. aber Haftverschonung, weil bei ihm keine Fluchtgefahr bestünde. Ob die Indizien am Ende für eine Verurteilung der beiden Rechtsextremisten ausreichen werden, wagt bisher niemand vorauszusagen.

Die politisch und polizeilich Verantwortlichen geben sich inzwischen selbstkritisch.[177] Innensenator Andreas Geisel (SPD) räumte zerknirscht Versäumnisse und Pannen bei der Aufklärung ein. So wurden Opfer nicht gewarnt, obwohl Verfassungsschutz und Polizei wussten, dass sie von den verdächtigten Neonazis ausgespäht wurden. Polizeipräsidentin Barbara Slowig gestand, dass die Sonderkommission mit dem Namen „BAO Fokus" zu klein und das Personal „nicht ausreichend" gewesen sei. Die zentrale Frage: Wie konnte es zu diesen Fehlern und Unterlassungen kommen? Gab es nur handwerkliche Schnitzer oder rechtslastige Ermittlungen mit versteckten Sympathien für rechtes Gedankengut? Vom Leiter der Staatsschutzabteilung F. ist bekannt, dass er rechtskonservativ ist. Fritz Marquardt, Büroleiter des Grünen-Europaabgeordneten Erik Marquardt, erinnert sich in einem Twitter-Tweet an ein Vorgespräch zur mündlichen Prüfung für das erste juristische Staatsexamen.[178] F., damals Chef der Prüfungskommission, habe ohne Anlass über Politik gesprochen. F. habe wie der frühere Verfassungsschutzchef Hans-Georg Maaßen die Auffassung vertreten, dass es in Chemnitz keine Hetzjagden gegeben habe und die angeblich schlechte Rolle des Verfassungsschutzes auf einer Verschwörungstheorie beruhe. Staatsanwalt S. war dem Justizsenator Behrendt (Die Grünen) bereits vorher aufgefallen, als dieser einen Durchsuchungsbefehl bei der Um-

---

177 Schmalz, 2020, Neuköllner Anschlagsserie: Polizei verhaftet zwei Neonazis, unter https://www.berliner-zeitung.de/news/anschlagsserie-neukoelln-polizei-verhaftet-zwei-rechtsextremisten-li.128010 (abgerufen am 1. Januar 2021).
178 Fröhlich/Füchsel, 2019, Der Neukölln-Komplex – Koppers greift gegen Oberstaatsanwalt F. durch – was ist da los?, unter https://www.tagesspiegel.de/berlin/polizei-justiz/der-neukoelln-komplex-koppers-greift-gegen-oberstaatsanwalt-f-durch-was-ist-da-los/26073874.html (abgerufen am 8. August 2020).

weltorganisation *Greenpeace* erwirkt hatte. Die Aktivisten hatten im Sommer 2018 das Straßenrondell am *Großen Stern* mit gelber Farbe zugeschüttet – als Symbol für die Energiewende. Behrendt hatte damals die Verhältnismäßigkeit der Durchsuchung infrage gestellt und von der Staatsanwaltschaft einen Bericht angefordert, was ganz selten passiert.

Diese Begebenheiten mögen auf eine rechtskonservative oder sogar rechte Gesinnung der Staatsanwälte hindeuten. Es gibt aber bisher keine Indizien dafür, dass diese ihre Amtsführung beeinflusst haben. Zu diesem Ergebnis kommt auch der „Zwischenbericht" der „Kommission Neukölln". Sie hatte den Auftrag zu überprüfen, ob es wegen der lange Zeit vergeblichen Ermittlungen an einem „Aufklärungswillen bei den Berliner Sicherheitsbehörden und Strafverfolgungsorganen" gefehlt habe. Das Ergebnis: Es habe weder „Beschönigungen noch Versäumnisse" gegeben. Trotzdem bleibt der nagende Verdacht, dass die sich lange Zeit dahinschleppenden Ermittlungen in der Neuköllner Brandserie nicht mit der notwenigen Energie und Härte betrieben wurden. Die Kommission hat am Ende immerhin eine „erhebliche Divergenz" in der „Wahrnehmung" der Bearbeitung der Brandserie zwischen den Strafverfolgungsbehörden und den Opfern der Straftaten festgestellt. Die ist durch den Kommissionsbericht nicht ausgeräumt.

Gerichtlicher Rechtspopulismus: eine Gefahr für die Neutralität der Justiz I

In der juristischen Ausbildung wird viel Wert auf Rechtsdogmatik gelegt. Die Rechtsfindung nach festen Regeln verfolgt zwei übergeordnete Ziele: Rechtssicherheit und Neutralität zu garantieren, von denen wiederum das Vertrauen in die Justiz abhängt. Da jeder Richter ein politisches Vorverständnis hat, fließt dies, häufig unbemerkt, in die Rechtsfindung ein, vor allem bei der Auslegung unbestimmter Rechtsbegriffe und der Abwägung kollidierender Rechtsgüter.

Seitdem die AfD zur politischen Landschaft in Deutschland gehört, stellt sich die Frage, ob, wenn ja, wo sich ein rechtspopulistisches Vorverständnis von Richtern in Urteilen wiederfindet und die Grenzen politischer Neutralität überschritten werden. Dabei stellt sich heraus, dass sich AfD-Gedankengut vor allem bei der Auslegung des § 130 StGB negativ niederschlägt und die Neutralität der Dritten Gewalt gefährdet.

Bundeskanzlerin Merkel als Störerin des öffentlichen Friedens: ein AfD-Kommentar in einer Urteilsbegründung

Ein Beispiel für eine rechtspopulistische Grenzüberschreitung findet sich in einem Urteil des Bundesgerichtshofes vom November 2020. Wegen eines politischen Kommentars aus dem AfD-Ideologiefundus in einer Urteilsbegründung hatte der Präsident des Landgerichts Görlitz einen Richter am sächsischen Amtsgericht Zittau mit einem „Vorhalt" ermahnt.[179] Der Sachverhalt des gerügten Urteils, das die Angeklagte freigesprochen hatte: Auf einer der NPD zuzurechnenden Facebook-Seite gab es einen Chat über den Bau von Flüchtlingsunterkünften, in dem ein Nutzer geschrieben hatte: „Ich spende das Benzin". Die Angeklagte antwortete zusammen mit zwei anderen Nutzern: „Ich bring den Brandbeschleuniger mit." Der Amtsrichter vermochte erstaunlicherweise nicht zu erkennen, „inwieweit das Vertrauen in die öffentliche Rechtssicherheit durch den Diskussionsbeitrag der Angeklagten erschüttert wird oder werden soll". Thema des Vorhalts waren dann aber erst die folgenden Sätze in der Urteilsbegründung: „In diesem Zusammenhang ist nach Ansicht des Gerichts die Entscheidung der Bundeskanzlerin, eine bisher nicht bekannte Anzahl von Flüchtlingen unkontrolliert ins Land zu lassen, viel mehr geeignet, den öffentlichen Frieden zu stören, als der Facebook-Kommentar der Angeklagten."[180] Um die Bundeskanzlerin nicht in die Nähe der Strafbarkeit zu rücken, stellte das Urteil immerhin klar, dass die „Entscheidung der Kanzlerin nicht gegen

---

179   BGH vom 20. November 2020 RiZ (R), 4/20.
180   BGH vom 20. November 2020 RiZ (R), 4/20, Rn. 4.

§ 130 StGB verstößt". Der Dienstvorgesetzte sah in dem Satz über Merkels Verantwortung für die offenen Grenzen 2015/16 einen politischen Kommentar, der „geeignet" sei, „das Vertrauen in die Unabhängigkeit der Justiz zu beeinträchtigen". Er forderte den Richter auf, „solche Äußerungen im Rahmen der Ausübung Ihrer richterlichen Tätigkeit künftig zu unterlassen". Diesem Ansinnen wollte sich der Amtsrichter nicht beugen, weil der Vorhalt ihn in unzulässiger Weise in seiner Unabhängigkeit beeinträchtige. Der Bundesgerichtshof verteidigte den „Vorhalt" in einer bemerkenswerten Entscheidung: „Die persönliche Meinung eines Richters, die für die eigentliche Rechtsfindung ohne Bedeutung ist, hat in den Entscheidungsgründen eines Urteils nichts zu suchen. [...] Dadurch, dass der Richter sein Urteil zur Verbreitung seines politischen Standpunktes nutzt, verlässt er letztlich den der Dienstaufsicht entzogenen Kernbereich der richterlichen Tätigkeit."[181] Das Urteil des Bundesgerichtshofes zeichnet sich durch eine hohe rechtliche Sensibilität gegenüber rechtspopulistischen Argumenten aus. Es lässt ausnahmsweise einen Eingriff der Dienstaufsicht in eine Urteilsbegründung zu, die eigentlich zum Kernbereich richterlicher Unabhängigkeit gehört.

Im Duktus der NPD:
eine braun gefärbte Gesellschaftsanalyse als Urteilsbegründung

Im Gegensatz zu Strafrichtern fallen Verwaltungsrichter selten öffentlich auf: keine spektakulären Hauptverhandlungen, keine schillernden Angeklagten und keine Fernsehdebatten über Schuld und Gerechtigkeit, bei denen bekanntlich jeder meint, mitreden zu können. Das gilt nicht für Andreas Höfer vom Verwaltungsgericht Gießen. In Fachkreisen und manchmal auch darüber hinaus hat er in den letzten Jahren eine gewisse Prominenz dadurch erworben, dass er deutschnationales Gedankengut und Kritik an der Zuwanderungspolitik der Bundesregierung in seine Urteile einbaute. Gelegenheit dazu hatte er reichlich – als Einzelrichter oder als Berichterstatter ohne Mitwirkung der Kammer und ihren mäßigenden Einfluss. Als Einzelrichter hat er sich hinter dem Schutzschild richterlicher Unabhängigkeit hin und wieder ideologisch ausgetobt. Zwei Beispiele:

Fall eins: In einem Urteil über eine Klage auf Herausgabe einer Telefonliste des Jobcenters Gießen stellte Höfer zunächst infrage, ob ein „Jobcenter" überhaupt eine „deutsche Verwaltungsbehörde" sein könne, weil für eine „ordentliche hoheitliche deutsche Verwaltung eine deutsche Begrifflichkeit immanent" ist: „Aus Sicht des Gerichts haben derartige Anglizismen oder andere Fremdworte weder in der deutschen Gerichtsbarkeit noch im deutschen Behördenaufbau einen Platz. Bei weiterem Fortschreiten derartiger sprachlicher Auswüchse erscheint infolge der verursachten Verwirrung die Funktions-

---

181 BGH vom 20. November 2020 RiZ (R) 4/20, Rn. 31.

fähigkeit des Verwaltungshandelns insgesamt gefährdet".[182] Für diese Prognose zitierte er ergänzend die Heilige Schrift 1. Mose 1 Verse 1,7–9. Er hätte aber auch auf das AfD-Grundsatzprogramm von 2016 Bezug nehmen können: „Die AfD sieht mit Sorge, wie die deutsche Sprache im Sinne einer falsch verstandenen ‚Internationalisierung' durch das Englische ersetzt oder ‚gegendert' wird." Die Partei fordert, die „deutsche Sprache" „als zentrales Element der deutschen Identität" im Grundgesetz festzuschreiben. Einen weiteren Bundesgenossen bei seinem Feldzug gegen globale Einflüsse auf die deutsche Sprache hätte Höfer bei AfD-„Flügel"-Chef Björn Höcke finden können. Der hatte in einem ZDF-Interview gemeint, dass sich die „deutsche Sprache" nicht immer „zum Guten entwickelt" habe, „wenn ich beispielsweise an das Denglische denke".[183] Am Ende des Urteils gab Richter Höfer der Klage auf Herausgabe der Telefonliste dann doch noch statt, weil das Jobcenter sich wie eine „Behörde geriert" habe.

Fall zwei: Im Europawahlkampf 2019 hat die NPD in mehreren Bundesländern Plakate mit den Slogans „Stoppt die Invasion: Migration tötet – Widerstand jetzt" aufgehängt.[184] In Mecklenburg-Vorpommern hatten sechs Landkreise sowie die kreisfreien Städte Rostock und Schwerin das Plakat wegen Verdachts der Volksverhetzung abgehängt. Politische Rückendeckung erhielten sie vom damaligen Innenminister Lorenz Caffier (CDU) – die „Hetzplakate" seien verfassungsfeindlich und ein klarer Missbrauch der Meinungsfreiheit – und rechtliche Rückendeckung vom Verwaltungsgericht Schwerin, das das Abhängen der Wahlposter als rechtmäßig befand;[185] ebenso wie die Verwaltungsgerichte Dresden, Weimar und das OVG Bautzen.[186] In Thüringen wurden die Plakate auf Geheiß des Innenministeriums abgehängt, was das Verwaltungsgericht Weimar in erster Instanz abgesegnet hat. In Nordrhein-Westfalen hat das Verwaltungsgericht Düsseldorf eine Ordnungsverfügung des Oberbürgermeisters von Mönchengladbach gebilligt, das Plakat zu entfernen.[187] In Osnabrück hat die Stadtverwaltung das Plakat dagegen geduldet wie in Nürnberg, wo Polizei und Staatsanwalt keinen „strafrechtlich relevanten" Inhalt erkennen konnten. Diese Auffassung hat auch das Thüringische Oberverwaltungsgericht vertreten.[188]

---

182 Urteil vom 24. Februar 2014 4 K 2911/13 GI; vgl. außerdem Burhoff, 2014, Kurios III, oder besser: „Brüller": Ist das Jobcenter eine „Behörde"?, unter https://blog.burhoff.de/2014/04/kurios-iii-oder-besser-brueller-ist-das-jobcenter-einer-behoerde/ (abgerufen am 25. Januar 2021).
183 ZDF-Interview vom 15. September 2019.
184 Vgl. S. 29 ff.
185 Schönherr, 2019, Verdacht auf Volksverhetzung: Streit um rechte Wahlplakate, unter https://taz.de/Verdacht-auf-Volksverhetzung/!5593638/ (abgerufen am 25. Januar 2021).
186 VG Dresden Beschluss vom 20. Mai 2019 Az. 6 K 385/19; VG Weimar Beschluss vom 17. Okotober 2019 1E 15000/19 We; OVG Bautzen Beschluss vom 23. Mai 2019 Az. 3 B 155/19.
187 VG Düsseldorf vom 21. Mai 2019 Az. 20 L 1449/19.
188 OVG Weimar vom 22. Oktober 2019 Az. 3 EO 715/19, Rn. 9.

Nach der Vorgeschichte zum Sachverhalt: In der hessischen Gemeinde Ranstadt hat die Bürgermeisterin Cäcilia Reichert-Dietzel (SPD) das Plakat ohne Anhörung der NPD abgehängt. Sie bezog sich dabei auf ein Urteil des Verwaltungsgerichts Dresden und meinte, dass das Poster „offensichtlich den Tatbestand der Volksverhetzung" erfülle: „Mit dem Plakat werde die Menschenwürde sämtlich in Deutschland lebender Migranten angegriffen."[189] Andreas Höfer am Verwaltungsgericht Gießen mochte diese Rechtsauffassung im Gegensatz zur Mehrheit der Verwaltungsgerichte nicht teilen. Statt das Abhängen wegen fehlenden rechtlichen Gehörs aus formellen Gründen für rechtswidrig zu erklären, verfasste er ein 28 Seiten langes Urteil, das in weiten Passagen eher einer braun gefärbten Gesellschaftsanalyse der Bundesrepublik nach der Grenzöffnung 2015 als einer juristischen Argumentation ähnelt.[190] Für die *taz* liest sich „die Urteilsbegründung über weite Strecken wie ein Positionspapier für einen NPD- oder AfD-Parteitag"[191]. Auch der Frankfurter Fachanwalt für Migration Reinhard Marx meint, dass bei ihr eine „Nähe zu den Zielen der NPD nicht zu übersehen" ist. So ist es auch kein Wunder, wenn die rechte Postille *Junge Freiheit* jubelt: „Solche Richter braucht die deutsche Sprache."[192]

Die Argumentation des Urteils folgt zwei Linien: einer begrifflichen und einer historischen.

Den Begriff „Invasion" findet Richter Höfer nicht volksverhetzend, sondern angemessen. Für ihn beschreibt er „im übertragenen Sinne lediglich den Zustand des Eindringens von außen in das Gebiet der Bundesrepublik, wie es insbesondere im Jahr 2015 objektiv feststellbar" war: „Die Geschehnisse im Jahr 2015 sind durchaus mit dem landläufigen Begriff der Invasion vergleichbar und beinhalten keine Wertung und damit keinen volksverhetzenden Charakter."[193] Außerdem könne dem Plakat im Wege der Auslegung keine „konkrete Aufforderung" entnommen werden, „im rechtsfreien Raum gewalttätig gegen Migranten vorzugehen".[194] Unverständlich ist, warum Richter Höfer zusätzlich fragt, „ob sich der Slogan ‚Migration tötet' unmittelbar nur auf den Tod von Menschen beziehen muss", weil auch der „kulturelle Tod ein Tod im Sinne des Werbeslogans sein" kann: „Eine bestehende Gefahr für die deutsche Kultur und Rechtsordnung ist nicht von der Hand zu weisen."[195] Warum weist er völlig überflüssig auf einen

---

189 Rath, 2019, Skandalurteil eines Gießener Gerichts: „Migration tötet", unter https://taz.de/Skandalurteil-eines-Giessener-Gerichts/!5642773/ (abgerufen am 25. Januar 2021).
190 VG Gießen vom 9. August 2019 Az. 4 K 2279/19 Gl.
191 Rath, 2019, Skandalurteil eines Gießener Gerichts: „Migration tötet", unter https://taz.de/Skandalurteil-eines-Giessener-Gerichts/!5642773/ (abgerufen am 25. Januar 2021).
192 Rath, 2019, Skandalurteil eines Gießener Gerichts: „Migration tötet", unter https://taz.de/Skandalurteil-eines-Giessener-Gerichts/!5642773/ (abgerufen am 25. Januar 2021).
193 VG Gießen vom 9. August 2019 Az. 4 K 2279/19 Gl, S. 12.
194 A. a. O., S. 26.
195 A. a. O., S. 18.

„kulturellen Tod" hin? Reicht der sprachlich und rechtlich näherliegende Verweis auf einen Tod von Menschen nicht aus? Dafür gibt es nur eine plausible Erklärung: Höfer wollte sein Unbehagen über die Langzeitfolgen der offenen Grenzen 2015/2016 für die deutsche Kultur und Rechtsordnung zum Ausdruck bringen, womit er eindeutig den Kernbereich juristischer Argumentation verlassen hat.

Höfers Ausflüge als Hobbyhistoriker fangen, volkstümlich ausgedrückt, bei Adam und Eva an. Er vergleicht die Folgen von Wanderungsbewegungen vor und nach Christi, in den USA und in Kanada sowie die der Eroberungen der Spanier und Portugiesen in Mittel- und Südamerika mit den Folgen der Migration in Deutschland nach dem September 2015: Waren damals Indianer, Azteken und Inkas Opfer von Wanderungsbewegungen und Eroberungen, sollen es heute die Bundesbürger sein. „Historische Wanderungsbewegungen" zeigen nach Meinung des Richters Höfer, dass „Migration tatsächlich in der Lage ist, Tod und Verderben mit sich zu bringen. Eine volksverhetzende Äußerung ist hiermit nicht verbunden, sondern die Darstellung einer Realität, die sich jedem erschließt, der sich mit der Geschichte der Wanderungsbewegungen befasst".[196] Soll wohl übersetzt heißen: Die NPD-Parolen „Stoppt die Invasion: Migration tötet!" beschreiben die Folgen der Einwanderung nach 2015 realitätsgerecht.

In den Augen des Richters Höfer ist „allein der objektive Aussagegehalt" des Schlagwortes „Migration tötet!" „eine empirisch zu beweisende Tatsache" und deshalb nicht als „volksverhetzend zu qualifizieren".[197] Als Belege für diese Wertung führt er die Silvesterunruhen beim Jahreswechsel 2015/2016 an, eine erhöhte Gewaltkriminalität im Kontext von Zuwanderung, Morde und Vergewaltigungen durch Migranten, sexuelle Belästigungen in Schwimmbädern, islamistischen Terror, Salafisten und die Scharia-Polizei, Ehrenmorde und Gettobildungen. Am Ende versteigt sich der Richter zu apokalyptischen Untergangsvisionen, die mit juristischem Handwerk nichts mehr gemein haben: „Die Zuwanderungsbewegung nach Deutschland ab dem Jahr 2014/2015 hat zu einer Veränderung innerhalb der Gesellschaft geführt, die sowohl zum Tod von Menschen geführt hat als auch geeignet ist, auf lange Sicht zum Tode der freiheitlich-demokratischen Grundordnung zu führen. Sollte die Bundesrepublik Deutschland nicht mehr in der Lage sein, das Gewaltmonopol innerhalb ihrer Grenzen effektiv und wirksam auszuüben, ist hiermit ein schleichender Untergang verbunden, wie es einst im römischen Weltreich der Fall war."[198] Deshalb müsse man in diesem Zusammenhang sogar an ein Recht auf Widerstand denken: „Sollten der deutsche Staat oder seine Behör-

---

196   A.a.O., S. 17.
197   A.a.O., S. 24.
198   A.a.O., S. 23.

den einmal in die Handlungsunfähigkeit abrutschen, griffe das Recht auf Widerstand aus Art. 20 Abs. 4 GG ohnehin."[199]

Die *Neue Richtervereinigung* hat das Urteil scharf kritisiert: „Die Begründung der Entscheidung, warum der Slogan nicht volksverhetzend sei, leidet an groben handwerklichen Mängeln und ist mit den Werten unserer Verfassung nicht zu vereinbaren, ohne dass der Fall zu solchen Ausführungen überhaupt Anlass geboten hätte."[200] In der *Neuen Richtervereinigung* wird aber auch eingeräumt, dass das Urteil Höfers im Ergebnis vertretbar ist. So habe das OVG Weimar das Abhängen des Plakates für rechtswidrig erklärt.[201] Der Verfassungsgerichtshof des Freistaates Sachsen hat deshalb auch zutreffend festgestellt, dass es in dieser Frage „keine gefestigte Rechtsprechung gibt". Einen Wegweiser für diese starke Mindermeinung hat das Bundesverfassungsgericht in einem einstweiligen Rechtsschutzverfahren zu dem NPD-Plakat aufgestellt. In dem Beschluss hatte die Zweite Kammer des Ersten Senats angedeutet, dass die Parolen auch so verstanden werden können, dass sie den Tatbestand der Volksverhetzung nicht erfüllen.[202]

Nach dem verheerenden Echo auf das „Skandalurteil" in Medien und Fachöffentlichkeit erklärte Höfer, dass er falsch interpretiert worden sei: „Ich bin betroffen, so fehlverstanden zu sein."[203] Als Richter müsse man sich aber auch Kritik gefallen lassen und die Reaktion zum Anlass nehmen, „eigene Verhaltensweisen zu bedenken und gegebenenfalls künftig anders und unmissverständlicher zu formulieren".

Nach der einhellig scharfen Kritik an der Urteilsbegründung in Medien und Fachöffentlichkeit hätte es eigentlich nahegelegen, Höfers Zuständigkeit für Asylverfahren der Länder Türkei und Afghanistan zu entziehen oder ihn zum Beispiel in eine Kammer für Bausachen zu versetzen – was zum Beispiel das Landgericht Dresden im Fall Jens Maier und die Generalstaatsanwaltschaft Thüringen im Fall Martin Zschächner bei ähnlichen Anlässen getan haben. Durch die Urteilsbegründung hat er sich als jemand zu erkennen gegeben, der gegenüber Asylbewerbern als voreingenommen und damit befangen gelten muss. Deshalb verwundert, dass sich seine Kammer nach einem Antrag des Frankfurter Anwalts Reinhard Marx, Höfer in einem Asylverfahren eines afghanischen Mandanten wegen Besorgnis der Befangenheit abzulehnen, vor ihn gestellt hat.[204] Den 34 Seiten starken Befangenheitsantrag hatte er ausschließlich mit Höfers Urteils-

---

199 A.a.O., S. 23.
200 Presseerklärung der Neuen Richtervereinigung vom 3. Dezember 2019.
201 OVG Weimar Beschluss vom 22. Oktober 2019 Az. 3 EO 715/19.
202 Beschluss der Zweiten Kammer des Ersten Senats vom 24. Mai 2019 Az. 1 BvQ 45/19, Rn. 14 und 15.
203 Zitiert nach Legal Tribune Online, 2019, Nach Skandalurteil zu NPD-Plakaten am VG Gießen – Richter: „Bin fehlverstanden worden", unter https://www.lto.de/recht/justiz/j/vg-giessen-urteil-npd-migration-toetet-richter-fuehlt-sich-falsch-interpretiert/ (abgerufen am 28. Januar 2021).
204 Beschluss vom 29. April 2020 Az. 4 K 2860/17. Gl. A.

begründung zum NPD-Plakat unterfüttert: „Dem Kläger drängt sich der Eindruck auf, dass diese [Begründung] geeignet ist, rechtsextremistische, völkische und islamophobe Bestrebungen der Bundesrepublik zu bestätigen und dadurch das teilweise asylfeindliche gesellschaftliche Klima zu verstärken. Insbesondere wegen der Beschreibung der Asylanträge im Herbst 2015, im Urteil als ‚Eindringen von außen in das Bundesgebiet' (‚invasive Einreise') bezeichnet, fürchtet der Anfang 2016 in das Bundesgebiet eingereiste afghanische Kläger, dass seine Klage bei dem Einzelrichter erfolglos sein wird".

Der abweisende Beschluss der 4. Kammer leidet an zwei gravierenden Mängeln: Er setzt sich mit zwei zentralen Fragen nicht auseinander. Erstens: Gehören die historischen und politischen Ausflüge Höfers noch zum Kernbereich juristischer Argumentation oder haben sie ihn als politische Meinungen verlassen? Zweitens: Im Konflikt um die Unparteilichkeit und Unvoreingenommenheit geht es nicht um das Ergebnis seines Urteils, was vertretbar ist, sondern nur um seine Begründung.

Im Ablehnungsbeschluss der 4. Kammer gibt es nur einen selbstkritischen Satz: das Eingeständnis, dass man die „Ausführungen in dem Urteil zur Geschichte der Migration hinsichtlich ihrer mangelnden Differenziertheit und Tragfähigkeit kritisieren" kann.[205] Die dann eigentlich naheliegende Frage nach der rechtlichen Relevanz dieser „Ausführungen" stellt die Kammer aber nicht. Im Gegenteil: Sie versucht sie gar nicht zu diskutieren, indem sie behauptet, dass die genannten „beispielhaften historischen Wanderbewegungen" „nicht mit den Ereignissen in 2015 gleichgesetzt werden". Eine „Gleichsetzung" nimmt Höfers Ableitung in der Tat nicht vor, weil das schon denklogisch nicht geht. Das Höfer-Urteil macht aber etwas anderes, Fataleres: Es leitet aus historischen Rückblicken und Vergleichen die rechtliche These ab, warum das NPD-Plakat keine Volksverhetzung sei, sondern bundesrepublikanische Realität. Die entscheidenden rechtlichen Fragen bleiben im Höfer-Urteil und im Ablehnungsbeschluss seiner Kammer unbeantwortet: nämlich die Frage nach der rechtlichen Relevanz von Geschichtsklitterung. Warum zum Beispiel soll die Eroberung Mexikos oder der Zug der englischen und irischen Siedler nach Westen heute eine rechtliche Relevanz für die Auslegung des § 130 StGB haben? Es fragt sich, welche Entscheidung für das Ansehen der Justiz abträglicher ist: das Urteil Höfers oder die Rückendeckung durch seine Kammer?

Rechtsanwalt Marx fand den Ablehnungsbeschluss „unfassbar": Richter Höfer „dürfte eigentlich keine Asylsachen mehr bearbeiten. Doch das wäre mit der Verfassung wohl kaum vereinbar". Weil ihn der Ablehnungsbeschluss „innerlich sehr berührt" hat und gegen den Beschluss kein Rechtsmittel mehr möglich war, hat er gegen ihn Verfassungsbeschwerde eingelegt. Der Hauptgrund: Höfer habe sich in seiner Urteilsbegründung

---

205 A.a.O., S. 6.

über Migranten nicht nur „ungünstig", sondern „tendenziös" geäußert, sodass sich seinem Mandanten der „Eindruck geradezu aufdränge", dass der abgelehnte Richter „mit den verfassungsfeindlichen Zielen der NPD sympathisieren könnte".

Einen „halben Erfolg" für seine Mühen hat Anwalt Marx immerhin erzielt. Bei einem Termin hat Richter Höfer seinem Mandanten zwar nicht den Flüchtlingsstatus zuerkannt, aber immerhin subsidiären Schutz gewährt. Der Verhandlung beim Verwaltungsgericht waren Marx und sein Mandant absichtlich ferngeblieben, um der Verfassungsbeschwerde wegen der Besorgnis der Befangenheit nicht durch Anwesenheit rechtlich den Boden zu entziehen. Im Juni 2021 hat das Bundesverfassungsgericht dann die Ehre der deutschen Justiz gerettet: Es hat die Ablehnung des Befangenheitsantrages durch die Kammer für „offensichtlich unhaltbar und damit willkürlich" bezeichnet.[206] „Dass am Ende erst ein Machtwort aus Karlsruhe nötig war und nicht schon die Richter*innen unterer Instanzen ihren Kollegen aufgrund seiner eindeutigen rassistischen Aussagen für befangen erklärten, macht ein grundlegendes Problem in der Justiz deutlich", lautet des treffende Fazit der Herausgeber des Reports 2022 „Recht gegen rechts".[207]

Soweit erkennbar, gibt es kein anderes Urteil, das den Kern der Rechtsfindung durch migrationsfeindliche Äußerungen so deutlich verlässt wie das Höfer-Urteil. Die Reaktion des Verwaltungsgerichts Gießen auf diese Entscheidung ist gemischt. Unverständlich ist, dass das Gericht Höfers Entscheidung zunächst auch noch mit einer Presseerklärung einem größeren Publikum zugänglich gemacht hat.[208] Hier offenbart sich ein gravierender Mangel an rechtlicher und politischer Sensibilität. Erst vier Monate später, vermutlich als Reaktion auf das fatale Presseecho, hat der Präsident des Gerichts reagiert. Durch einen „Vorhalt" – das ist eine Maßnahme unterhalb des Disziplinarrechts – hat er zu verstehen gegeben, dass er Höfers Urteilsbegründung missbilligt.[209] Er hat ihm eine „ordnungswidrige Art der Ausführung seiner Amtsgeschäfte vorgehalten" und Höfer aufgefordert, sich innerhalb und außerhalb des Amtes so zu verhalten, dass das Vertrauen in seine Unabhängigkeit nicht gefährdet wird. Der Richter habe sich gegenüber dem Vorhalt verständig gezeigt, so der Präsident, und glaubhaft erklärt, in Zukunft das Gebot der Mäßigung (§ 39 DRiG) zu beachten. Entsprechend habe er sich auch gegenüber der Presse/Öffentlichkeit geäußert. Ein Disziplinarverfahren gegen Höfer sei deshalb nicht eingeleitet worden. Andere naheliegende Maßnahmen wie einen Zuständigkeitswechsel oder eine Versetzung hat das Gericht nicht ergriffen.

---

206   BVerfG vom 1. Juli 2021 Az. 2 BvR 890/20, Pressemitteilung vom 9. Juli 2021.
207   Prolog Warum „Recht gegen rechts?", S. 11 (14).
208   Presseerklärung vom 14. August 2019 NPD-Plakate in Ranstadt zu Unrecht abgehängt.
209   Die Zitate stammen aus einer E-Mail des Pressesprechers des Verwaltungsgerichts an den Verfasser vom 25. Oktober 2021. Vorhalte und Missbilligungen sind keine Disziplinarmaßnahmen.

Trotz der harschen Kritik des Bundesverfassungsgerichts ist ein Ermittlungsverfahren wegen Rechtsbeugung gegen Höfer gescheitert. Die Wiesbadener Rechtsanwältin Gisela Puschmann hatte es mit einer Strafanzeige angestoßen, weil Urteile wie das von Richter Höfer „brandgefährlich" seien: Sie unterstützen „Hetze, Hass und Ausgrenzung" und legitimieren „verfassungsfeindliche Umtriebe". Das Urteil stellt für sie eine „Rechtsbeugung dar, da es den Sachverhalt der Volksverhetzung gezielt ignoriert". Diese Argumentation überzeugte die Staatsanwaltschaft Gießen nicht. Für sie scheidet „Rechtsbeugung a priori aus, da das **Ergebnis** der Rechtsfindung **vertretbar** ist".[210] Ihr Hauptargument: Die Wendung „Invasion stoppen: Migration tötet" habe keinen eindeutig „volksverhetzenden Inhalt". Die Begriffe „Migration tötet" und „Invasion stoppen" seien „mehrdeutig". Diese Auffassung, nüchtern betrachtet, überzeugt nicht, ist aber vertretbar. Damit gibt sich die Verfasserin des Einstellungsvermerks Staatsanwältin Fischer aber nicht zufrieden. Sie nutzt die Verfügung, um ihr Unbehagen gegenüber der Urteilsbegründung Höfers Ausdruck zu verleihen: Seine „feuilletonistischen Exkurse, das Räsonieren über historische Gegebenheiten und künftige Entwicklungen sowie die übrige Bildungshuberei" „irritieren" „in Intensität und Quantität" und entsprechen „wohl nicht mehr der Beschränkung", die die Verwaltungsgerichtsordnung von Entscheidungen verlangt, nämlich nur die „Gründe anzugeben, die für die richterliche Überzeugung leitend gewesen sind" (§ 108 Abs. 1 Satz 2 VwGO).[211] Solche justizkritischen Äußerungen verlassen auch den Rahmen justizieller Selbstbeschränkung, erscheinen in diesem Ausnahmefall aber legitim, weil sie als Gegengewicht das trübe Bild, das das Verwaltungsgericht Gießen in der Causa Höfer abgegeben hat, am Rande aufhellen. Eine Kerze im Dunkel fehlender Selbstkritik.

Verwaltungsgericht Gera: kaum Chancen für Asylbewerber aus Afrika

Dieter Laudenbach ist nicht nur Inhaber des beliebten Cafés *Graf Zeppelin* in Gera, sondern auch ein AfD-Landtagsabgeordneter mit Ambitionen. 2018 kandidierte er für den Posten des Oberbürgermeisters in Gera. Unter den Gästen seiner Wahlparty am 15. April 2018 war auch der Vizepräsident des Verwaltungsgerichts Gera Bengt Fuchs. Mit 21 Prozent der Stimmen schaffte er es immerhin in die Stichwahl, bei der er zwei Wochen später beachtliche 31 Prozent erhielt, damit aber trotzdem deutlich gegen den parteilosen Julian Voranab verlor. Zur zweiten Wahlparty kamen der Pressesprecher des Verwaltungsgerichts Bernd Amelung mit Frau und Tochter und Thoma Drachsler, Insolvenz-Richter am Amtsgericht Gera. Drachsler ist aktives Mitglied im von Björn Höcke dominierten und vom Verfassungsschutz als Verdachtsfall eingestuften AfD-

---

210   Einstellungsverfügung der Staatsanwaltschaft Gießen vom 5. Februar 2021 Az. 501 Js 27889/20.
211   A. a. O., S. 3.

Landesverband Thüringen. Auf dem AfD-Landesparteitag im April 2017 unter dem Motto „Unser Heimatrecht ist unser Menschenrecht" wurde Drachsler zum „zusätzlichen Landesschiedsrichter" gewählt. Hin und wieder tritt er auch als Vortragender bei AfD-Veranstaltungen auf, zum Beispiel im April 2017 beim „Bürgerstammtisch in Hermsdorf" mit dem Thema „Politische Mentalitäten in Ost und West".

Im Café *Graf Zeppelin* essen die Verwaltungsrichter gern zu Mittag, es liegt in der Nähe des Gerichts. Berührungsängste mit dem AfD-Wirt und -Oberbürgermeisterkandidaten gibt es da bei einigen anscheinend nicht. Das dürfte erst recht für Besucher seiner Wahlpartys gelten. Bei ihnen können sich natürlich auch Stammgäste des *Graf Zeppelin* tummeln – mit oder ohne Parteipräferenz. Wahrscheinlicher ist indes, dass sich bei solchen Anlässen Mitglieder, Unterstützer, Sympathisanten oder Nahestehende der jeweiligen Partei versammeln, in diesem Fall der AfD. Dass das Potenzial für die Rechtspopulisten in Gera groß ist, zeigen die 28 Prozent Stimmen, die die Partei bei der Bundestagswahl 2017 dort gewonnen hat.

Wer den Facebook-Account von Richter Amelung studiert, stößt unter „Freunden" auf zwei AfD-Mitglieder, die dem aufgelösten Höcke-„Flügel" zugerechnet werden: auf den Bundestagsabgeordneten Stephan Brandner und den Geraer Stadtratsvorsitzenden Reinhard Etzrodt, dem bundesweit ersten Vorsitzenden eines Stadtrates mit AfD-Parteibuch.[212] Unter „Freunden" findet sich auch der AfD-Oberbürgermeisterkandidat Laudenbach. Auf dessen „Freundes"-Liste steht der Vizepräsident des Verwaltungsgerichts Bengt Fuchs. Dieser ist jüngst in der Stadt, aber auch auf dem Gerichtsgelände dadurch aufgefallen, dass er im Tarnfleck mit Militärstiefeln auftrat. Als Oberstleutnant der Reserve und Berater des Corona-Krisenstabes mit einem Faible fürs Militärische darf er das natürlich, ist für einen Richter aber doch ungewöhnlich und passt für viele Anwälte ‚ins Bild'.

In der Spruchpraxis des Verwaltungsgerichts Gera fallen zwei Bereiche auf: eine restriktive Rechtsprechung in Asylverfahren bei Schutzsuchenden aus Afrika und Urteile, die überwiegend zugunsten neo-nazistischer Verbände, der NPD, der AfD und des thüringischen AfD-Vorsitzenden Höcke ausgegangen sind. Einige Beispiele: Das Gericht hat der rechtsextremistischen Gruppe *Thügida/Wir lieben Ostthüringen* – einem Ableger von *Pegida* – erlaubt, an Hitlers Geburtstag (20. April) und am 9. November, dem Tag der Reichskristallnacht und des Mauerfalls, in Jena mit Fackelzügen und Kundgebungen zu demonstrieren, und der NPD gestattet, in Gera das traditionelle Rechts-Rock-

---

212 Ulrich, 2020, AfD-Vorsitz im Stadtrat Gera: Die völkische Premiere, unter https://taz.de/AfD-Vorsitz-im-Stadtrat-Gera/!5717320 (abgerufen am 28. April 2021).

Festival zu veranstalten.[213] Es hat ein Verbot einer AfD-Protestaktion, eines Autokorsos mit dem Motto „Kinder brauchen Schule – für eine sofortige Öffnung der Bildungseinrichtungen unter Einhaltung der Hygienevorschriften", im März 2021 aufgehoben.[214] Und das Gericht hat einem Eilantrag des AfD-Vorsitzenden Björn Höcke gegen den Oberbürgermeister von Altenburg André Neumann (CDU) stattgegeben, der auf Twitter vor einer in Altenburg geplanten AfD-Versammlung gewarnt hatte: „Die Neutralität des Oberbürgermeisters hört bei dem Besuch von zwei Nationalsozialisten auf. Herr Höcke, Herr Kalbitz, sie sind in Altenburg nicht willkommen". Darin sah das Verwaltungsgericht Gera einen Verstoß gegen das in ständiger Rechtsprechung vom Bundesverfassungsgericht entwickelte Neutralitätsgebot für Amtsinhaber.[215] Neumann musste den Tweet löschen. Dann wandte dieser einen Trick an, um seine Ausladung zu bekräftigen. Auf Twitter schrieb er: „Als Oberbürgermeister darf ich laut Gerichtsbeschluss über Höcke und Kalbitz nichts zu meinem Willkommensempfinden schreiben. Okay! Ich bin froh, in einem Rechtsstaat zu leben, der auch auf alle Rechte aufpasst".[216] Dazu teilte der Christdemokrat den Screenshot eines Berichts über sein ursprüngliches Posting. Wieder verlangte Höcke von Neumann, auch diesen Tweet zu tilgen. Dieses Mal vergeblich. Die Begründung: Oberbürgermeister Neumann habe sich durch die Verlinkung auf den Artikel seine ursprüngliche Äußerung nicht erneut zu eigen gemacht. Anders wäre zu entscheiden gewesen, wenn er den Artikel positiv kommentiert hätte.

Bei der Analyse dieser Rechtsprechung geht es nicht um den Vorwurf, dass Richter aufgrund rechter Einstellungen Recht gebogen oder missbraucht haben (das ist in Gera nicht der Fall), sondern nur darum, wie bestimmte politische Grundeinstellungen in die Rechtsfindung einsickern und sie beeinflussen – von der Prozesskostenhilfe über die Begründung von Entscheidungen bis zu ihren Ergebnissen. Fragwürdig in diesem Sinne sind Teile der Asylrechtsprechung, das grüne Licht für eine Demonstration von *Thüdiga / Wir lieben Ostthüringen* an Hitlers Geburtstag und die Aufhebung der Maskenpflicht an der Waldorfschule in Jena.

Nach der Geschäftsverteilung unter den drei Verwaltungsgerichten in Thüringen ist das Verwaltungsgericht Gera unter anderem für alle Asylbewerber aus Afrika zuständig, während etwa das Verwaltungsgericht Meiningen über Flüchtlinge aus Syrien und Afghanistan entscheidet. Diese Geschäftsverteilung führt zu sehr unterschiedlichen

---

213 VG Gera vom 11. April 2016 Az. 1 E 294/16 Ge; Beschluss vom 2. November 2016 Az. 1 E 1158/16 Ge; Beschluss vom 30. Juni 2017 Az. 1 E 463/17 Ge.
214 VG Gera vom 5. März 2021 Az. 1 E 235/21 Ge.
215 Presseerklärung vom Amtsgericht Gera vom 15. Juli 2020.
216 ZEIT ONLINE, 2020, Streit um Tweet: Björn Höcke verliert vor Gericht gegen Oberbürgermeister, unter https://www.zeit.de/politik/2020-10/bjoern-hoecke-streit-tweet-andre-neumann-gericht (abgerufen am 25. April 2021).

Schutzquoten. Außerdem sind afrikanische Schutzsuchende in der Regel über Italien oder Malta nach Deutschland gekommen, weshalb das Dublin-III-Abkommen in der Rechtsprechung des Verwaltungsgerichts Gera eine Schlüsselrolle spielt.

Bei Flüchtlingshilfsorganisationen und Rechtsanwälten hat sich der Eindruck verfestigt, dass Asylverfahren mit Flüchtlingen aus Afrika insbesondere bei den Richtern Amelung und Fuchs fast nie zu gewinnen sind. Ein am Verwaltungsgericht aktiver Rechtsanwalt hat das Gefühl, „dass egal, was man vorbringt, es immer auf eine Klageabweisung hinausläuft". Conrad Springer, Asylverfahrensberater im Evangelischen Kirchenkreis in Erfurt, hält die Entscheidungspraxis in Asylverfahren einiger Richter am Verwaltungsgericht Gera für „restriktiv bis rechtslastig". Er lässt Schutzsuchende wissen, dass „das Verwaltungsgericht Gera vermutlich negativ entscheiden wird, und zwar nicht, weil Vortrag oder Begründung das nicht hergeben, sondern weil die Praxis so ist, dass alles negativ entschieden wird". Schlechte Erfahrungen hat auch Christiane Welker, Mitarbeiterin beim Institut für Berufsbildung und Sozialmanagement in Thüringen, gesammelt: „Viele der am Verwaltungsgericht Gera praktizierenden Rechtsanwälte geben an, noch nie ein Verfahren bei Dr. Fuchs gewonnen zu haben." Sie beklagt in den Urteilen den „fahrlässigen Umgang mit Textbausteinen ohne Prüfung des Einzelfalls", den häufigen Rückgriff auf die „Formel, dass ein Vorbringen vage und unsubstanziiert" sei. Vor allem in Urteilen des Verwaltungsrichters Fuchs würden „kurze Verhandlungszeiten von 10 bis 15 Minuten in Dublin-Verfahren angesetzt", für ‚richtige' Asyl-Fälle immerhin 30 bis 45 Minuten und eine „häufige Verweigerung von Prozesskostenhilfe". In welchem Umfang diese Eindrücke stimmen, ist beim Verwaltungsgericht Gera nicht zu überprüfen, weil es keine Statistiken über den Ausgang seiner Gerichtsverfahren führt und damit auch nicht über Schutzquoten.

Rechtsanwälte irritiert ferner, dass unter den „Erkenntnisquellen" für die Länder Äthiopien und Eritrea neben Berichten des Auswärtigen Amts, des Europäischen Unterstützungsbüros für Asylfragen und der *Frankfurter Allgemeinen Zeitung* auch die *Junge Freiheit* aufgelistet wird. Politikwissenschaftler sehen die Zeitung im „Grenzbereich zwischen Konservatismus und Rechtsextremismus" und als „Sprachrohr der Neuen Rechten". Diese „Erkenntnisquellen" nutzen Asylrichter zur Vorbereitung von Verfahren und Entscheidungen als Informationsmaterial. Alle Robenträger können sie in der Geschäftsstelle des Verwaltungsgerichts einsehen. Bis Ende 2019 war Gerichtsvizepräsident Fuchs für diese Liste verantwortlich. Da stellt sich die Frage, warum er die *Junge Freiheit* für eine im Asylrecht zitierfähige Quelle hält und wie er diese Quelle gefunden hat.

Die zuwanderungskritische bis -feindliche Einstellung einiger Richter am Verwaltungsgericht Gera taucht gelegentlich in abfälligen Äußerungen über Asylbewerber und negativen Urteilen über die Zuwanderungspolitik der Bundesregierung auf. Und sie schlägt sich in ihrer Spruchpraxis nieder. So spricht Vizepräsident Fuchs in einem Urteil davon, dass sich „Asylantragsteller" dem ‚Dublin-System' „renitent entziehen".[217] So hat der Verwaltungsrichter und Pressesprecher des Gerichts Bernd Amelung bei der vom Bundesamt für Migration und Flüchtlinge erlassenen Abschiebungsandrohung mit einer Ausreisefrist von 30 Tagen „keine rechtlichen Bedenken", misst ihr aber keine große Bedeutung zu. Er hält die Frist „mangels nennenswerter Grenzkontrollen an der bundesdeutschen Grenze und im Falle des Stellens eines Asylnachfolgeantrages nach einer Wiedereinreise in das Bundesgebiet sowieso praktisch für bedeutungslos".[218] Diese Bemerkung hat nach Meinung eines Thüringer Rechtsanwalts „mit einer juristischen Begründung nichts zu tun": „Sie unterstellt, dass jeder Asylbewerber ohnehin zurückkommt, und bedient damit das Klischee, dass Flüchtlinge das Asylrecht missbrauchen".

Vizepräsident Fuchs ist vor allem das Kirchenasyl ein Dorn im Auge. In Urteilsbegründungen nennt er es gern das „sogenannte" offene Kirchenasyl, offen, weil bei dieser Form des Kirchenasyls die Namen der von Kirchen beherbergten Flüchtlinge den Behörden bekannt sind.[219] Nach seiner Meinung „dient" das Kirchenasyl „ausschließlich dazu, den Asylantragsteller entgegen der geltenden [...] Rechtsordnung und ungeachtet der grundsätzlichen Strafbarkeit eines solchen Verhaltens nach § 95 Abs.1 Nr. 2 AufenthG dem staatlichen Zugriff zu entziehen". Und er fährt fort: „Da faktisch keine zwangsweisen Durchsetzungen von Abschiebungen bzw. Überstellungen [...] jedenfalls nicht in nennenswertem Maße aus dem ‚Kirchenasyl' heraus bekannt sind, liegt im Gang ins ‚Kirchenasyl' ein tatsächliches, gezieltes Entziehen, um die Überstellung (in andere Dublin-Länder) zu vereiteln". Für ihn ist die „politische Entscheidung, das ‚Kirchenasyl' zu respektieren", nur dem „öffentlichen Druck interessierter Kreise geschuldet".[220] Gemeint sind damit in erster Linie die Kirchen. Das ist eine weitere politische Anspielung, die in einem Urteil fehl am Platze ist.

Diese zuwanderungskritische bis -feindliche Einstellung einiger Verwaltungsrichter wirkt sich auch in der Auslegung des Asylrechts aus. Um den Schutz von Flüchtlingen durch das Kirchenasyl zu erschweren, hatte die Innenministerkonferenz der Länder im Juni 2018 beschlossen, bei der Dauer der Überstellungsfrist für Asylbewerber, die vorher in einem anderen EU-Land registriert waren und daher nach der Dublin-III–Verordnung dorthin zurückgeschickt werden können, Schutzsuchende im Kirchenasyl wie „untergetauchte" beziehungsweise „flüchtige" Asylbewerber zu behandeln. In der Praxis hieß dies, dass der normale Rückstellungsanspruch der Bundesrepublik bei Flücht-

---

217 Beschluss des VG Gera vom 13. Mai 2019 Az. 4 E 922/19, Ge, S. 7.
218 VG Gera vom 21. Januar 2019 Az. 2 K 930/18, Ge, S. 10.
219 VG Gera vom 13. Mai 2019 Az. 4 E 933/19, Ge, S. 5.
220 A. a. O., S. 6.

lingen im Kirchenasyl nicht nach sechs, sondern erst nach achtzehn Monaten erlischt. Dadurch vergrößerte sich die Last der Kirchen bei aufgenommenen Asylbewerben erheblich, weil sie diese nicht nur sechs, sondern unter Umständen bis zu achtzehn Monate zu betreuen und zu finanzieren hatten, bevor der Rücküberstellungsanspruch nach Italien oder Griechenland unwirksam wurde. Diese Verlängerung der Überstellungfrist auf 18 Monate rechtfertigte das Bundesamt für Migration und Flüchtlinge lange mit der Annahme, dass die Asylbewerber „untergetaucht" seien, obwohl ihr Aufenthalt beim „offenen Kirchenasyl" den Behörden bekannt ist. Die herrschende Meinung unter den Verwaltungsgerichten hat diese Auslegung des Aufenthaltsgesetzes für rechtswidrig erklärt, weil das Unterkommen in einer Kirchengemeinde kein „Untertauchen" ist. Das hat das Verwaltungsgericht Gera anders gesehen. Es hat weiter die Auffassung vertreten, dass Schutzsuchende im Kirchenasyl „flüchtig" sind und „aktuell nichts dafür spricht, dass sie das ‚Kirchenasyl' vor Ablauf der 18-Monate-Frist verlassen" werden. Deshalb sei es „grundsätzlich nicht unverhältnismäßig", den Behörden einen „längeren Handlungsspielraum als sechs Monate zu eröffnen".[221] Damit hat das Verwaltungsgericht Gera bei dieser Rechtsfrage eine absolute Minderheitsposition eingenommen.[222] Aufgrund der herrschenden Meinung der Verwaltungsgerichte und eines Beschlusses vom Bundesverwaltungsgericht vom 26. Januar 2021 hat das Bundesamt für Migration und Flüchtlinge seine Praxis im Frühjahr 2021 beim Kirchenasyl dadurch wieder entschärft, dass von Kirchengemeinden beherbergte Flüchtlinge nicht mehr automatisch als untergetaucht betrachtet werden und die kurze Überstellungsfrist von sechs Monaten wieder gilt – von zwei Ausnahmen abgesehen.[223]

Die restriktiv-rechtslastige Spruchpraxis eines Teils des Verwaltungsgerichts Gera bei Asylbewerbern aus afrikanischen Ländern erbost die Asylanwälte noch aus einem weiteren Grund: Gegen die Entscheidungen der Geraer Verwaltungsrichter gibt es in der Praxis faktisch keine Rechtsmittel mehr. Die Hürden der Zulassung einer Berufung, über die in Thüringen das Oberverwaltungsgericht entscheidet, sind in der Regel un-

---

221 VG Gera vom 13. Mai 2019 Az. 4 E 922/19 Ge, S. 7.
222 Katholisch.de, 2021, Ökumenische Arbeitsgemeinschaft begrüßt neuen Umgang mit Fristen – BAMF entschärft Regeln für Kirchenasyl, unter https://www.katholisch.de/artikel/28340-bamf-entschaerft-regeln-fuer-kirchenasyl (abgerufen am 27. April 2021). Die Bundesarbeitsgemeinschaft Asyl in der Kirche hat 33 Entscheidungen von Verwaltungsgerichten und Oberverwaltungsgerichten gesammelt, die die 18-Monate-Frist für rechtswidrig gehalten haben. Die abweichende Auffassung haben neben dem Verwaltungsgericht Gera nur noch drei weitere Verwaltungsgerichte vertreten; Ökumenische Bundesarbeitsgemeinschaft Asyl in der Kirche e. V., 2019, Gerichtsentscheidungen bez. der Verlängerung der Überstellungsfrist auf 18 Monate, unter https://www.kirchenasyl.de/portfolio/gerichtsurteile-gegen-die-verlaengerung-der-ueberstellungsfrist-auf-18-monate (abgerufen am 27. April 2021).
223 Katholisch.de, 2021, Ökumenische Arbeitsgemeinschaft begrüßt neuen Umgang mit Fristen – BAMF entschärft Regeln für Kirchenasyl, unter https://www.katholisch.de/artikel/28340-bamf-entschaerft-regeln-fuer-kirchenasyl (abgerufen am 26. April 2021); BVerwG vom 26. Januar 2021 Az. 1 C 42.20.

überwindbar. Zulässig ist eine Berufung nur, wenn die Rechtssache „grundsätzliche Bedeutung" hat, die Entscheidung von einem Urteil eines oberen Gerichts „abweichen" will oder bei einem kleinen Kreis von Verfahrensmängeln (§ 78 AsylG). Der in der Verwaltungsgerichtsordnung vorgesehene Zulassungsgrund der „ernstlichen Zweifel an der Richtigkeit des Urteils" (§ 124 Abs. 2 Nr.1 VwGO) kann im asylgerichtlichen Verfahren nicht geltend gemacht werden. Deshalb wölbt sich aus der Sicht von Thüringer Anwälten über den Verwaltungsrichtern in Gera ein „blauer Himmel": „Asylurteile sind selten mit Rechtsmitteln angreifbar. Die Richter können die Urteile so schreiben, dass man sie nicht angreifen kann, zum Beispiel, indem sie sagen, dass sie die Fluchtgeschichte nicht glauben." Einige Anwälte entdecken seit einiger Zeit aber auch „Lichtblicke" beim Verwaltungsgericht Gera, „einzelne, meist junge Richter, die differenzierter vorgehen und nicht alles an sich abprallen lassen".

Aufgefallen ist das Verwaltungsgericht Gera in den letzten Jahren ferner durch Urteile zum Grundrecht auf Versammlungsfreiheit, die rechtsextremen und rechtspopulistischen Gruppierungen und Parteien erstaunlich viel Raum für Demonstrationen, Protestaktionen und rechte Rockkonzerte gelassen hat. Es gibt mehrere Möglichkeiten, diese Rechtsprechung zu interpretieren. Das Gericht versteht sich, positiv beleuchtet, als Verteidiger der Meinungs- und Versammlungsfreiheit und der Vielfalt politischer Meinungen, also als Bannerträger politischer Freiheiten. Oder aus negativer Perspektive: Die Rechtsprechung ist in einigen Fällen politisch naiv, unsensibel, geschichtsvergessen und von falscher Toleranz gegenüber den Feinden unserer freiheitlich-demokratischen Rechtsordnung geprägt.

Ein Beispiel für diese zweite Kategorie von Urteilen ist das Plazet für einen Fackelzug des vom Verfassungsschutz als rechtsextremistisch eingestuften Vereins *Thügida/Wir lieben Ostthüringen*.[224] Die Gruppe hatte eine Kundgebung mit Aufzug zu Hitlers Geburtstag am 20. April 2016 unter dem Motto „Dem linken Terror keine Stadt mehr" mit 40 Fackeln in Jena angemeldet. Die Stadt wollte die Veranstaltung auf den 21. April verlegen und die Zahl der Fackeln von 40 auf 15 begrenzen. Die Begründung der Stadtverwaltung: „Der geplante Fackelmarsch an diesem Tag würde sich nach seinem Gesamtgepräge mit den Riten und Symbolen der nationalsozialistischen Gewaltherrschaft identifizieren und wäre geeignet, durch Wachrufen der Schrecken des vergangenen totalitären und unmenschlichen Regimes andere Bürger einzuschüchtern".[225] Dadurch werde die „öffentliche Ordnung" verletzt. Bei den Kooperationsgesprächen vor der Demonstration hatten sich die Parteien darauf geeinigt, die Zahl der Fackeln von 40 auf 15 zu reduzieren. Nicht verhandelbar war für die Rechtsextremisten aber der 20. April als

---

224 VG Gera vom 11. April 2016 Az. 1 E 294/16 Ge.
225 A. a. O., S. 2 ff.

Tag des Protestes. Allein diese harte Haltung hätte das Gericht schon stutzig machen müssen. Wäre es *Thügida* wirklich in erster Linie darum gegangen, gegen die „Dominanz linksextremer Gruppen" in Jena und ihre „Übergriffe auf politisch Andersdenkende" mobil zu machen, hätte die Gruppe dies auch am 21. April 2016 tun können. Misstrauen hätte auch die Behauptung der Anmelder wecken müssen, dass die „Person Adolf Hitlers bei der Versammlung überhaupt keine Rolle spiele".[226] Offensichtlich eine Schutzbehauptung, weil das Beharren auf dem 20. April ohne eine Hommage an den „Führer" keinen Sinn ergibt. Hinzu kommt, dass der stellvertretende Anmelder auf den jeweils ersten Fingergliedern seiner beiden Hände die Zahlen 2-0-0-4 auf der rechten Hand und 1-8-8-9 auf der linken Hand tätowiert hatte. Das Gericht hat immerhin erkannt, dass diese Zahlen, etwas anders gelesen, die Geburtsdaten von Adolf Hitler ergeben: 20.04.1889.[227] Trotzdem vermochten die Verwaltungsrichter nicht zu erkennen, dass von Fackelmarsch und anschließender Kundgebung eine „unmittelbare Gefährdung" für die öffentliche Sicherheit und Ordnung ausgeht. Die läge nur vor, wenn von Versammlung und Fackelmarsch „Provokationen ausgehen, die das sittliche Empfinden der Bürger erheblich beeinträchtigen".[228] Allerdings sollen „Störungen des sittlichen Empfindens der Bürger ohne Provokationscharakter oder Störungen, die, obgleich provokativen Charakters, kein erhebliches Gewicht aufweisen, als solche keinen verhältnismäßigen Anlass für eine Einschränkung der Versammlungsfreiheit" ergeben: „Versammlungsrechtliche Beschränkungen" dürfen „nicht an die Gesinnung der Anmelder und Teilnehmer anknüpfen". Dann folgt ein entlarvender Satz: „Der Umstand allein, dass eine rechtsextremistische Gruppierung speziell am 20. April eine Versammlung durchführt, kann vor diesem Hintergrund nicht in grundrechtlich tragfähiger Weise für eine Versammlungsbeschränkung herangezogen werden", und zwar „selbst dann nicht, wenn die Wahl gerade dieses Tages [...] von vielen Bürgern [...] als unpassend wahrgenommen wird".[229] Mit diesen Argumenten wird geleugnet, mindestens aber relativiert, dass die Symbolkraft einer Kundgebung und eines Marschs mit Fackeln am 20. April keinen anderen Zweck haben kann, als an das Dritte Reich zu erinnern und es zu glorifizieren. Wer Bilder dieses Gedenkmarsches in Jena betrachtet, dem drängen sich automatisch Bilder von marschierenden SA- und SS-Kolonnen auf, wodurch aufgrund unserer Geschichte die öffentliche Sicherheit und Ordnung gefährdet wird. Das ergibt sich schon allein daraus, dass der Auftritt der *Thügida* den Verdacht einer strafbaren Handlung begründet. Denn bei der Demonstration auf den Straßen Jenas am 20. April wurde die „Herrschaft des Nationalsozialismus" „öffentlich" und „in einer

---

226 A. a. O., S. 3.
227 A. a. O., S. 3.
228 A. a. O., S. 6.
229 A. a. O., S. 6.

Versammlung" „verharmlost", „die geeignet ist, den öffentlichen Frieden zu gefährden" (§ 130 Abs. 3 StGB).

Wunderlich wird das Urteil, wenn es behauptet, dass es „keinerlei durchgreifende Indizien für die Annahme" gäbe, dass das Motto der Versammlung „Dem linken Terror keine Stadt mehr" „nur **vorgeschoben** und in Wahrheit eine Veranstaltung geplant" sei, „die an den Geburtstag Adolf Hitlers anknüpft".[230] Hier hat die Kammer nicht gewusst oder nicht durchschaut, dass Rechtsextremisten bewusst mehrdeutig formulieren, um einerseits ihre rechte Gesinnung zu verbreiten, andererseits aber auch das Strafbarkeitsrisiko zu reduzieren. Das offizielle Versammlungsthema war nichts anderes als ein falsches Etikett, um in seinem Schutz Adolf Hitlers Geburtstag zu feiern. Andernfalls hätte sich *Thügida* ja darauf eingelassen, Fackelzug und Versammlung auf den 21. April zu verschieben.

Von erschreckender Naivität zeugt ferner die Behauptung, dass den Fackeln ein „spezifisch nationalsozialistischer Symbolgehalt nicht zugeordnet werden kann".[231] Das mag auf den ersten Blick zutreffen, da Fackeln zu verschiedenen politischen, religiösen und kultischen Anlässen genutzt werden. Werden sie aber im Zusammenhang mit einer Feier von Hitlers Geburtstag präsentiert, haben sie eine eindeutig nationalsozialistische Botschaft. Fackeln gehörten mit Fahnen, Massenaufmärschen und Umzügen zum theatralischen Rahmen des Dritten Reiches. Unterzeichnet war dieses in hohem Maße fragwürdige Urteil auch noch vom Präsidenten des Verwaltungsgerichts Michael Obhues. Der Spruch war kein einmaliger Ausrutscher. Auch am Tag der Reichspogromnacht und am Heß-Todestag erlaubte die Kammer den Neonazis, mit Fackeln und Reichskriegsflagge zu marschieren.[232]

Im Rückblick sollte dem Gericht zu denken geben, dass es während der von ihm zugelassenen *Thügida*-Demonstration zu massiven Störungen der öffentlichen Sicherheit und Ordnung gekommen ist, nämlich zu schweren Ausschreitungen zwischen den 200 *Thügida*-Teilnehmern, 3000 Gegendemonstranten und der Polizei.[233] Dabei wur-

---

230 A.a.O., S. 6f.
231 A.a.O., S. 7.
232 https://www.thueringen24.de/jena/article208693599/Verfassungsrechtlerin-kritisiert-Verantwortliche-nach-Thuegida-Demo-in-Jena.html und https://www.de.com/de/zusammen%C3%B6%C3%9Fe-bei-neonazi-aufmarsch-in-jena/a-36332257 ### (beide Quellen abgerufen am 29. Juni 2022).
233 Süddeutsche Zeitung, 2016, Ausschreitungen bei Thügida-Demonstration in Jena, unter https://www.sueddeutsche.de/politik/rechtsextremismus-ausschreitungen-bei-thuegida-demonstration-in-jena-1.2959669 (abgerufen am 5. April 2021).

den 15 Polizisten verletzt, nach einer Polizeisprecherin eine „neue Qualität der Gewalt" in Jena.[234]

Von geringer Weitsicht zeugt auch der Beschluss des Verwaltungsgerichts Gera, die Allgemeinverfügung, die die Maskenpflicht an der Waldorfschule in Jena anordnete, während der ersten Pandemie-Welle wegen Unverhältnismäßigkeit für rechtswidrig zu erklären.[235] Es erkennt die Gefahr an, dass sich „SARS-CoV-2 effektiv unter Kindern und Jugendlichen in Betreuungs- und Bildungseinrichtungen ausbreiten" kann. Der Beschluss macht dann aber zwei Fehler: Er stellt nicht auf die „Sieben-Tage-Inzidenz pro 100 000 Einwohner" ab, sondern willkürlich „in erster Linie" auf die „Überlastung des Gesundheitssystems".[236] Das Gericht setzt sich damit in Widerspruch zu der schon im Mai 2020 in Politik und Wissenschaft dominierenden Meinung, dass der Sieben-Tage-Inzidenz-Wert pro 100 000 Einwohner das entscheidende Kriterium ist, um Ausbreitung und Gefährlichkeit der Pandemie zu messen. Das taten die Regierungen auch in der Absicht, präventiv eine Überlastung des Gesundheitssystems zu verhindern. Kurzsichtig ist weiter, dass das Gericht bei der Beurteilung der Maskenpflicht auf die „aktuellen Fallzahlen" von Neuinfektionen in der Stadt abhebt, die sich „in beinahe vier Wochen in Jena" „kaum verändert" hätten und es „vor diesem Hintergrund nicht ersichtlich" sei, warum die Stadt „besonders weitgehende Schutzmaßnahmen ergreift und auch das Tragen von Masken im Unterricht, d. h. über einen längeren Zeitraum, anordnet".[237] Schon während der ersten Welle der Covid-19-Pandemie war es rechtlich fahrlässig, aufgrund einer aktuell entspannten Lage die hohe Infektionsgefahr des Corona-Virus zu unterschätzen und zu relativieren. Wozu das mittel- und langfristig führen kann, zeigt die Tatsache, dass Thüringen nach der Statistik des Robert Koch-Instituts 2020 und 2021 monatelang bundesweit zu den Bundesländern mit den höchsten Corona-Inzidenzwerten gehörte.[238] Das Verwaltungsgericht Gera hat durch den Beschluss, die Maskenpflicht in der Waldorfschule in Jena zu kippen, zur Bagatellisierung der Pandemie in Thüringen beigetragen.

---

234 ZEIT ONLINE, 2016, Thügida: 15 verletzte Polizisten bei Ausschreitungen in Jena https://www.zeit.de/gesellschaft/zeitgeschehen/2016-04/thuegida-fuenf-verletzte-polizisten-jena (abgerufen am 25. April 2016).
235 VG Gera vom 5. Mai 2020 Az. 3 E 61 617/20 Ge, S. 7.
236 A. a. O., S. 8.
237 A. a. O., S. 8.
238 Am 13. Mai 2021 hatte Thüringen nach der Statistik des Robert Koch-Instituts mit 163 die höchste Sieben-Tage-Inzidenz pro 100 000 Einwohner von allen Bundesländern.

Schwören auf den Koran: ein Erfurter Staatsanwalt demütigt Muslime

Gerold von Wagner ist ein bürgerlich-konservativer Staatsanwalt in Erfurt, Mitglied des CDU-Vorstandes im Kreisverband An der Nesse und aktiver Christ. Der ehemalige Bundeswehroffizier hat ein Faible für Waffen und Militärisches. Er sitzt im Vorstand der Landesgruppe Thüringen des Reservistenverbandes und ist Mitglied des Landesverbandes Thüringen des Bundes der Militär- und Polizeischützen. In einem Bereich hat er eine rechtspopulistische Schlagseite: Er ist ein erbitterter Gegner der Einwanderungs- und Flüchtlingspolitik der Bundesregierung ab 2015. Um muslimische Beschuldigte zu wahrheitsgemäßen Aussagen zu bewegen, soll er ihnen in drei Fällen vorgeschlagen haben, auf den Koran schwören. Zwei Fälle hat die Justiz bestätigt. Ein dritter, gescheiterter Versuch ist umstritten.

Der Sprecher der Erfurter Staatsanwaltschaft Hannes Grünseisen und die Erfurter Landgerichtspräsidentin Renate Schwarz haben zwei Verfahren vor dem Ermittlungsrichter Ralf Wildenauer Anfang 2018 bestätigt, in denen die wegen Bandendiebstahls Beschuldigten auf Vorschlag von Staatsanwalt von Wagner mit der Hand auf dem Koran geschworen haben, um ihren Aussagen inhaltlich Nachdruck zu verleihen. Nach der Präsidentin des Landgerichts Erfurt haben sich die Vorgänge wie folgt abgespielt: „Die Beschuldigten sollen sich bemüht haben, ihre Aussage zu bekräftigen. Daraufhin habe der Staatsanwalt vorgeschlagen, der Beschuldigte könne seine Aussage unter Vorlage des Korans tätigen. Der Ermittlungsrichter habe daraufhin klargestellt, dass der Beschuldigte dazu nicht verpflichtet sei. Auch der Staatsanwalt habe klargestellt, dass es sich um eine freiwillige Bekundung handle. Der Beschuldigte soll von dem Vorgehen der Staatsanwaltschaft begeistert gewesen sein, weil er damit seiner Aussage mehr Gewicht verleihen sollte. Auch der Verteidiger habe keine Einwände erhoben. Der Staatsanwalt soll daraufhin den Koran auf den Tisch gelegt haben, und der Beschuldigte soll seine Aussage getätigt haben".[239] Bei der Anhörung des zweiten, wegen Bandendiebstahls Beschuldigten soll nach Auskunft der Präsidentin Schwarz das „Prozedere wiederholt worden sein". Im Kern identisch ist die Darstellung der beiden Verfahren beim Sprecher der Erfurter Staatsanwaltschaft Grünseisen: „Nach hiesiger Kenntnis hat es bei zwei mündlichen Haftprüfungen in einer Strafsache an einem Tag 2018 am Amtsgericht Erfurt ähnliche Fälle unter Beteiligung" von Wagners „gegeben" [...] „Beiden (Beschuldigten) wurde jeweils vom Sitzungsvertreter der Staatsanwaltschaft ein Koran vorgelegt. Dies geschah in beiden Fällen ohne Einwände des Vorsitzenden Richters, des jeweiligen Strafverteidigers und der Beschuldigten selbst".[240] In den beiden Fällen soll

---

239 Auskunft vom 15. Februar 2022.
240 E-Mail vom 16. Februar 2022.

von Wagner ein Exemplar des Heiligen Buches mit zur Anhörung beim Ermittlungsrichter gebracht haben.

Obwohl die Stellungnahmen von Sprecher Grünseisen und Präsidentin Schwarz die Grundsachverhalte bestätigen, sind sie erkennbar bemüht, den Rufschaden für die beteiligten Richter und von Wagner zu begrenzen. So haben sich beide geweigert, die Namen der Beteiligten – des Staatsanwalts und der zwei Amtsrichter – zu nennen. Sprecher Grünseisen spricht von einem „Mitarbeiter der Staatsanwaltschaft", die Präsidentin des Landgerichts Erfurt von „Ermittlungsrichtern". Diese Anonymisierung von Prozessbeteiligten ist nur schwer mit dem Urteil des Bundesverwaltungsgerichts aus dem Jahr 2014 in Einklang zu bringen. Nach ihm haben Journalisten einen Anspruch auf die Nennung von Namen von Richtern, Staatsanwälten und Strafverteidigern. Der Schutz der Persönlichkeitsrechte der Verfahrensbeteiligten soll nur dann Vorrang vor dem Informationsinteresse der Presse haben, wenn die Beteiligten „erhebliche Belästigungen oder eine Gefährdung ihrer Sicherheit durch Übergriffe zu befürchten haben".[241]

Für das Bundesverwaltungsgericht hat das „Auskunftsinteresse" der Medien ein „hohes Gewicht".[242] Dieser Vorrang gelte für öffentlich wie nicht öffentlich verhandelte Verfahren wie zum Beispiel Haftprüfungen.[243] Neben der „Informationsfunktion" komme der Presse auch eine „Kontrollfunktion" zu, die die Nennung von Namen von Prozessbeteiligten einschließe. Dieser Appell zur Transparenz und persönlichen Verantwortung von Verfahrensbeteiligten steht in deutlichem Widerspruch zu der bis heute in der Justiz dominierenden Neigung, sich mithilfe des Persönlichkeitsschutzes hinter der Anonymität der Institution Justiz zu verstecken. In dieses Bild passt, dass sich sogar die Leiterin der Staatsanwaltschaft Erfurt, die Leitende Oberstaatsanwältin Bettina Keil-Rüther, noch Mitte März 2022 „nach Abwägung aller Umstände" geweigert hat, den Namen des Staatsanwalts zu nennen, weil „seine Persönlichkeitsrechte entgegenstehen".[244] Vermutlich nach einer Intervention des Thüringischen Justizministeriums, bei dem sich der Verfasser über die Informationspolitik der Präsidentin Schwarz beschwert hatte, hat diese die Namen der beteiligten Richter Ralf Wildenauer und Claudia Heinz offengelegt.[245]

Eher vernebelnd als erhellend ist ferner die Schilderung eines dritten umstrittenen Falles durch den Sprecher der Erfurter Staatsanwaltschaft Grünseisen und durch die Präsidentin des Landgerichts Erfurt Schwarz. Nach Grünseisen soll der Verteidiger in einem

---

241 BVerwG NJW 2015, 807, Rn. 33.
242 BVerwG NJW 2015, 807.
243 A. a. O., Rn. 24.
244 E-Mail an den Verfasser vom 15. März 2022.
245 E-Mail an den Verfasser vom 22. März 2022.

dritten Fall einer Syrerin Folgendes zu Protokoll gegeben haben: „Frau ... ist sich ganz sicher, dass sie unschuldig ist. Sie würde das auch auf den Koran schwören". Nach der Präsidentin Schwarz soll eine Angeklagte in einem Verfahren wegen Körperverletzung 2018 „ihre Unschuld beteuert und erklärt haben, dass sie auch auf den Koran schwören würde". Dann folgt die Feststellung, dass eine „Umsetzung nicht erfolgt" sei.[246] Insoweit ist der Sachverhalt auch im dritten Fall unstreitig, als auch im dritten Verfahren über einen Schwur auf den Koran gesprochen wurde. Unklar ist bis heute, wer hier der Ideengeber war. Von Wagner bestreitet seine Urheberschaft. „Nach dem Inhalt des Hauptverhandlungsprotokolls" und den Angaben von Wagners soll er „in diesem Verfahren nicht versucht haben, die angeklagte Muslima auf den Koran schwören zu lassen, und auch nicht angeboten haben, ein Exemplar des Koran aus seinem Zimmer zu holen", fasst die Behördenleiterin Oberstaatsanwältin Bettina Keil-Rüther ihre internen Recherchen zusammen.

Auf eine Anfrage des Verfassers nach einem Gespräch mit Herrn von Wagner hat der Sprecher der Staatsanwaltschaft Grünseisen mitgeteilt, dass bei diesem „kein Interesse an einem persönlichen Gespräch besteht".[247] Auf Nachfragen des Verfassers kann sich weder der Verteidiger der Muslima Rechtsanwalt Frank Wellner noch der bei der Verhandlung anwesende Referendar Robert Rook (heute Richter am Verwaltungsgericht Meiningen) an die Vorgänge erinnern.[248]

Nach Recherchen des Verfassers soll Staatsanwalt von Wagner auch in diesem dritten Fall angeregt haben, die Beschuldigte auf den Koran schwören zu lassen. Dieses Ansinnen soll die damalige Amtsrichterin und heutige Richterin am Oberlandesgericht Jena Claudia Heinz indes entrüstet und schockiert zurückgewiesen haben. Von Wagner soll ihr dann entgegengehalten haben, dass er das Verfahren bereits beim Ermittlungsrichter Wildenauer praktiziert habe. Er könne sofort einen Koran holen, der in seinem Büro griffbereit liege. Nach einer dienstlichen Stellungnahme der damaligen Amtsrichterin Heinz, die die Präsidentin Schwarz in einer zweiten Antwort an den Verfasser zitiert, kann diese sich „erinnern", dass in einem Verfahren die „Hinzuziehung des Korans thematisiert worden sei".[249] Dies könne sie aber nicht mehr „mit Sicherheit sagen". Am Ende der dienstlichen Erklärung schließt Heinz aus, „dass ich je einen Verfahrensbeteiligten auf den Koran habe schwören lassen". Zu einer Stellungnahme gegenüber dem Verfasser war die damalige Hauptakteurin und Amtsrichterin Heinz nicht bereit.

---

246 E-Mail an den Verfasser vom 15. März 2022.
247 E-Mail an den Verfasser vom 16. Februar 2022.
248 E-Mail-Verkehr zwischen Rechtsanwalt Wellner und dem Verfasser vom 15. und 16. März 2022 und persönliches Gespräch mit Herrn Rook.
249 E-Mail an den Verfasser vom 22. März 2022.

Interessant ist, dass die Stellungnahmen von Sprecher Grünseisen und Präsidentin Schwarz in einem zentralen Punkt übereinstimmen: Sie enthalten keine Informationen darüber, wer die Idee zum Schwur auf den Koran ins Spiel gebracht hat. Warum nicht? Ließ sich die Frage nicht mehr aufklären, weil sich Beteiligte nicht erinnern konnten oder wollten? Oder wollten beide ihren Kollegen schützen?

Zu vermuten ist, dass die verweigerte Namensnennung durch die Justiz von Staatsanwalt von Wagner erbeten wurde. Nach einem Schriftsatz seines Anwalts an den Verlag befürchtet er, dass die Nennung seines Namens im Zusammenhang mit dem Buchtitel auf Listen der „Antifa und ähnlicher linksextremistischer Kräfte" stehen könnte, „die nicht nur verbal, sondern auch tätlich angegriffen werden sollen": „Das bekannte Spektrum reicht vom Beschmieren von Hauswänden über das Abbrennen von Fahrzeugen bis zu schwersten Körperverletzungen."[250] Indizien für eine solche Bedrohung von Wagners führt der Schriftsatz nicht auf, was dafür spricht, dass dies lediglich eine unsubstanziierte Schutzbehauptung von Wagners ist. Hier wird eine abstrakte Bedrohung an die Wand gemalt, die, nimmt man die Vergangenheit zum Maßstab, empirisch nicht besteht und wohl eher den Zweck verfolgt, von seiner persönlichen Verantwortung abzulenken.

Soweit bekannt, hat es die von von Wagner behaupteten angeblich drohenden Angriffe auf Richter und Staatsanwälte aus dem linken Milieu in der Vergangenheit bisher nicht gegeben. Natürlich können derartige Attacken theoretisch nie ausgeschlossen werden. Würde man aber allein die abstrakte Behauptung genügen lassen, dass sie drohen, könnte der vom Bundesverwaltungsgericht begründete Anspruch der Presse auf Namensnennung von Verfahrensbeteiligten beliebig ausgehebelt und ins Gegenteil verkehrt werden. Der Anspruch würde in der Praxis totlaufen.

Da gesetzliche Ausnahmen in der Regel restriktiv auszulegen sind, ist zumindest zu fordern, dass die befürchteten Bedrohungen nicht nur behauptet, sondern plausibel mit Erfahrungen in der Vergangenheit belegt werden. Das ist bisher nicht geschehen. Und dazu gibt es empirisch bisher auch keinen Anlass.

Nach einer Netzrecherche sind bisher keine Belästigungen, Bedrohungen oder Übergriffe von Linken auf Richter und Staatsanwälte öffentlich geworden. Nach einer Umfrage des *Deutschen Richterbundes* und LTO sind Belästigungen, Bedrohungen oder Übergriffe auf Richter und Staatsanwälte in Deutschland nicht an der Tagesordnung, aber sie kommen vor.[251] Wenn überhaupt, ereignen sie sich in der Regel in unmittelbarem Zusammenhang mit Gerichtsverfahren von frustrierten Prozessbeteiligten.

---

250 Schriftsatz an den Verlag vom 18. Februar 2022.
251 Sehl, 2019, Sicherheitsrisiken am Gericht, unter https://www.lto.de/recht/justiz/j/uebergriffe-richter-staatsanwaelte-gerichtsvollzieher-gewalt-drohung-beleidigung-reichsbuerger/ (abgerufen 8. Juni 2022).

Matthias Schröter, Pressesprecher des *Deutschen Richterbundes,* und Carsten Loebbert, Mitglied im Bundesvorstand der Neuen Richtervereinigung, kennen keinen einzigen Fall von Belästigungen, Bedrohungen oder Übergriffen auf Justizpersonal aus dem linken Milieu. „So etwas wäre bekannt geworden", sagt Loebbert. Weder AfD-Mitglieder noch AfD-Sympathisanten in der Justiz haben sich bisher über links motivierte Belästigungen, Bedrohungen oder Angriffe beklagt. Das gilt für den Ex-Landrichter Maier und die Amtsrichterin Kutscher sowie den Ex-Staatsanwalt Seitz und den noch aktiven Ermittler Zschächner. Der Account der Amtsrichterin Kutscher ist von linken Gruppen beobachtet worden. Sie haben öffentlich gefordert, sie aus der Justiz zu entlassen, ihre Erkenntnisse aber anonym an die richterliche Dienstaufsicht weitergeleitet, um Disziplinarverfahren zu provozieren. Also keine Rede von Belästigungen, Bedrohungen gegen Robenträger aus linken Kreisen.

Hinzu kommt, dass sich die Thüringer Justiz und das Erfurter Justizministerium bei der Namensnennung in diesem Komplex in Widersprüche verstrickt haben. Nach einem Einspruch des Verfassers hat die Landgerichtspräsidentin die Namen der beteiligten Richter Wildenau und Heinz genannt. Warum hat die Staatsanwaltschaft dann nicht den Namen des beteiligten „Mitarbeiters" genannt? Wollte sie ihn schonen? Auch das Justizministerium hat hier einen Schlingerkurs verfolgt. Während es im Februar 2022 den Namen von Wagner ohne einschränkenden Kommentar gegenüber dem Verfasser benutzt hat, hat es im April 2022 „um vertrauliche Behandlung des mitgeteilten Namens" gebeten, da „bei Bekanntwerden eine Bedrohungssituation nicht auszuschließen" sei.[252] Warum sich der Verfasser trotz dieser Stimmen für die Nennung des Namens von Wagners entschieden hat, ist dem Urteil des Bundesverwaltungsgerichts neben den bereits genannten Gründen zu entnehmen: „Die Öffentlichkeit der Verhandlung soll unter anderem auch die Möglichkeit eröffnen, personelle Zurechnungszusammenhänge deutlich zu machen und so persönliche Verantwortung zu markieren. Die mitwirkenden Funktionsträger sollen für die Art und Weise der Mitwirkung öffentlich einstehen."[253]

Unsere Strafprozessordnung kennt keinen Schwur auf die Bibel und erst recht nicht auf den Koran. Nach § 64 Abs. 3 StPO kann ein **Zeuge** einen Eid auf eine „Religions- oder Bekenntnisgemeinschaft schwören", wenn er das möchte. In diesem Fall waren die Schwörenden aber keine Zeugen, sondern **Beschuldigte** beziehungsweise **Angeklagte**. Sie können nach unserer Strafprozessordnung gar keinen Eid ablegen, weil sie nicht zur Wahrheit verpflichtet sind und ein Eid, der den Wahrheitsgehalt einer Aussage bekräftigen soll, das Gegenteil bewirken würde. Für den Sprecher der Fachgruppe Strafrecht in der Neuen Richtervereinigung und Konstanzer Staatsanwalt Simon Pschorr

---

252 E-Mails vom 15. Februar 2022 und 4. April 2022.
253 A. a. O., Rn. 33.

ist das Schwören auf den Koran daher nach unserer Strafprozessordnung „unzulässig": Wie bei einem Eid baut auch der Schwur auf den Koran „einen Aussagedruck auf, den die Strafprozessordnung bei Beschuldigten beziehungsweise Angeklagten gerade vermeiden will". Es „gelte der Grundsatz der Freiheit von der Selbstbezichtigung".

Nun ist der Schwur auf den Koran keine Vereidigung. Trotzdem scheint eine Parallelisierung von Eid und Schwur auf den Koran in den geschilderten Fällen rechtlich legitim. Denn für Staatsanwalt von Wagner hatte die islamische Beteuerungsformel die Funktion und Wirkung eines Eides: Sie sollte den Wahrheitsgehalt einer Aussage bekräftigen, was bei Beschuldigten und Angeklagten nicht zulässig ist. Außerdem hat der Sprecher der Neuen Richtervereinigung Pschorr den Eindruck, dass hinter dem Vorgehen von Staatsanwalt von Wagner eine „religiöse Diskriminierung steckt, weil er nur einen Schwur auf den Koran anbietet".

Anfang 2018 war die islamfeindliche Prozessführung von Wagners in der Staatsanwaltschaft und im Amtsgericht Erfurt ein offenes Geheimnis. Nach Recherchen des Verfahssers soll die Leiterin der Anklagebehörde, die Oberstaatsanwältin Bettina Keil-Rüther, Staatsanwalt von Wagner damals zu einem Gespräch gebeten haben, bei dem es zu einer laustarken Auseinandersetzung gekommen sein soll. Auch der Ermittlungsrichter Wildenau soll von der damaligen Amtsgerichtsdirektorin und heutigen Vizepräsidentin des Landgerichts Erfurt Kerstin Lossin-Weimer zur Rede gestellt worden sein. Weil diese Gespräche „innerdienstliche Angelegenheiten" gewesen seien, wollten weder Sprecher Grünseisen noch Präsidentin Schwarz auf sie eingehen. Staatsanwalt von Wagner war zu einer Stellungnahme nicht bereit.

Dass es keinerlei dienstrechtliche Konsequenzen für den Staatsanwalt gegeben hat, der mehrfach in Gerichtsverhandlungen auf den Koran schwören ließ, ist für die thüringische Landtagsabgeordnete der Linken Katharina König-Preuss „mehr als befremdlich" und zeigt nach ihrer Auffassung „deutlich auf, dass es auch in Thüringen ein rechtes Justizproblem gibt": „Gerade angesichts der in Ostdeutschland weit verbreiteten islamophoben, rechten, rassistischen und antisemitischen Einstellungen ist auch die Thüringer Justiz gefragt und gefordert, Teil der Lösung und nicht des Problems zu sein."

Staatsanwalt von Wagner gilt in seiner Behörde und beim Amtsgericht Erfurt als „schräg" und „rechtsaußen". Einen ähnlichen Eindruck hat er in der Kirchengemeinde Gottstedt und bei Oberen der Evangelischen Kirche in Mitteldeutschland (EKM) hinterlassen. Nach Recherchen des Verfassers hat er sich unter anderem über die Verlautbarungen der Evangelischen Kirche Deutschlands (EKD) zur Flüchtlingspolitik und eine Erklärung des Landeskirchenrates der EKM „Nächstenliebe verlangt Klarheit" empört. Letztere dankt unter anderem den „vielen Flüchtlingsinitiativen, die unser Land wärmer und menschenfreundlicher machen". Diese Haltung der evangelischen Kirche zur Einwanderung soll von Wagner für naiv und politisch blind gehalten haben. Am Rande von kirchlichen Veranstaltungen hat er gegen diese Haltung der Landeskirche protestiert, die anschließend kontroverse Gespräche zwischen Verantwortlichen der Kirche und Staatsanwalt von Wagner provoziert hat.

„An der Grenze zur Rechtsbeugung":
Anti-Corona-Richter verharmlosen Pandemie-Gefahr

In der ersten Hälfte des Jahres 2021 haben mindestens fünf Amtsrichter in Bußgeldverfahren in drei Bundesländern Anti-Corona-Verordnungen für verfassungswidrig und nichtig erklärt. In zwei Verfahren haben sich Familienrichter eine Zuständigkeit angemaßt, die ihnen nicht zusteht.[254] Einige argumentieren rein dogmatisch, bei anderen wird klar, dass sie in ihrer Rechtsprechung eine politische Agenda verfolgen durch offene Kritik an der Corona-Politik der Bundesregierung oder eine selektive Auswahl von Gutachtern, die im epidemiologischen Diskurs eine Mindermeinung vertreten. Einen Sonderweg wählte ein Amtsrichter aus Wuppertal, indem er sein Unbehagen an den Kontaktbeschränkungen während des Lockdowns und Entscheidungen seiner Kollegen in ein etwas verschwurbeltes „Obiter dictum" verpackte:

> *Bei der Lektüre einer Vielzahl von gerichtlichen Entscheidungen das Regelungsregime in der Pandemie betreffend konnte sich der Unterzeichner nicht des Eindrucks erwehren, dass diese oft weniger von inhaltlicher Überzeugung als von dem Wunsch getragen zu sein schienen, die effektive Bekämpfung einer unbestritten gefährlichen Pandemie nicht zu erschweren. [...] Bei allem Verständnis für diese Beweggründe sei hier der Hinweis erlaubt, dass so das Bewusstsein für ein grundlegendes Problem getrübt werden könnte. Gerade in Krisenzeiten dürfen die demokratischen Prinzipien des Grundgesetzes keine Aufweichung erfahren. Die freiheitlich-demokratische Grundordnung selbst ist der wirksamste Schutz gegen autoritäre und antidemokratische Strömungen, welche oft in Krisenzeiten und den mit ihnen verbundenen Unsicherheiten an Einfluss gewinnen.*[255]

Diese Anmerkung am Ende eines Urteils ist in mehrfacher Hinsicht bemerkenswert und problematisch. Sie hat als politische Meinungsäußerung in einem Urteil nichts zu suchen, weil sie die politische Neutralität der Dritten Gewalt gefährdet. Sie wirft seinen Kolleginnen und Kollegen vor, die keine rechtlichen Bedenken gegen Grundrechtseinschränkungen von staatlichen Anti-Corona-Maßnahmen hatten, sich mehr vom politischen Zeitgeist leiten zu lassen als von ihren rechtlichen Überzeugungen. Und drittens entdeckt sie ohne Belege „autoritäre antidemokratische Strömungen" in der Anti-Corona-Politik der Bundes- und der Landesregierungen. Alle drei Merkmale sind typisch für eine kleine Gruppe von Anti-Corona-Richtern, die ihre richterliche Unabhängigkeit

---

254 Lieber, Weimar, Weilheim, Wuppertal – Ein Lehrstück zur richterlichen Unabhängigkeit und Gesetzesbindung, in: Festschrift für Franz Josef Düwell, S. 871 ff.
255 AG Wuppertal Urteil 29. März 2021 Az. 82 OWi 923 Js 192/21 – 2721 – juris.

2021 missbraucht haben, um mit ihrer Rechtsprechung eine politische Agenda gegen die staatlichen Anti-Corona-Maßnahmen zu verfolgen.[256]

Amtsrichter mit politischer Agenda: Weimar, Weilheim, Meiningen

Mit einer Einstweiligen Anordnung vom 8. April 2021 hatte das Familiengericht Weimar den Schulleitungen und Lehrern der Grundschule und der Staatlichen Regelschule Pestalozzi in Weimar untersagt, eine Maskenpflicht für Schüler durchzusetzen, Mindestabstände vorzugeben und Schnelltests durchzuführen.[257] Darüber hinaus hat der Weimarer Amtsrichter Christian Dettmar die beiden Schulen aufgefordert, zum Präsenzunterricht zurückzukehren. Damit hatte er den Kern der Corona-Schutzmaßnahmen für Schulen in Thüringen außer Kraft gesetzt. Der Beschluss hat in der Fachöffentlichkeit, den Medien und der Politik bundesweit Unverständnis, Kopfschütteln und Empörung ausgelöst, aber auch Beifall bekommen – wenig verwunderlich – aus dem Milieu der Corona-Leugner und Querdenker. Richter Dettmar hat sich inzwischen in der *Bild-Zeitung* als Corona-Maßnahmen-Kritiker geoutet: „Ich habe selbst keine Schulkinder, aber erhebliche Zweifel an der Sinnhaftigkeit von Masken. Wer sie freiwillig in der Schule tragen möchte, darf das weiter tun. Aber wir müssen Eltern nicht bevormunden."[258]

Ein hohes Maß an Verärgerung offenbart auch die Reaktion des Ministeriums für Bildung, Jugend und Sport in Erfurt. Eigentlich zuständig, war es trotzdem am gesamten Verfahren nicht beteiligt. Zugestellt wurde ihm der Beschluss des Amtsgerichts Weimar erst am 14. April 2021, also zu einem Zeitpunkt, als er bereits seit fünf Tagen öffentlich diskutiert wurde. In einer Presseerklärung vom 11. April 2021 rügt das Ministerium, dass es an dem Verfahren nicht beteiligt war, und kritisiert, dass der Beschluss „gravierende verfahrensrechtliche Zweifel aufwirft": Die „Zuständigkeit des Familiengerichts" beschränke sich „auf Fragen des Sorgerechts", die „Überprüfung von Infektionsschutzmaßnahmen oder Rechtsverordnungen der Landesregierungen obliege den Verwaltungsgerichten".[259] Wegen dieser verfahrensrechtlichen Schieflage hegte das Ministerium vorübergehend sogar Zweifel, ob der Beschluss „überhaupt rechtliche Wirkung entfaltet und Bestand haben kann". Weil der Beschluss in der Welt war, suchte es

---

256 Schärfer sogar noch Lieber, Weimar, Weilheim, Wuppertal – Ein Lehrstück zur Richterlichen Unabhängigkeit und Gesetzesbindung, in: Festschrift für Franz Josef Düwell, S. 877 (894): „Die Richter verlassen den Bereich der Rechtsprechung und betreten den Raum der politischen Agitation."
257 AG Weimar vom 8. April 2021 Az. 9 F 148/21.
258 Bild, 2021, Richter erklärt seinen umstrittenen Schulbeschluss: „Habe erhebliche Zweifel an Sinnhaftigkeit von Masken", unter https://www.bild.de/bild-plus/regional/thueringen/thueringen-aktuell/christian-dettmar-habe-erhebliche-zweifel-an-sinnhaftigkeit-von-masken-76044338.bild.html (abgerufen am 27. April 2021).
259 Presseerklärung vom 11. April 2021.

pragmatisch die rechtliche Geltungskraft der Einstweiligen Anordnung auf die beiden beteiligten Schüler zu beschränken, und kündigte an, Rechtsmittel einzulegen.

Einige Stimmen aus dem Chor der Kritiker: Die *Neue Richtervereinigung* hält den Beschluss für „juristisch unhaltbar": Er „verkennt grundsätzliche rechtliche Vorschriften" und „leugnet zudem wesentliche Erkenntnisse der Wissenschaft".[260] Mit der Aufforderung, wieder Präsenzunterricht durchzuführen, überschreite das Gericht das „Maß des noch Hinnehmbaren". Für Steffen Dittens, stellvertretender Fraktionsvorsitzender der Linken im Thüringer Landtag, wurden in dem Beschluss des Amtsgerichts „Erkenntnisse zu Infektionen insbesondere bei Mutanten ignoriert, höchst umstrittene Äußerungen einer Gutachterin zur Grundlage einer Entscheidung gemacht, die Schülerinnen und Schüler gefährdet".[261] Die *Süddeutsche Zeitung* spricht von einem „bizarren Beschluss", die *Thüringer Allgemeine* fragt „Rechtsprechung oder Rechtsbeugung?"[262] Elf Bürger haben die Frage beantwortet und bei der Erfurter Staatsanwaltschaft Strafanzeigen wegen Rechtsbeugung gestellt. Der Sprecher der *Neuen Richtervereinigung* Carsten Loebbert verortet den Beschluss des Amtsrichters Dettmar an der „Grenze zur Rechtsbeugung". Am 29. April 2021 hat die Staatsanwaltschaft Erfurt dessen Wohnung, Dienstzimmer und Auto im Rahmen eines Ermittlungsverfahrens wegen Verdachts der Rechtsbeugung durchsuchen und sein Handy herausgeben lassen. Für die Erfurter Strafverfolger besteht ein „Anfangsverdacht", dass er sich durch die Bejahung seiner Zuständigkeit als Familienrichter einer „Beugung des Rechts schuldig gemacht hat, indem er sich bewusst und in schwerwiegender Weise von Recht und Gesetz entfernt hat", sodass die Entscheidung „willkürlich erscheint".[263] Für Dettmars Hamburger Verteidiger Gerhart Strate, auch durch Kritik an Anti-Corona-Maßnahmen aufgefallen, ist der Vorwurf der Rechtsbeugung „nicht im Ansatz plausibel", weil die Auslegung des § 1666 BGB durch Richter Dettmar „vertretbar" sei.[264]

---

260 Pressemitteilung vom 12. April 2020 „Richter bleib bei den Leisten".
261 Lother/Utz, 2021, Corona-Maskenpflicht: Umstrittenes Masken-Urteil in Weimar hat Konsequenzen – Staatsanwaltschaft ermittelt, unter https://www.fr.de/panorama/weimar-corona-masken-urteil-schule-maskenpflicht-amtsgericht-coronavirus-ermittlungen-familienrichter-news-90405690.html (abgerufen am 15. April 2021).
262 Süddeutsche Zeitung vom 15. April 2021, S. 5; Debes, 2021, Rechtsprechung oder Rechtsbeugung? Die wichtigsten Fragen und Antworten zum umstrittenen Maskenurteil, unter https://www.thueringer-allgemeine.de/leben/recht-justiz/rechtsprechung-oder-rechtsbeugung-die-wichtigsten-fragen-und-antworten-zum-umstrittenen-masken-urteil-id232032401.html (abgerufen am 17. April 2021).
263 Staatsanwaltschaft Erfurt vom 26. April 2021.
264 Podolski, 2021, Staatanwaltschaft sieht Verdacht auf Rechtsbeugung – Durchsuchung beim Familienrichter, unter https://www.lto.de/recht/hintergruende/h/ag-weimar-durchsuchung-richter-dienstraeume-familienrichter/ (abgerufen am 27. April 2021).

Auch gegen seinen Kollegen am Amtsgericht Weimar Matthias Guericke, auf den später eingegangen wird, ist inzwischen ein Ermittlungsverfahren wegen Verdachts der Rechtsbeugung eingeleitet worden, weil er die Corona-Schutzverordnung Thüringens für verfassungswidrig und damit nichtig erklärt hatte.[265] Die eigentlich zuständige Staatsanwaltschaft Erfurt hat die Generalstaatsanwaltschaft in Jena jedoch gebeten, das Verfahren der Staatsanwaltschaft Gera zuzuweisen, weil sie sich aus beruflichen Gründen für befangen hält. Guericke ist nämlich am Amtsgericht Weimar auch als Strafrichter tätig, bei dem sie in der Vergangenheit regelmäßig Anklagen erhoben hat.

Das im Januar 2021 gegründete *Netzwerk Kritischer Richter und Staatsanwälte* – ein Zusammenschluss von Robenträgern, die die Maßnahmen und Einschränkungen zur Bekämpfung der Corona-Pandemie kritisieren – feiert den „Paukenschlag von Weimar" dagegen als „Rückkehr zur Normalität an Schulen". Für den Richter am Amtsgericht Recklinghausen und Pressesprecher des Netzwerkes Oliver Nölken ist die Entscheidung „in ihrer Methodik Maßstab und Vorbild für Richterinnen und Richter in ganz Deutschland". Für den Verein *Mediziner und Wissenschaftler für Gesundheit, Freiheit und Demokratie* – eine Gruppe von Corona-Verharmlosern – ist der Beschluss, etwas moderater, „erfreulich".[266] Querdenker-Gruppen und rechte Medien jubeln: ein „Sensationsurteil".[267]

Das Kindeswohlverfahren vor dem Familiengericht Weimar fällt durch fünf Merkwürdigkeiten auf: eine manipulative Vorgeschichte, eine einseitige Verfahrensgestaltung ohne mündliche Verhandlung, eine rechtsstaatlich fragwürdige Kommunikation des Beschlusses, eine selektive Auswahl wissenschaftlicher Erkenntnisse und eine bisher unbekannte Form von Rechtsprechung, die unter dem Deckmantel einer juristischen Argumentation eine politische Agenda verfolgt.

Zur Vorgeschichte des Beschlusses: Das Verfahren vor dem Amtsgericht Weimar wurde aus der Gruppe *Klappe auf! Für Kinderrechte – Eltern in Thüringen* angeschoben. Sie soll 800 Mitglieder haben und über den Messenger-Dienst *Telegram* miteinander kommunizieren.[268] Politiker und Eltern haben diesen Zusammenschluss als Basis für eine „Zuarbeit" zu einer „Klage gegen die Maskenpflicht unserer Kinder" gegründet. Was unter „Zuarbeit" zu verstehen ist, zeigt ein Beitrag der Rechtsanwältin Yvonne Peupelmann im Netz von Mitte März 2021. Er ist inzwischen gelöscht, aber als Screenshot bei der *Thüringer Allgemeinen* dokumentiert. In ihm forderte die Rechtsanwältin „alle Eltern aus dem Amts-

---

265 Vgl. S. 109, 113, 228.
266 https://www.mwgfd.de/2021/04/ueber-das-weimarer-sensationsurteil-und-weitere-chancen-fuer-kindeswohl-in-c-zeiten-i-familienrichter-a-d-hans-christian-prestien-im-interview-mit-dr-ronald-weikl-mwgfd/ abgerufen am 25. April 2021.
267 Thüringer Allgemeine vom 13. April 2021, S. 2.
268 Die folgenden Angaben gehen auf einen Artikel in der Thüringer Allgemeinen vom 13. April 2021, S. 2 zurück.

gerichtsbezirk" Weimar auf, sich „unbedingt an einem von mir geführten Kindeswohlverfahren vor dem Familiengericht Weimar zu beteiligen". Mitmachen könnten „Eltern mit Kindernachnamen, die mit folgenden Buchstaben beginnen: B F H I J L Q R S T U V X": „Euch kann bei diesem Verfahren definitiv nichts passieren, auch keine Kosten." Das sind, welch Zufall, die Anfangsbuchstaben von Parteien, für die Richter Dettmar zuständig ist. Der Geschäftsverteilungsplan des Amtsgerichts ist nicht veröffentlicht, wird aber von der Verwaltungsgeschäftsstelle des Gerichts auf Anfrage herausgegeben. Es spricht viel dafür, dass Rechtsanwältin Peupelmann Richter Dettmar gezielt ausgewählt hat. Warum gerade ihn?

Richter Dettmar behauptet, Rechtsanwältin Peupelmann vor dem Verfahren nicht gekannt zu haben. Eine Anfrage des Verfassers hat die Anwältin nicht beantwortet. Eine mögliche Erklärung: In Weimarer Anwalts- und Justizkreisen war bekannt, dass Dettmar vor jeder Verhandlung den § 176 GVG verlesen hat, nach dem alle an der Verhandlung beteiligten Personen „ihr Gesicht während der Sitzung weder ganz noch teilweise verhüllen dürfen". Danach habe der Richter alle Beteiligten aufgefordert, im Saal keine Masken zu tragen.

Zum Verfahren: Nachdem am 15. März 2021 die Anregung der ausgewählten Mutter zur Überprüfung der Infektionsschutzmaßnahmen im Rahmen eines Kindeswohlverfahrens eingetroffen war, hat Richter Dettmar aus eigener Initiative ein zweites Verfahren, ein einstweiliges Anordnungsverfahren, angelegt – wegen „Eilbedürftigkeit", weil das Ende der Osterschulferien bevorstand. Nach Gerichtssprecherin Inez Gloski ein „grundsätzlich übliches" Verfahren.

Normalerweise fallen Beschlüsse in Verfahren mit Einstweiligen Anordnungen kurz und knapp aus, weil es sich um Eilverfahren handelt, in denen die Rechtslage nur summarisch geprüft wird. Der Beschluss des Amtsgerichts Weimar ist dagegen 178 Seiten stark, wobei die wissenschaftlichen Gutachten allerdings den größten Raum einnehmen, während die eigentliche Urteilsbegründung nur 15 Seiten zählt. Es entsteht der Eindruck, dass Richter Dettmar das Eilverfahren wie ein abgekürztes Hauptverfahren geführt hat. Für diese Interpretation spricht auch, dass er in dem Eilverfahren die einschlägigen Vorschriften der thüringischen Corona-Schutzverordnung für rechtswidrig und damit für nichtig erklärt hat, weil sie angeblich mehrere Grundrechte verletzen und gegen den Grundsatz der Verhältnismäßigkeit verstoßen.[269] Derart weitreichende rechtliche Folgen sind in einem Eilverfahren ungewöhnlich. In den Augen des Juristen und Kolumnisten der *Süddeutschen Zeitung* Heribert Prantl spricht der „taschenbuchdi-

---

269 Beschluss 8. April 2021 Az. 9 F 148/21, S. 165.

cke Eil-Beschluss" „entweder für großen Fleiß oder für missionarischen Eifer oder für beides".[270]

Misstrauisch macht ferner die Auswahl der Verfahrensbeteiligten durch Richter Dettmar. Beteiligt hatte er die Mutter, ihre zwei Kinder, die Leitungen der betroffenen Schulen, das zuständige Jugendamt und merkwürdigerweise das Gesundheitsministerium. Die Beteiligten bekamen zwar die Möglichkeit zu einer Stellungnahme, konnten sie aber wegen der kurzen Frist faktisch nicht nutzen. Als Verfahrensbeistand für die beiden Kinder hatte Richter Dettmar die Rechtsanwältin Peupelmann ausgewählt, von der nach Recherchen der *Thüringer Allgemeinen* die Initiative für das Verfahren ausgegangen sein soll. Damit schließt sich der Kreis! Angesichts dieser Verquickungen fragt sich Sprecher Loebbert, ob „Richter Dettmar im Vorfeld des Verfahrens eingebunden war, denn irgendwo müssen die Informationen ja geflossen sein"? Wie zum Beispiel kommt Richter Dettmar auf die Idee, Rechtsanwältin Peupelmann als Verfahrensbeistand beizuordnen, die er angeblich vor dem Verfahren nicht kannte? Warum hat er drei Gutachter benannt, die in Fragen der Pandemiebekämpfung fragwürdige Mindermeinungen vertreten? Wie haben es die drei Gutachter in zwei bis drei Wochen geschafft, ihre den Beschluss tragenden Gutachten im Umfang zwischen 18 und 98 Seiten zu erstellen? Aufgrund dieser offenen Fragen besteht für Richter Loebbert der „Verdacht einer Inszenierung". Dieses Misstrauen allein wirft einen dunklen Schatten auf die rechtsstaatlich korrekte Abwicklung des Verfahrens. Problematisch ist ferner, dass Amtsrichter Dettmar keine mündliche Verhandlung anberaumt hat.

Zur Zuständigkeit: Die rechtlich schwächste Stelle des Beschlusses ist die Annahme, dass das Familiengericht für die Überprüfung von Hygienekonzepten in Schulen zuständig sein soll. Für die rechtliche Kontrolle von Maßnahmen im Verhältnis Staat–Bürger ist nach unserer Rechtsordnung allein die Verwaltungsgerichtsbarkeit zuständig. Die hat Richter Dettmar mit einem merkwürdigen Argument ausgehebelt. Ein Verfahren vor einem Verwaltungsgericht kommt nur in Gang, wenn vorher ein Antrag gestellt worden ist. Das wäre eigentlich jedem Bürger zuzumuten und damit auch jedem Vater oder jeder Mutter. Deshalb bleibt unerfindlich, warum es „nach dem Gleichbehandlungsgrundsatz" und dem „im Grundgesetz verankerten Wächteramt der staatlichen Gemeinschaft für die Familie" „verfassungsrechtlich nicht hinnehmbar" sein soll, solche Fragen den Verwaltungsgerichten zu überlassen, weil es dann davon abhinge, ob jemand einen Antrag stellt oder nicht.[271] Nach Meinung der *Neuen Richtervereinigung* verkennt Amtsrichter Dettmar die „grundlegende Gerichtsverfassung der Bundesrepublik – und ist in sich widersprüchlich, weil auch das familienrechtliche Verfahren auf

---

270 Süddeutsche Zeitung vom 17./18. April 2021, S. 5.
271 AG Weimar vom 8. April 2021 Az. 9 F 148/21, S. 164.

‚Anregung' einer Mutter zustande gekommen und daher von Amts wegen eingeleitet worden ist". Die Mutter hätte sich mit ihrem Anliegen genauso gut an das zuständige Verwaltungsgericht wenden können. Das wollte er aber offenbar verhindern, weil er in dem Verfahren eine günstige Gelegenheit sah, seiner kritischen Meinung gegenüber staatlichen Anti-Corona-Maßnahmen Rechtsgeltung zu verschaffen. Helfen sollte ihm dabei § 1666 BGB, der dem Familiengericht erlaubt, bei „Gefährdung des Kindeswohls", die „zur Abwehr erforderlichen Maßnahmen zu treffen". Die Vorschrift zielt in erster Linie auf den Schutz von Kindern vor ihren Eltern, wenn sie als Sorgeberechtigte versagt haben. Allerdings kann das Gericht nach dieser Vorschrift auch „Maßnahmen mit Wirkung gegen einen Dritten treffen", wenn Eltern nicht in der Lage sind, eine Gefährdung ihrer Kinder zu verhindern. Für Heribert Prantl hat Amtsrichter Dettmar an dieser Stelle „Formulierungen aus dem Zusammenhang gerissen und Schule und Staat als gefährdenden Dritten betrachtet. [...] Das ist jedenfalls gewagt und ein fragwürdiger Übergriff des Familienrechts ins Verwaltungsrecht".[272] Noch deutlicher die Kritik der *Neuen Richtervereinigung*. Nach ihr wird „hier auf Biegen und Brechen eine Zuständigkeit konstruiert, der man allzu deutlich das persönliche Anliegen anmerkt, sich zu Maskenpflicht in Schulen schlagkräftig zu äußern". Ein anderer Grund könnte hinzugekommen sein. Das Thüringer Oberverwaltungsgericht hatte bereits im November 2020 entschieden, dass die Anordnung, eine „Mund-Nasen-Bedeckung in Schulen" zu tragen, „verhältnismäßig" sei, weil sie in Situationen, in denen sich ein Sicherheitsabstand nicht einhalten lasse, angesichts der Infektionsdynamik in Schulen einen „wesentlichen Beitrag zum Schutz von Leben und Gesundheit" leiste.[273] Es sei „nicht zu beanstanden, dass sich das zuständige Bildungsministerium in seiner Einschätzung den zahlreichen wissenschaftlichen Stellungnahmen zur Eignung und Erforderlichkeit einer Maskenpflicht anschließe und nicht abweichenden Meinungen folge". Vor diesem Oberverwaltungsgericht war auch Rechtsanwältin Peupelmann mit einer Klage gegen die Freiheitsbeschränkungen durch die Corona-Schutzverordnung der Landesregierung im Februar 2021 gescheitert.[274] Für sie war Amtsrichter Dettmar daher die letzte rechtliche Karte im Kampf gegen die Infektionsschutzmaßnahmen in den Schulen Thüringens – mutmaßlich ein Bruder im Geiste.

Seine Zuständigkeit hat Amtsrichter Dettmar ferner dadurch überschritten, dass er die Geltungskraft seines Beschlusses nicht auf die beiden Parteien – Schulleitung und Mutter und Kinder – beschränkte, sondern auf die beiden Schulen erstreckte. Das wäre nur zulässig gewesen, wenn an dem Verfahren alle Kinder der Schulen beteiligt gewesen

---

272 Süddeutsche Zeitung vom 17./18. April 2021, S. 5.
273 Beschluss vom 25. November 2020 Az. 3 EN 746/20, zitiert nach der Presseerklärung vom 9. Dezember 2020.
274 Thüringer Oberverwaltungsgericht vom 18. Februar 2021 Az. 3 EN 67/21.

und gehört worden wären.[275] Das gilt erst recht für die Forderung des Beschlusses, den „Präsenzunterricht aufrechtzuerhalten". Dieses Petitum war kein Thema des Rechtsstreits und zeigt am deutlichsten, dass er mit seiner Rechtsprechung eine politische Agenda verfolgte.

Zur Begründung: Für das Amtsgericht Weimar steht fest, dass „Kinder durch die Pflicht, während der Schulzeit Gesichtsmasken zu tragen und Abstände untereinander und zu weiteren Personen einzuhalten, in ihrem geistigen, körperlichen und seelischen Wohl nicht nur **gefährdet**, sondern darüber hinaus **geschädigt** werden".[276] Dadurch würden zahlreiche Grundrechte der Kinder und der Eltern verletzt, unter anderem das Grundrecht auf freie Entfaltung der Persönlichkeit und das auf körperliche Unversehrtheit. Ihre Einschränkungen durch Maskenpflicht und Abstandsgebot seien unverhältnismäßig, weil sie keinen „Nutzen für die Kinder oder Dritte" bringen und damit „verfassungswidrig und nichtig" seien.[277] Da die einschlägigen Corona-Schutzmaßnahmen der Landesregierung durch Rechtsverordnungen und nicht aufgrund förmlicher Gesetze geregelt sind, hatte das Amtsgericht Weimar rechtlich die Befugnis, sie selbst wegen eines Verfassungsverstoßes für nichtig zu erklären. Wären sie als förmliche Gesetze erlassen worden, hätte das Amtsgericht Weimar das entsprechende Gesetz nicht für verfassungswidrig erklären können, sondern hätte es dem Bundesverfassungsgericht vorlegen und auf dessen Urteil warten müssen. Denn nach unserer Rechtsordnung darf allein das Bundesverfassungsgericht förmliche Gesetze für verfassungswidrig und nichtig erklären.

Diese weitreichenden rechtlichen Folgen für den Corona-Schutz an zwei Weimarer Schulen stützte Amtsrichter Dettmar allein auf die Berichte einer Mutter über die gesundheitlichen Folgen der Masken- und Abstandspflicht für ihre beiden Kinder.[278] Die hatten beklagt, dass sie starke Kopfschmerzen und Bauchschmerzen hätten und ihnen oft übel werde, wenn sie Masken tragen. Außerdem hätten leichte Infekte wie Schnupfen und Husten zugenommen und diese zögen sich länger hin. Nachdem die Mutter für einen Sohn ein ärztliches Attest vorgelegt habe, hätte der sich in die hintere Ecke des Unterrichtsraumes setzen müssen und sei dadurch diskriminiert worden. Außerdem hätte der Schulleiter der Mutter bedeutet, dass nur er von der Maskenpflicht befreien könne.

Unverständlich ist, dass sich Richter Dettmar mit den Erfahrungen von zwei Schülern begnügt und nicht Beweise erhoben hat, ob auch andere Schüler in den beiden Klassen durch die Masken- und Abstandspflicht gesundheitlich geschädigt worden waren, zum Beispiel zu fragen, ob bei den beiden Jungen besondere Allergien oder Vorerkrankun-

---

275 AG Weilheim vom 13. April 2021 Az. 2 F 192/21, S. 30.
276 AG Weimar vom 8. April 2021 Az. 9 F 148/21, S. 165 f.
277 A. a. O., S. 165.
278 AG Weimar vom 8. April 2021 Az. 9 F 148/21, S. 9 ff.

gen vorlagen. Das ist ein grober handwerklicher Fehler. Zwei Einzelfälle taugen nicht für weitreichende rechtliche Verallgemeinerungen.

Die Urteilsbegründung basiert im Kern auf den Gutachten der Hygienikerin Ines Kappstein, des Psychologen Christof Kuhbandner und der Humanbiologin Ulrike Kämmerer. Alle drei vertreten in ihren Disziplinen Mindermeinungen zu den Anti-Corona-Maßnahmen. Die Universitätsklinik Würzburg legt Wert auf die distanzierende Feststellung, dass sich Ulrike Kämmerer, eine wissenschaftliche Mitarbeiterin der Frauenklinik, zu Corona-Fragen als „Privatperson" äußere und nicht im Namen der Klinik. Auf ihre Kritik an der Nachweisbarkeit des Corona-Virus durch das PCR-Testverfahren reagierte der angesehene Epidemiologe Christian Drosten mit dem Hinweis, sie solle sich „doch die Mühe machen, die Publikationen zu lesen."[279] Außerdem soll Kämmerer nach Angaben der *Mainpost* an Kundgebungen gegen Corona-Maßnahmen in Schweinfurt teilgenommen und dort auch das Wort ergriffen haben.[280] Dominik Ewald, Landeschef der Kinder- und Jugendärzte Bayern, hält Christof Kuhbandners Auslassungen für „ideologisch verbrämt".[281] Kreise, die Kuhbandner breit zitieren, seien „sicherlich der Querdenker-Szene zuzuordnen", meint Ewald.

Die von Richter Dettmar ausgewählten drei Gutachter sind Mitglieder im Verein *Mediziner und Wissenschaftler für Gesundheit, Freiheit und Demokratie*, gegründet vom emeritierten Mikrobiologen Sucharit Bhakdi. Der Verein ist ein Sammelbecken von Corona-Gegnern und -Verharmlosern. Nach Recherchen des Investigativ-Netzwerkes *Correctiv* ist der Verein durch Flyer mit irreführenden Informationen zur Corona-Pandemie und Impfungen sowie Vermittlung von unseriösen Masken-Attesten ins Gerede gekommen.[282] Im Oktober 2020 hat das Finanzamt Passau dem Verein nach nur fünf Monaten die Gemeinnützigkeit wieder aberkannt.[283] Als Grund vermutet der Vereinsvorsitzende Bhakdi: „Aller Wahrscheinlichkeit [nach], weil wir nicht gemeinnützig handeln und wir

---

279 https://www.fr.de/panorama/weimar-corona-masken-urteil-schule-maskenpflicht-amtsgericht-coronavirus-ermittlungen-familienrichter-news-90405690.html (abgerufen am 29. April 2021).
280 Eichler, 2020, Corona-Demo in Schweinfurt: „Es ist zum Religionskrieg geworden", unter https://www.mainpost.de/regional/schweinfurt/corona-demo-in-schweinfurt-es-ist-zum-religionskrieg-geworden-art-10461010 (abgerufen am 19. April 2021).
281 Walter, 2021, Nach Weilheimer Urteil: Klagewelle an bayerischen Amtsgerichten gegen Maskenpflicht von Schülern, unter https://www.merkur.de/bayern/muenchen-coronavirus-schule-eltern-klagewelle-maskenpflicht-gericht-weilheim-querdenker-90463011.html (abgerufen am 19. April 2021).
282 https://correctiv.org/faktencheck/hintergrund/2021/04/13/warum-richter-urteile-zur-corona-pandemie-faellen-koennen-die-der-wissenschaft-widersprechen/ (abgerufen am 14. April 2021); https://www.psriam.com/de/index.php/Mediziner_und_Wissenschaftler_für_Gesundheit_Freiheit_und_Demokratie_ev. (abgerufen am 18. April 2021).
283 Wienand, 2020, Verein von Corona-Rebellen verliert die Gemeinnützigkeit, unter https://www.t-online.de/nachrichten/deutschland/id_88792624/sucharit-bhakdi-und-co-verein-von-corona-rebellen-verliert-gemeinnuetzigkeit.html (abgerufen am 19. April 2021).

auf unserer Agenda haben, die Politik in den politischen Entscheidungen zu untergraben [...] und Leute aufzurufen, gegen bestehende Gesetze und Regeln zu verstoßen wie gegen die Maskenpflicht."[284] Im Juni 2020 hat die *Frankfurter Allgemeine Zeitung* den Abdruck einer Anzeige des Vereins „wegen schwerwiegender Bedenken hinsichtlich der dargestellten Inhalte oder getroffenen Aussagen" abgelehnt.[285] In dem Text der Anzeige wurden die Bundesregierung und die Landesregierungen aufgefordert, „sämtliche noch bestehenden Grundrechtseinschränkungen sofort ersatzlos aufzugeben". Die Anzeige endete mit dem auch von Reichsbürgern und anderen rechtsextremen Gruppen gern zitierten Artikel 20 Absatz 4 GG: „Gegen jeden, der es unternimmt, diese Ordnung zu beseitigen, haben alle Deutschen das Recht zum Widerstand, wenn andere Abhilfe nicht möglich ist."

Die Gutachten der auserkorenen Experten lobt Amtsrichter Dettmar an mehreren Stellen als „überzeugend".[286] Deshalb sprechen für ihn „alle wissenschaftlichen Ergebnisse dafür, dass Masken keinen Effekt auf das Infektionsgeschehen haben" und die „Übertragung von SARS-CoV-2, also durch die Luft, medizinisch nicht plausibel und wissenschaftlich unbewiesen ist".[287] Deshalb gibt es für Dettmar „keinen Anhalt dafür, dass die Einhaltung von Abstandsvorschriften das Infektionsrisiko senken kann".[288] Und schließlich hält er fest, dass der „verwendete PCR-Test ebenso wie die Antigen-Schnelltests, wie gutachterlich nachgewiesen, prinzipiell nicht zur Feststellung einer Infektion mit dem Virus SARS-CoV-2 geeignet sind".[289] Zu diesen abwegigen Befunden ist Dettmar gelangt, weil er die Gutachter selektiv im Sinne seines missionarischen Anti-Corona-Verständnisses ausgewählt und damit gegen seine richterliche Neutralitätspflicht verstoßen hat. Eine Auseinandersetzung mit dem Robert Koch-Institut oder der herrschenden Meinung der Epidemiologen findet im Urteil nicht statt. Dadurch untergräbt der Beschluss des Amtsgerichts Weimar das Vertrauen in die Unabhängigkeit der Justiz. Für die *Neue Richtervereinigung* scheint die Entscheidung eher ein „Paradestück einer Corona-zentrierten Wissenschaftsleugnung" und „kein Zeichen einer vermeintlich streitbaren juristischen Haltung".[290] Am 20. April 2021 hat das Verwaltungsgericht Weimar den Beschluss des Amtsgerichts Weimar „als ausbrechenden Rechtsakt" für

---

284 https://www.psriam.com/de/index.php/Mediziner_und_Wissenschaftler_für_Gesundheit_Freiheit_Demokratie_ev. mit weiteren Hinweisen (abgerufen am 15. April 2021).
285 Rohwedder, 2020, Kritik an neuem Verein – Zweierlei Maß bei „Corona-Rebellen", unter https://www.tagesschau.de/faktenfinder/mwgfd-101.html (abgerufen am 15. April 2021).
286 AG Weimar vom 8. April 2021 Az. 9 F 148/21, S. 167, 169.
287 A. a. O., S. 170.
288 A. a. O., S. 170.
289 A. a. O., S. 174.
290 Presseerklärung vom 12. April 2021.

„offensichtlich rechtswidrig" erklärt.[291] Nach Meinung der Vorsitzenden Richterin am Oberlandesgericht Frankfurt am Main Gudrun Lies-Benachib hat Richter Dettmar „sein Amt dazu eingesetzt, seine politische Überzeugung durchzusetzen – eine Verquickung politischer Meinung und Amtsausübung, die wohl gegen § 4 DRiG verstößt".[292]

Zur Kommunikation: Der Beschluss des Amtsgerichts Weimar von Donnerstag, dem 8. April 2021 wurde dem Thüringer Ministerium für Bildung, Jugend und Sport erst am 14. April 2021 zugestellt, dem Ministerium für Arbeit, Soziales und Gesundheit noch zwei Tage später. Nach der Enthüllungsplattform *Anon Leaks* tauchte der Beschluss des Amtsgerichts Weimar im Netz fünf beziehungsweise sieben Tage früher auf, nämlich bereits am Freitagabend, den 9. April auf der Nachrichtenplattform *2020News.de*.[293] Die arbeitet nach *Anon Leaks* mit der *Stiftung Corona Ausschuss* zusammen. In ihr haben sich bekannte Corona-Skeptiker wie der Arzt Wolfgang Wodrag sowie die Rechtsanwälte Viviane Fischer und Reiner Füllmich versammelt, „um zu untersuchen, warum Bundes- und Landesregierungen im Rahmen des Corona-Geschehens beispiellose Beschränkungen verhängt haben und welche Folgen diese für die Menschen hatten und haben".[294] Am Samstag wurde der Beschluss des Weimarer Amtsgerichts dann in einschlägigen *Telegram*-Kanälen wie *Alles Ausser Mainstream* von Bodo Schiffmann, *Coronadok* und *Coronapedia* geteilt. Hier wurde also ein Corona-kritischer Beschluss eines Amtsgerichts, der auf fragwürdigen Gutachten von Corona-Skeptikern beruht, an einschlägig bekannte Pandemie-Leugner-Kreise durchgestochen, bevor er offiziell den zuständigen Ministerien zugestellt wurde. Wie konnte das passieren?

Amtsrichter Dettmar hatte den Beschluss am 9. April 2021 per Mail als „Vorabbekanntgabe" an zwei Schulleitungen und die Rechtsanwältin Peupelmann gesandt (§ 40 FamFG), hingegen nicht an die Mutter, weil die keine E-Mail-Adresse hatte. In Fachkreisen ein eher ungewöhnlicher Weg. Neben dem Richter gab es also drei weitere Personen, die am 9. April die Möglichkeit hatten, den Beschluss als Trophäe im Milieu der Corona-Skeptiker und Rechtspopulisten publik zu machen.

Auch nach dem Erlass eines im Ergebnis ähnlichen Beschlusses des Amtsgerichts Weilheim am 13. April 2021 fällt dessen rasche Multiplikation auf. Nach seiner Bekannt-

---

291 VG Weimar vom 20. April 2020 Az. 8 E 416/21, We, S. 3.
292 Lies-Benachib, Betrifft JUSTIZ Nr. 146 (2021), S. 70 (72).
293 Anonleaks, 2021, Eine neue Folge von: Amtsgericht Weimar – Das Schwurbelgericht ... Diesmal: Familiengericht (Update), unter https://anonleaks.net/2021/opjustitia/eine-neue-folge-von-amtsgericht-weimar-das-schwurbelgericht-diesmal-familiengericht/ (abgerufen am 15. April 2021).
294 Hierzu: https://www.corona-ausschuss.de.

machung am Morgen war er bereits mittags im rechtspopulistischen Magazin *Tichys Einblick* zu lesen, „spektakulär" und „exklusiv", wie es stolz verkündete.²⁹⁵

Das Ministerium für Arbeit, Soziales und Gesundheit hat gegen den eigentlich unanfechtbaren Beschluss des Amtsgerichts Weimar Beschwerde beim Oberlandesgericht Thüringen eingelegt und einen Antrag auf nachträgliche Durchführung einer mündlichen Verhandlung gestellt. Mit einem Beschluss vom 14. Mai 2021 hat das OLG Thüringen den Beschluss des Amtsgerichts Weimar aufgehoben, den Rechtsweg zu den ordentlichen Gerichten für unzulässig erklärt und das Verfahren eingestellt.²⁹⁶ Die beiden zentralen Argumente: erstens: Die „Kontrolle" von Schulen, Schulbehörden und Bildungsministerien – auch bei „Gesundheitsschutzmaßnahmen" – obliegt „allein den Verwaltungsgerichten".²⁹⁷ Und zweitens: Familiengerichte können in Verfahren zum Schutz des Kindeswohls keine „Anordnungen" „gegenüber Behörden, Regierungen und sonstigen Trägern staatlicher Gewalt" treffen. Diese Institutionen sind keine „Dritte" im Sinne des § 1666 Abs. 4 BGB.²⁹⁸ Aus der Kürze des Verfahrens – nur ein guter Monat – ist zu schließen, dass der Justiz viel daran lag, das Urteil des Amtsgerichts Weimar aus der Welt zu schaffen und den mit ihm verbundenen Ansehensverlust zu begrenzen.

Fünf Tage nach dem Beschluss des Amtsgerichts Weimar erließ das bayerische Amtsgericht Weilheim eine Einstweilige Anordnung, die die Schüler in der Realschule Schlehdorf von der Maskenpflicht befreite und die Schulleitung aufforderte, Schüler mit und ohne Maske nicht „ungleich zu behandeln", Schüler ohne Maske nicht „im Klassenverband zu isolieren", sie nicht „vom Unterricht auszuschließen" oder ihren „Sitzplatz mit besonderen Vorrichtungen zu versehen."²⁹⁹ Das Amtsgericht Weilheim sah das „körperliche und geistige Kindeswohl im konkreten Fall" als „gefährdet" an. Von wenigen Ausnahmen abgesehen decken sich die Argumentationsketten der beiden Beschlüsse, von der Bejahung der amtsgerichtlichen Zuständigkeit bis zum unverhältnismäßigen Eingriff der Maskenpflicht in das Grundrecht der Kinder auf freie Entfaltung der Persönlichkeit und körperliche Unversehrtheit. Es kam zu dem Schluss, dass auch die bayerische Infektionsschutzverordnung verfassungswidrig und nichtig sei.³⁰⁰

---

295 Tichys Einblick, 2021, Spektakulärer Beschluss: Amtsgericht Weilheim: Maskenpflicht in der Schule verfassungswidrig, unter https://www.tichyseinblick.de/daili-es-sentials/amtsgericht-weilheim--maskenpflicht-in-der-schule-verfassungswidrig/ (abgerufen am 19. April 2021).
296 OLG Thüringen vom 14. Mai 2022 Az. 1 UF 136/21.
297 OLG Thüringen vom 14. Mai 2021 Az. 1 UF 136/21, S. 15.
298 OLG Thüringen vom 14. Mai 2021 Az. 1 UF 136/21, S. 14.
299 AG Weilheim vom 13. April 2021 Az. 2 F 192/21.
300 A. a. O., S. 10 ff.

Verwundern muss, dass das Weilheimer Amtsgericht für sein Verfahren dieselben Gutachter herausgefiltert hat und ihre Erkenntnisse ebenso als „überzeugend und nachvollziehbar" einstufte.[301] Aufschlussreich ist, dass das Amtsgericht Weilheim auf das Gutachten von Christof Kuhbandner „zurückgreifen" konnte, der „gerichtsbekannt bereits für das Amtsgericht Weimar [...] ein entsprechendes Gutachten erstellt hat und der dem Gericht eine Vorabfassung seines Gutachtens per Mail zukommen ließ".[302] Die beiden anderen Gutachter Kämmerer und Kappstein hatte das Amtsgericht Weilheim selbst bestellt. Zwei Fragen drängen sich auf: Woher wussten Amtsrichter in Thüringen und Bayern voneinander, dass bei ihnen zeitlich parallel Kindeswohlverfahren gegen die Maskenpflicht in Schulen anhängig waren? Und wie ist zu erklären, dass beide Amtsgerichte wissenschaftliche Gutachter ausgewählt haben, die dem Corona-Gegner-Lager zuzurechnen sind? Dafür gibt es nur zwei Erklärungen: Es gibt ein Netzwerk, in dem sich Corona-kritische Richter, Wissenschaftler, Blogger und Aktivisten aus der Corona-Leugner- und Querdenker-Szene miteinander austauschen, gegenseitig unterstützen und abstimmen. Und/oder zweitens: Richter, die sich diesem informellen Netzwerk angeschlossen haben, agieren mit einem Selbstverständnis, das mehr von ihrer politischen Meinung als von den Regeln der Rechtsprechung bestimmt wird.

Verfassungsrechtlich interessant ist, dass sich das Amtsgericht Weilheim in seiner Begründung auf eine Stellungnahme des angesehenen Staatsrechtlers Christian Murswiek für die Enquetekommission 17/2 „Corona-Pandemie" des Landtages Rheinland-Pfalz berufen hat.[303] Aufgrund seiner Ausführungen verschiebt das Amtsgericht Weilheim bei der verfassungsrechtlichen Güterabwägung die Abwägungsebenen: „Die Abwägung" soll nicht mehr „auf der Ebene des Schutzes von Leben und den tangierten Grundrechten des Kindes stattfinden, sondern auf der Ebene des Schutzes der Grundrechte der Kinder gegenüber dem Anspruch des Staates, die Pandemie zum Schutze der Allgemeinheit einzudämmen". Mit diesem Argumentationsmuster hebt das Gericht den Vorrang des Lebensschutzes in der Pandemie auf. Dieselben Argumente findet man auch bei der AfD. Nach Recherchen der ZEIT soll Christian Murswiek den Rechtspopulisten nicht ganz fernstehen: Er hat bis in die jüngste Vergangenheit hinein mehrere Rechtsgutachten für die AfD verfasst, einen Vortrag beim Extremismuskongress der Partei gehalten und 2013 und 2015 jeweils 1000 Euro für die Partei gespendet.[304]

---

301 A.a.O., S. 6, 16, 17.
302 A.a.O., S. 3.
303 AG Weilheim vom 13. April 2021 Az. 2 F 192/21, S. 26, unter https//dokumente.landtag.rlp.de// vorlagen/2-12-17.pdf (abgerufen am 19. April 2021).
304 Biermann/Geisler, 2018, Dietrich Murswiek: Der Ratgeber der AfD, unter https://www.zeit.de/ politik/deutschland/2018–11/afd-gutachten-dietrich-murswiek-parteispenden (abgerufen am 19. April 2021).

Das bayerische Kultusministerium hat auf die Entscheidung des Amtsgerichts Weilheim gelassen reagiert. Das sei eine „Einzelfallentscheidung", die keine Auswirkungen auf die Maskenpflicht an anderen Schulen habe: „Die vom Bayerischen Verwaltungsgerichtshof als rechtmäßig eingestuften Infektionsschutzmaßnahmen gelten für alle Lehrkräfte und Schüler, einschließlich der Maskenpflicht fort, auch vor dem Hintergrund der familienrechtlichen Einzelentscheidung."[305]

Damit ist das Ringen um das bei einigen Eltern verhasste Maskentragen in Schulen nicht beendet. In Weilheim und in Weimar, aber auch an zahlreichen anderen Amtsgerichten in Bayern, Baden-Württemberg, Niedersachsen, Nordrhein-Westfalen, Rheinland-Pfalz, Schleswig-Holstein, Sachsen und Thüringen sind als Folge der beiden amtsgerichtlichen Beschlüsse gleiche oder ähnliche Eilanträge für Kindeswohlverfahren eingegangen.[306] In Hannover waren es über 100 Anträge. Diese Nachwirkungen wurden durch den ehemaligen Familienrichter Hans Christian Prestien und das *Netzwerk Kritischer Richter und Staatsanwälte* verstärkt. Sie empfahlen im Netz solche „Anregungen" bei den Familiengerichten einzureichen, unterfüttert mit im Netz abrufbaren Mustervorlagen.[307] „Nach dem Urteil von Weimar sind nun weitere positive Verfahrensausgänge auch in anderen Bundesländern zu erwarten", frohlockte das Netzwerk auf seiner Homepage. Auch auf YouTube kursierten entsprechende Anleitungen.

Die Beschlüsse der Amtsgerichte Weimar und Weilheim und die ermunternde Begleitmusik von Anti-Corona-Richtern und -Staatsanwälten haben bei Eltern und Kindern falsche Erwartungen geweckt. Im „Familien-Rechtsberater-Blog" des Otto-Schmidt-Verlages hat der ehemalige Vorsitzende des Familiensenats am Oberlandesgericht Frankfurt Werner Schwamb festgestellt, dass es bisher kein drittes Amtsgericht gibt, das den Weg des Kinderschutzverfahrens nach § 1666 Abs. 1 und 4 BGB für gangbar hält, um Kinder von der Maskenpflicht in Schulen befreien zu lassen.[308] Die Amtsgerichte in München und Wittenberg haben den Erlass Einstweiliger Anordnungen abgelehnt, weil die „Anregungen" „auf einheitlichen im Internet abrufbaren Mustern beruhen und

---

305 Mühlbauer, 2021, „Keine Auswirkungen auf bestehende Maßnahmen" – Richterin befreit Schulkind von Maskenpflicht: Ministerium reagiert jetzt, unter https://www.merkur.de/lokales/bad-toelz/corona-bayern-schulkind-maskenpflicht-gericht-befreiung-90458213.html (abgerufen am 19. April 2021).
306 Der Spiegel vom 17. April 2020, S. 49.
307 Walter, 2021, Nach Weilheimer Urteil: Klagewelle an bayerischen Amtsgerichten gegen Maskenpflicht von Schülern, unter https://www.merkur.de/bayern/muenchen-coronavirus-schule-eltern-klagewelle-maskenpflicht-gericht-weilheim-querdenker-90463011.html (abgerufen am 19. April 2021).
308 Schwamb, 2021, Keine familiengerichtliche Überprüfung infektionsschutzrechtlicher Maßnahmen an Schulen, unter https://blog.otto-schmidt.de/famrb/2021/04/19/keine-familiengerichtliche-ueberpruefung-infektionsschutzrechtlicher-massnahmen-an-schulen/ (abgerufen am 21. April 2021).

keine individuellen Kindeswohlgefährdungen vorgetragen werden".[309] Das Amtsgericht Waldshut-Tiengen hat das Familiengericht für unzuständig erklärt und das Verfahren an das Verwaltungsgericht verwiesen.[310] Um der Flut von über 100 nahezu gleichlautenden „Anregungen" für Kinderschutzverfahren Herr zu werden, hat das Amtsgericht Hannover auf seiner Homepage eine Presseerklärung hinterlegt, nach der das Gericht keine Verfahren einleiten werde, weil in den Anregungen „keine konkreten Kindeswohlgefährdungen" begründet worden seien.

Die beiden Corona-kritischen Beschlüsse der Amtsgerichte Weimar und Weilheim haben einen Vorläufer, pikanterweise erneut vom Amtsgericht Weimar. Im Januar 2021 sprach dort der Amtsrichter Matthias Guericke einen Corona-Sünder von dem Vorwurf einer Ordnungswidrigkeit frei. Gegen ihn war ein Bußgeld verhängt worden, weil er mit sieben Freunden und Verwandten seinen Geburtstag gefeiert hatte. Wegen Verletzung der Menschenwürde und des Verhältnismäßigkeitsgrundsatzes erklärte Amtsrichter Guericke die thüringische Corona-Schutzverordnung für verfassungswidrig und nichtig.[311] Das Echo auf dieses Urteil war gemischt. Die Meinungen pendelten zwischen freundlicher Zustimmung („mutige Entscheidung", „Silberstreif am Horizont") und schroffer Ablehnung („abstruses Willkürurteil", „juristische Schande").[312] Viele User machten sich Gedanken, wo Richter Guericke politisch stand, ob er Verschwörungstheoretiker, Reichsbürger oder Querdenker war. Andere verorteten ihn in der rechten Szene: „Ist er gar Mitglied der AfD?"[313] Er selbst versteht sich als linksliberal. Er muss sich fragen lassen, warum sein Urteil in dieser Sache ganz andere Eindrücke auslöst.

Unbekannt ist, ob sich Richter Guericke im Ordnungswidrigkeitsverfahren einmal gefragt hat, ob er sich selbst wegen Besorgnis der Befangenheit hätte ablehnen müssen. Als Privatmann hatte er nämlich zweimal zuvor versucht, in Eilverfahren vor dem Oberverwaltungsgericht Thüringen Teile der Corona-Schutzbestimmungen außer Vollzug setzen zu lassen. Da er in den drei Verfahren über dieselben Rechtsprobleme zu befinden hatte, war er „in eigener Sache" als Partei ein „vorbefasster Richter", der

---

309 Amtsgericht München vom 18. März 2021 Az. 542 F 2559/21 und Amtsgericht Wittenberg vom 8. April 2021 Az. 5 F 140/21 EASO – juris.
310 Amtsgericht Waldshut-Tiengen vom 13. April 2021 Az. 306 AR 6/21 – juris.
311 AG Weimar vom 11. Januar 2021 Az. 6 OWi-523 Js 202518/20.
312 Schattauer, 2021, Klagte privat schon gegen die Maskenpflicht Corona-Richter aus Weimar: Er klagte schon privat gegen Masken- und Abstandspflicht, unter https://www.focus.de/politik/gerichte-in-deutschland/klagte-privat-schon-gegen-die-maskenpflicht-corona-richter-aus-weimar-er-klagte-schon-privat-gegen-masken-und-abstandspflicht_id_12904620.html (abgerufen am 15. April 2021).
313 Schattauer, 2021, Klagte privat schon gegen die Maskenpflicht Corona-Richter aus Weimar: Er klagte schon privat gegen Masken- und Abstandspflicht, unter https://www.focus.de/politik/gerichte-in-deutschland/klagte-privat-schon-gegen-die-maskenpflicht-corona-richter-aus-weimar-er-klagte-schon-privat-gegen-masken-und-abstandspflicht_id_12904620.html (abgerufen am 15. April 2021).

sich selbst hätte ablehnen müssen.³¹⁴ Dass er das nicht getan hat, ist nach Auffassung des ehemaligen Vorsitzenden Richters am Verwaltungsgericht Frankfurt Torsten von Roetteken sogar ein Dienstvergehen, das ein Disziplinarverfahren nach sich ziehen müsste.³¹⁵ „Aus der Pflicht zur unparteiischen Amtsführung" ergibt sich für ihn die „richterliche Dienstpflicht", Umstände selbst anzuzeigen, die eine Besorgnis der Befangenheit begründen(§ 30 StPO). „Durch den Verzicht" auf eine Selbstanzeige liege ein „offenkundiger Rechtsmissbrauch" vor, weil Amtsrichter Guericke sich in den beiden vorausgegangenen privaten Verfahren „eindeutig darauf festgelegt habe", dass die „Corona-Schutzmaßnahmen der Landesregierung verfassungswidrig" seien. Dass er diese Auffassung bei „außergerichtlichen Aktivitäten" vertreten habe, befreie ihn nicht „von der Beachtung der sich aus dem Richteramt ergebenden Amts- und Dienstpflichten". Von Roettekens Fazit: „Der Missbrauch der richterlichen Amtsstellung zur Verfolgung persönlicher Ziele stellt eine Pflichtverletzung im Kernbereich der richterlichen Dienstpflichten dar und lässt die Amtsperson als schlechthin ungeeignet für die Wahrnehmung eines Richteramts erscheinen".³¹⁶ Richter Guericke sieht in seinem Verhalten keine Verfehlung. Er habe in allen drei Verfahren „keine eigenen Interessen verfolgt, sondern nur die Verfassung verteidigen wollen".³¹⁷

Richter Guericke fühlte sich durch die Maskenpflicht und die Abstandsregeln während der Zugfahrten zwischen seinem Wohnort Halle (Saale) und seinem Arbeitsort Weimar und bei Besuchen in Restaurants und Geschäften in seinem Recht auf freie Entfaltung der Persönlichkeit und körperlichen Unversehrtheit unverhältnismäßig eingeschränkt. Die zwei Verfahren vor dem Oberverwaltungsgericht Thüringen hatte er verloren.³¹⁸ In seinem ersten Beschluss sagte der dritte Senat wenig Schmeichelhaftes über die rechtliche Qualität seines Schriftsatzes. Amtsrichter Guericke misst sich, heißt es dort, eine „Fachkenntnis und Erkenntnisgewissheit zu, die ersichtlich nicht so besteht".³¹⁹ Unabhängig davon, ob Guerickes Aussage „im Einzelnen dem Anspruch wissenschaftlicher Arbeit genügt", woran das Ministerium für Arbeit, Soziales und Gesundheit als Antragsgegner „zutreffend Zweifel bekundet, ist die pandemische Lage und der Stand der wissenschaftlichen Erkenntnis gerade nicht von Eindeutigkeit geprägt. [...] Soweit er pauschal die Expertise des Robert Koch-Instituts als auch anderer Wissenschaftler

---

314 Zöller, Zivilprozessrecht, Kommentar, § 42, Rn. 17.
315 Roetteken, Anmerkung zu AG Weimar vom 11.1.2021–6-OWi-523 Js 202518/20 jurisPR-ArbR 18/2021, Anm. 6.
316 Roettken von Torsten jurisPR-ArbR 18/2021, Anm. 6, S. 3.
317 Informationen von der Pressesprecherin übermittelt.
318 Beschluss des OVG Thüringen vom 3. Juli 2020 Az. 3 EN 391/2020 und vom 30. August 2020 Az. 3 EN 531/20.
319 Oberverwaltungsgericht Thüringen vom 3. Juli 2020 Az. 3 EN 391/20, S. 16.

als fehlerhaft und deren Prognosen als falsch bezeichnet, lässt dies selbst eine unseriöse Auseinandersetzung und Unkenntnis der Aussagen erkennen".[320]

Von dieser juristischen Ohrfeige ließ sich Amtsrichter Guericke indes nicht beeindrucken. Da er sich offenbar auf einem Kreuzzug gegen staatliche Corona-Schutzmaßnahmen befand und noch befindet, nutzte er das Ordnungswidrigkeiten-Verfahren gegen den Verantwortlichen der Geburtstagsfeier als willkommene Gelegenheit, seine Corona-kritischen rechtlichen Ansichten noch einmal aufzubereiten. Einen Gefallen hat er sich damit nicht getan. Der Freispruch für den Verantwortlichen der Geburtstagsfeier hat Zweifel an seiner rechtlichen Kompetenz, vor allem aber an seinem richterlichen Selbstverständnis nicht gemildert, sondern eher verstärkt. Der Bayerische Verwaltungsgerichtshof nannte sein Urteil eine „methodisch höchst fragwürdige Einzelentscheidung"[321]. Der Regensburger Strafrechtler Prof. Henning-Ernst Müller meinte, dass man der „Argumentation des AG Weimar genauso viel (oder wenig) Gewicht einräumen sollte wie anderen weniger wissenschaftlichen bzw. unwissenschaftlichen Äußerungen in dieser Debatte – es ist schlicht ein Debattenbeitrag eines Amtsrichters aus Weimar".[322]

Der Ausgangspunkt von Guerickes Argumentation ist, dass beim Erlass der Corona-Schutzverordnung im Frühjahr 2020 „keine epidemische Lage nationaler Tragweite" mehr vorgelegen habe – im Widerspruch zur Feststellung des Bundestages.[323] Seine Argumente für diesen Befund: Seit zehn Tagen seien die Infektionszahlen zurückgegangen, eine „konkrete Gefahr der Überlastung des Gesundheitssystems" habe nicht mehr bestanden, weil „mindestens 40 % der Intensivbetten" frei gewesen seien, und die Entscheidung für den Lockdown im Frühjahr 2020 beruhe „auf falschen Annahmen zur Letalität des Virus".[324] Der Bayerische Verwaltungsgerichtshof entgegnete in einem anderen Verfahren inzidenter: Hiermit setze der Weimarer Amtsrichter „seine eigene Auffassung an die Stelle der Einschätzung der Bundesregierung und des Thüringer Verordnungsgebers, ohne sich auch nur ansatzweise mit den wissenschaftlichen und tatsächlichen Grundlagen auseinanderzusetzen, die zu deren Einschätzung geführt haben, und maßt sich gleichzeitig eine Sachkunde zu infektiologischen und epidemiologischen Sachverhalten an, die ihm angesichts der hochkomplexen Situation nicht zukommt".[325] Des Weiteren werfen die Bayerischen Verwaltungsrichter dem Weimarer Amtsrichter

---

320 A.a.O., S. 16.
321 Bayerischer VGH vom 24. Januar 2021 Az. 10 CS 21.249, Rn. 41.
322 https://community.beck.de/2021/01/24/ag-weimar-kontaktverbot-als-massnahme-gegen-die-Verbreitung-des-Covid19-ist-verfassungswidrig Abschnitt 3 (abgerufen am 15. April 2021).
323 Urteil AG Weimar vom 11. Januar 2021 Az. 6 OWi 523 Js 202518/20, unter https://openjur.de/u/2316798.html.
324 AG Weimar, a.a.O., Rn. 29, 32, 35.
325 Bayerischer VGH vom 24. Januar 2021 Az. 10 CS 21.49, Rn. 41.

vor, wissenschaftliche Studien selektiv ausgewertet zu haben: „Das Amtsgericht führt einzelne von ihm für maßgeblich gehaltene Kriterien und Belege an und blendet dabei gegenteilige Hinweise und Quellen systematisch aus."[326] Irritierend ist weiter, dass Guericke aus Momentaufnahmen im Infektionsgeschehen weitreichende Prognosen für den weiteren Verlauf der Pandemie ableitet. Und er ist nicht auf die naheliegende Idee gekommen, dass die als unverhältnismäßig angesehenen Schutzmaßnahmen im Frühjahr 2020 dazu geführt haben könnten, dass es damals zu einer vergleichsweise niedrigen Übersterblichkeit und geringen Auslastung der Intensivbetten gekommen war. Warum gibt sich ein Amtsrichter solche handwerklichen Blößen? Ein Erklärungsversuch:

Rechtsprechung sollte möglichst losgelöst von der eigenen politischen Meinung erfolgen, abgesehen von dem jeweiligen politischen Vorverständnis, das jedem Juristen wie Bürger eigen ist. „Sprechen soll das Recht und nicht der Richter als Person", erklärt der Staatsrechtler Alexander Thiele: „Urteile, in denen eindeutig eine bestimmte politische Meinung zum Ausdruck kommt und die juristische Methodik zur Nebensache wird, sind verpönt."[327] Dieses Gebot politischer Zurückhaltung hat Amtsrichter Guericke verletzt. Dass er bei dem Freispruch für einen Corona-Sünder von seiner politischen Meinung geleitet worden ist, schimmert in der Urteilsbegründung an mehreren Stellen durch. Die Entscheidung für den Lockdown und seine Verlängerung beruhen für ihn auf „Schreckensszenarien" der Bundesregierung, oder er meint, dass sich ein „Strategiepapier des Bundesinnenministeriums vom März" (2020) ganz offensichtlich als „Science-Fiction erwiesen" habe.[328] Am Schluss des Urteils sprengt sein politisches Engagement den Rahmen juristischer Dogmatik: „Bei der Politik des Lockdowns, deren wesentlicher Bestandteil das allgemeine Kontaktverbot war (und ist), handelt es sich um eine katastrophale politische Fehlentscheidung".[329] Das Urteil mündet in ein Fazit, das die Gefahren der Pandemie in Deutschland und der Welt im Winter 2020/21 ohne Fakten verharmlost: Es „kann kein Zweifel daran bestehen, dass allein die Zahl der Todesfälle, die auf die Maßnahmen der Lockdown-Politik zurückzuführen sind, die Zahl der durch den Lockdown verhinderten Todesfälle um ein Vielfaches übersteigt".[330] Für den Regensburger Strafrechtslehrer Henning-Ernst Müller wird hier „kontrafaktisch abgestritten, dass es die Pandemie sei, die diese Schäden potenziell oder real verursacht": „Es wird eine Tatsache behauptet (vielfach), für die es außerhalb der Corona-

---

326 A.a.O., Rn. 41.
327 Echtermann, 2021, Warum Richter Urteile zur Corona-Pandemie fällen können, die der Wissenschaft widersprechen, unter https://correctiv.org/faktencheck/hintergrund/2021/04/13/warum-richter-urteile-zur-corona-pandemie-faellen-koennen-die-der-wissenschaft-widersprechen/ (abgerufen am 14. April 2021).
328 AG Weimar vom 11. Januar 2021 Az. 6 OWi -523 Js 202518/20, Rn. 35, 58.
329 A.a.O., Rn. 104.
330 A.a.O., Rn. 104.

Verschwörer-Szene keinen Beleg gibt. Das alles gehört nach meiner Meinung nicht in ein Urteil."[331]

Gegen Richter Guericke wurde ein Ermittlungsverfahren wegen Rechtsbeugung eingeleitet, das nach einer Auskunft der Staatsanwaltschaft Gera eingestellt wurde, weil keine Anhaltspunkte vorliegen, dass sich der „Beschuldigte bewusst in schwerwiegender Weise von Gesetz und Recht entfernt hat".[332] Wie fast alle Verfahren wegen Rechtsbeugung ist auch dieses Verfahren am fehlenden Vorsatz gescheitert. Aber die Auskunft der Staatsanwaltschaft Gera enthält einen Zusatz mit einer vernichtenden Kritik an der rechtlichen Qualität seines Urteils: „Die rechtlichen Mängel des Urteils legen einen schwerwiegenden Rechtsverstoß in objektiver Hinsicht nahe." Richter Guericke ist also nur knapp an einer Anklage wegen Rechtsbeugung vorbeigeschrammt. Deshalb überrascht es, dass nach Auskunft des thüringischen Justizministeriums „nach sorgfältiger Prüfung" kein Disziplinarverfahren gegen Richter Guericke eingeleitet worden ist.[333] Nicht einmal für einen mahnenden „Vorhalt" sah das Erfurter Justizministerium einen Anlass, obwohl dieser in seinem Beschluss das Gebot politischer Zurückhaltung eklatant verletzt hat.[334] Dort hatte er der Lockdown-Politik der Bundesregierung vorgeworfen, dass sie auf „Schreckensszenarien" beruhe und diese Grundrechtseinschränkungen, insbesondere die Kontaktverbote eine „katastrophale politische Fehlentscheidung" darstelle. Damit hatte er gegen Grundsätze eines Grundsatzurteils des Bundesgerichtshofes verstoßen. Der hatte im November 2020 zur Rechtfertigung eines Vorbehalts klargestellt, dass die „persönliche Meinung eines Richters, die für die Rechtsfindung ohne Bedeutung ist, in den Entscheidungsgründen eines Urteils nichts zu suchen hat."[335] Diese BGH-Entscheidung kennt man im Erfurter Justizministerium offenbar nicht.

Ironie des Schicksals? Mitte Dezember ist Richter Guericke schwer an Covid-19 erkrankt und musste mehrere Wochen im Krankenhaus verbringen.

Während nach dem Januar-Urteil des Amtsgerichts Weimar und nach dem April-Urteil des Amtsgerichts Weilheim, von öffentlichem Wirbel abgesehen, weitere Reaktionen ausgeblieben sind, sieht sich Richter Dettmar heftigem politischen und rechtlichen Gegenwind ausgesetzt.

---

331 Müller, 2021, AG Weimar: Kontaktverbot als Maßnahme gegen die Verbreitung des COVID19-Virus ist verfassungswidrig, unter https://community.beck.de/2021/01/24/ag-weimar-kontaktverbot-als-massnahme-gegen-die-verbreitung-des-covid19-virus-ist-verfassungswidrig. (abgerufen am 15. April 2021).
332 Auskunft der Staatsanwaltschaft Gera an den Verfasser vom 20. Oktober 2021.
333 E-Mail des Justizministeriums an den Verfasser vom 15. Februar 2022.
334 E-Mail des Justizministeriums an den Verfasser vom 18. Februar 2022.
335 Vgl. S. 69 ff.

Nach langwierigen, knapp 14 Monate währenden Ermittlungen und Durchsuchungen von Privat- und Diensträumen bei Dettmar und seinen Kontaktpersonen hat die Staatsanwaltschaft Erfurt Anfang Juni 2022 den Richter wegen Rechtsbeugung (§ 339 StGB) angeklagt.[336] Der Kern des Vorwurfs: Er habe „willkürlich" einen Beschluss gegen die Lehrer und Leitungen von zwei Schulen und deren Vorgesetzten erlassen und sich dabei „bewusst in schwerwiegender Weise von Recht und Gesetz entfernt", „um die angebliche Unwirksamkeit und Schädlichkeit staatlicher Maßnahmen zur Bekämpfung der Corona-Pandemie öffentlichkeitswirksam darzustellen".

Mit der Anklage wollte die Erfurter Staatsanwaltschaft offenbar ein Zeichen setzen – um Ansehen und Vertrauen in die Objektivität der Justiz zu schützen und der verbreiteten Buddy-Mentalität unter Robenträgern Grenzen zu setzen.[337] Angesichts der hohen Hürden, die der Bundesgerichtshof vor Verurteilungen wegen Rechtsbeugung aufgestellt hat, ist der Schritt der Erfurter Ermittler mutig.[338] Anklagen wegen Rechtsbeugung werden selten erhoben und Richter wegen dieser Vorschrift noch seltener verurteilt. Ja, man kann dieser Anklage gegen den Weimarer Familienrichter Dettmar sogar das Etikett historisch anheften. Soweit bekannt, ist wegen einer **politisch motivierten** Rechtsbeugung noch nie eine Anklage erhoben worden.

Das ficht Dettmars renommierten Hamburger Verteidiger Gerhard Strate nicht an, den Vorwurf der Rechtsbeugung als „abwegig" zu bezeichnen. Er hat beantragt, die Anklage nicht zur Hauptverhandlung zuzulassen.[339] Ohne Erfolg. Anfang August 2022 hat das Landgericht Erfurt sie zugelassen.

Nach der Anklageschrift soll Dettmar „mehrere elementare Verfahrensvorschriften missachtet und gegen materielles Recht verstoßen" haben.[340] Vier Punkte hat die Presseerklärung der Erfurter Staatsanwaltschaft zur Begründung herausgegriffen. Erstens: Dettmar soll „unter anderem willkürlich, unter Überschreitung seiner Kompetenzen, eine Entscheidung zu Maßnahmen getroffen haben, für die der Rechtsweg zu den Familiengerichten nicht eröffnet ist". Gemeint ist damit, dass für die Überprüfung von Rechtsverordnungen der thüringischen Landesregierung allein die Verwaltungsgerichte zuständig sind und Richter Dettmar eine eigene Zuständigkeit nur konstruiert und sich angemaßt hat. Zweitens: Dettmar soll seine „Entscheidung auf Betroffene ausgedehnt haben, für die er nach dem Geschäftsverteilungsplan nicht der gesetzliche Richter war".

336 Presseerklärung der Staatsanwaltschaft Erfurt vom 2. Juni 2022.
337 Positiv bewertet die Anklageerhebung Özcan, Nur ein falsches Urteil oder Rechtsbeugung?, unter https://www.lto.de/recht/hintergruende/h/weimarer-familienrichter-anklage-rechtsbeugung-ein schaetzung (abgerufen 6. Juni 2022).
338 Fischer, Vom Beugen des Rechts, Betrifft Justiz Nr. 148 (Dezember 2021), S. 173 ff.
339 Presseerklärung vom 22. Juni 2022.
340 Presseerklärung vom 2. Juni 2022.

Familiengerichtliche Entscheidungen wirken nur zwischen den beteiligten Parteien. Sie auf alle Schüler zweier Schulen auszudehnen, sei rechtlich unhaltbar. Drittens: Dettmar soll „bereits im Vorfeld **aktiv** nach maßnahmekritischen Eltern gesucht haben, welche eine entsprechende Anregung bei ihm stellen könnten". Das heißt: Richter Dettmar soll vor dem Verfahren proaktiv nach Eltern gesucht haben, die seine Ansicht zur Maskenpflicht in Schulen teilen und sie persönlich oder mithilfe einer Anwältin ermuntert haben, ein Verfahren zu betreiben, um seine Rechtsansicht von der Maskenpflicht in Schulen durchzusetzen. Und viertens: Dettmar soll bereits vor „Eingang der Anregung sichergestellt haben, dass die Ergebnisse der später in Auftrag gegebenen Sachverständigengutachten seinen Vorstellungen entsprechen". Übersetzt: Dettmar soll vor dem Verfahren selektiv Gutachter angesprochen haben, die seine medizinisch-psychologische Sicht der Maskenpflicht in Schulen vertreten. Zusammengefasst: Dettmar soll das von ihm entschiedene familiengerichtliche Verfahren **selbst inszeniert und organisiert** haben, um seiner politischen und rechtlichen Auffassung von der Maskenpflicht in Schulen Geltung zu verschaffen. Ein ähnliches, von einem Richter arrangiertes Verfahren ist in der deutschen Justizgeschichte bisher nicht publik geworden. Es widerspricht dem Richterbild des Deutschen Richtergesetzes in mehreren Punkten. Die Anklageschrift scheint viele der hier zuvor gestellten Fragen zu beantworten.

Bei den Ermittlungen fällt die zeitliche Nähe von zwei Durchsuchungen von Dettmars Dienst- und Privaträumen im April und Juni 2022 auf, bei denen jeweils Handys, Laptops und Computer beschlagnahmt wurden. Bei der zweiten Runde hat die Kriminalpolizei zusätzlich Privat- und Diensträume von acht Kontaktpersonen im Zusammenhang mit dem Verfahren durchsucht, unter anderem die der Rechtsanwältin Peupelmann, der drei Sachverständigen, der klagenden Mutter der beiden Schüler und die des Richterkollegen am Amtsgericht Weimar Guericke. Überall hat sie deren Handys, Laptops und Computer beschlagnahmt. Was ist der Hintergrund dieser ungewöhnlichen Ausweitung der Ermittlungen? Bei der ersten Hausdurchsuchung bei Dettmar waren die Kriminalbeamten überraschend auf einen neuen Computer mit einer neuen Festplatte gestoßen. Weitere Nachforschungen ergaben, dass Dettmar seinen alten Computer nebst Festplatte zerstört und damit das wichtigste Beweismittel vernichtet hatte. Von ihnen war nur noch Schrott übrig. Diese Vertuschungsaktion hat den Ehrgeiz der Kriminalbeamten befeuert. Mithilfe des Providers und der Beschlagnahme der Handys, Laptops und Computer von acht Kontaktpersonen scheint es den Ermittlern am Ende doch noch gelungen zu sein, die Kommunikation Dettmars mit ihnen vor dem Beginn des Verfahrens zu rekonstruieren, auf der die Anklage zum Teil basiert.

In bekannt scharfer Manier hat Dettmars Anwalt Strate die beiden Hausdurchsuchungen und Beschlagnahmen seiner elektronischen Hilfsmittel attackiert: Die „Entwicklung des Verfahrens macht um den Rechtsstaat Angst und Bange. Sein Effekt ist die Einschüchterung einer unabhängigen Richterschaft".[341] Ins selbe kritische Horn stieß nur die AfD. Stefan Möller, AfD-Landtagsabgeordneter und Vorsitzender des Justizausschusses im Thüringer Landtag, meinte, dass solche „Repressionsmaßnahmen gegen den Richter ohne politischen Druck kaum vorstellbar" seien: „Offensichtlich verfolgt die rot-rot-grüne Koalition die Absicht, alle Richter einzuschüchtern, welche über ähnliche Anträge zu entscheiden haben."[342] Nach der zweiten Durchsuchungswelle stellte der AfD-Landtagsabgeordnete und justizpolitische Sprecher der AfD-Fraktion Robert Sesselmann Richter Dettmar ohne Kenntnis des Sachverhalts einen Persilschein aus: „Gegen den beschuldigten Richter wird zu Unrecht ermittelt", weil seine Entscheidung rechtmäßig war.[343] Ob sich der parteipolitisch ungebundene Richter Dettmar und sein Anwalt Strate über diesen nicht erbetenen rechten Flankenschutz gefreut haben?

Aufschlussreich ist die Verteidigungslinie Strates, die in seinen beiden Presseerklärungen durchschimmert. In ihnen scheint er indirekt zuzugeben, dass die in der Anklageschrift beschriebene Vorbereitung des Verfahrens durch seinen Mandanten stattgefunden hat, weil er sie sonst in Zweifel gezogen hätte. Stattdessen vertritt er nur die Ansicht, dass das Vorgehen seines Mandanten entgegen der Staatsanwaltschaft rechtlich zulässig sei: „In einer Kindschaftssache" sei es einem Richter nicht „verboten", „sich zu einem Sachverhalt der Kindeswohlgefährdung eine feste Meinung zu bilden und für sich daraus eine Verhaltensdirektive herzuleiten, insbesondere Sachverständige zu beauftragen, die aus seiner Sicht die Kindeswohlgefährdung genau analysieren und nicht bagatellisieren". Für diese Sichtweise meint Rechtsanwalt Strate sich sogar auf das Bundesverfassungsgericht berufen zu können: Ein Richter dürfe sich „in bestimmten Verfahren schon frühzeitig zu den entscheidungserheblichen Fragen ein Urteil bilden, solange gewährleistet ist, dass er weiter unvoreingenommen an die Sache herantritt".[344] Über die beiden Presseerklärungen hinaus will Rechtsanwalt Strate zu den hier gemachten Vorwürfen nicht Stellung nehmen.

Wenn Richter Dettmar sich damit begnügt hätte, sich vor dem Verfahren privat eine politische und rechtliche Meinung zu den staatlichen Anti-Corona-Maßnahmen zu bilden, wäre dagegen nichts einzuwenden. Hier soll es aber um einen anderen Sachverhalt gegangen sein. Er soll ohne Anlass **aktiv** daran mitgewirkt haben, dass ein Verfahren mit einer Partei, einer Rechtsanwältin und drei Gutachtern in Gang gesetzt wurde, die seine Meinung zur Maskenpflicht in Schulen teilen. Hier wurde nicht nur **eine Meinung**

---

341 Presseerklärung vom 29. Juni 2021.
342 Presseerklärung der AfD-Fraktion im Thüringer Landtag vom 27. April 2021.
343 Presseerklärung der AfD-Fraktion im Thüringer Landtag vom 3. Juli 2021.
344 BVerfG, Beschluss vom 11. Oktober 2011 Az. 2 BvR 1010/11, Rn. 24 ff. und Presseerklärung des Gerichts vom 21. Oktober 2011.

gebildet, sondern proaktiv **gehandelt**. Insbesondere die selektive parteiische Auswahl von Gutachtern ist eine richterliche Todsünde.

Im Übrigen ist die von Rechtsanwalt Strate zitierte Entscheidung des Bundesverfassungsgerichts in einem ganz anderen Kontext ergangen. Hier hat sich das Gericht zu der Frage geäußert, ob der Bundesverfassungsrichter Udo di Fabio bei den Entscheidungen über Verfassungsbeschwerden gegen die Griechenland-Hilfe und den Euro-Rettungsschirm befangen ist, weil er sich zu diesem Themenkomplex vorher in Veröffentlichungen, Vorträgen und Interviews vielfach geäußert hatte. Das hat das Gericht verneint, weil jeder Richter bestimmte wissenschaftliche Meinungen, Rechtsauffassungen oder politische Überzeugungen vertreten darf, auch öffentlich, wenn nicht besondere Umstände hinzutreten.[345] Auch Richter Dettmar durfte eine politische und rechtliche Meinung zur Maskenpflicht in Schulen haben. Das ist aber nicht mehr als eine Binsenwahrheit. Aber er durfte kein Kindeswohlverfahren inszenieren und organisieren, um eine politische Agenda zu verfolgen, wie die Anklageschrift behauptet.

Neben den Ermittlungen wegen Rechtsbeugung hat das Justizministerium in Thüringen die Präsidentin des Landgerichts Erfurt als Inhaberin der Dienstaufsicht gebeten zu prüfen, ob ein Verdacht eines Dienstvergehens besteht und ein Disziplinarverfahren einzuleiten wäre. Nachdem die Staatsanwaltschaft Erfurt gegen Amtsrichter Dettmar ein Ermittlungsverfahren wegen des Verdachts der Rechtsbeugung eingeleitet hat, ist die Präsidentin des Erfurter Landgerichts nach § 22 des Thüringer Disziplinargesetzes sogar verpflichtet, gegen Dettmar parallel ein Disziplinarverfahren anzustrengen. Das ist während der laufenden strafrechtlichen Ermittlungen ausgesetzt.

Mitte Januar 2022 hat das Bundesverfassungsgericht eine Verfassungsbeschwerde einer Mutter aus Brandenburg als unzulässig abgewiesen, mit der sie die Masken- und Testpflicht an der Grundschule ihres Kindes zu Fall bringen wollte.[346] Das misslang. In dem Beschluss stellte das höchste deutsche Gericht fest, dass Familiengerichte kein Recht haben, Coronamaßnahmen an Schulen aufzuheben. Ihre Kontrolle obliege allein den Verwaltungsgerichten. Die von drei Amtsrichtern in Weimar und Weilheim verfolgte politische Agenda hat sie also rechtlich in eine Sackgasse geführt.

In Vor-Corona-Zeiten wäre ein Verfahren wegen eines Schadensersatzanspruchs bei einem Verkehrsunfall beim Amtsgericht Meiningen als Routine-Fall in ein paar Minuten über die Bühne gegangen. Nicht so am 12. Mai 2021. Amtsrichter Volker Kuba forderte alle Verfahrensbeteiligten auf, die Masken nach § 176 GVG während der Verhandlung abzunehmen und stellte klar, dass diese Vorschrift auch für Rechtsanwälte gelte. Als der

---

345 Presseerklärung des Bundesverfassungsgerichts vom 11. Oktober 2011.
346 BVerfG vom 19. Januar 2022 Az. 1 BvR 2318/21.

angesprochene Rechtsanwalt sich aus medizinischen Gründen weigerte, seine FFP2-Maske abzunehmen, hob Richter Kuba den Verhandlungstermin auf.[347] Dieser Masken-Konflikt wiederholte sich wenige Tage später mit demselben Anwalt in einem anderen Verfahren.

Die Zusammenstöße zweier Dickköpfe haben eine Vorgeschichte, die in den Februar 2021 zurückreicht, in die Hochzeit der Corona-Pandemie an einem Corona-Hotspot: Südthüringen. Als Amtsrichter Kuba seinerzeit das Justizzentrum Meiningen betrat, begrüßte ihn ein Schild, das alle Besucher aufforderte, im Gebäude einen Mund-Nasen-Schutz zu tragen. Er bezog diese Aufforderung auch auf Verhandlungen im Gerichtssaal und sah darin einen unzulässigen Eingriff in seine richterliche Unabhängigkeit und das Gerichtsverfassungsgesetz. Er meinte, dass diese Vorgabe „auch in Sitzungssälen bei öffentlichen Verhandlungen" gelten sollte. Ein Missverständnis, weil § 176 GVG Vorsitzenden Richtern relativ große Freiheiten einräumt, mit oder ohne Maske zu verhandeln. Im Zorn erließ er am 19. Februar 2021 einen Beschluss im Duktus eines Querdenkers: „Wie mittlerweile allgemein bekannt, gelten in der BRD momentan weder das Grundgesetz noch andere Gesetze in ihrer bekannten Form."[348] „Nahezu jedermann fühlt sich berufen", wetterte er weiter, „in Grundrechte einzugreifen und Verordnungen/Beschlüsse zu erlassen, welche mit den bestehenden Gesetzen kaum oder gar nicht in Einklang zu bringen sind". Weil eine „gesetzeskonforme Durchführung mündlicher Verhandlungen momentan nicht garantiert werden kann", verlegte er den Termin zur mündlichen Verhandlung.[349] Zunächst verhielt sich Richter Kuba über Wochen konsequent. Nach Auskunft des Sprechers des Amtsgerichts hat er für „Teile des Februar/März 2021" Verhandlungstermine schriftlich aufgehoben: „Das Gericht sieht sich nicht in der Lage, Verhandlungen durchzuführen, in welchen die Beteiligten Masken/Verhüllungen tragen. Eine Verhandlung ohne Mund-Nasen-Bedeckung wäre aber eine Ordnungswidrigkeit."[350] Eine rechtlich nicht gedeckte Amtsverweigerung. Als ihm klar wurde, dass er diesen Verhandlungsboykott nicht auf Dauer würde durchhalten können, hat er nach Auskunft des Amtsgerichts ab April 2014 durchgehend verhandelt, in rund 100 Verfahren, ohne jedoch seine grundsätzliche Haltung zum Maskentragen im Gerichtssaal aufzugeben. Die meisten Anwälte waren froh, ohne Maske ihre Meinung vertreten zu dürfen. Am Amtsgericht Meiningen wie in der gesamten Republik wurde damals mal mit, mal ohne Mund-Nasen-Bedeckung verhandelt.

Die Begründung des Beschlusses ist eine rechtliche und politische Polemik gegen das Bundesverfassungsgericht, Kolleginnen und Kollegen und die Bundesregierung, die

---

347   AG Meiningen, Beschluss vom 19. Februar 2021 Az. 14 C 432/20 – juris.
348   AG Meiningen vom 19. Februar 2021 14 C 432/20 – juris.
349   AG Meiningen vom 19. Februar 2021 14 C 432/20 – juris, Rn. 20.
350   AG Meiningen vom 19. Februar 2021 14 C 432/20 – juris, Rn. 9.

selbst unter Anti-Corona-Richtern ohne Parallele ist. Dem „Bundesverfassungsgericht" und „zahlreichen Gerichten" wirft er vor, „interessante Ansichten über die Geltung von Grundrechten zu vertreten und zu anderen Gesetzen zu haben": „Die dem Gericht bekannten diesbezüglichen Entscheidungen des Bundesverfassungsgerichts können in der Qualität ihrer ‚Begründungen' den unbefangenen, durchschnittlich begabten Juristen kaum überzeugen."[351] Die Maßnahmen der Bundesregierung seien „blinder Aktionismus" und hätten dennoch den „Segen des Bundesverfassungsgerichts" erhalten. Von jeder juristischen Argumentation entfernt sich Kuba, wenn er behauptet, dass das Bundesverfassungsgericht quasi von einer „Unfehlbarkeit des RKI" ausgehe und dann einen Zusammenhang mit einem Behördenversagen beim „Dieselskandal, Wirecard- und NSU-Skandal" herstellt.[352] Kuba mokiert sich darüber, dass angeblich nicht einmal die „Regierenden von gesicherten Nachweisen davon sprechen, dass sich auch nur eine einzige Person bewiesenermaßen in einem Kino, Theater, Museum, Sitzungssaal oder Restaurant bei Einhaltung der Hygieneregeln infiziert hat". Dass alle Bürgerinnen und Bürger in solchen Situationen die Abstandsregeln einhalten, sei laut Kuba Wunschdenken, habe aber mit der Realität nichts zu tun. Außerdem seien bei An- und Abreisen in öffentlichen Verkehrsmitteln zahllose ansteckungsgefährdende Kontakte unvermeidbar. Dass man die Pandemie am effektivsten mit Kontaktbeschränkungen und dem Tragen von Masken bekämpft, ist jedoch weltweit anerkannt.

Für den Rechtsanwalt, ehemaligen Richter und Ex-Staatssekretär Hasso Lieber ist Kubas Beschluss ein „Traktat", das „mit einer richterlichen Verfügung in Form, Sprache und Inhalt nichts mehr zu tun hat, sondern ist eine platte politische Agitation unter Ausnutzung der richterlichen Stellung. Es ist ein Missbrauch der verfassungsrechtlich garantierten Unabhängigkeit und verstößt so ziemlich gegen alle richterlichen Pflichten von der Gesetzesbindung bis zum Mäßigungsgebot". Der Düsseldorfer Rechtsanwalt Wulf Gravenhorst hält die „wütende Polemik" in dem Beschluss für „krass überzogen und letztlich unverständlich, entspricht wohl einer insbesondere in Sachsen und Thüringen verbreiteten Aufsässigkeit gegenüber Maßnahmen zur Bekämpfung der derzeitigen Corona-Pandemie".[353]

Verstörend ist, dass das Amts- und Landgericht Meiningen einen Befangenheitsantrag gegen Richter Kuba wegen des Abbruchs und der Vertagung der Hauptverhandlung abgelehnt haben.[354] Der Hauptgrund des Antrages: Im Vergleich zur Abnahme der Mund-Nasen-Bedeckung hätte es ein milderes Mittel gegeben. Beim betroffenen Anwalt hätte

---

351 AG Meiningen vom 19. Februar 2021 14 C 432/20 – juris, Rn. 1.
352 AG Meiningen vom 19. Februar 2021 14 C 432/20 – juris, Rn. 12.
353 Urteilanmerkung Gravenhorst juris RRArbeit 3/2022 Anm. 6.
354 AG Meiningen vom 27. Mai 2021 Az. 14 C 568/20; LG Meiningen vom 15. Juli 2021 Az. (47) 4 T 144/21.

Kuba nach § 176 Abs. 2 Satz GVG eine Ausnahme machen können, weil er diesen seit zwanzig Jahren kannte und sein unverhülltes Gesicht weder für die „Identitätsfeststellung" noch für eine „Beweiswürdigung" benötigte. Für seine Weigerung, die Maske abzunehmen, konnte sich der Anwalt außerdem auf eine Verordnung der Thüringer Landesregierung zur Regelung infektionsschutzrechtlicher Maßnahmen berufen. Nach dem Ablehnungsbeschluss des Amtsgerichts sollte diese Verordnung allerdings nicht im Gerichtssaal gelten: „Im Gerichtssaal ist der Vorsitzende Richter für das jeweilige Verfahren, funktional betrachtet, dass ‚justizeigene Gesundheitsamt'".[355] Gott, beschütze uns vor solchen Laien- Gesundheitsämtern, möchte man rufen, die anordnen, in einem geschlossenen Raum keine Maske zu tragen. Rechtlich fragwürdig ist zudem, dass das Amtsgericht die vom Bundesverfassungsgericht erarbeiteten Grundsätze zur Prüfung von Befangenheitsanträgen nicht geprüft hat. Danach reichen Rechtsirrtümer oder „fehlerhafte Auslegung und Anwendung einfachen Rechts" für die Annahme einer Befangenheit nicht aus. Um die zu bejahen, muss das richterliche Handeln zusätzlich „willkürlich" sein.[356] Dieses Kriterium hat das Landgericht Meiningen auch angewandt, ist aber zu dem Schluss gekommen, dass Richter Kuba innerhalb „seines Ermessens gehandelt hat".[357] Dass er auch anders gehandelt haben könnte, sei „im Rahmen der Befangenheitsprüfung" unerheblich. Darum ging es am Ende aber nicht. Eine unbefangene Prüfung hätte nämlich zu dem Ergebnis kommen müssen, dass Kuba willkürlich gehandelt hat, nicht, weil er im Anti-Corona-Maßnahmen-Beschluss eine abstruse Rechtsmeinung vertreten hat, sondern weil er im Widerspruch zum Verhältnismäßigkeitsgrundsatz den Termin aufgehoben und die Verhandlung vertagt hat. Eine Überreaktion. Soweit erkennbar, ist bundesweit kein vergleichbarer Fall bekannt geworden. „Eine sitzungspolizeiliche Anordnung, die keinem legitimen Zweck dient (Maskenverbot), stellt sich als willkürlich dar und begründet die Besorgnis der Befangenheit", resümiert auch Rechtsanwalt Benedikt Windau.[358]

Die Verfahrensfügung von Richter Kuba widersprach ferner der Thüringer Anti-Corona-Maßnahmen-Verordnung und der Tatsache, dass das Landgericht Meiningen auf demselben Flur im Justizzentrum zur gleichen Zeit mit Maske verhandelt hat. Und das zu einer Zeit, als die Inzidenzen in Thüringen durch die Decke schossen. Die Anordnung, die Maske abzustreifen, ist noch aus einem zweiten Grund willkürlich: Sie führt praktisch zu einem Eingriff in die Berufsausübung von Anwälten bei Richter Kuba. Wenn sie bei ihm auftreten, durften sie sich nicht vor einer Infektion schützen.

355 AG Meiningen vom 27. Mai 2021 Az. 14 C 568/20, S. 7.
356 BVerfG vom 1. Juli 2021 Az. 2 BvR 890/20 – juris.
357 LG Meiningen vom 15. Juli 2021 Az. (47) 4 T 144/21.
358 Windau, Maskenverbot statt Maskenpflicht im Sitzungssaal?, unter https://anwaltsblatt.anwaltverein.de/de/zpoblog/corona-maskenverbot-sitzungspolizeiliche-anordnung (abgerufen am 27. März 2022).

Für die überraschende Ablehnung des Befangenheitsantrags hat man in Anwaltskreisen nur eine Erklärung: Eine Krähe hackt der anderen kein Auge aus.

Anfang Februar, fast ein Jahr nach dem fatalen Beschluss, hat das Landgericht Meiningen bestätigt, dass gegen Richter Kuba ein Disziplinarverfahren eingeleitet worden ist. Im Widerspruch zum öffentlichen Interesse an einem Richter, dessen Beschluss ein bundesweit negatives Echo ausgelöst hat, weigert sich das Landgericht jedoch, etwas über „Stand und Inhalt des Verfahrens" mitzuteilen. Das sei eine „vertrauliche Personalangelegenheit".[359] Für Kilian Wegner, Professor für Strafrecht an der Europa-Universität Viadrina in Frankfurt an der Oder, besteht sogar ein „Anfangsverdacht der Rechtsbeugung" (§ 339 StGB). Der „objektive Tatbestand" liege vor, ob auch der „subjektive Tatbestand" vorliege, könne er „aus der Ferne nicht beurteilen".

Für einige Kollegen am Amtsgericht Meiningen ist Kuba ein Freigeist, für andere ein Querkopf. Unter Anwälten gilt er als „speziell". Zu seinen Lieblingsfeinden gehört der Bundesgerichtshof, dem er in Entscheidungen gern mal vors Schienbein tritt. Nach ihm „krankt" dessen Rechtsprechung zum Schadensersatz bei Autounfällen „insgesamt an fehlender dogmatischer Überzeugungskraft".[360] „Prägend für den Rechtsstaat Bundesrepublik" sei unter anderem, meint Kuba an anderer Stelle, dass „einige (aber nicht nur) BGH-Richter auch für die Versicherungswirtschaft tätig sind, um hernach ganz unbefangen zu entscheiden".[361] Dieser politische Kommentar gehört nicht in ein Urteil. In diesen Beschlüssen brechen seine elitäre Überheblichkeit und sein falsch verstandenes Unabhängigkeitsbewusstsein durch, die bereits seinen Rundumschlag gegen die staatlichen Anti-Corona-Maßnahmen in Thüringen vergiftet haben.

Zu hören ist, dass er diesen Beschluss mittlerweile bedauert. Das ändert nichts daran, dass er, auch im Zorn, einen solchen rechtlich und politisch abwegigen Beschluss nie verfassen durfte. Die Frage nach seiner Diensttauglichkeit ist ernsthaft zu stellen.

Corona-Rebellen in Robe: das *Netzwerk Kritischer Richter und Staatsanwälte*

Als der Berliner Landgerichtsrichter Pieter Schleiter am 26. Oktober 2020 in einer Fußgängerzone in Potsdam von Ordnungskräften angehalten wurde, trug er keine Maske, obwohl eine Allgemeinverfügung das von ihm verlangte. Laut einem Reporter der Märkischen Allgemeinen Zeitung, der den Ordnungsdienst bei dem Kontrollgang begleite-

---

359 E-Mail an den Verfasser vom 7. Februar 2022.
360 AG Meiningen vom 21. April 2021 Az. 14 C 230/20.
361 AG Meiningen vom 11. Mai 2021 Az. 14 C 534/19.

te, soll Schleiter bei der Ausweiskontrolle gesagt haben: „Ich halte die Maskenpflicht für verfassungswidrig." Für einen Richter ein bemerkenswerter Akt zivilen Ungehorsams.

Um glaubwürdig zu bleiben, hat er im Dezember 2020 eine 190 Seiten starke Verfassungsbeschwerde beim Bundesverfassungsgericht eingelegt.[362] Mit ihr hat er unter anderem eine Allgemeinverfügung und zwei Normen des Infektionsschutzgesetzes des Bundes angegriffen. Da klotzte er juristisch: Durch Maskenpflicht und Kontaktbeschränkungen sah er 14 von 17 Grundrechten verletzt. Seine Verfassungsbeschwerde stellte er ins Netz und sprach damit anscheinend zahlreichen Kolleginnen und Kollegen aus dem Herzen. Aus der Diskussion rund um diese Verfassungsbeschwerde – für den früheren Pressesprecher Oliver Nölken der „Urknall" – ist das *Netzwerk Kritischer Richter und Staatsanwälte* entstanden, eine Widerstandszelle in der Justiz gegen die staatlichen Corona-Beschränkungen. Schleiter rückte in den Vorstand.

Die Gruppe versteht sich als „politisch neutral", und die Richter und Staatsanwälte vertreten in diesem Netzwerk ihre „privaten Meinungen".[363] Es „versteht sich als Ansprechpartner und Stimme von Kolleginnen und Kollegen in der Justiz, deren Unabhängigkeit durch anderslautende Vorgaben unter Druck ist".[364] „Mit großer Sorge" verfolgt der Zusammenschluss die „Corona-Eindämmungsmaßnahmen", die er „in erheblichen Teilen verfassungsrechtlich für zumindest sehr bedenklich" hält.[365] Begründet wird diese Auffassung auf der Website mit einem Dutzend rechtlicher Abhandlungen, unter anderem zur Maskenpflicht in Gerichtssälen, zu „Impfpflichtnebenwirkungen und Menschenwürde" bei der Impfpflicht, die verfassungswidrig sei, und einer harschen Kritik an den Beschlüssen des Bundesverfassungsgerichts im November 2021, die den Kern der mit den staatlichen Anti-Corona-Maßnahmen verbundenen Grundrechtseinschränkungen für verfassungsgemäß erklärt haben.[366] Einige Artikel sind namentlich gezeichnet, unter der Mehrzahl fehlt ein Name oder sie sind mit „pedro" unterzeichnet. Nach Mitgründer Schleiter sollen sich hinter diesem Pseudonym Autorenteams verbergen, die ihre Hervorbringungen über den WordPress-Account (pedro) ins Netz gestellt haben. Sich bei seinen verfassungsrechtlichen Rundumschlägen hinter Anonymen und Pseudonymen zu verstecken, spricht nicht gerade für Rückgrat und Zivilcourage der Netzwerk-Autoren.

Nach Stoßrichtung, Wortwahl und Duktus könnten Selbstverständnis, Satzung und Beiträge des Netzwerkes aus dem Kosmos der Corona-Leugner, aber auch aus dem

---

362 Ihr folgte eine zweite Verfassungsbeschwerde vom Januar 2021.
363 https://netzwerkkrista.de/ueber-uns (abgerufen am 13. April 2021).
364 https://netzwerkkrista.de/2021/03/11/den-rechtsstaat-verteidigen (abgerufen am 22. April 2021).
365 https://netzwerkkrista.de/ueber-uns (abgerufen am 13. April 2021).
366 BVerfG vom 19. November 2021 Az. 1 BvR 781/21 und 971/21.

AfD-Milieu stammen, wobei sich beide Kreise mit der Dauer der Pandemie immer häufiger überlappt haben. Das Postulat „Wir fordern eine faktenbasierte, offene, pluralistische Diskussion juristischer Fragestellungen der Corona-Krise" könnte auch in einem Programm der Rechtspopulisten stehen, die gern für sich in Anspruch nehmen, ihre Meinungen auf die „richtigen Fakten" zu stützen.[367] Dass das Netzwerk „besonders für Rechtsstaatlichkeit" eintritt und „wirkliche Unabhängigkeit" fordert, unterstellt, dass es zwischen den verfassungsrechtlichen Ansprüchen des Grundgesetzes und dem rechtsstaatlichen Alltag während der Pandemie eine besorgniserregende Diskrepanz gibt.[368] Diese gesellschaftliche und rechtliche Diagnose ähnelt dem Anspruch der AfD. Ihr Programm für die Bundestagswahl 2021 „Deutschland. Aber normal" fordert „Schluss mit unverhältnismäßigen Corona-Maßnahmen".[369] Im Gründungsaufruf ruft das Netzwerk außerdem zu einer „vollständigen Wiederherstellung der Grundrechte und des Grundsatzes der Verhältnismäßigkeit im Handeln des Staates" auf.[370] Im AfD-Wahlprogramm 2021 heißt es: „Die Verunsicherung der Bürger mit willkürlichen Grenzwerten, nicht nachvollziehbaren Maßnahmen und Einschränkungen von Grundrechten durch Verwaltungsermächtigungen unter Umgehung der Parlamente ist für uns inakzeptabel."[371] „Ein Großteil der Corona-Maßnahmen beruht" nach dem Netzwerk „auf fragwürdigen sachlichen Grundlagen, ist von zweifelhaftem Nutzen, schießt weit über das Ziel hinaus und ist mit dem Geist eines freiheitlichen Staates unvereinbar".[372] Die AfD lehnt „das Tragen von Masken in Kindertagesstätten, Horten und Schulen ab. Die unverhältnismäßigen Lockdown-Maßnahmen sind unverzüglich zu beenden. Die Pflicht zum Tragen einer Maske lehnen wir ab."[373] Der Berliner Landrichter Pieter Schleiter meint in seiner Verfassungsbeschwerde, dass es „keinesfalls belegt" sei, dass das Tragen einer Mund-Nasen-Bedeckung „für den Schutz der Bevölkerung vor dem Virus" „geeignet" sei und dass die „Therapie" der staatlichen Corona-Schutzmaßnahmen „wahrscheinlich" „tödlicher und schädlicher" sei als die „Krankheit" selbst.[374] Die AfD fordert im Wahlprogramm die „Rückkehr zu bewährten wissenschaftlichen Diagnosemethoden zur Feststellung einer Infektion", weil ein „Schnelltest oder PCR-Test [...] nicht länger die Grundlage für Freiheitsbeschränkungen durch staatliche Lockdowns, Zugangsbe-

---

367 https://netzwerkrista.de/ueber-uns/ (abgerufen am 13. April 2021).
368 https://netzwerkrista.de/ueber-uns/ (abgerufen am 13. April 2021).
369 AfD-Wahlprogramm 2021, S. 134.
370 https://netzwerkkrista.de/den-rechtsstaat-verteidigen/ (abgerufen am 13. April 2021).
371 AfD-Wahlprogramm 2021, S. 134.
372 https://netzwerkrista.de/2021/02/16/interview-andreas-dorfmann-im-gespraech-mit-dr-pieter-schleiter-zur-verfassungsbeschwerde-bezueglich-der-corona-massnahmen/ (abgerufen am 13. April 2021).
373 AfD-Wahlprogramm 2021, S. 134.
374 Verfassungsbeschwerde Schleiter Dezember 2020, S. 21, 163.

schränkungen und Quarantäne sein" dürfen.[375] Im Gleichklang Netzwerk-Mitbegründer Schleiter: Er kündigte an, sich nicht impfen zu lassen und sich einer „Quarantäne" nicht „beugen" zu wollen, weil ein ihr zugrunde liegender positiver PCR-Test „keine verlässliche Grundlage zur Feststellung einer Infektion" darstelle.[376] Daher ist es wohl auch kein Zufall, dass Schleiter eines seiner ersten Interviews zu seiner Verfassungsbeschwerde dem rechtspopulistischen Blog *Die Achse des Guten* gab.[377]

Hinter den sachlichen Überschriften der juristischen Abhandlungen verbergen sich Aufsätze mit eindeutiger Tendenz: regierungskritisch mit Absolutheitsanspruch, im Ton aggressiv bis polemisch. Die Corona-Rebellen in Robe haben im Netz einen juristischen Kreuzzug gegen die staatlichen Anti-Corona-Maßnahmen gestartet, der in Teilen der Justiz ein überraschend positives Echo gefunden zu haben scheint. Wer sich mit dem ehemaligen Sprecher Oliver Nölken, Amtsrichter in Recklinghausen, unterhält, erfährt, dass sich dem Netzwerk zeitweise bis zu 60 Robenträger mit „gemeinsamer Wellenlänge" angeschlossen haben. Mit Ausnahme Hamburgs sollen sie aus allen Bundesländern kommen. Kommuniziert wurde meist über Messengerdienste und Zoom-Konferenzen, an denen sich nach Schleiter regelmäßig 40 Mitglieder beteiligt haben. Nur zwei persönliche Treffen haben bisher stattgefunden. Unter den Mitgliedern finden sich auffällig viele pensionierte Richter, so Nölken. Einer von ihnen, Manfred Kölsch, hat jüngst sein Bundesverdienstkreuz aus Protest gegen die staatlichen Corona-Bekämpfungsmaßnahmen zurückgegeben: „In meiner fast 40-jährigen Tätigkeit als Richter wäre ich nie auf den Gedanken gekommen, dass [...] ein Virus unsere Verfassungsarchitektur aus den Angeln haben könnte", klagte er in einem Brief an Bundespräsident Steinmeier.[378]

Ein Grund zum Feiern bot sich dem Netzwerk im April 2021. Damals hatte der Weimarer Amtsrichter Christian Dettmar in einem Beschluss die Maskenpflicht in den Schulen für verfassungswidrig und nichtig erklärt.[379] Auf der Website des Netzwerkes war von einen „Paukenschlag von Weimar" und der „Rückkehr zur Normalität an Schulen" die Rede. Querdenker-Gruppen und rechte Medien jubelten: ein „Sensationsurteil".[380] Ein im Ergebnis gleicher Beschluss des Amtsgerichts Weilheim befeuerte die Euphorie der Corona-Dissidenten in Robe.

375 AfD-Wahlprogramm 2021, S. 135.
376 Verfassungsbeschwerde Schleiter vom Dezember 2020, S. 23.
377 Kaufmann, 2021, Brandenburger Jurist legt Verfassungsbeschwerde gegen Corona-Regeln ein, unter: https://www.tagesspiegel.de/berlin/er-arbeitet-am-berliner-landgericht-brandenburger-jurist-legt-verfassungsbeschwerde-gegen-corona-regeln-ein/26824682.html (abgerufen am 13. April 2021).
378 https://netzwerkkrista.de/2021/05/26/rueckgabe-des-bundesverdienstkreuzes-aus-protest-gegen-die-staatlichen-corona-massnahmen/ (abgerufen am 25. Dezember 2021).
379 Vgl. S. 96 f.
380 Thüringer Zeitung vom 13. April 2021, S. 2.

Mit seinem Beifall für die Anti-Corona-Amtsrichter in Weimar und Weilheim ist das Netzwerk unter Juristen allein geblieben. Höhere Gerichtsinstanzen, Rechtswissenschaftler und die betroffenen Landesregierungen haben die Beschlüsse scharf kritisiert, aufgehoben oder ignoriert.[381] Im Oktober 2021 hat der Bundesgerichtshof entschieden, dass für die „gerichtliche Kontrolle" der Maskenpflicht **„allein"** die Verwaltungsgerichte zuständig seien.[382] Das Verwaltungsgericht Weimar erklärte Dettmars Entscheidung für „offensichtlich rechtswidrig".[383] Über seinen Weimarer Kollegen Matthias Guericke sagte das Oberverwaltungsgericht Thüringen in einem Parallelverfahren wenig schmeichelhaft: „Soweit er pauschal die Expertise des Robert Koch-Instituts als fehlerhaft und deren Prognosen als falsch bezeichnet, lässt dies selbst eine unseriöse Auseinandersetzung und Unkenntnis der Aussagen erkennen."[384] Diese juristischen Ohrfeigen haben das Netzwerk nicht beeindruckt. In einem Artikel bezeichnete „pedro" die Beschlüsse der Amtsrichter in Weimar und Weilheim als „fundierte Entscheidungen" bei der „Annahme des Rechtsweges, der Zuständigkeit des Familiengerichts und der familienrechtlichen Methode".[385] Die Frage, ob die zwei Amtsrichter in Weimar und Weilheim dem Netzwerk angehören, beantwortet Ex-Sprecher Nölken nicht: „Wir geben grundsätzlich keine Auskünfte über unsere Mitgliedschaft." „Der Grund" dafür sei, „dass viele Mitglieder anonym bleiben wollen, insbesondere in Bundesländern, in denen eine repressive Stimmung herrscht, wie zum Beispiel in Bayern und Baden-Württemberg".

Bedenklicher für Justiz und Rechtsstaat als die sprachliche und inhaltliche Nähe zu AfD-Positionen ist die radikal-kritische Einstellung der Mehrzahl der Netzwerk-Mitglieder gegenüber den staatlichen Anti-Corona-Maßnahmen, die deutliche Parallelen zum Milieu der Corona-Verharmloser, Corona-Leugner, ja sogar der Querdenker aufweisen.

Ausgangspunkt des Netzwerkes bei der Bewertung der staatlichen Anti-Corona-Maßnahmen ist immer der Verfassungsgrundsatz der Verhältnismäßigkeit. Dieser Prüfungsmaßstab macht es notwendig, auf die Gefährlichkeit des Virus einzugehen, um zu beurteilen, welche Grundrechtseinschränkungen erforderlich und geeignet sind, die Pandemie einzudämmen, und ob es mildere Mittel gibt. Für die rechtliche Bewertung ist es deshalb unverzichtbar, medizinische und außerjuristische Fragen zu beantworten. Und hier liegt die tiefere Wurzel für die rechtliche Außenseiterposition des Netzwerkes im Konflikt mit der Mehrheitsmeinung. Die Gruppe beruft sich häufig auf medizinische

---

381 Vgl. S. 101, 106, 110f., 117.
382 BGH Beschluss vom 6. Oktober 2021 Az. XII ARZ 35/21.
383 VG Weimar vom 20. April 2020 Az. 8 E 416/21, S. 3.
384 Oberverwaltungsgericht Thüringen vom 3. Juli 2020 Az. 3 EN 391/20, S. 16.
385 https://netzwerkkrista.de/2021/aufsatz-corona-massnahmen-vor-dem-familiengericht-eine-ungewoehnliche-entwicklung/ (abgerufen am 4. November 2021).

und psychologische Minderheitspositionen, nutzt und interpretiert wissenschaftliche Gutachten selektiv und ignoriert die wissenschaftliche Kompetenz von Institutionen wie die des Robert Koch-Instituts und anderer Experten. Nach Meinung des Insiders und Ex-Sprechers Nölken soll ein „erheblicher Teil" der Informationen, die in Chats auftauchen und in Artikeln zitiert werden, sogar „aus ‚alternativen Medien' stammen und ‚alternative Fakten' präsentieren".

Mitgründer Schleiter bestreitet, dass es im Netzwerk „Corona-Leugner" gäbe.[386] Das mag im streng wörtlichen Sinne stimmen. Der Grund ist offensichtlich: Mit der Aussage, dass es eine Pandemie nicht gibt, würde man sich kontrafaktisch gegen eine nicht zu leugnende medizinische und gesellschaftliche Realität stellen. Auch Ex-Sprecher Nölken ist kein Mitglied bekannt, das „jemals die Existenz des Coronavirus geleugnet hätte". Aber er sagt auch, dass die „Mehrheit" der Netzwerkmitglieder „Corona nicht als eine besonders große Gefahr ansieht und diese Einschätzung bei vielen auch nicht mehr innerhalb des wissenschaftlich Vertretbaren liegen dürfte". Die Folge: Ohne jede Festlegung, wie gefährlich das Virus ist, eröffnet sich ein Diskursfreiraum, in dem es möglich ist, die Gefährlichkeit des Virus so weit zu relativieren, dass die Verharmlosung faktisch auf eine Leugnung hinausläuft, ohne dies offen einzuräumen. Es gibt sogar eine Definition von Corona-Leugnern, die dieses Phänomen einbezieht. Nach dem „Deutschen Wortschatz von 1600 bis heute" erfasst der Ausdruck alle „Personen, die die vom Corona-Virus ausgehende Gefahr verharmlosen und Seuchenbekämpfungsmaßnahmen während der Pandemie für unnötig und übertrieben halten". Das für die Justiz beunruhigende Phänomen ist, dass etliche Mitglieder des Netzwerkes die Gefahr von Covid-19 so weit relativieren, dass ihre Äußerungen auf ein Leugnen der Realität und Wahrheit hinauslaufen – und das bei einem Berufsstand, der von Berufs wegen der Wahrheitssuche verpflichtet ist. Zwei Belege:

Eins: Ein Dokument der medizinischen und gesellschaftlichen Realitätsverleugnung ist eine anonyme Abhandlung zu der Frage „Wäre eine direkte oder indirekte Impfpflicht gegen Covid-19 verfassungsgemäß?"[387] Aus Untersuchungen soll nach ihr folgen, „dass eine Durchimpfung der Bevölkerung mit Covid-19-Impfstoffen nicht erforderlich ist, da bereits eine ausreichende Immunität in Form von Anti-Körpern und T-Zellen in der Bevölkerung besteht". „Zusammenfassend" soll „zweifelhaft" erscheinen, „ob die Covid-19-Impfstoffe gegen eine Covid-19-Erkrankung schützen, da die allgemeine Risikoreduktion bei allen vier Impfstoffen um die 1 % liegt, vermehrt doppelt Geimpfte hospitalisiert werden müssen".

---

386 Siehe Wagner, Corona-Rebellen in Robe, unter https://www.lto.de/recht/justiz/j/querdenker-corona-justiz-richter-staatsanwaelte-netzwerk-rechtsstaat-gefahr/ (abgerufen am 28. November 2021).

387 https://netzwerkkrista.de/2021/09/05/aufsatz-waere-eine-direkte-oder-indirekte-impfpflicht-gegen-covid-19-verfassungsgemaess/ (abgerufen am 4. Dezember 2021).

Zwei: In einer Stellungnahme vom Juni 2021 mit dem Titel „Kinder in Corona-Zeiten – Eine Faktensammlung und Stellungnahme" kritisiert ein Anonymus die Corona-Maßnahmen in Schulen.[388] Der Artikel bestreitet, dass Regeln wie Abstandhalten und Maskenpflicht dem „Schutz der Kinder gedient haben": „Covid-19 hat sich für Kinder als weniger gefährlich erwiesen als etwa die saisonale Grippe – und weniger gefährlich als gewöhnliche Alltagsrisiken wie der Straßenverkehr". Das „Fazit" der Stellungnahme: „Die speziell gegen Kinder gerichteten Maßnahmen der Pandemiebekämpfung schützen nicht die Kinder und auch niemanden sonst. Sie haben sich international als wirkungslos erwiesen".[389]

Am 9. September 2021 haben der Recklinghausener Amtsrichter Oliver Nölken, der Erfurter Landrichter Detlev Pahl und der pensionierte Landrichter Thomas Braunsdorf das Netzwerk verlassen. Zum Spaltpilz wurde das Impfangebot. Nach monatelangen Grabenkämpfen im Netzwerk zwischen der Mehrheit der Impfgegner und der Minderheit der Impfbefürworter haben die drei das Handtuch geworfen. In der schriftlichen Austrittserklärung werfen sie der „übergroßen Mehrheit der aktiven Mitglieder" vor, das „Netzwerk als eine Art justiziellen Arm der Querdenker-Bewegung zu positionieren": „Nach unserer Wahrnehmung nehmen medizinisches Halbwissen, Esoterik und Verschwörungsgeraune einen immer größeren Raum ein, und wenn wir es polemisch ausdrücken wollen, würden wir sagen, dass an manchen Tagen das intellektuelle Niveau dieses Vereins irgendwo zwischen Astro TV, dem Goldenen Blatt und ‚Ufologie heute' oszilliert". Gestört hat die drei Dissidenten, dass im Netzwerk „persönliches Wunschdenken bisweilen die Oberhand über nüchterne Fakten" gewonnen hat. Hier denken sie vor allem daran, dass ein Artikel das „Entwurmungsmittel Ivermectin für Pferde und Rinder mit vollkommen unklarer Studienlage als Behandlung gegen Covid-19" angepriesen hat.[390] Querdenker-Kreise propagieren dieses Entwurmungsmittel als Wunderwaffe für die Behandlung von Corona-Kranken. Der anonyme Beitrag behauptet, dass mit dem Medikament Krankenhausaufenthalte „um 75 bis 85 % reduziert werden können".[391] Gegen Covid-19 ist das Medikament bei Menschen weder zugelassen noch sehen Experten eindeutige Effekte gegen das Virus.[392] Das Robert Koch-Institut warnt

---

388 https://netzwerkkrista.de/2021/06/23/kinder-in-corona-zeiten-eine-faktensammlung-und-stellungnahme/ (abgerufen 4. November 2021).
389 https://netzwerkkrista.de/2021/06/23/kinder-in-corona-zeiten-eine-faktensammlung-und-stellungnahme/ (abgerufen 4. November 2021).
390 https://netzwerkkrista.de/2021/09/05/aufsatz-waere-eine-direkte-oder-indirekte-impfpflicht-gegen-covid-19-verfassungsgemaess/ (abgerufen am 4. Dezember 2021).
391 https://netzwerkkrista.de/2021/09/05/aufsatz-waere-eine-direkte-oder-indirekte-impfpflicht-gegen-covid-19-verfassungsgemaess/ (abgerufen am 4. Dezember 2021).
392 https://www.swr.de/wissen/antiwurmmittel-ivermectin-kein-wundermittel-gegen-covid-19-100.html (abgerufen am 5. Dezember 2021); https://www.apotheken-umschau.de/krankheiten-

vor der Einnahme von Ivermectin, das zu schweren Vergiftungen führen kann. Die Europäische Arzneimittelagentur EMA hat sich gegen den Einsatz von Ivermectin gegen Corona ausgesprochen, und wenn überhaupt, dann nur im Rahmen klinischer Studien. Die Empfehlung des Netzwerkes, Ivermectin zur Behandlung von Corona-Kranken einzusetzen, ist ein deutlicher Beleg dafür, dass es sich nicht scheut, sich argumentativ auch in der Querdenker-Szene zu bedienen.

Die drei Dissidenten betonen in der Austrittserklärung, dass es **„in den letzten Monaten mehrfach vorgekommen"** sei, dass „Corona-Schutzimpfungen in einen Zusammenhang gerückt, verglichen, sogar gleichgesetzt wurden mit biologischen Kampfstoffen, Völkermord und dem Holocaust". In einer ersten Einlassung versuchte Mitgründer Schleiter diesen schweren Vorwurf dadurch zu bagatellisieren, dass er einräumte, dass es **einen** „Fremdbeitrag" gegeben habe, der „von dritter Seite in den Chat hineinkopiert worden sei": „Das Netzwerk habe sich diesen Fremd-Beitrag nicht zu eigen gemacht."[393] Später hat Schleiter seine Einlassung verändert – vermutlich nach dem Vorhalt weiterer Texte: „Unter den Tausenden Nachrichten haben sich in **zwei oder drei Fällen** absurde Inhalte aus anderen Netzwerken befunden, die von den Weiterleitenden gedanklich nicht voll erfasst wurden". Aufschlussreich ist, dass Schleiter bei dem Versuch, die Vorwürfe der drei Aussteiger zu entschärfen, sich nicht einmal scheut, einigen Co-Netzwerkern geringe intellektuelle Kapazitäten zu attestieren.

Für ihre Anwürfe gegen die Netzwerk-Mehrheit können die drei Aussteiger mehrere Belege aus internen Chats anführen, deren Links geteilt wurden. Geteilt wurde zum Beispiel ein Link zu einem Bericht aus der „Freien Welt" vom 15. März 2021, in dem es um eine „wissenschaftliche" Untersuchung zur Todesrate nach Corona-Impfungen in Israel ging. Die „Wissenschaftler" wurden in dem Beitrag mit den Worten zitiert, es finde ein „neuer Holocaust" statt. Ein zweiter Holocaust-Vergleich wurde bei der Verlinkung eines Artikels aus einem Medium namens „Uncut News" am 1. September 2021 gezogen. In einem offen Brief angeblicher Holocaust-Überlebender wird das Impfprogramm ausdrücklich als „zweiter Holocaust" bezeichnet. Der offene Brief stand unter der Überschrift „Stoppt den Holocaust". Am 25. August 2021 forderte ein **Mitglied** des Netzwerks auf, einen Offenen Brief der Anwaltskanzlei Ivett/Kaminski an die Ständige Impfkommission zu verlinken und ihr Anliegen zu unterstützen. In eini-

---

symptome/infektionskrankheiten/coronavirus/warnung-vor-wundermittel-ivermectin-kann-hochgiftig-sein-834163.html (abgerufen am 5. Dezember 2021).

393 Diese wechselnden Einlassungen Schleiters spielten eine Rolle bei einer Auseinandersetzung zwischen LTO und Schleiter zu einem streitigen Beitrag des Verfassers in der Legal Tribune Online (LTO) vom 27. November 2021, Corona-Rebellen in Robe, unter https://www.lto.de/recht/justiz/j/querdenker-corona-justiz-richter-staatsanwaelte-netzwerk-rechtsstaat-gefahr/ (abgerufen am 3. Dezember 2021).

gen Passagen liest sich der Brief für Ex-Netzwerk-Sprecher Nölken wie ein „typischer Querdenker-Text": „Bei den Covid-19-Impfstoffen handelt es sich nicht um klassische Impfstoffe, sondern um experimentelle Gensubstanzen. Die bisherigen Nebenwirkungen sind dramatisch und höchst besorgniserregend. [...] Die Statistiken sprechen für sich. [...] Noch nie zuvor in der Geschichte der Medizin wurden so viele Nebenwirkungen und Todesfälle billigend in Kauf genommen." Am Ende zitiert der Offene Brief eine angebliche frühere Pfizer-Mitarbeiterin: „Das sind Biowaffen. Es ist ein geplanter Massenmord". Anscheinend haben einige Mitglieder des Netzwerks die Grenzen zur Querdenker-Bewegung überschritten. Sogar Netzwerk-Mitbegründer Schleiter gleitet an einer Stelle seiner Verfassungsbeschwerde ins Verschwörerische ab, wenn er unkt, dass „Zensur" stattfinde und viel „Geld im Spiel" sei, um „Sachverständige" zu bezahlen, die „Entscheidungen wirkungsvoll beeinflussen" könnten.[394]

Justiz und Richtervereine haben dem *Netzwerk Kritischer Richter und Staatsanwälte* bisher wenig Beachtung geschenkt. Wo das geschah, ist das Echo verheerend. Für die Vorsitzende Richterin am Oberlandesgericht Frankfurt am Main Gudrun Lies-Benachib wird durch das Netzwerk „aus der vermeintlichen Mitte der Richterschaft der Eindruck eines Justizversagens gegenüber einer angeblich verfassungswidrigen Verordnungs- und Gesetzgebung erzeugt": „Ein solches Justizversagen ist nicht im Ansatz zu erkennen."[395] In Rage bringt sie die Behauptung des Netzwerkes, dass „Kolleginnen und Kollegen" bei „deren Arbeit und Unabhängigkeit durch anderslautende Vorgaben unter Druck" stehen. Hier werde der Eindruck erweckt, dass es „in großem Stil politischen Druck auf die Kolleginnen und Kollegen in der Justiz" gäbe: „Es wird der Eindruck einer sachwidrigen Einflussnahme erzeugt und behauptet, Richter trauten sich nicht, gegen die pauschal als verfassungswidrig eingeordnete Corona-Gesetzgebung zu urteilen. Auch diese völlig unbelegte, meiner Ansicht nach unhaltbare Unterstellung ist geeignet, das Vertrauen in eine unabhängige Justiz zu schädigen[396]."

Die beunruhigende Schlüsselfrage für die Zukunft der Justiz und des Rechtsstaates lautet: Wie kann es passieren, dass das Bundesverfassungsgericht und „90 Prozent der Gerichtsurteile", wie selbst Ex-Netzwerksprecher Nölken einräumt, die Grundrechtseinschränkungen der staatlichen Corona-Schutz-Maßnahmen als verfassungsgemäß einstufen, ein Netzwerk von 40 bis 60 Robenträgern aber beharrlich das Gegenteil vertritt?

Bei diesem Dissens geht es nicht mehr um die übliche Kontroverse zwischen Mehrheits- und Minderheitsmeinung in der Rechtsprechung. Die Wurzeln reichen tiefer. In

---

394 Verfassungsbeschwerde Schleiter vom Dezember 2020, S. 14.
395 Lies-Benachib, Betrifft Justiz Nr. 146 (2021), S. 70 (72 f.).
396 A. a. O., S. 70 (73).

den Äußerungen des Netzwerkes taucht wiederholt die Forderung „nach einer faktenbasierten, offenen, pluralistischen Diskussion juristischer Fragestellungen der Corona-Krise" auf. Damit unterstellt es indirekt, dass die Mehrheitsmeinung nicht faktenbasiert ist. Umgekehrt wirft die linksliberale Neue Richtervereinigung dem Weimarer Amtsrichter Dettmar „Wissenschaftsleugnung" vor, und der Regensburger Strafrechtslehrer Henning-Ernst Müller spricht von einem „postfaktischen" Abstreiten der Corona-Rebellen in Roben.[397] Wir begegnen hier in der Justiz gespaltenen Realitäten beziehungsweise Wahrheiten von der Corona-Krise, die unversöhnlich nebeneinanderstehen. Das Phänomen ist neu und muss nachdenklich stimmen. Offenbar ist hier ein kleiner, zahlenmäßig aber relevanter Teil der Dritten Gewalt von einer Erkenntnisschwäche infiziert, die in der Trump-Ära unter den Schlagworten „alternative Fakten" und „alternative Quellen" Furore gemacht hat.

Es verwundert nicht, dass diese Interpretation des Wahrheitsanspruches auf den Widerstand der Netzwerker stößt, wodurch sie freilich zugleich ihre Richtigkeit bestätigen. Schleiter sieht sich weiter der „Wahrheit verpflichtet", der er „durch Prüfung aller Informationen und Diskussionen" möglichst „nahekommen" möchte. Für Oliver Nölken ist „Realität", „dass – entgegen Art. 19 Abs. 4 GG – ein effektiver Rechtsschutz gegen staatliche Willkür nicht mehr gegeben ist": „Die Justiz hat als letzte Verteidigungslinie versagt." Diese widersprüchlichen Wahrheitsansprüche machen klar, dass die Kommunikationsbasis bei der Diskussion über die Verfassungsmäßigkeit von staatlichen Anti-Corona-Maßnahmen zwischen Mehrheits- und Minderheitsmeinung zerbrochen ist. Wie konnte es zu diesem Bruch kommen?

Die Gründung des *Netzwerkes Kritischer Richter und Staatsanwälte* und ihre verzerrte Wahrnehmung der Corona-Pandemie ist ohne Internet nicht vorstellbar, ohne Zugang zu Desinformation, Fake News und Verschwörungstheorien. Der Zusammenschluss ist im Internet geboren und gediehen. Ohne Internet, darin sind sich alle einig, hätte es diese Corona-Dissidenten-Gruppe in der Justiz nicht gegeben. Zufälle beim Surfen im Netz haben die Mitglieder zusammen- und näher gebracht. Wer die Website des Netzwerkes, die rechtlichen Gutachten, Chats und Kommentare der User liest, begegnet einer Online-Community, die sich fortwährend gegenseitig bestätigt und sich dabei eine zweite Realität beziehungsweise Wahrheit gezimmert hat, wie die geschilderten Beispiele zeigen.

---

397 Presseerklärung vom 12. April 2021; Müller, 2021, AG Weimar: Kontaktverbot als Maßnahme gegen die Verbreitung des Covid-19-Virus ist verfassungswidrig, unter https://community.beck.de/2021/01/24/ag-weimar-kontaktverbot-als-massnahme-gegen-die-verbreitung-des-covid19-virus-ist-verfassungswidrig, Abschnitt 3 (abgerufen am 15. April 2021).

„Wenn wir nicht in der Lage sind, das Wahre vom Falschen zu unterscheiden" sagte der ehemalige US-Präsident Barack Obama einmal, „dann funktioniert unsere Demokratie grundsätzlich nicht".[398] Auf den Rechtsstaat übertragen heißt dies: Wenn Teile der Justiz nicht mehr in der Lage sind, in der Corona-Krise zwischen Realität und alternativen Fakten und Quellen zu trennen, funktioniert der Rechtsstaat nicht mehr.

Fußnote: Die beiden Verfassungsbeschwerden des Netzwerk-Mitbegründers Schleiter hat das Bundesverfassungsgericht am 19. April 2021 nicht zur Entscheidung angenommen, ohne Begründung.[399]

---

398 Zitiert nach Der Spiegel Nr. 40 vom 2. Oktober 2021, S. 43.
399 BVerfG Beschluss vom 19. April 2021 Az. 1 BvR 21/21 und 1 BvR 75/21.

Milde Strafen durch Entpolitisierung: politische Einstellungen und Tatmotive

Seit August 2015 fordert das Strafgesetzbuch in § 46 Abs. 2 StGB die Strafjustiz auf, bei der Strafzumessung „rassistische, fremdenfeindliche, antisemitische oder sonstige menschenverachtende" „Beweggründe" bei der Strafzumessung zu „berücksichtigen". Nach dieser klarstellenden Strafzumessungsregel sollen Staatsanwälte und Richter diese Motive bei der Strafzumessung beachten und benennen. Mit dieser Reform des Strafzumessungsrechts ist der Gesetzgeber einer Empfehlung des ersten NSU-Untersuchungsausschusses gefolgt. Mit ihr wollte der Bundestag die Strafjustiz für rassistische, fremdenfeindliche oder antisemitische Triebfedern von Straftätern sensibilisieren – vom ersten Ermittlungsschritt bis zum Urteil.[400] Die Frage: Wie ist die Strafverfolgungspraxis mit diesem gesetzlichen Auftrag umgegangen?

„Eine Melange aus Unfähigkeit und Unwilligkeit": das Ballstädt-Verfahren

Am 14. Mai 2021 hat die Bürgerinitiative *Omas gegen Rechts* aus Ballstädt im Landkreis Gotha dem Justizminister Dirk Adams (Bündnis 90/Die Grünen) die Petition „Keine Deals mit Nazis" überreicht, unterschrieben von über 44 000 Bürgern. Der Hintergrund dieses zivilgesellschaftlichen Protestes: In der Nacht vom 8. auf den 9. Februar 2014 hatten mindestens 15 Neonazis eine Kirmesgesellschaft im Gemeindesaal von Ballstädt angegriffen und zehn Feiernde zum Teil schwer verletzt. Dafür waren zehn Rechtsextremisten in einem ersten Prozess wegen gefährlicher Körperverletzung im Mai 2017 zu Haftstrafen zwischen 26 Monaten und dreieinhalb Jahren verurteilt worden. Vier Angeklagte wurden freigesprochen. Das Urteil ist über sieben Jahre nach dem brutalen Überfall immer noch nicht rechtskräftig. Der Bundesgerichtshof hat es im Juni 2020 aufgehoben.

Im Frühjahr 2021 sickerte durch, dass die Erfurter Staatsanwaltschaft das Verfahren mithilfe von Absprachen deutlich abkürzen will. Für die Initiative *Omas gegen Rechts* wäre ein Deal der Justiz mit den rechten Gewalttätern, bei dem Haftstrafen gegen Geständnisse in Bewährungsstrafen umgewandelt werden, ein „fatales Signal" des Rechtsstaates, für die Betroffenen ein „zweiter Schlag ins Gesicht" und „für militante Neonazis im Bundesland ein Signal, auch nach brutalen Angriffen weiter auf freiem Fuß bleiben zu können". Es kam wie befürchtet. Aufgrund eines Deals hat die 6. Kammer des Land-

---

400 Cobbinah, Zu wenig, zu selten. Die Berücksichtigung von rassistischen Motiven durch die Strafjustiz, in: Recht gegen Rechts, Report 2020, S. 141.

gerichts Erfurt am 12. Juli 2021 neun Angeklagte wegen gefährlicher Körperverletzung in zehn Fällen zu Bewährungsstrafen verurteilt, sieben Angeklagte zu jeweils einem Jahr, zwei weitere zu einem Jahr und zehn Monaten. Ohne das Angebot vergleichsweise milder Strafen hätte es nach Ansicht der Vorsitzenden Richterin Sabine Rathemacher keine Geständnisse der Angeklagten gegeben – und ohne diese Geständnisse wäre die Gefahr groß gewesen, die Taten nicht beweisen zu können.[401]

Das über siebenjährige Strafverfahren gegen 15 Neonazis wegen gefährlicher Körperverletzung ist für die Justiz in Thüringen ein Armutszeugnis. Während Bundes- und Landesregierungen dem Kampf gegen den Rechtsextremismus inzwischen höchste Priorität einräumen, scheinen diese rechtspolitischen Weichenstellungen bei der Erfurter Justiz und bei Justizminister Dirk Adams (Die Grünen) folgenlos geblieben zu sein. Die Bürgermeisterin der Gemeinde Nesseltal Eva-Marie Schuchardt, in der der Flecken Ballstädt mit 700 Einwohnern liegt, spricht von einer „Justizfarce", der Göttinger Verteidiger und Nebenklägervertreter Sven Adam von „Grenzen des Aushaltbaren, die überschritten" sind.[402] Der ehemalige Senatsvorsitzende beim Bundesarbeitsgericht Franz Josef Düwell entdeckt eine „Melange aus Unfähigkeit und Unwilligkeit, an der die Weimarer Republik gescheitert ist".[403] Die Landtagsabgeordnete der Linken Katharina König-Preuss ist frustriert: „Auf diesen Staat, auf diese Justiz ist im Kampf gegen Rechts kein Verlass."[404]

Die Brennpunkte des Justizversagens sind: eine verschleppte Verfahrensdauer, eine falsche Toleranz gegenüber den Angeklagten im Gerichtssaal, eine schlampige Urteilsbegründung, eine Entpolitisierung rechter Gewalt bei der Strafzumessung und ein unzureichender Opferschutz.

Die rechte Gewalt im Februar 2014 wurzelt in einem Konflikt zwischen jugendlichen Neonazis und zivilgesellschaftlich engagierten Einwohnern Ballstädts. Er entzündete sich nach dem Kauf des sogenannten „Gelben Hauses", einer alten Bäckerei, durch ein paar Neonazis, darunter Mitglieder und Unterstützer der „Turonen". Dieser Gruppe

---

401 https://www.mdr.de/nachrichten/thueringen/ballstaedt-prozess-urteil-ueberfall-100.html (abgerufen am 13. Juli 2021).
402 Müller, 2021, Tür an Tür mit den Nazis aus Ballstädt – „Omas gegen Rechts" machen mobil, unter https://www.thueringer-allgemeine.de/leben/recht-justiz/tuer-an-tuer-mit-den-nazis-von-ballstaedt-omas-gegen-rechts-machen-mobil-id232241539.html (abgerufen am 9. Mai 2021).
403 Müller, 2021, Tür an Tür mit den Nazis aus Ballstädt – „Omas gegen Rechts" machen mobil, unter https://www.thueringer-allgemeine.de/leben/recht-justiz/tuer-an-tuer-mit-den-nazis-von-ballstaedt-omas-gegen-rechts-machen-mobil-id232241539.html (abgerufen am 9. Mai 2021); Franz Josef Düwell ist Mitglied der Arnold-Freymuth-Gesellschaft, die sich schwerpunktmäßig mit der Justizgeschichte der Weimarer Republik und der unbegrenzten Auslegung von Gesetzen im Dienst des Nationalsozialismus widmet.
404 Süddeutsche Zeitung vom 13. Juli 2021, S. 1.

rechter Rocker werden Verbindungen zu den in Deutschland verbotenen Gruppen *Combat 18* und *Blood & Honour* nachgesagt. Das Gelbe Haus entwickelte sich schnell zum Treffpunkt für die Anhänger der gefährlichsten und einflussreichsten Neonazi-Gruppen Thüringens. Im Februar 2021 wurde es im Rahmen einer bundesweiten Razzia durchsucht. Die Polizei fand dort Drogen, Bargeld und mehrere Langwaffen, darunter Karabiner aus dem Zweiten Weltkrieg.[405]

Zwischen den braunen Neuen und den Alt-Eingesessenen gab es „von Anfang an kein freundschaftliches Verhältnis", wie es das Landgericht Erfurt im ersten Urteil behutsam umschreibt.[406] Ein *Bündnis gegen Rechts* hat ein großes Transparent mit den Worten „Ihr seid hier nicht willkommen" vor dem Gelben Haus aufgehängt. Es demonstrierte auf der Straße gegen die ungeliebten Neunankömmlinge, verbreitete Videos von ihrem Treiben auf YouTube und beschmierte die Hausfassade. Am Ende wurde sogar ein Fenster des Gelben Hauses eingeworfen. Das zerbrochene Glas befeuerte die blutige Attacke auf die Feier der Kirmesgesellschaft.

Das Strafverfahren gegen die 15 Neonazis stand von Anfang an unter keinem guten Stern. Es litt unter zähen, schleppenden Ermittlungen von Polizei und Staatsanwaltschaft, selbst, wenn man ihnen zugutehält, dass diese kompliziert waren. Die meisten Beschuldigten haben bei den polizeilichen Vernehmungen und im Prozess geschwiegen. Vier haben eingeräumt, dass sie bei dem Überfall im Gemeindehaus anwesend waren. Einer hat sich sogar in der Hauptverhandlung bei den Opfern entschuldigt: „Hätte ich den ersten Schlag nicht getätigt und wäre ich nicht maskiert aufgetreten, wäre die Sache nicht eskaliert".[407] Ein Beschuldigter hat sich gegen einen erheblichen Strafrabatt bereitgefunden, zu gestehen und Co-Schläger zu belasten. Auch der Hauptbeschuldigte Thomas W. hat seinen Tatbeitrag eingeräumt, ohne allerdings andere zu belasten.

Die Geschädigten mussten fast zwei Jahre auf den Beginn des Prozesses warten, der sich mit 44 Verhandlungstagen über fast ein Jahr hinzog. Das erstinstanzliche Urteil fiel am 24. Mai 2017, drei Jahre und drei Monate nach dem Übergriff. Schon damals hat die 3. Große Strafkammer des Landgerichts Erfurt die „lange Verfahrensdauer" „strafmildernd" zugunsten der rechten Schläger berücksichtigt.[408] Nach Angaben von Nebenklagevertretern brauchte die Geschäftsstelle der Kammer dann ein weiteres Jahr, um die Revision an den Bundesgerichtshof weiterzuleiten. Dort lag das Verfahren dann rund zwei Jahre unbearbeitet, bevor der BGH das Urteil der 3. Großen Strafkammer aufhob.

---

405 Ritzschel, 2021, Polizei geht gegen Neonazigruppe vor, unter https://www.suedeutsche.de/politik/turonen-rechtsextremismus-thueringen-1.5218515 (abgerufen am 11. Mai 2021).
406 LG Erfurt vom 24. Mai 2017 Az. 3 Kls 590 Js 4436/14 jug, S. 22.
407 Urteil vom 24. Mai 2017 Az. KLs Js 4436/14 jug, S. 76.
408 LG Erfurt vom 24. Juni 2017 Az. 3 KLs 590 Js 4436/14 jug, S. 74.

Das Präsidium des Landgerichts Erfurt benötigte dann noch einmal fast ein Jahr, um einen Ort und einen Termin für eine Wiederholung der Hauptverhandlung zu finden. Wie konnte es zu dieser überlangen, rechtsstaatlich nicht hinnehmbaren Verfahrensdauer kommen, die verhindern wird, dass die Strafen im zweiten Urteil dem Unrechts- und Schuldgehalt der ursprünglichen Tat auch nur entfernt entsprechen?

Eine Ursache ist sicher die schwierige Beweisführung bei 15 Angeklagten, deren Tatbeiträge beim Überfall einzeln belegt werden mussten. Der Nebenklagevertreter Sven Adam hält eine weitere Ursache für denkbar. Nach seinen Erfahrungen lässt die Justiz „konfliktreiche Verfahren [...] aus Konfliktscheu gern länger liegen". Eine Rolle könnte nach seiner Meinung ferner eine „Angst vor großen Verfahren mit großer Öffentlichkeit" gespielt haben. Diese Einstellungen „begünstigen immer die Täter", sagt er.

Diese Konfliktscheu könnte auch die Nachsicht der 3. Großen Strafkammer des Landgerichts Erfurt gegenüber dem respektlosen Verhalten mehrerer Angeklagter erklären, die Nebenklagevertretern unangenehm aufgefallen ist. Ohne Reue haben diese das Gericht durch Verspätungen, Feixen, Lachen, Schlafeinlagen und szenetypische Kleidung provoziert, ohne dass dies nachhaltig reagiert hätte. Nach Verteidiger Adam hatten die meisten Angeklagten ein „strammes Selbstbewusstsein und keinen Respekt vor der Justiz".

Verhängnisvoll war die Aufhebung des Urteils der 3. Großen Strafkammer durch den Bundesgerichtshof mit einer vernichtenden Kritik an der Qualität der Urteilsbegründung. Die „Beweiswürdigung" der Tatbeiträge der Angeklagten am Tatgeschehen war nach Ansicht des zweiten Senats „durchgreifend rechtsfehlerhaft".[409] Unter anderem seien die Anforderungen, die die ständige Rechtsprechung des Bundesgerichtshofs an die Darlegung von DNA-Gutachten stellt, nicht erfüllt. Auch die Beweiswürdigung der Aussagen des mitangeklagten Belastungszeugen „leidet" nach Ansicht der Bundesrichter unter „durchgreifenden Rechtsfehlern". Es werde nicht klar, welche Aussagen die Strafkammer „für wahrheitsgemäß erachte und welchen sie möglicherweise keine Bedeutung beimisst".[410] Diese deftigen juristischen Tadel gelten auch Holger Pröbstel, der das Urteil als Vorsitzender der 3. Großen Strafkammer des Landgerichts Erfurt mit verantwortet. Pikant: Als Vorsitzender des *Thüringischen Richterbundes* sollte der Gescholtene zugleich den Berufsstand der Richter und Staatsanwälte in Thüringen repräsentieren, was in diesem Fall gründlich misslungen ist. Die Verantwortung für die Aufhebung des Urteils sieht Robert Friedrich von der Beratungsstelle für Betroffene rechter, rassistischer und antisemitischer Gewalt (ezra) auch bei der 3. Großen Strafkammer: „Das

---

409 BGH vom 15. Juni 2020 Az. R 352/18, S. 7.
410 BGH vom 15. Juni 2020 Az. 2 StR 352/18, S. 9, 12.

Landgericht hat es nicht geschafft, nach einem kostenintensiven Großverfahren ein rechtlich sauberes Urteil zu formulieren".[411]

Fatal ist, dass beide Kammern des Landgerichts Erfurt in dem organisierten Rache-Überfall auf die Kirmesgesellschaft keine „Nazitat" gesehen haben und der rechtsextremistische Hintergrund der Täter folglich in den Strafzumessungserwägungen keine Rolle gespielt hat.[412] Strafmildernd berücksichtigt das Gericht die „feindselige Haltung der Einwohner von Ballstädt" und dass der Überfall für die Täter eine „Reaktion" auf die eingeworfene Fensterscheibe im „Gelben Haus" war. Die sich aufdrängende Frage: Warum preist das Gericht nicht die feindselige Haltung der Angeklagten gegenüber der freiheitlich-demokratischen Grundordnung ein, die auf die Einwohner von Ballstädt negativ abstrahlt und im ungebührlichen Verhalten der Angeklagten im Gerichtssaal zum Ausdruck gekommen ist? Warum übersieht die Kammer, dass der Übergriff auf die Festgesellschaft ein Akt der Selbstjustiz war, die in unserem Rechtsstaat keinen Platz hat? Nachdem die zerbrochene Fensterscheibe entdeckt worden war, hatte einer der Neonazis zunächst vorgeschlagen, die Polizei zu verständigen. Diese Idee kam bei anderen nicht gut an. Sie wollten die Rache selbst in die Hand nehmen und brachen zum Gemeindesaal auf, „damit das endlich ein Ende hat".[413] Der Überfall war eine rechtsextremistisch motivierte Selbstjustiz.

Im Prozess haben Zeugen deutlich gemacht, dass der Überfall der „Einschüchterung" diente und ein „Versuch war, zivilgesellschaftliches Engagement vor Ort zu unterbinden".[414] Vor dem Angriff auf die Kirmesgesellschaft hatten Politiker und Dorfbewohner gemeinsam demonstriert. Ein Opfer: „Wir haben uns engagiert und dafür eins auf Maul bekommen."[415] In den Augen der Neonazis waren die gegen sie protestierenden Bürger „Zecken". Es gab also entgegen der Meinung des Gerichts eine Fülle von Indizien für eine politische Motivation der Selbstjustiz. Für die Opferanwältin Kristin

---

411 Ezra – Beratung für Betroffene rechter, rassistischer und antisemitischer Gewalt in Thüringen, 2020, Bundesgerichtshof hebt Urteil gegen elf Neonazi-Schläger im Ballstädt-Prozess auf – Keine Zweifel an der Schuld der Angeklagten, aber anhaltende Straffreiheit – Opferberatung ezra fordert schnellstmöglich neues Verfahren und sieht Verantwortung beim Landgericht Erfurt, unter https://ezra.de/bundesgerichtshof-hebt-urteil-gegen-elf-neonazi-schlaeger-im-ballstaedt-prozess-auf-keine-zweifel-an-der-schuld-der-angeklagten-aber-anhaltende-straffreiheit-opferberatung-ezra-fo/ (abgerufen am 9. Mai 2021).
412 Spicker/Glaser, 2020, Ballstädt – Das Vertrauen in rechtsstaatliche Strukturen ist massiv geschwächt, unter https://www.belltower.news/ballstaedt-das-vertrauen-in-rechtsstaatliche-strukturen-ist-massiv-geschwaecht-99491/ (abgerufen am 9. Mai 2021).
413 BGH vom 20. Juni 2020 Az. 2 StR 352/18, S. 4, Rn. 5.
414 Spicker/Glaser, 2020, Ballstädt – „Das Vertrauen in rechtsstaatliche Strukturen ist massiv geschwächt", unter https://www.belltower.news/ballstaedt-das-vertrauen-in-rechtsstaatliche-strukturen-ist-massiv-geschwaecht-99491/ (abgerufen am 9. Mai 2021).
415 Süddeutsche Zeitung vom 13. Juli 2021, S. 5.

Pietryzik hatte die Racheaktion der Neonazis das Ziel, eine „regionale Hegemonie aufzubauen und mit dem Mittel der Gewalt durchzusetzen".[416] Diese „hegemonialen Akte der rechten Szene werden vom Gericht nicht wahrgenommen", moniert die Verteidigerin.[417]

Diese Entpolitisierung bei der strafrechtlichen Einordnung und Bewertung des Überfalls der Neonazis steht in krassem Widerspruch zu den „Grundsätzen der Strafzumessung" in § 46 StGB. Nach ihnen sind „Beweggründe und Ziele des Täters, besonders auch rassistische, fremdenfeindliche, antisemitische und sonstige menschverachtende" sowie die „Gesinnung, die aus der Tat spricht" bei der Bemessung der Strafe zu berücksichtigen. Natürlich ist ein Schlag ins Gesicht zunächst ideologisch neutral. Würde man diesen Umstand nur als „kriminelle Energie" bewerten, wie es beide Urteile getan haben, würde rechte Gewalt gegen Antifa-Gruppen, zivilgesellschaftliche Protestaktionen und zuwanderungsfreundliche Bürgermeister und Landräte aus dem Bereich rechtsextremistischer Gewalt herausfallen. Das wäre fatal. Das Ausklammern der stramm rechten „Gesinnung" der Angeklagten bei der Strafzumessung hätte für den Bundesgerichtshof ein zweiter Grund sein können, das Urteil des Erfurter Landgerichts aufzuheben.

Für die zehn zum Teil schwer verletzten Opfer, ihre Familien und Freunde ist schwer zu ertragen, dass sie mit den bisher freien Gewalttätern in dem kleinen Ort Ballstädt seit sieben Jahren Tür an Tür wohnen müssen. Sophie, eine Geschädigte, vergleicht ihr Empfinden mit dem Leiden in der Corona-Pandemie: „ Ich fühle mich als Patient, der nicht versorgt wird. Der Rechtsstaat erkrankt".[418] Martin, ein anderes Opfer, ist vom Rechtsstaat enttäuscht: „Wo bleiben die Konsequenzen?", fragt er.[419] Für Franz Josef Düwell, Ex-Senatsvorsitzender beim Bundesarbeitsgericht, ist es „Aufgabe der Justiz, Opfer zu schützen. Sie verhöhnt Opfer, wenn sie handwerklich schlecht und langsam arbeitet".

Am ersten Tag der Neuverhandlung des Ballstädt-Prozesses im Mai 2021 hat das Landgericht Erfurt mit Zustimmung der Staatsanwaltschaft allen Angeklagten sogenannte Deals angeboten – um das Verfahren abzukürzen, Kosten zu sparen, wegen des langen

---

416 Spicker/Glaser, 2020, Ballstädt – „Das Vertrauen in rechtsstaatliche Strukturen ist massiv geschwächt", unter https://www.belltower.news/ballstaedt-das-vertrauen-in-rechtsstaatliche-strukturen-ist-massiv-geschwaecht-99491/ (abgerufen am 9. Mai 2021).
417 Gräfenhan, 2021, Opfer kritisieren Umgang mit rechten Straftaten in Ballstädt, unter https://www.thueringer-allgmeine.de/regionen/gotha/wo-bleiben-die-konsequenzen-id232067703.html (abgerufen am 9. Mai 2021).
418 Klaus, 2021, „Der Rechtsstaat erkrankt" – So geht es den Opfern der Ballstädt-Schläger heute, unter https://www.thueringer-allgemeine.de/politik/der-rechtsstaat-erkrankt-so-geht-es-den-opfern-der-ballstaedt-schlaeger-heute-id232042495.html (abgerufen am 9. Mai 2021).
419 Gräfenhan, 2021, Opfer kritisieren Umgang mit rechten Straftaten in Ballstädt, unter https://www.thueringer-allgemeine.de/regionen/gotha/wo-bleiben-die-konsequenzen-id232067703.html (abgerufen am 9. Mai 2021).

Abstandes zur Tat und des Zeitaufwandes. Die Geschäftsgrundlage: mildere Strafen gegen Geständnisse. Neun Angeklagte hatten erklärt, die Angebote annehmen zu wollen. Bei zwei weiteren Angeklagten hatte die 6. Kammer die Verfahren nach § 153a StPO wegen geringer Schuld gegen Bußen von jeweils 6000 Euro eingestellt.

Dieses Deal-Angebot hatte die Nebenklagevertreter und die Initiative *Omas gegen Rechts* erzürnt. Es ist eine Kapitulation der Justiz vor ihren eigenen Fehlern. Die offerierten geringen Strafen, die den Schuld- und Unrechtsgehalt der Taten nicht annähernd widerspiegeln, verletzen die Gefühle der Opfer und untergraben das Vertrauen in die Justiz.

Es gibt verschiedene Stichworte, die bei der Suche nach den Ursachen für das Scheitern der Justiz im Ballstädt-Verfahren fallen: geringes Verfolgungsinteresse bei rechten Straftaten, handwerklich schlechte Arbeit, falsche Toleranz gegenüber provokativem Auftreten der Neonazis im Gerichtssaal, Konfliktscheu, Entpolitisierung rechter Gewalt, Organisationsdefizite des Landgerichtspräsidiums in Erfurt bei der Suche nach Verhandlungsorten und -terminen sowie Überlastung der Justiz. Es gibt einen Faktor, der auf allen Ebenen und bei allen staatlichen Akteuren eine negative Rolle gespielt hat: Die Beteiligten sind ihrer besonderen Verantwortung im Kampf gegen rechte Gewalt nicht gerecht geworden – vom Kriminalkommissar bis zum Bundesrichter.

Waffenlager von Elite-Polizisten und -Soldaten: der rechtsextremistische Hintergrund spielt bei der Strafzumessung keine Rolle

Ein Stein wird dem ehemaligen Scharfschützen und Polizisten beim Spezialkommando (SEK) Mecklenburg-Vorpommern Marko G. vom Herzen gefallen sein, als er am 19. Dezember 2019 das Urteil des Landgerichts Schwerin hörte: ein Jahr und neun Monate mit Bewährung wegen Verstoßes gegen das Kriegswaffenkontrollgesetz, das Waffengesetz und das Sprengstoffgesetz.[420] Wäre das Gericht dem Antrag der Staatsanwaltschaft gefolgt – zwei Jahre und zehn Monate ohne Bewährung – hätte er Weihnachten nicht zu Hause feiern können. Das Urteil ist mittlerweile rechtskräftig. Eine Strafmaßrevision der Staatsanwaltshaft, die die Strafe als zu milde erachtete, hat der Bundesgerichtshof verworfen.

In dem Prozess ging es in erster Linie um den illegalen Besitz einer Maschinenpistole, 1500 Schuss Kriegswaffenmunition sowie die unsachgemäße Lagerung weiterer Waf-

---

420 Süddeutsche Zeitung, 2019, Prozesse – Schwerin: Bewährungsstrafe für Kriegswaffenbesitz eines Polizisten, unter https://www.sueddeutsche.de/panorama/prozesse-schwerin-bewaehrungsstrafe-fuer-kriegswaffenbesitz-eines-polizisten-dpa.urn-newsml-dpa-com-20090101-191217-99-179980 (abgerufen am 23. Mai 2021).

fen, Munition und Sprengmittel. Die Munition, die bei Durchsuchungen bei ihm gefunden wurde, stammte nach dem Urteil des Landgerichts Schwerin von der Polizei aus mindestens sieben Bundesländern, dazu von der Bundespolizei, der Bundeswehr und dem Zoll.[421] Dahinter muss also ein Ring von Polizeibeamten gesteckt haben, der systematisch und über einen längeren Zeitraum Waffen, Munition und Sprengstoff illegal beschafft hat.

Die Anklage der Staatsanwaltschaft hatte Marko G. vorgeworfen, mit den Waffen die Ziele der sogenannten Prepper-Gruppe *Nordkreuz* (prepper kommt vom Englischen prepare = vorbereiten) unterstützen zu wollen. Die habe sich auf einen Tag X vorbreiten wollen, an dem die öffentliche Ordnung durch Naturkatastrophen, Stromausfälle oder die Massenzuwanderung von Flüchtlingen in Deutschland zusammenbrechen würde. Die Gruppe war überzeugt, dass der Staat unter anderem wegen der Flüchtlingspolitik sein Gewaltmonopol verlieren würde und das Land in eine schwere gesellschaftliche Krise geraten könnte. *Nordkreuz* soll nach Recherchen der *taz* ein Teil des rechten Hannibal-Netzwerkes in Sicherheitsbehörden sein.[422] Ein Teil der *Nordkreuz*-Mitglieder hatte bereits 7 500 Euro gesammelt, um Munition für den Tag X zu kaufen. Ziel waren 40 000 Schuss, gekauft waren zum Zeitpunkt der Durchsuchung 30 000.

In der *Nordkreuz*-Gruppe hat Marko G., wie im Prozess deutlich wurde, eine führende Rolle gespielt. Unter dem Pseudonym „Hombre" agierte er als Administrator der Chatgruppen. Er organisierte Treffen und sammelte Geld, um Depots mit Nahrungsmitteln, Treibstoff und Munition anzulegen. Laut Bundesregierung hatte der harte Kern dieser Gruppe eine „gefestigte rechtsextreme Einstellung".[423] Gegen zwei Mitglieder von *Nordkreuz* ermittelt die Generalbundesanwaltschaft wegen des Verdachts einer schweren staatsgefährdenden Gewalttat. In diesem Verfahren wird Marko G. als Zeuge geführt.[424]

Nach dem Urteil der 4. Großen Strafkammer des Landgerichts Schwerin haben Mitglieder der Chatgruppen „Informationen, Inhalte und Gedanken" ausgetauscht, darunter Äußerungen mit „eindeutig fremdenfeindlichen, rechtsradikalen, klar außerhalb der freiheitlich-demokratischen Grundordnung stehenden Inhalten".[425] Dabei soll Marko G. eine eher passive Rolle als „Empfänger" gespielt und solche Posts „nur vergleichs-

---

421 Erb/Meinert/Schmidt/Schulz, 2020, Rechte Prepper-Gruppe Nordkreuz – Die Spur nach Güstrow, unter https://taz.de/Rechte-Prepper-Gruppe-Nordkreuz/!5674282/ (abgerufen am 24. Mai 2021).
422 Erb/Meinert/Schmidt/Schulz, 2020, Rechte Prepper-Gruppe Nordkreuz – Die Spur nach Güstrow, unter https://taz.de/Rechte-Prepper-Gruppe-Nordkreuz/!5674282/ (abgerufen am 24. Mai 2021).
423 Erb/Meinert/Schmidt/Schulz, 2020, Rechte Prepper-Gruppe Nordkreuz – Die Spur nach Güstrow, unter https://taz.de/Rechte-Prepper-Gruppe-Nordkreuz/!5674282/ (abgerufen am 24. Mai 2021).
424 Erb/Meinert/Schmidt/Schulz, 2020, Rechte Prepper-Gruppe Nordkreuz – Die Spur nach Güstrow, unter https://taz.de/Rechte-Prepper-Gruppe-Nordkreuz/!5674282/ (abgerufen am 24. Mai 2021).
425 LG Schwerin vom 19. Dezember 2019 Az. 133 Js 33228/18 KLs 15/19, S. 9.

weise wenig positiv kommentiert und/oder weitergeleitet haben." In den Chats ging es teilweise deftig zu. Ein Chatpartner ließ Marko G. wissen, dass er Bundesminister Maas für einen „Volksverräter" halte. Der meinte in seiner Antwort, dass Maas „arroganter Abschaum" sei.[426] Darüber hinaus wurden der Nationalsozialismus und Hitler „positiv dargestellt". Im Verfahren hat Marko G. diese rechtsextreme Kommunikation eingeräumt, aber zugleich behauptet, dass diese Posts „keinen Bezug" zu „Waffen, Munition und Sprengkörpern" gehabt haben.[427] Hier wird die Strategie seiner Verteidigung sichtbar. Das Beschaffen, Sammeln von Waffen, Munition und Sprengkörpern soll nichts mit der teilweise braunen Ideologie der *Nordkreuz*-Gruppe zu tun gehabt haben. Aufschlussreich ist, dass es weder während der polizeilichen Ermittlungen noch im Prozess gelungen ist herauszufinden, wozu Waffen, Munition und Sprengkörper am Tage X verwendet werden sollten.

Bei der Strafzumessung hat die 4. Große Strafkammer mildernd berücksichtigt, dass Marko G. nicht vorbestraft war und sechs Monate in Untersuchungshaft gesessen hatte. Zu seinen Gunsten hat das Gericht ferner berücksichtigt, dass er sich bei den zwei Hausdurchsuchungen 2017 und 2019 kooperativ gezeigt und die Tat gestanden habe. Dass das Geständnis angesichts der „erdrückend erscheinenden Beweislage" nicht viel Gewicht hatte, hat das Gericht relativierend eingepreist.[428] Positiv gewertet hat die Strafkammer zudem, dass er die „teilweise eindeutig außerhalb der freiheitlich-demokratischen Grundordnung stehende Kommunikation gestanden und bedauert", also ein „gerüttelt Maß an Reue" gezeigt habe.[429] Strafschärfend wiegen drei andere Umstände, die die Kammer zwar angesprochen, aber nicht ausreichend gewichtet hat. Marko G. hatte sich im Prozess entweder geweigert zu sagen oder er konnte sich nicht erinnern, von wo welche Kollegen die Munition aus zehn verschiedenen Quellen illegal beschafft hatten.[430] Er hat etliche Waffen behalten, die bei der ersten Durchsuchung nicht gefunden wurden. Und er hat nach der ersten Hausdurchsuchung 2017 weiter versucht, im Kollegenkreis neue Munition illegal zu beschaffen, wenn auch mit geringerer Intensität. Der Schuss vor den Bug durch die erste Durchsuchung hatte also nicht nachhaltig gewirkt, was für eine gewisse Hartnäckigkeit bei den Vorbereitungen auf den Tag X spricht. Strafschärfend hat die Große Strafkammer ferner berücksichtigt, das Marko G. durch seine „Tat dem öffentlichen Ansehen der Polizei massiven Schaden zugefügt und das Vertrauen der Bevölkerung in eine stets rechtmäßig handelnde Polizei beeinträchtigt" hat.[431]

426 A. a. O., S. 9.
427 A. a. O., S. 34.
428 A. a. O., S. 56.
429 A. a. O., S. 58.
430 A. a. O., S. 57 f.
431 A. a. O., S. 58.

Im Urteil des Landgerichts Schwerin gibt es eine zentrale Schwachstelle: seinen Umgang mit dem fremdenfeindlichen, teilweise verfassungsfeindlichen Hintergrund des „unerlaubten Besitzes und der nicht sachgerechten Lagerung von Waffen, Munition und Sprengkörpern und -stoffen" bei Marko G. Nachvollziehbar ist zunächst die „allgemeine Feststellung", dass eine „bestimmte politische Gesinnung nicht strafbar ist".[432] Im nächsten Schritt erklärt die Strafkammer dann aber, dass das **„Motiv"** für das Sammeln von Waffen, Munition und Sprengkörper, „grundsätzlich zu trennen" sei von der **politischen Einstellung** des Angeklagten, solange und soweit aus dieser nicht Rückschlüsse auf das Motiv, auf den Zweck und die Verwendungsabsicht von Waffen, Munition und Sprengkörpern und -stoffen gezogen werden können". Diesen Rückschluss meint die Kammer nicht ziehen zu können, weil es keine „Indizien" gäbe, dass Marko G. „auf den Eintritt des Tages X hingearbeitet hat oder dass er konkret beabsichtigte, diesen in nicht rechtskonformer Art und Weise zu nutzen".[433] Diese Argumentation überzeugt aus mehreren Gründen nicht. Zwar ist eine Trennung zwischen politischer Gesinnung und Tatmotiv theoretisch möglich, in diesem Fall aber künstlich und wirklichkeitsfremd. Es gab keine Anhaltspunkte dafür, dass Marko G. Gewehre und Munition nur als Waffen-Narr gehortet hat, um sich und seine Familie an einem Tag X an einem Rückzugsort zu schützen. So auch eine Einlassung von ihm. Dagegen sprechen einmal die Menge der bundesweit illegal beschafften und gehorteten Waffen, Munition, Sprengkörper und die langjährige Zusammenarbeit mit bundesweit verteilten Gesinnungsgenossen. Aus unerfindlichen Gründen hat die Kammer nicht erkannt, dass sie über eine politische „Gesinnung" zu befinden hatte, die zugleich das politische „Tatmotiv" für den illegalen Besitz von Waffen, Munition, und Sprengkörpern war. Für diese Straftaten war Marko G. als führendes Mitglied der rechtsextremistischen *Nordkreuz*-Gruppe mitverantwortlich. Der Abschlussbericht einer vom Innenministerium Mecklenburg-Vorpommern eingesetzten unabhängigen SEK-Untersuchungskommission ist zu dem Ergebnis gekommen, dass „rechtsextremistische, insbesondere fremdenfeindlich geprägte Einstellungen und Fehlverhaltensweisen" (Straftaten und Dienstvergehen) von der „Prepper-Szene in das SEK hineingetragen worden sind". In diversen Chatgruppen, fährt der Abschlussbericht fort, seien „rechtsextremistische und fremdenfeindliche Äußerungen" festgestellt worden, die „eine **politische Motivation** der Straftaten indizieren".

Die Kammer hat nicht begriffen, dass das organisierte bundesweite illegale Beschaffen und Bunkern von Waffen, Munition und Sprengkörpern nur mit einer politischen, in diesem Fall rechtsextremen Motivation plausibel erklärt werden kann. Außerdem verkennt sie, dass es für die Annahme einer Strafbarkeit gar keiner Pläne für weitere Strafta-

---

432 A. a. O., S. 60.
433 A. a. O., S. 59 f.

ten am Tage X bedarf. Mit der Strafbarkeit des illegalen Besitzes von Waffen, Munition und Sprengkörpern hat der Gesetzgeber ausnahmsweise bereits eine **Vorbereitungshandlung** für einen späteren Gebrauch von Waffengewalt unter Strafe gestellt. Auf die Motivation für mögliche Straftaten an einem Tag X kam es also gar nicht mehr an. Es gibt noch einen zweiten Gedanken, der dem Gericht hätte zeigen können, ja müssen, dass es sich bei der Strafzumessung auf dem Holzweg befindet. Es mag sein, dass die Gruppe *Nordkreuz* noch keine „konkreten" Pläne für den Tag X hatte, Waffen, Munition und Sprengkörper „in nicht rechtskonformer Art und Weise" „einzusetzen".[434] Das ist rechtlich auch gar nicht notwendig. Wer Waffen illegal beschafft, sammelt und hortet, will damit nicht nur Räuber und Gendarm spielen, sondern bereitet sich vor, unter bestimmten Voraussetzungen das Gewaltmonopol des Staates zu brechen, das Polizeibeamte eigentlich repräsentieren und verteidigen sollen.

Die Auffassung der Großen Strafkammer, dass die rechtsextreme Einstellung des Angeklagten für die Strafzumessung unerheblich sei, ist in doppelter Hinsicht verfehlt. Sie trennt in diesem Fall künstlich und wirklichkeitsfremd zwischen politischer Gesinnung und Tatmotiv. Die Folge ist, dass sie mit den in § 46 StGB aufgezählten Strafzumessungsgründen unvereinbar ist. Sie ignoriert das Tatbestandsmerkmal „Gesinnung, die aus der Tat spricht" und die Merkmale „fremdenfeindliche" und „Beweggründe" von Marko G. als führendem Mitglied der rechtsextremistischen *Nordkreuz*-Gruppe.

Dass Marko G. am Ende wegen Verstößen gegen das Waffengesetz und Kriegswaffenkontrollgesetz ohne strafschärfende Berücksichtigung seiner rechtsextremistischen Motive und Aktivitäten zu einer Bewährungsstrafe verurteilt wurde, ist das Ergebnis einer rechtlich fehlerhaften, entpolitisierten Interpretation des Sachverhalts. Die Bewährungsstrafe für Marko G. bildet den Unrechts- und Schuldgehalt seiner Aktivitäten nicht hinreichend ab. Eine Strafaussetzung zur Bewährung hätte nicht in Betracht kommen dürfen, da eine Vollstreckung der Freiheitsstrafe zur „Verteidigung der Rechtsordnung" geboten gewesen wäre (§ 56 Abs. 3 StGB). Durch seine rechtsextremistisch motivierten Straftaten hat er dem Ansehen der Polizei erheblich geschadet und das Vertrauen in die Polizei als Repräsentanten und Verteidiger des staatlichen Gewaltmonopols untergraben.

Unter ähnlichen Argumentationsschwächen leidet die Verurteilung des Elite-Soldaten des Kommandos Spezialkräfte (KSK) der Bundeswehr Philipp Sch. durch die 6. Kammer des Landgerichts Leipzig zu zwei Jahren mit Bewährung – ebenfalls wegen Verstößen gegen das Kriegswaffenkontrollgesetz, das Waffengesetz und das Sprengstoffgesetz.[435] In Kisten, Eimern und Säcken hatte der Oberstaatsfeldwebel in seinem Garten

---

434 A.a.O., S. 60.
435 LG Leipzig vom 12. März 2021 Az. 6 KLs 373 Js 19/20.

in Collm (Landkreis Nordsachsen) zwei Kilogramm professionellen Sprengstoff, ein Sturmgewehr AK 47, eine Armbrust, Schusswaffen und mehrere Tausend Stück Gewehr- und Pistolenmunition vergraben. Auch hier hatte die Staatsanwaltschaft zunächst eine höhere Strafe von zweieinhalb Jahren ohne Bewährung gefordert, dann aber die niedrigere Bewährungsstrafe akzeptiert, sodass das Urteil rechtskräftig geworden ist.

Bei der Durchsuchung des Hauses von Philipp Sch. hatten Polizeibeamte folgende Gegenstände beschlagnahmt: 15 Hefte *Der Freiwillige* aus den Jahrgängen 1991 und 2004, Musikkassetten, ein SS-Liederbuch, Postkarten mit NS-Motiven (Adolf Hitler – „Der Führer", ein Kartenausschnitt tschechischer Gebiete mit der Unterschrift „Wir danken unserem Führer", Reichsparteitag Nürnberg 1934 mit NS-Symbolik, „Danzig ist Deutsch", „Bolschewismus ohne Maske", HJ- und BdM-Motive) sowie T-Shirts und Kapuzen-Pullover der Marke Thor Steiner, typische Kleidung in der rechtsradikalen Szene.[436] Bei der Auswertung des Mobiltelefons von Philipp Sch. fiel auf, dass sowohl er als auch seine Gesprächspartner Textnachrichten mit der Formel „GruSS" beendet hatten. Außerdem stießen die Ermittler in den 19 000 Bilddateien auf 77 Fotos mit einer gewissen Affinität zur Wehrmacht und zur NS-Zeit, darunter Bilder mit Hitler, NS-Größen und rassistischen Inhalts.[437] Kontakte zu rechten Netzwerken haben die Ermittler bei Philipp Sch. nicht gefunden. Neben der politischen Einordnung von Philipp Sch. durch Zeugen als „konservativ, Mitte rechts" mit einer „gewissen Wehrmachtsnähe", waren die polizeilichen Ermittlungen laut Urteil des Landgerichts Leipzig wenig ergiebig: „Das Motiv des Angeklagten war unklar, ebenso waren die Hintergründe der Tat und mögliche Beteiligte unbekannt".[438]

Nahe gelegen hätte, aus den gefundenen Indizien – NS-Devotionalien und szenetypische Kleidung – auf eine rechtsextreme Einstellung des Oberstabsfeldwebels zu schließen. Das tut das Urteil jedoch nicht. In den Strafzumessungsgründen findet sich kein Wort über dessen rechte Gesinnung, die ja auch Schlüssel für sein Tatmotiv hätte sein können. Dieses Säumnis ist auch und besonders bei Tätern ohne Netzwerkanbindungen zu beklagen. Bei rechtsextremistischen Gewalttaten ist das Phänomen des Einzeltäters verbreitet, wie die Anschläge in Halle (Saale), Hanau und die Ermordung des Kasseler Regierungspräsidenten Walter Lübcke gezeigt haben.

In den Verfahren gegen den SEK-Polizisten Marko G. und den KSK-Soldaten Philipp Sch. hätte die Strafjustiz die Möglichkeit gehabt, durch Freiheitsstrafen ohne Bewährung generalpräventiv Zeichen im Kampf gegen den Rechtsextremismus zu setzen, wie es die Staatsanwaltschaften in beiden Verfahren beantragt hatten. Diese Chance hat

---

436 A.a.O., S. 13.
437 A.a.O., S. 14f.
438 A.a.O., S. 27.

die Strafjustiz verpasst. Die Landgerichte in Schwerin wie in Leipzig haben sich geweigert, sich realitätsgerecht mit den rechtsextremen Einstellungen der beiden Angeklagten bei der Analyse ihrer Tatmotive auseinanderzusetzen, und dadurch den Eindruck falscher Nachsicht erweckt.[439] Was sind die Ursachen?

In Teilen der Strafjustiz gibt es anscheinend eine gewisse Scheu, vielleicht auch Unsicherheit, den rechtsextremistischen Hintergrund von Straftätern rechtlich einzuordnen – mit der Folge, ihn zu ignorieren. So hat die Große Strafkammer des Landgerichts Schwerin die Einlassung von Marko G. unkritisch übernommen, dass seine politische Einstellung keinen „Bezug" zum illegalen Beschaffen, Sammeln und Bunkern von Waffen, Munition und Sprengkörpern gehabt habe.[440] Das Landgericht Leipzig hat die rechtsextremistische Einstellung von Philipp Sch. bei der Strafzumessung gar nicht erwähnt. Dieser fatalen Neigung in Teilen der Strafjustiz, politisch motivierte Tathandlungen zu entpolitisieren, sind wir wiederholt begegnet: bei der Weigerung der Mehrheit der Staatsanwaltschaften, gegen die antisemitischen Wahlplakate der Partei Die Rechte zu ermitteln, und in den Strafzumessungserwägungen im Ballstädt-Verfahren.[441] Besteht für einen Staatsanwalt oder einen Richter die Möglichkeit, einen Sachverhalt politisch oder unpolitisch auszulegen – hier: Ist Marko G. ein rechtsextremistischer Aktivist oder ein unpolitischer Waffen-Narr? –, entscheiden sich nicht alle, aber viele Robenträger im Zweifel für die unpolitische Auslegungsalternative. Diese Wahl mündet dann entweder in Straffreiheit oder, wie in diesen Fällen, in zu milden Strafen, weil die Gerichte rechtsextremistische Motive als mögliche Strafverschärfungsgründe nicht anerkannt haben. Deutlicher formuliert: Die Entscheidungen fallen in solchen Fällen meist zugunsten der Rechtsextremisten aus.

Drei Gerichte in NRW:
Brandanschlag auf eine Synagoge ist nicht antisemitisch

Während des siebenwöchigen Gaza-Krieges 2014 stieg in Deutschland die Zahl antisemitischer Straf- und Gewalttaten in Deutschland – wie bei jeder gewalttätigen Zuspitzung des israelisch-palästinensischen Dauerkonflikts.[442] Zu diesen Gewalttaten gehörte damals auch ein versuchter Brandanschlag auf die Synagoge in Wuppertal Ende Juli 2014 von drei Flüchtlingen mit palästinensischen Wurzeln. Gegen fünf Uhr morgens

---

439 Süddeutsche Zeitung vom 22./23./24. Mai 2021, S. 4: „Es ist erstaunlich, wie nachsichtig die Gerichte mit Rechtsextremisten umgehen, die eigentlich den Staat tragen sollen: Soldaten und Polizisten. [...] Die Angeklagten spazieren mit Bewährungsstrafen aus dem Gerichtssaal."
440 A.a.O., S. 34.
441 Vgl. S. 31 ff. und 133 ff.
442 Unabhängiger Expertenkreis Antisemitismus BT-Drucksache 1811970, S. 40; Wagner, Die Macht der Moschee, 1. Aufl., S. 177.

warfen sie fünf selbst gebastelte Molotowcocktails auf die Tür des Gotteshauses, die aufgrund ihrer dilettantischen Bauweise nur geringen Schaden anrichteten. Das Amtsgericht Wuppertal verurteilte die drei Palästinenser wegen versuchter schwerer Brandstiftung zu relativ milden Strafen, die beiden Volljährigen zu jeweils einem Jahr und drei Monaten Freiheitsentzug, den Jugendlichen zu einer zur Bewährung ausgesetzten Jugendstrafe, deren Dauer der Richter bestimmt (§ 27 JGG).[443]

Für die milden Strafen führte das Amtsgericht eine Reihe von Strafmilderungsgründen an: Alle drei hatten die Tat gestanden, sich bei der jüdischen Gemeinde entschuldigt, ein Täter hatte den Schaden durch eine Geldzahlung wiedergutgemacht, die Hemmschwelle war während der Tat alkohol- und drogenbedingt gesenkt, und die drei hatten eine mehrmonatige Untersuchungshaft verbüßt.[444]

Strafschärfend hat das Amtsgericht Wuppertal „berücksichtigt, dass die Angeklagten gegenüber den Angehörigen der jüdischen Gemeinde eine besondere Rücksichtslosigkeit gezeigt haben". Für Juden habe „ihre Synagoge besondere Symbolkraft", und sie sei ein „Ausdruck der ihnen nach Jahren der Verfolgung gerade in Deutschland wieder möglichen Ausübung ihrer Religionsfreiheit".[445] Gleichzeitig hätten sich die drei „gedankenlos, wenn nicht gar rücksichtslos" auch gegenüber der gesamten, auch nichtjüdischen, Bevölkerung verhalten, „die ein gedeihliches Zusammenleben von jüdischer und nicht-jüdischer Bevölkerung anstrebt und es dabei insbesondere nie wieder zu Straftaten kommen lassen will, die auch nur den Anschein des Antisemitismus tragen". Das ist verständnisvoll, empathisch und sensibel formuliert. Rätselhaft bleibt, warum das Urteil trotzdem zu dem Ergebnis gekommen ist, dass der Brandanschlag auf die Synagoge nicht „antisemitisch" motiviert war.

Die drei Angeklagten hatten sich damit verteidigt, dass sie „durch ihre Tat die Aufmerksamkeit auf den israelisch-palästinensischen Konflikt zur Tatzeit lenken wollten".[446] Für dieses Motiv sprach nach Ansicht des Amtsgerichts, dass alle „drei Angeklagten aus Palästina stammen", sie „aufgrund des andauernden Konflikts keinen Kontakt mehr zu ihren Angehörigen in Palästina hatten" (was soll uns das sagen?) und ein Angeklagter „nach seinem Facebook-Profil" „für einen palästinensischen Staat" eintritt. Daneben zog das Amtsgericht als „Motiv" „auch Antisemitismus in Betracht".[447] Immerhin. Dafür sprach nach seiner Ansicht der „Umstand, dass die Angeklagten als Palästinenser und Angehörige des muslimischen Glaubens eine jüdische Synagoge beworfen haben".

443 AG Wuppertal vom 5. Februar 2015 Az. Ls Js 156/14 –22/14 open Jur.
444 A. a. O., Rn. 66 ff.
445 A. a. O., Rn. 61.
446 A. a. O., Rn. 41.
447 A. a. O., Rn. 42.

Diese „schwerwiegenden Indizien" ließen für das Amtsgericht „allein jedoch noch nicht den hinreichend sicheren Schluss zu, dass die Tat in jedem Fall antisemitisch motiviert war", zumal weitere Ermittlungen keine Umstände für eine „grundsätzlich judenfeindliche Einstellung" ergeben hätten. Die folgende Argumentation verrät ein erhebliches Maß an Verunsicherung im rechtlichen Umgang mit einem Sachverhalt mit politischer Dimension, die zu juristischen Klimmzügen und merkwürdigen Gewichtungen führte. Zunächst meinte das Amtsgericht eine „rein politische Motivation" (gemeint: Kritik an der Politik Israels gegenüber Palästina) „im Ergebnis nicht sicher ausschließen" zu können.[448] Diese Argument impliziert begrifflich, dass eine „antisemitische" Motivation keine „politische" sein soll. Diese begriffliche Gegensetzung ist nicht haltbar. Natürlich ist jedes antisemitische Motiv auch ein politisches. Dann stellt das Urteil zutreffend fest, dass „die in Deutschland lebende Bevölkerung, insbesondere die jüdische Gemeinde" in Wuppertal nichts mit der Politik der israelischen Regierung und ihrer Auseinandersetzung mit den im Gaza-Streifen lebenden Palästinensern zu tun hat".[449] Damit nicht genug. Weil es nicht „fernliegend" ist, hält es das Gericht dann zugunsten der drei gescheiterten Brandstifter für möglich, dass sie die „Synagoge als Zeichen jüdischen Lebens zum Tatobjekt gewählt haben, um daran ihr Anliegen deutlich zu machen, Aufmerksamkeit auf den zwischen Israel und den Palästinensern lodernden Konflikt zu lenken". Unerfindlich bleibt, warum das Gericht bei der Suche nach dem Tatmotiv der **Israelkritik** einen Vorrang gegenüber der **Judenfeindschaft** einräumt, die in dem Angriff auf die Synagoge zum Ausdruck kommt. Das Amtsgericht hat nicht erkannt, dass es hier mit einem „Israel-bezogenen Antisemitismus" zu tun hat. Der speist sich aus zwei Quellen: aus Kritik an der aggressiv-expansiven Politik der israelischen Regierung und Judenfeindschaft.

Rechtlich nahe gelegen hätte, in dem versuchten Brandanschlag auf die Synagoge eine gemischte Motivation zu sehen: regierungskritisch und antisemitisch. „Die Idee, ein Angriff auf eine Synagoge sei als anti-israelischer politischer Protest zu rechtfertigen und nicht als antijüdische Hasstat einzuordnen, ist so absurd wie die Behauptung, die Reichspogromnacht sei ein Protest gegen den schlechten Service jüdischer Ladenbesitzer", ätzt der Harvard-Professor Alan Derchowitz.[450] Wie andere Teile der Justiz hat auch das Amtsgericht Wuppertal versäumt – aus Unkenntnis, Nachlässigkeit oder Faulheit –, sich gründlich mit muslimischem Antisemitismus zu beschäftigen. Er gehört in islamischen Ländern zur Alltagskultur und ist durch Zuwanderung nach Deutschland

---

448 A. a. O., Rn. 44.
449 A. a. O., Rn. 44.
450 Zitiert nach Adlerstein, 2017, Antisemitismus in Deutschland – Wie kann ein Anschlag auf eine Synagoge nicht judenfeindlich sein?, unter https://www.tagesspiegel.de/politik/antisemitismus-in-deutschland-wie-kann-ein-anschlag-auf-eine-synagoge-nicht-judenfeindlich-sein/19572812.html (abgerufen am 29. Mai 2021).

importiert worden.[451] Nach Umfragen der Anti-Diffamierungs-Liga ist der Antisemitismus in den Ländern des Nahen Ostens und in Nordafrika kein Minderheitsphänomen, sondern gesellschaftliche Norm: 74 Prozent der Bevölkerung dieser Länder haben ein antisemitisches Weltbild, unter den deutschen Muslimen sind es noch 56 Prozent.[452] Auf den alljährlichen Al Quds-Demonstrationen in Berlin sind wiederholt nachgemachte israelische Fahnen verbrannt und Parolen wie „Tod den Juden" und „Kindermörder Israel" skandiert worden.[453] Auf den propalästinensischen Demonstrationen im Mai 2021 anlässlich des wieder aufgeflammten Gaza-Konflikts hallten antiisraelische und antisemitische Slogans durch die Straßen: „Mohammeds Armee wird zurückkehren" oder „Beschießt Tel Aviv".[454] Der antiisraelische Protest der Palästinenser speist sich seit Jahrzehnten aus Kritik an der Regierungspolitik und Judenfeindlichkeit. Mit diesem Hintergrundwissen hätte das Amtsgericht Wuppertal erkennen können, dass der Brandanschlag auf die Wuppertaler Synagoge auch eine antisemitische Stoßrichtung von rechtlicher Relevanz hatte: Er zielte auf das Herz jüdischer Religion und jüdischen Lebens in Deutschland. Allein die Auswahl des Tatobjekts Synagoge hätte die Annahme einer antisemitischen Motivation gerechtfertigt, wenn nicht gar geboten erscheinen lassen.

Die Auffassung des Amtsgerichts Wuppertal, dass der Brandanschlag auf das jüdische Gotteshaus nicht antisemitisch sei, haben weder das Landgericht Wuppertal noch das Oberlandesgericht Düsseldorf korrigiert. Die Staatsanwaltschaft hatte eine auf das Strafmaß beschränkte Berufung eingelegt, weil sie nur Freiheitsstrafen ohne Bewährung für schuldangemessen hielt. Das Landgericht Wuppertal gab der Berufung zwar teilweise statt und verlängerte die Freiheitsstrafen bei den volljährigen Straftätern auf zwei Jahre beziehungsweise ein Jahr und elf Monate, aber jeweils mit Bewährung.[455] An die Feststellung des Amtsgerichts, dass die Tat „nicht antisemitisch motiviert" sei, fühlte sich das Landgericht fälschlicherweise „gebunden".[456] Da die „Beweggründe" eines Täters und die „Gesinnung, die aus der Tat spricht" nach § 46 StGB zu den Strafzumessungserwägungen gehören, hätte sich das Landgericht Wuppertal bei der Strafmaßberufung sehr wohl mit den Motiven der drei Brandstifter auseinandersetzen können, ja müssen. Das Oberlandesgericht Düsseldorf hat die Revision der Staatsanwaltschaft dann „als unbegründet verworfen", ohne sie schriftlich zu begründen.[457] Damit hat das Oberlan-

---

451 Wagner, Die Macht der Moschee, aktualisierte Neuausgabe, S. 137 ff.
452 Zitiert nach Koopmanns, Assimilation oder Multikulturalismus?, S. 54.
453 Wagner, Die Macht der Moschee, aktualisierte Neuauflage, S. 137.
454 Der SPIEGEL 22. Mai 2021 (Nr. 21), S. 36.
455 LG Wuppertal vom 18. Januar 2016 Az. 23 Ns-50 Js 156/14–26/15 https://www.justiz.nrw.de/nrwe/lgs/wuppertal/lg_wuppertal/j2016/… (abgerufen am 29. Mai 2021).
456 A. a. O., Rn. 24.
457 OLG Düsseldorf Az. III-3 RVs 95/16.

desgericht inzidenter gebilligt, dass der versuchte Brandanschlag auf die Wuppertaler Synagoge keine antisemitische Tat war. In den Augen des Rabbiners Abraham Cooper und Yitzchok Adlerstein, Direktor für interreligiöse Angelegenheiten beim Simon Wiesenthal Center, war der Beschluss des OLG Düsseldorf eine „skandalöse Entscheidung", für die Jüdische Allgemeine sind die drei Entscheidungen der NRW-Justiz „schlimm".[458]

Die Urteils- und Beschlusspraxis der Gerichte in Wuppertal und Düsseldorf weist zwei aufschlussreiche Parallelen zu der Weigerung der Mehrheit der Staatsanwaltschaften und Gerichte auf, die Plakate der Partei Die Rechte im Europawahlkampf 2019 nicht als antisemitische Volksverhetzung zu verfolgen.[459] In beiden Komplexen haben die Robenträger fieberhaft nach Gründen gesucht, warum die Wahlplakate beziehungsweise der versuchte Brandanschlag auf die Synagoge nicht antisemitisch seien, obwohl die Gegenmeinung ebenso vertretbar gewesen wäre, nach der hier vertretenen Ansicht sogar mit besseren Argumenten. Sie haben nach dem Motto im Zweifel gegen einen judenfeindlichen Inhalt beziehungsweise gegen ein judenfeindliches Motiv entschieden. Und in beiden Fällen ist eine Empörung über die Entscheidungen in Medien, Politik und Öffentlichkeit ausgeblieben. „Wenn die Entscheidung" des OLG Düsseldorf „unbeanstandet bleibt, gefährdet es die demokratischen Werte Deutschlands", warnen der Rabbiner Cooper und der Antisemitismus-Experte Adlerstein.[460]

---

[458] Zitiert nach Adlerstein, 2017, Antisemitismus in Deutschland – Wie kann ein Anschlag auf eine Synagoge nicht judenfeindlich sein?, unter https://www.tagesspiegel.de/politik/antisemitismus-in-deutschland-wie-kann-ein-anschlag-auf-eine-synagoge-nicht-judenfeindlich-sein/19572812.html (abgerufen am 29. Mai 2021).
[459] Vgl. hierzu die S. 32 ff.
[460] Zitiert nach Adlerstein, 2017, Antisemitismus in Deutschland – Wie kann ein Anschlag auf eine Synagoge nicht judenfeindlich sein?, unter https://www.tagesspiegel.de/politik/antisemitismus-in-deutschland-wie-kann-ein-anschlag-auf-eine-synagoge-nicht-judenfeindlich-sein/19572812.html (abgerufen am 29. Mai 2021).

Konstruierte Mehrdeutigkeiten: die Entkriminalisierung rechter Propaganda

Im Bundestagswahlkampf 2021 warb die rechtsextremistische Partei Der III. Weg mit einem Plakat mit dem Schlagwort „Hängt die Grünen". Dieses nimmt die Hälfte das Wahlposters ein, geschrieben in weißer Fettschrift in Großbuchstaben. Darunter klein gedruckt: „Macht unsere nationalrevolutionäre Bewegung durch Plakatwerbung in unseren Parteifarben (grün) in Stadt und Land bekannt." Die unterschiedliche rechtliche Bewertung des Plakats hat damals bundesweites Aufsehen erregt. Während die bayerische Justiz das Abhängen des Plakates von Anfang an gebilligt hat, weil es gegen die öffentliche Ordnung verstößt und objektiv den Tatbestand der öffentlichen Aufforderung zu Straftaten (§ 111 StGB) erfüllt, hat in Sachsen die Staatsanwaltschaft Zwickau in dem Plakat keine Verletzung der öffentlichen Ordnung und kein strafbares Verhalten gesehen. Das Verwaltungsgericht Chemnitz hatte entschieden, dass die rechtsextreme Splitterpartei Der III. Weg ihre Plakate vorerst nicht abnehmen muss, aber es hat zur Auflage gemacht, dass sie ihre Wahlposter mindestens 100 Meter entfernt von Wahlplakaten der Grünen aufhängen muss.[461] Wer die Entscheidungen liest, findet keine Hinweise auf rechtspopulistisches Gedankengut bei Staatsanwälten und Richtern oder Sympathien für den Dritten Weg. Trotzdem wurden sie teilweise als rechtslastig verstanden. Die grüne Bundestagsabgeordnete Renate Künast monierte, dass die „Gefahr von Hasssprache durch den organisierten Rechtsextremismus immer noch nicht verstanden worden" sei.[462] Der grüne Politiker Cem Özdemir „versteht nicht, was daran o. k. sein soll, zu einem Mord aufzurufen".[463]

Wenn bei Äußerungen rechtsextremistischer Parteien wie hier zwei Auslegungsmöglichkeiten bestehen und Staatsanwälte und Richter mithilfe von zum Teil weit hergeholten oder politisch unsensiblen, ja sogar abstrusen Argumenten zu Ergebnissen kommen, die rechtsextremistische Parteien wie den Dritten Weg oder die Partei Die Rechte begünstigen, kann leicht der **Eindruck** rechtslastiger Amtsführung entstehen.[464]

---

461 LG München vom 17. September 2021 Az. 25 O 124449/21; https://www.br.de/nachrichten/bayern/landgericht-verbietet-einstweilig-plakate-haengt-die-gruenen,SjXjxko (abgerufen am 21. September 2021); VG Chemnitz vom 14. September 2021 Az. 7 L 393/21.
462 https://www.mdr.de/nachrichten/deutschland/politik/wahlplakat-urteil-gruene-reaktionen-100.html (abgerufen am 29. Mai 2022).
463 A. a. O.
464 Von diesen Fällen gibt es mehrere, Steinke, Süddeutsche Zeitung vom 21. September 2021, S. 6 und vom 22. September 2021, S. 4.

Beide Entscheidungen hatten am Ende keinen Bestand. Die Generalstaatsanwaltschaft Dresden hat die Staatsanwaltschaft Zwickau aufgefordert, wegen des Verdachts der Volksverhetzung zu ermitteln. Und das Sächsische Oberverwaltungsgericht Bautzen hat in dem Plakat eine Gefahr für die öffentliche Sicherheit und Ordnung gesehen, weil es objektiv den Tatbestand der Volksverhetzung erfülle.[465] Für die Strafjustiz spricht, dass die zweite Instanz hier wie in etlichen anderen Fällen rechtslastig wirkende Entscheidungen häufig aufgehoben hat. Gegen sie spricht, dass der Rufschaden für die Dritte Gewalt durch die erste Instanz bereits eingetreten ist.

Wir haben die Auslegungsprobleme bei mehrdeutigen rechten Äußerungen bereits bei der Bekämpfung des Antisemitismus kennengelernt: bei der strafrechtlichen Einordnung des Plakats „Israel ist unser Unglück. Zionismus stoppen" der Partei Die Rechte im Europawahlkampf 2019 und den umgewandelten Judensternen mit den Inschriften „ungeimpft" oder „Impfen macht frei".[466] Ähnliche Auslegungsdefizite bei Teilen der Strafjustiz sind auch bei der Bekämpfung des Rechtspopulismus und Rechtsextremismus zu beobachten. Es gibt mindestens ein halbes Dutzend Entscheidungen zu angeblich mehrdeutigen rechten Äußerungen, die durch die nächste Instanz nicht korrigiert worden sind und juristisches Bauchgrimmen verursachen. Die Strafverteidigerin Kati Lang wirft den Strafgerichten und -verfolgungsbehörden vor, „regelmäßig" den Versuch zu unternehmen, „eindeutig extrem rechten rassistischen Sprachgebrauch als mehrdeutig umzuetikettieren bzw. sich in abwegige Gesetzesauslegungen zu flüchten".[467] Zwei Beispiele:

Im Oktober 2017 entschied das Oberlandesgericht Celle, dass ein T-Shirt mit dem Aufdruck „Refugees NOT Welcome" mit einer Enthauptungsszene nicht strafbar sei.[468] Auf dem schwarzen T-Shirt stand in weißen Großbuchstaben die Überschrift „REFUGEES". Darunter in der Mitte ein Piktogramm mit einem auf dem Boden knienden Mann und eine Person, die ihre rechte Hand auf den Kopf der knienden Person legte und in der linken erhobenen Hand eine spitzen Gegenstand hielt. Neben der stehenden Person stand diagonal in roten Großbuchstaben das Wort „NOT". Darunter in weißen Großbuchstaben das Wort „WELCOME". Eigentlich ist die Botschaft des T-Shirts klar: Flüchtlinge sind nicht willkommen. Ihnen wird mit Hinrichtung gedroht. Was macht das OLG Celle daraus? Das Wort „not" könne sich auch auf die Hinrichtungsszenerie des Piktogramms beziehen und somit eine ablehnende Haltung ausdrücken. Das mehrdeutige T-Shirt spreche in einer „Gesamtschau dafür, dass die Distanzierung und Ab-

---

465 SächsOVG vom 21. September 2021 Az. 6 B 360/21.
466 Vgl. S. 32 ff. und 48 ff.
467 Zitiert nach Lang, Hakenkreuze in Polizist*innenchats, in: Recht gegen Rechts, Report 2020, S. 133 (137).
468 OLG Celle vom 27. Oktober 2017 Az. 1 Ss 49/17, S. 3.

lehnung nur gegen gewalttätige Flüchtlinge und eine unterschiedslose Willkommenskultur gerichtet ist". Soweit der Angeklagte nach seiner Einlassung nur ein Zeichen gegen gewaltbereite Flüchtlinge setzen wollte, lässt sich dies angesichts der aufgezeigten Mehrdeutigkeit und des Interpretationsspielraumes seiner Darbietung nicht widerlegen. Diese Auslegung ist weltfremd und realitätsfern. Differenzierende Ausländerfeinde, die nur gewaltbereite Einwanderer ablehnen, gibt es in der Wirklichkeit nach den offenen Grenzen nach 2015 so gut wie nicht. Die häufigen Verweise auf Gewalttaten von Flüchtlingen im rechten Milieu hat nur den Zweck, den allgemeinen Widerstand gegen Zuwanderung und deren negative Einflüsse auf die deutsche Kultur zu unterstreichen. Der Spruch auf dem T-Shirt „Refugees not Welcome" mit der Hinrichtungsszene lässt realistisch keinen anderen Schluss zu, als dass Flüchtlinge aus der Bundesrepublik vertrieben oder getötet werden sollen.[469] So hatten das auch die unteren Instanzen gesehen, ein Fall also, in dem ausnahmsweise einmal eine höhere Instanz den Eindruck einer rechtslastigen Rechtsprechung erweckt hat.

Auch der in Dresden auf einer Pegida-Demonstration mitgetragene lebensgroße Galgen mit Pappschildern und den Aufschriften „Reserviert für Angela ‚Mutti' Merkel" und „Reserviert für Sigmar ‚Pack' Gabriel" sowie die serienmäßige Produktion und der Verkauf dieser sogenannten Pegida-Galgen sollen nach Ansicht sächsischer Strafverfolger nicht strafbar sein. Es sei nicht nachweisbar, dass Dritte dazu animiert werden sollten, Bundeskanzlerin Merkel und Wirtschaftsminister, später Außenminister Gabriel anzugreifen. Für ein „öffentliches Auffordern zu Straftaten" sei die Botschaft der Galgen bei der gebotenen objektiven Betrachtung als zumindest mehrdeutig anzusehen. Vielmehr können die Galgen auch so ausgelegt werden, dass man den beiden Regierungsmitgliedern keine gesundheitlichen Schäden wünsche, sondern lediglich „quasi symbolisch, den politischen Tod."[470]

Diese Neigung der Rechtsprechung, angeblich mehrdeutige rechte Rhetorik als straflos zu bewerten, ist nicht nur dogmatisch bedenklich, weil sie den durchsichtigen Formulierungstricks und Verteidigungsstrategien der Beschuldigten auf den Leim geht. Für die Strafverteidigerin Kati Lang ist sie auch befremdlich, weil diese Entscheidungen „Persilscheine für rassistischen, nationalsozialistischen Sprachgebrauch und entsprechende Symbolik" ausstellen.[471]

---

469 Ebenso Lang, Hakenkreuze in Polizist*innenchats, in: Recht gegen Rechts, Report 2020, S. 133 (138).
470 Zitiert nach Lang, Hakenkreuze in Polizist*innenchats, in: Recht gegen Rechts, Report 2020, S. 133 (135 f.).
471 Lang, Hakenkreuze in Polizist*innenchats, in: Recht gegen Rechts, Report 2020, S. 133 (137).

Eine Gesamtschau der geschilderten Fälle muss zu dem Schluss kommen, dass relevante Teile der Strafjustiz bei der Bekämpfung des Rechtsextremismus und des Antisemitismus versagt und dadurch den Eindruck verstärkt haben, dass sie eine rechte Schlagseite haben. Dieser Verdacht besteht vor allem an der Basis der Justiz, bei Amtsgerichten und Staatsanwaltschaften. Diese Teile der Strafjustiz stehen quer zu den Zielen der Politik, Rechtsextremismus und Antisemitismus vorrangig zu bekämpfen. Dieses Fazit kann man als Sieg der richterlichen Unabhängigkeit und der politischen Freiheit feiern, aber auch als Niederlage eines geschichtsbewussten und wehrhaften Rechtsstaates bedauern.

Aus der Mitte der Gesellschaft: rechtslastige Ermittlungen und Entscheidungen

Bei der Analyse der Rechtsprechungs- und Strafverfolgungspraxis sind vier verschiedene Typen von Richtern und Staatsanwälten aufgefallen: links-liberale und drei Typen von „rechten Richtern". Allen drei Typen rechter Richter ist gemein, dass sie die **politische Neutralität der Justiz gefährden**. Meist sind sie als Einzelrichter tätig geworden, als Amts- oder Verwaltungsrichter. Es gibt aber auch etliche fragwürdige Entscheidungen von Kollegialgerichten.

Von **links-liberalem** Geist geprägt sind die Beschlüsse des Oberlandesgerichts Karlsruhe und die Verfügung der Generalstaatsanwaltschaft Celle zu den drei Wahlplakaten der Partei Die Rechte, die den Verdacht einer Volksverhetzung bejahen.[472] Bei ihnen fällt auf, dass Richter und Staatsanwälte bei der Auslegung von Strafvorschriften auch gesellschaftliche Entwicklungen berücksichtigen, solange es der Wortlaut zulässt.

Deutlich abwehrbereiter gegenüber rechtsextremistischer und antisemitischer Propaganda als die Strafgerichte wirkt die Mehrheit der Verwaltungsgerichte bei ihren Entscheidungen, das Abhängen migrationsfeindlicher und antisemitischer Wahlplakate der NPD, der Partei Die Rechte und der Partei Der III. Weg zu billigen.[473] Die Beschlüsse der Verwaltungsrichter zeichnen sich durch ein tieferes Verständnis für die Schutzbedürftigkeit von Migranten und jüdischen Mitbürgern aus als die der Mehrheit der Staatsanwälte und Strafrichter, die ausschließlich dogmatisch und unpolitisch entscheiden.

Eine positive Wegmarke in der Geschichte der Strafverfolgung politisch motivierter Straftaten bilden die Antisemitismusbeauftragten bei neunzehn Generalstaatsanwaltschaften in zehn Bundesländern. Sie haben eine kriminalpolitische Vorgabe, nämlich für die konsequente Verfolgung judenfeindlicher Straftaten zu sorgen.[474] Einige engagierte Antisemitismusbeauftragte haben mit dazu beigetragen, dass in der Rechtsprechung inzwischen eine Rechtsmeinung dominiert, die das Tragen und Posten von Judensternen mit Inschriften wie „nicht geimpft" und „Impfen macht frei" für strafbar hält,[475] eine geschichtsbewusste, links-liberale Auslegung des Volksverhetzungsparagrafen.

---

472 Vgl. S. 32, 34, 39 ff.
473 Vgl. hierzu 26, 29 ff., 71, 151 f.
474 Vgl. S. 46 ff.
475 Vgl. S. 48 ff., 59, 61.

Zu **Typ eins** rechter Richter gehören alle Mitglieder und Sympathisanten der AfD, die **außergerichtlich** offen für die Partei eintreten, als Wahlkämpfer wie der Dresdner Richter Jens Maier, der Weidener Landrichter Reinhold Ströhle, der Berliner Amtsrichter Antonin Brousek und der Freiburger Staatsanwalt Thomas Seitz, mit Wahlaufrufen und Propaganda im Netz wie die Meißener Amtsrichterin Kutscher oder mit einer Spende wie der Geraer Staatsanwalt Martin Zschächner; oder mit Reden im Bundestag wie die Berliner Landrichterin Birgit Malsack-Winkemann.[476]

Zu **Typ zwei** rechter Richter zählen alle Robenträger, deren rechtspopulistisches Gedankengut sich **gerichtlich** niederschlägt, in **politischen Meinungsäußerungen in Urteilsbegründungen, in rechtslastiger Amtsführung oder in einer politischen Agenda, teils offen, teils versteckt unter dem Deckmantel juristischer Dogmatik.**

Ein neues Phänomen ist, dass rechtspopulistisches Denken und Formulieren in Urteilsbegründungen einsickert – meist im Zusammenhang mit der Zuwanderung nach dem September 2015 und parallel zum Erstarken der AfD. Beispiele finden sich beim Weimarer Amtsrichter Guericke, dem Gießener Verwaltungsrichter Höfer und Asylrichtern beim Verwaltungsgericht Gera.[477]

In einigen Bereichen der Justiz sind direkte Auswirkungen einer rechten Grundeinstellung in **rechtslastigen** Ermittlungen und Entscheidungen erkennbar. Beim Geraer Staatsanwalt Zschächner springt ins Auge, dass er etliche Verfahren gegen rechte Beschuldigte mit kaum oder nicht nachvollziehbaren Gründen eingestellt hat, während er gegen einige linke Beschuldigte mit an den Haaren herbeigezogenen Argumenten weiter ermittelt hat.[478] Um den Wahrheitsgehalt von Aussagen von Beschuldigten und Angeklagten zu testen, hat der Erfurter Staatsanwalt Gerold von Wagner vor dem Amtsgericht Erfurt in drei Fällen versucht, Muslime auf den Koran schwören zu lassen, in zwei Fällen erfolgreich, in einem dritten nicht, weil die Amtsrichterin sein Ansinnen entrüstet zurückgewiesen hat.[479] Hier kommt eine aggressive und demütigende Fremden- und Islamfeindlichkeit eines Strafverfolgers zum Vorschein.

Eine Sondergruppe bilden die bundesweit bekannt gewordenen Weimarer Amtsrichter Matthias Guericke und Christian Dettmar.[480] Sie haben die einschlägigen Verordnungen in Thüringen zum Maskentragen in Schulen für verfassungswidrig und nichtig erklärt, obwohl ihnen dafür die Zuständigkeit fehlte. Sie haben eine **politische Agenda** verfolgt, nämlich die Anti-Corona-Maßnahmen der Thüringer Landesregierung recht-

---

476   Vgl. S. 161, 175, 184, 188, 191, 194.
477   Vgl. S. 70, 77.
478   Vgl. S. 61 ff.
479   Vgl. S. 87 ff.
480   Vgl. S. 96 ff.

lich zu bekämpfen. Dies gilt auch für den Beschluss des Meininger Amtsrichters Volker Kuba, der einen Rechtsanwalt gezwungen hat, während einer Hauptverhandlung die Maske abzusetzen, und, als dieser sich weigerte, die Verhandlung vertagt hat.[481]

Versäumnisse gibt es bei Gerichten, die rechtsextremistische beziehungsweise antisemitische Tatmotive entpolitisiert und dadurch auffällig milde Strafen ausgesprochen haben. Im Ballstädt-Verfahren gegen Neonazis, in den Prozessen gegen den SEK-Polizisten Marko G. und den KSK-Soldaten Philipp Sch. sowie im Verfahren gegen die drei Palästinenser wegen eines versuchten Brandanschlages auf die Wuppertaler Synagoge wollten die Staatsanwaltschaften schärfere Strafen, in drei Fällen **Freiheitsstrafen ohne Bewährung**.[482] Das wären deutliche Zeichen der Strafjustiz für einen entschlossenen Kampf gegen Rechtsextremismus und Antisemitismus gewesen – mit generalpräventiver Wirkung. Diese Entschiedenheit haben einige Gerichte vermissen lassen. Im Gegenteil. Ihre Praxis, strafschärfende rechtsextremistische oder antisemitische Tatmotive zu übergehen, hat sich in allen Fällen zugunsten von Rechtsextremisten oder Antisemiten ausgewirkt. Das sind verpasste Chancen.

Es gibt zwei Bereiche, in denen rechtslastige Amtsführung über Einzelfälle hinausgegangen ist: der Umgang der Strafjustiz mit mehrdeutiger antisemitischer und rechter Propaganda sowie die formellen wie informellen Netzwerke von Richtern und Staatsanwälten, die einen Großteil der staatlichen Corona-Infektionsschutzmaßnahmen der Bundes- und der Landesregierungen in der Rechtsprechung bekämpft haben.[483]

Wenn in den Siebzigerjahren des vorigen Jahrhunderts ein *Netzwerk Kritischer Richter und Staatsanwälte* gegründet worden wäre, hätte man es links oder links-liberal verortet – wie etwa die 1968 ins Leben gerufene Vierteljahreszeitschrift *Kritische Justiz*. Dass das im Januar 2021 formierte *Netzwerk Kritischer Richter und Staatsanwälte* im politischen Spektrum eher rechts anzusiedeln ist, folgt tektonischen Links-Rechts-Verschiebungen in den politischen Einstellungen unserer Gesellschaft in den letzten zehn Jahren. Während Richter und Staatsanwälte Anfang der Achtzigerjahre an Sitzblockaden gegen die Raketenstationierung teilnahmen und 2013/14 für eine höhere Besoldung auf die Straße gingen, hat sich das Netzwerk das Ziel gesetzt, die Rechtsprechung für ein politisches Ziel zu beeinflussen: „Es ist Zeit aufzustehen und unsere Stimme zu erheben!", fordert der Ex-Sprecher des Netzwerkes Oliver Nölken: „Wenn Regierungen und Behörden willkürlich die Freiheit der Bürger einschränken und die Parlamente von Bund und Ländern die Regierungen nicht mehr wirksam kontrollieren, muss sich die Justiz als die letzte Verteidigungslinie des Rechtsstaats bewähren". Das hat es in der Jus-

---

481 Vgl. S. 117 ff.
482 Vgl. S. 133, 139, 145.
483 Vgl. S. 31 ff., 121 ff.

tizgeschichte der Bundesrepublik noch nicht gegeben: Eine Gruppe von Richtern und Staatsanwälten organisiert sich, um die Rechtsprechung mit einer politischen Vorgabe zu beeinflussen, nämlich der „Wiederherstellung der Grundrechte und des Grundsatzes der Verhältnismäßigkeit im Handeln des Staates" bei den staatlichen Corona-Schutzmaßnahmen. Hier entsteht der Anschein, dass Richter und Staatsanwälte an der Delegitimierung der Dritten Gewalt mitwirken, die sie repräsentieren sollen – in Ton und Stoßrichtung wie die AfD. Eine Erosion des Rechtsstaates in der Mitte der Justiz.

Typ drei rechter Richter: Einen dunklen Schatten wirft das **institutionelle** Versagen eines Teils der Strafjustiz bei mehrdeutiger antisemitischer und rechtsextremistischer Propaganda. Verantwortlich hierfür sind Robenträger, die dogmatisch zu vertretbaren Ergebnissen kommen, die aber nach außen den Anschein hinterlassen, dass ihre Rechtsfindung rechtslastig ist, weil sie antisemitische und rechtsextremistische Äußerungen nicht ahnden, obwohl sie es nach dem Wortlaut der Vorschriften durchaus könnten. Es ist zahlenmäßig die größte Gruppe.

Diese rechte Schlagseite zeigt sich besonders eindrucksvoll bei der Anwendung des Volksverhetzungsparagrafen auf die judenfeindlichen Plakate der Rechten in Baden-Württemberg, Nordrhein-Westfalen, Hessen und Niedersachsen im Europawahlkampf 2019 – Mindermeinungen ausgenommen. Der zentrale verstörende Befund: In keiner der Verfügungen und Beschlüsse, die Ermittlungen wegen der antisemitischen Wahlplakate der Rechten abgelehnt haben, finden sich rechtspopulistische Gedanken- oder Wortsplitter. Trotzdem suchen ein halbes Dutzend Staatsanwaltschaften und zwei Generalstaatsanwaltschaften mit zum Teil abwegigen Argumenten nach Gründen, warum der israelbezogene Antisemitismus der Wahlplakate einer rechtsextremistischen Partei keine Volksverhetzung ist, obwohl auch eine andere Deutung möglich wäre. Die Folge: Gut zwei Jahre nach den Europawahlen ist kein Verantwortlicher der antisemitischen Plakate der Rechten bestraft worden, nicht einmal in erster Instanz. Das gilt auch für die migrationsfeindlichen Plakate der NPD und des Dritten Weges.

Micheal Fürst, Vorsitzender des Landesverbandes Jüdischer Gemeinden von Niedersachsen, „kann diese Verfolgungsverweigerung bei den antisemitischen Plakaten nicht verstehen". Er verortet das Problem der Staatsanwaltschaft vielmehr eher „in der Mitte der Gesellschaft, die sich, bürgerlich-rechts, keine Gedanken macht". Für Kay Schweigmann-Greve, Vorsitzender der Deutsch-Israelischen Gesellschaft Hannover, ist eine Staatsanwaltschaft, die den antisemitischen Kern der Plakate der Rechtspartei „ignoriert, Teil des Problems, das unsere Gesellschaft zunehmend bedroht, statt einen Beitrag zur Lösung zu leisten": „Die Parolen der Neonazis sind schlimm. Die ausbleibenden angemessenen Reaktionen von Staat und Gesellschaft sind schlimmer." Für ihn ist das „Nichthandeln der Staatsanwaltschaft Teil des politischen Klimas". Auch für das Ehepaar Gottschalk, das seit Jahren gegen Judenfeindlichkeit kämpft, ist „das Schlimmste, wie gleichgültig große Teile der Gesellschaft solchen Entwicklungen gegenüberstehen". Dieser Eindruck ist richtig. Nur eine kleine Minderheit der Zivilgesellschaft aus dem christlichen und dem links-grünen Milieu hat sich mit Strafanzeigen und Gegenaktionen gegen die antisemitischen Plakate gewehrt, ein Mini-Aufstand der Anständigen. In den Medien und in der Politik ist der große Aufschrei bisher ausgeblieben wie bei der Nicht-Reaktion auf die empörenden Urteile des Amts- und Landgerichts Wuppertal sowie des OLG Düsseldorf, nach denen der versuchte Brandanschlag auf die Wuppertaler Synagoge keine antisemitische Straftat gewesen sein soll.[484]

Ein Blick in die Zukunft: Bei jeder Bundestags-, Europa- und Landtagswahl sollten die Innenministerien des Bundes und der Länder künftig Rechtsgutachten zu grenzwertigen Wahlplakaten von rechtspopulistischen und rechtsextremen Parteien verfassen und diese Kreisen und kreisfreien Städten zuleiten, um die verbreitete Rechtsunsicherheit zu mindern. Mit solchen Rechtsgutachten im Rücken könnten diese dann wesentlich mutiger agieren als bisher. Sollte die rechtliche Bewertung klar ausfallen, sollten die Innenministerien auch Anordnungen erlassen. Dass Kommunen bei grenzwertigen Plakaten häufig auf Voten der Staatsanwaltschaften gewartet haben, statt eigenverantwortlich mithilfe des Polizeirechts zu entscheiden, hilft in der Regel nicht, weil die Ermittler mit ihren Bewertungen meist erst fertig werden, wenn die Wahlen vorüber sind. Es ist daher unverzichtbar, zunächst die verwaltungsrechtliche Front bei der Abwehr antisemitischer und ausländerfeindlicher rechtsextremistischer Propaganda zu stärken. Dieser erste Schritt macht neue Weichenstellungen bei ihrer straf- und verfassungsrechtlichen Bewertung allerdings nicht überflüssig.

Unter den Antisemitismusbeauftragten gibt es Stimmen, die die Rechtsprechung des Bundesverfassungsgerichts als das Grundübel für die Straflosigkeit antisemitischer, zuwanderungs- und islamfeindlicher Hetze erkannt haben. Claudia Vanoni und Andreas Franck, Antisemitismusbeauftragte bei den Generalstaatsanwaltschaften in Berlin und München, suchen nach geeigneten Fällen, die sie bis zum Bundesverfassungsgericht durchboxen wollen, um eine Änderung seiner Rechtsprechung in diesem Bereich anzustoßen. Dass die Strafbarkeit antisemitischer Äußerungen häufig nach dem Grundsatz „Im Zweifel für den Angeklagten" verneint und das Verfahren dann eingestellt wird, ist nach Claudia Vanoni nicht nur für die Betroffenen „regelmäßig unbefriedigend": „Weil die obergerichtliche Rechtsprechung bis hin zum Bundesverfassungsgericht vielfach unter anderen gesellschaftlichen Bedingungen entstanden ist, wollen die Berliner Strafverfolgungsbehörden zu einer Weiterentwicklung der Rechtsprechung in diesem Bereich beitragen, indem sie in geeigneten Fällen Anklage erheben, auch wenn es sich

---

484 Vgl. S. 145 ff.

unter Berücksichtigung der geltenden Rechtsprechung um Grenzfälle handeln mag."[485] Oberstaatsanwältin Vanoni ist überzeugt, dass nur durch eine Weiterentwicklung der Rechtsprechung des obersten Gerichts den „aktuellen gesellschaftlichen Entwicklungen, die von einer permanenten Zunahme von Hassreden, insbesondere im Internet und in sozialen Medien, geprägt sind, Rechnung getragen" werden kann.[486] Dafür schlägt sie einen Perspektivwechsel in der Rechtsprechung vor: Es soll nicht allein der „Sinn" einer Äußerung, „den sie nach dem Verständnis eines unvoreingenommenen und verständigen Publikums objektiv" hat, für die Auslegung entscheidend sein, sondern auch die „Einschätzung der von der Tat betroffenen Personen" oder „gesellschaftlichen Organisationen" berücksichtigen. Würden sich diese Kriterien in der Rechtsprechung durchsetzen, käme jüdischen Mitbürgern und Gemeinden als Opfer von antisemitischer Hetze bei der Strafverfolgung die Rolle zu, die ihnen gebührt. Dadurch könnte die sogenannte Perspektivdivergenz beseitigt werden, die Tatsache, dass jüdische Mitbürger die Plakate rechtsextremistischer Parteien aufgrund ihrer historischen Erfahrung und leichteren Verletzlichkeit anders verstehen als nicht-jüdische Bürger. Deshalb sollen bei der Auslegung des § 130 StGB auch „relevante Indikatoren" wie „Ort, Zeit und Kontext der Tat sowie Erkenntnisse zur Person der Täterin oder des Täters" herangezogen werden.[487]

Bei der Auslegung des Volksverhetzungsparagrafen hat in der jüngeren Vergangenheit die Balance bei der Abwägung zwischen dem Grundrecht auf Meinungsfreiheit und dem gebotenen Schutz von Bevölkerungsgruppen wie Juden, Migranten und Muslimen nicht mehr gestimmt. „Es gibt keinen Grund", „rechte" Agitation „gleichsam reflexartig als erlaubte Meinungsäußerung einzustufen", meint der Staatsanwalt Jens Lehmann: „Die Sphäre der nur geistigen Auseinandersetzung ist alsbald verlassen."[488]

---

485 Bericht der Antisemitismusbeauftragten der Generalstaatsanwaltschaft Berlin, September 2018–2019, S. 16.
486 A. a. O., S. 16.
487 A. a. O., S. 17.
488 Lehmann, Leugnung des Holocaust und „Israel-Kritik" als neuere Formen der Volksverhetzung, in: Rechtsextremismus und Rechtsterrorismus, hrsg. von Lüttig/Lehmann, S. 279 (307).

Außergerichtlicher Rechtspopulismus: eine Gefahr für die Neutralität der Justiz II

Eine Gefahr für die Neutralität der Justiz droht nicht nur von rechtslastigen Ermittlungen, Entscheidungen und Begründungen. Ebenso schädlich für das Ansehen der Dritten Gewalt wirken sich netzöffentliche Wahlaufrufe von Robenträgern für die AfD oder Teilnahme an fragwürdigen Anti-Corona-Demonstrationen aus. Bei außergerichtlichen Aktivitäten haben einige AfD-nahe Richter und Staatsanwälte gegen das Mäßigungsgebot verstoßen. Das ist ein tragender Pfeiler beim Schutz der politischen Neutralität der Justiz (§ 39 DRiG). Nach dem Gebot der Mäßigung soll sich ein Richter „auch außerhalb des Amtes", also privat wie politisch, „so verhalten, dass das Vertrauen in seine Unabhängigkeit nicht gefährdet wird".

Eine Stimme für die AfD: der Fall der Meißener Amtsrichterin Gritt Kutscher

Gegen die Meißener Amtsrichterin und AfD-Anhängerin Gritt Kutscher sind bereits drei Disziplinarverfahren wegen Verstoßes gegen das Mäßigungsgebot eingeleitet worden. Eine rekordverdächtige Zahl. Zuständig ist sie im Amtsgericht Meißen für Unterhaltsprozesse und Bußgeldverfahren bei Ordnungswidrigkeiten, insbesondere im Straßenverkehr. Durch diese Geschäftsverteilung soll sich ihre AfD-affine Grundhaltung möglichst wenig im Justizalltag auswirken; etwa der Gefahr vorbeugen, dass sie in Verfahren mit Migrationshintergrund wegen Befangenheit abgelehnt wird.

Bereits in der zweiten Hälfte September 2015 empörte sich die Rechtsgemeinschaft zum ersten Mal über ihren AfD-Jargon im Netz. Nach der *Sächsischen Zeitung* hatte sie sich auf ihrem Facebook-Account bei Ungarn für das Verhalten gegenüber Asylsuchenden bedankt, andererseits aber „Gutmenschen" gerügt, die „mit allen Mitteln verhindern wollen, dass wir für unsere Heimat, unsere Identität einstehen". Und sie hat Beiträge verfasst, die unter anderem von „deutschen Patrioten" geteilt wurden.[489] Beim Amtsgericht Meißen gingen damals acht E-Mails mit Beschwerden über Kutschers rechte Gesinnung und ihre Ausländerfeindlichkeit ein. Als Teil der digitalen Öffentlichkeit leitete Amtsgerichtsdirektor Michael Falk diese Mails kommentarlos an ihren Disziplinarvorgesetzten weiter, den Präsidenten des Landgerichts Dresden. Das war der Anstoß zum ersten Disziplinarverfahren gegen die rechte Robenträgerin. 2017 musste

---

489 Sächsische Zeitung vom 24. September 2015.

Richterin Kutscher ihre Funktion als Pressesprecherin des Amtsgerichts quittieren, um weiteren Rufschaden vom Gericht abzuwenden.

Den Verweis im ersten Disziplinarverfahren hat die Amtsrichterin nach einem erfolglosen Widerspruch beim Oberlandesgericht Dresden akzeptiert. In einem offenen Brief hatte sie dem damaligen Wirtschaftsminister und Vizekanzler Sigmar Gabriel „offenen Rechtsbruch" vorgeworfen, indem er „aktiv illegale Einreise unterstützt". Außerdem wurde ihr angekreidet, dass sie auf Facebook vor einer Geschwindigkeitskontrolle gewarnt hatte, bei der es nach ihrer Ansicht „nicht um Verkehrssicherheit, sondern um Aussicht auf Geld für die Kreiskasse" ging, also um Abzocke. Pikant: Sie hatte Autofahrer alarmiert, für die sie als Bußgeldrichterin zuständig war. Der zweite Verweis gegen sie wurde erlassen, weil sie die *Süddeutsche Zeitung* als „Alpen-Prawda" und ihre Redakteure als „Schreiberlinge" sowie „höhere Angestellte der Sozialverbände" als „studierte Geschwätzwissenschaftler" tituliert hatte. Gegen diesen zweiten Verweis hat sie mit der Begründung geklagt, dass diese abfälligen Polemiken durch ihr Grundrecht auf freie Meinungsäußerung gedeckt seien. Mit diesem Argument schaffte sie es, dass das Oberlandesgericht Dresden in den beiden Widerspruchsverfahren sieben von elf gerügten Disziplinarverstößen fallen gelassen hat. Ein Indiz dafür, wie schwer es der Justiz bisher gefallen ist, Grenzen bei der Meinungsfreiheit von AfD-Justizdienern zu ziehen. Das Richterdienstgericht Leipzig hat den Verweis gegen Richterin Kutscher im zweiten Disziplinarverfahren mit Urteil vom 20. Oktober 2020 bestätigt.[490] Nach ihm ist Kutschers „maßgeblich von ‚Wut' gesteuerte" öffentliche Herabwürdigung einer Tageszeitung als „Alpen-Prawda" und die bewusste und wiederholte Herabsetzung der Redakteure als „Schreiberlinge" mit einem von „Zurückhaltung, Mäßigung und Distanz geprägten Richterbild [...] unvereinbar".[491] Außerdem wirft das Richterdienstgericht Leipzig Amtsrichterin Kutscher vor, dass sie „deutlich wahrnehmbar als Richterin" „mitunter eine voreingenommene, starre, von ihr nicht mehr überprüfbare Haltung einnimmt", die mit der „Pflicht eines Richters, nicht nur unabhängig zu sein, sondern im öffentlichen Auftreten auch so zu erscheinen, grundsätzlich nicht vereinbar" ist.[492] Bei der Bemessung der Sanktionshöhe sah sich das Dienstgericht durch das „Verschlechterungsverbot" gehindert, eine schärfere Sanktion als einen Verweis zu verhängen. Trotzdem fand es deutliche Worte: Es warf Richterin Kutscher „trotz einschlägiger Vorbelastung" „Uneinsichtigkeit" vor. Sie habe sich in der Öffentlichkeit „nicht gemäßigt". Außerdem hatte die Kammer in der mündlichen Hauptverhandlung „nicht den Eindruck gewon-

---

490 Richterdienstgericht Leipzig vom 20. Oktober 2020 Az. 66 DG 1/19.
491 Richterdienstgericht Leipzig, a. a. O., S. 16.
492 Richterdienstgericht Leipzig, a. a. O., S. 17.

nen", dass Richterin Kutscher „ihr Verhalten in einer Weise kritisch reflektiert", dass sie sich künftig an das Mäßigungsgebot halten wird.[493]

Im Juni 2021 hat der Dienstgerichtshof am Oberlandesgericht Dresden den Verweis in einem widersprüchlichen und schwer nachvollziehbaren Beschluss aufgehoben.[494] Zwar habe Frau Kutscher in „rechtswidriger und schuldhafter Weise" gegen das Mäßigungsgebot (§ 39 DRiG) verstoßen. Wegen der „geringen Schwere" des Dienstvergehens sei aber ein „Verweis nicht zu rechtfertigen"[495]. Wie ist es zu diesem merkwürdigen Spruch gekommen?

Bei der Bewertung von Richterin Kutschers aggressiver rechtspopulistischer Rhetorik folgt der Dienstgerichtshof zunächst der ersten Instanz. Als „polemische und undifferenzierte" Beschimpfung der bei der Süddeutschen Zeitung tätigen Journalisten bewertet er den Gebrauch der Begriffe „Alpen-Prawda" und „Schreiberlinge", insbesondere, wenn Richterin Kutscher ihnen vorwirft, dass sie alles dafür tun, dass „uns Europäern die hart erkämpfte Freiheit genommen wird und wir auf der Zielgeraden einer Entwicklung hin zu vergleichbaren Zuständen wie im Bogen Marokko–Indonesien geführt werden".[496] Als „undifferenziert" beurteilt der Dienstgerichtshof auch die Bezeichnung „studierte Geschwätzwissenschaftler" für Personen, die „in ihren Parallelwelten leben" und „exakt null Ahnung von den Sorgen und Nöten derjenigen haben, die hart ihr Geld verdienen [...]". Treffend beschreibt der Dienstgerichtshof dann noch die potenziellen negativen Auswirkungen solcher Begriffe und Wertungen auf das Bild der Justiz in der Rechtsgemeinschaft. Beim Leser könnte der „Eindruck" entstehen, dass die Richterin Kutscher „gerade nicht in der Lage ist, Meinungen Andersdenkender zu akzeptieren und diesen Andersdenkenden zuzubilligen, dass auch sie zu ihren Einschätzungen [...] gelangt sein könnten und ihre Argumente zu hören, zu prüfen, abzuwägen und damit ernst zu nehmen sind".[497] Hierdurch könne der „Eindruck entstehen, dass Frau Kutscher „nicht neutral gegenüber jedermann sein könnte". Mit diesen Sätzen werden präzise die Gefahren beschrieben, die durch AfD-nahe Robenträger für das Vertrauen in die Justiz insbesondere bei Flüchtlingen und Migranten drohen: der **Eindruck** eines Verlustes der politischen Neutralität als Humus für erfolgreiche Befangenheitsanträge. Umso verwunderlicher wirkt, dass der Dienstgerichtshof dann alles tut, um diese Gefahren mit zum Teil irreführenden Argumenten zu relativieren. Dass Kutschers „unsachliche, abwertende Begriffe" die „Grenze zur Beleidigung nicht überschritten hat", ist zum Beispiel disziplinarrechtlich irrelevant, weil dafür eine Verletzung des Mäßigungs-

---

493 Richterdienstgericht Leipzig, a.a.O., S. 19f.
494 Oberlandesgericht Dresden vom 4. Juni 2021 Az. DGH 2/20 zu 66 DG 1/19 LG Leipzig.
495 A.a.O., S.10, 11.
496 A.a.O., S. 8f.
497 A.a.O., S. 9.

gebots genügt.[498] Nicht ausreichend gewürdigt wird, dass Richterin Kutscher eine langjährige Überzeugungstäterin ist, die sich trotz disziplinarischer Vorbelastung mit einem Verweis – der schwächsten Sanktion – rhetorisch bisher nicht zurückgehalten hat, ja sogar einmal vollmundig angekündigt hat, „nicht zu kuschen" – trotz Disziplinarverfahren. Im Strafverfahren käme für eine solche Wiederholungstäterin nur eine schärfere Sanktion in Betracht. Dass sich der Dienstgerichtshof hier für eine mildere Maßnahme entschieden hat, nämlich auf den Verzicht jeglicher Sanktion, ist unverständlich.

Zu der überraschenden Milde des Dienstgerichtshofes haben wahrscheinlich eine Krankheit und zwei Verzichtserklärungen Kutschers beigetragen. Im Verfahren hatte sie nämlich erklärt, dass sie „jeden Hinweis auf ihre berufliche Tätigkeit in ihrem Facebook-Account" getilgt habe und künftig „nicht mehr publizistisch tätig" sein wolle.[499] Diese Gründe rechtfertigen aber noch lange nicht, eine Sanktion gegen eine langjährige Wiederholungstäterin aufzuheben.

In dem Beschluss gibt es einen Satz, der viel über das Selbstverständnis und die möglichen Motive der Richter am Dienstgerichtshof für den Sanktionsverzicht verrät. Da heißt es, dass „keinesfalls der Eindruck entstehen" dürfe, „dass politisch ‚unliebsame Richter' aufgrund ihrer politischen Einstellung mit Mitteln des Disziplinarrechts unter Druck gesetzt werden sollen, soweit nicht die Verfassungstreue infrage steht".[500] Diese Feststellung ist einmal rechtlich unhaltbar, weil die Grenzen gerichtlichen und außergerichtlichen Handelns durch das Mäßigungsgebot im Deutschen Richtergesetz gezogen werden. Die Verfassungstreue von Richterin Kutscher ist zudem von niemandem jemals in Zweifel gezogen worden und lenkt von dem Kernproblem des Beschlusses ab. Dass der Dienstgerichtshof bei der Richterin Kutscher die Assoziation ermöglicht, sie gehöre zur Kategorie „politisch unliebsame Richterin", ist eine gefährliche Verharmlosung ihrer rechtspopulistischen Aktivtäten im Netz, die die politische Neutralität der Dritten Gewalt untergräbt.

Das dritte Disziplinarverfahren wurde von Netzaktivisten aus dem links-grünen Milieu ausgelöst. Das sind Einzelgänger oder lose Gruppen, die ehrenamtlich stundenlang durchs Netz surfen, um Rassisten, Antisemiten, Rechtspopulisten und Rechtsextreme zu enttarnen und ihre Fundsachen anschließend entweder Strafverfolgungsorganen oder Medien zuzuspielen. Die Generalstaatsanwaltschaft Frankfurt am Main hat eine Zusammenarbeit mit solchen Gruppen jüngst sogar institutionalisiert und ihr damit einen offiziellen Charakter verliehen.[501] Die *Zentralstelle zur Bekämpfung der Internet-*

---

498   A. a. O., S. 11.
499   A. a. O., S. 12.
500   A. a. O., S. 11.
501   Süddeutsche Zeitung vom 15. April 2015, S. 6.

kriminalität (ZIT) kooperiert seit November 2019 mit drei Organisationen, und zwar mit *hassmelden.de, HateAid* und *ichbinhier*. Mit 17 000 Meldungen zwischen November 2019 und Anfang April 2020 haben die Aktivisten die Strafverfolger geradezu überrollt. Daraus sind bisher 140 Ermittlungsverfahren erwachsen. Zu den Netzwächtern, die Amtsrichterin Kutscher seit 2014 im Visier haben, gehören unter anderem die Gruppe *NOH8* (No hate on Facebook) und die *Anti-Egoistische Aktion*. Der IT-Manager Frank Stollberg (Pseudonym), ein führender Kopf der Aktion, versteht sich bei diesem Engagement als „Teil der Zivilgesellschaft". Andreas Vorrath, ebenfalls Mitglied einer anonymen Recherchegruppe, ist im Fall Kutscher aktiv, weil der „Justiz die notwendige IT-Kompetenz" fehlt und er Zweifel hegt, ob bei ihr ein „ehrlicher Wille da ist, gegen die rechte Robenträgerin vorzugehen". Diese Gruppen agieren häufig anonym, um nicht zum Ziel von Gewalt- und Morddrohungen aus dem rechten Lager zu werden. Und wohl auch, um sich bei der einen oder anderen illegalen Aktion vor Strafverfolgung zu schützen.

In zwei der drei Disziplinarverfahren gegen Amtsrichterin Kutscher hatten die Präsidenten des Dresdner Landgerichts Gilbert Häfner und sein Nachfolger Martin Uebele eine besondere Hürde zu nehmen: Bei rechtlich grenzwertigen Beiträgen, Bildern, Videos, Likes und Teilungen hat sich die Richterin damit verteidigt, dass ihr Facebook-Account gehackt und durch gefälschte Posts manipuliert worden sei. Um diese Behauptungen glaubwürdig erscheinen zu lassen, hat sie grenzwertige, angeblich nicht von ihr stammende Beiträge häufig gelöscht oder geschützt „unter Freunde" gestellt, sobald sie netzöffentlich oder Gegenstand von Disziplinarverfahren geworden waren. Ihr Nutzerkonto erschien dann politisch „sauber".

Die Achillesferse dieser Verteidigungsstrategie ist, dass vermutlich die Mehrzahl von Kutschers fragwürdigen Äußerungen trotz Löschungen auf Diskussionsplattformen wie *reddit* oder in Archiven links-grüner Netzaktivisten überlebt haben, die ihren Facebook-Auftritt und sogar ihre Kommunikation mit „Freunden" beobachten. Die dabei zutage geförderten Beiträge, Kommentare und Teilungen von Posts, Bildern und Videos haben sie dann in Dienstaufsichtsbeschwerden gebündelt, die die drei Disziplinarverfahren gegen die rechte Netzaktivistin mit angestoßen haben.

Ziel dieser Beobachtungs- und Ausspähaktionen im Fall Kutscher war es, die Amtsrichterin aus dem Amt zu entfernen. Für die Aktivisten von *NOH8* ist Kutscher eine „Verfassungsfeindin mit Beamtensalär". „Es wird Zeit, dass die Dame aus dem Amt gejagt wird und nicht mehr von unseren Steuergeldern ihren Hass verbreiten kann", meint Frank Stollberg. Von diesem Ziel sind die Internetwächter indes noch weit entfernt. Wegen der Unabhängigkeitsgarantie sind für Entlassungen von Richtern hohe rechtliche Hindernisse zu überwinden. Aber die Netzaktivisten haben immerhin erreicht, dass die Präsidenten des Landgerichts Dresden der Amtsrichterin zwei Verweise wegen Verletzung des Mäßigungsgebots erteilt haben. Das begrenzt die politische Meinungsfreiheit von Richtern und Staatsanwälten.[502]

Im ersten Disziplinarverfahren hat sich Richterin Kutscher damit verteidigt, dass drei der gerügten Beiträge nicht von ihr stammen. Weil der damalige Präsident des Landgerichts Gilbert Häfner „keinen Anlass" sah, „an diesen Angaben zu zweifeln", stellte er das Verfahren wegen dieser drei Punkte ein.[503] Im dritten Disziplinarverfahren griff Kutscher erneut auf diese Verteidigungsstrategie zurück. Auslöser war ein Bild von Bundeskanzlerin Merkel mit dem Hinweis, dass Anfang August ein „Protest gegen Gewalt und Mord am eigenen Volk" stattfindet. Kutscher behauptete, dass weder Bild noch Text von ihr stammten. Auf einem Beweistermin am 16. Dezember 2019 hat Landgerichtspräsident Martin Uebele versucht, die Wahrheit herauszufinden. Dabei stand für die Amtsrichterin viel auf dem Spiel. Wären Bild und Bildunterschrift authentisch, wäre das ein Indiz dafür gewesen, dass Richterin Kutscher dem aufgelösten völkischnationalistischen Höcke-„Flügel" der AfD nahesteht. Netzaktivist Andreas Vollrath, der zum Beweistermin als Zeuge geladen war, hatte einen Screenshot von diesem Ausschnitt auf Twitter mit der Forderung verbreitet, eine „Amtsrichterin, die zu rassistischen und faschistischen Veranstaltungen aufruft", „unverzüglich aus dem Staatsdienst zu entfernen". Stunden später war der Beitrag gelöscht. Aufgrund der Beweisaufnahme, die nach einem Vermerk „in einer hoch aufgeladenen Atmosphäre mit heftigen gegenseitigen, auch nicht der Aufklärung der Sache dienlichen Vorwürfen" ablief, kam Präsident Uebele zu dem Schluss, dass die in einer Dienstaufsichtsbeschwerde erhobenen Anwürfe nicht bewiesen werden konnten. Ein Vorschlag Vollraths, zur Klärung der streitigen Autorenschaft IT-Experten als Sachverständige zu hören, blieb ohne Echo. Das ist bedauerlich. Denn dass AfD- und NPD-Politiker sowie *Pegida*-Marschierer ihre Autorenschaft leugnen, wenn sie bei beleidigenden, rassistischen, antisemitischen oder politisch heiklen Äußerungen ertappt werden, gehört zu ihrem Standardrepertoire. Der NDR-Journalist und Internetexperte Jan Strozyk hat indes noch keinen Fall erlebt, „in dem diese Verteidigungslinie am Ende gehalten hat." Auch bei den Amtsgerichten Rostock und Kassel sowie beim Oberlandesgericht Karlsruhe hat sie nicht überzeugt.[504] Die Argumentation verlief bei allen drei Gerichten ähnlich. Sie hielten die von den Parteien und Angeklagten behaupteten Fälschungen für „theoretisch möglich", aber „lebensfremd". In den drei Verfahren hätten diese keine konkreten Anhaltspunkte vorgetragen, um eine Datenmanipulation zu stützen. Angesichts der geringen Prominenz der

---

502 Schmidt-Räntsch, Deutsches Richtergesetz, § 39, Rn. 20.
503 Presseerklärung des Landgerichts Dresden vom 22. September 2015.
504 AG Rostock vom 7. Mai 2015 Az. 414 Js 024/1435 Ds 312/14; AG Kassel vom 18. August 2016 Az. 240 Cs-1603 Js 42888/14; OLG Karlsruhe vom 13. Februar 2019 Az. 6 U 105/18, Rn. 71, 74.

Parteien oder Angeklagten sei ferner schwer vorstellbar, welches Interesse ein Dritter haben könnte, den erheblichen technischen Aufwand zu treiben, um ihnen angreifbare oder sogar strafbare Zitate unterzuschieben. Auch bei Internet-Experten stößt die Argumentation Kutschers auf Skepsis. Zwar sei es „relativ leicht, einen Fake-Screenshot zu erstellen", meint Ronald Eikenberg, Redakteur bei der Computerzeitschrift c't. Ihn aber „ohne Passwort" in ein Nutzerprofil „zu schmuggeln", sei „technisch sehr anspruchsvoll": „Ein gezielter Angriff auf einen Account ist nur mithilfe eines Trojaners oder der Phishing-Methode möglich. Wenn solche Angriffe häufiger passiert sein sollen, ist an der Glaubwürdigkeit der Behauptung zu zweifeln."

Dass die Dresdner Landgerichtspräsidenten dem von anderen Gerichten vorgezeichneten Weg nicht gefolgt sind und auch keinen IT-Sachverstand beigezogen haben, ist schwer nachzuvollziehen. Dadurch haben sie zugelassen, dass vier grenzwertige Posts von Richterin Kutscher bei der Bemessung der Sanktionshöhe nicht berücksichtigt worden sind. Auf den Strafverfolgungsalltag übertragen hieße dies, dass ein Staatsanwalt nur einen Diebstahl anklagt, obwohl er mit zusätzlichem Aufwand auch eine Anklage wegen schweren Diebstahls hätte erheben können.

Bei der Bewertung der politischen Netzaktivitäten der Meißener Amtsrichterin müssen zwei Fragen im Zentrum stehen: Wie rechts dürfen Richterinnen und Richter stehen? Und: Welche Sanktionen sind bei Verletzungen des richterlichen Mäßigungsgebots angemessen?

Auch als Richterin darf Gritt Kutscher, wie geschehen, auf ihrer Facebook-Seite für die AfD werben und Wahlempfehlungen für sie aussprechen. Allerdings gleitet sie dabei in eine rechtliche Grauzone, seitdem das Bundesamt für Verfassungsschutz die AfD erst zu einem „Prüffall" und dann Anfang 2021 sogar zum „Verdachtsfall" erklärt hat, weil „erste Anhaltspunkte" dafür vorliegen, dass sich die Partei „gegen die freiheitlich-demokratische Grundordnung richtet". Eine politische Agenda in der Grauzone unter der Schwelle einer extremistischen Partei sollte für ein Organ der Rechtspflege eigentlich eine Tabuzone sein.

Richterin Kutscher darf auch „Islamkritik" üben. Tatsächlich aber verraten einige ihrer Posts Islamfeindschaft, sogar Islamhass. Sie spricht dem „Islam" in „unsachlicher und politischer Weise" den „Charakter einer Religion ab" (Landgerichtspräsident Uebele in der Einleitungsverfügung zum dritten Disziplinarverfahren) und verunglimpft ihn gleichzeitig als „menschenverachtende" und „faschistische Ideologie". Damit fällt Kutschers Abneigung gegenüber dem Islam radikaler aus als das AfD-Grundsatz- und das -Wahlprogramm 2017, in denen die Partei den Islam immerhin als Religion anerkennt. In seinem AfD-Gutachten kommt das Bundesamt für Verfassungsschutz zu dem Schluss, dass ein Verstoß gegen die verfassungsmäßige Grundordnung nicht vorliegt, solange mit der Aussage, der Islam sei eine „politische Ideologie" nicht verbunden ist, dass ihm der „Status als Religionsgemeinschaft in Gänze abgesprochen wird".[505] Genau das aber tut Amtsrichterin Kutscher, was im Umkehrschluss bedeutet, dass sie Muslimen den grundgesetzlichen Schutz der Religionsfreiheit nimmt und dadurch gegen die freiheitlich-demokratische Grundordnung verstößt.[506] Gleichzeitig verletzt sie den Gedanken der Völkerverständigung, ein weiterer Pfeiler unserer verfassungsmäßigen Grundordnung. Denn ein Dialog zwischen den Religionen im Zeichen gegenseitiger Toleranz und Achtung kann nicht mehr stattfinden, wenn die Grundlage für ihn wegfällt, nämlich die gegenseitige Anerkennung als Religionsgemeinschaften.

Im September 2019 hatte Amtsrichterin Kutscher auf ihrem Facebook-Account ein Bild eingestellt, auf dem ein Kampfpanzer, der als „Islam" bezeichnet wird, einen Pkw überrollt. Damit wird die Assoziation verstärkt, dass der Islam in seiner Gesamtheit gewaltbereit ist. Dass Richterin Kutscher eine vollverschleierte Muslima als „Schirmständer" sowie Kopftücher als „Kopfwindel" diffamiert, offenbart eine abschätzige Herabwürdigung des Islam. Bei den letzten beiden Begriffen bestreitet sie ihre Autorenschaft.

Disziplinarvorgesetzte und Richterdienstgerichte haben bei der Bewertung von AfD-Rhetorik im Netz ein Problem zu lösen: Die bisher von Rechtsprechung und Literatur entwickelten Grundsätze zu den eingeschränkten Grenzen richterlicher Meinungsfreiheit passen auf sie nur bedingt. Ein Beispiel: „Kritik am Staat und seinen Einrichtungen und der Regierungspolitik" soll „zulässig" sein, „nicht hingegen Auflehnung gegen den demokratischen Staat oder die Staatsidee schlechthin".[507] Diese Gegensetzung hilft bei der rechtlichen Analyse rechtspopulistischer beziehungsweise rechtsextremistischer Sprache nicht weiter. AfD-Grundsatz- und -Wahlprogramme und prominente Politiker bekennen sich ausdrücklich zum Demokratie- und Rechtsstaatsprinzip und zum Grundrecht der Religionsfreiheit.[508] Ja, Rechtspopulisten gerieren sich sogar häufig als deren Bewahrer und Retter. Juristisch zu bewerten sind deshalb Aussagen von AfD-Programmen und -Politikern, die in der Regel „vage", „zweideutig", „indifferent", im Grundtenor jedoch negativ sind, aber ohne konkrete verfassungspolitische Alternativen.[509] Sie greifen Verfassungsorgane und Verfassungsgrundsätze selten direkt an, son-

---

505 AfD-Gutachten des Bundesamts für Verfassungsschutz, S. 48.
506 AfD-Gutachten des Bundesamts für Verfassungsschutz, S. 67: „Mit der Gleichsetzung von Islam und Islamismus könnte die Folgerung einhergehen, der Islam stelle keine Religion im Sinne des Grundgesetzes dar. Dies würde in der Konsequenz dazu führen, dem Islam den Status einer Religion abzuerkennen und damit allen Muslimen das Grundrecht auf Religionsfreiheit abzusprechen."
507 Schmidt-Räntsch, Deutsches Richtergesetz, § 39, Rn. 19.
508 AfD-Gutachten des Bundesamts für Verfassungsschutz, S. 39, 40.
509 AfD-Gutachten des Bundesamts für Verfassungsschutz, S. 52, 53, 83, 311.

dern meist nur indirekt, subkutan.[510] Aus dieser Klemme befreit sich das Bundesamt für Verfassungsschutz mit folgender Argumentation: Aus einer „personenbezogenen Verächtlichmachung des politischen Gegners und der Diffamierung von Prozessen und Institutionen der parlamentarischen Demokratie" wird ein „Zerrbild erzeugt, das bei den Zuhörern beziehungsweise Betrachtern den Eindruck des Niedergangs, der Ausweglosigkeit und der Unterdrückung von Andersdenken suggerieren soll", wodurch die Legitimation der freiheitlich-demokratischen Grundordnung unterspült wird.[511] Einige von Kutschers Tweets passen in dieses Raster. Dazu gehört sicher noch nicht, wenn sie sich zum Geburtstag den „sofortigen Rücktritt der Bundesregierung und des Bundespräsidenten sowie Neuwahlen" wünscht. Grenzwertig wird es, wenn sie 2015 im Zusammenhang mit dem damaligen Justizminister von einer „Gesinnungskontrolle à la Maas", vom „Demokratieentwicklungsland Deutschland" (hier bestreitet sie auch die Autorenschaft) spricht oder „maßgeblichen Vertretern der EKD" vorwirft, dass es ihnen um die „Abschaffung der deutschen Nation" geht. Überschritten ist die bei Richtern beruflich wie privat eingeschränkte Meinungsfreiheit sicher bei Kutschers feindseligen Angriffen auf Bundeskanzlerin Merkel und den Verfassungsgrundsatz „Rechtsstaat", den sie als Vertreterin der Dritten Gewalt verkörpern und repräsentieren sollte. Im Zentrum des dritten Disziplinarverfahrens steht das Teilen des Videos *Das Vermächtnis der Angela Merkel* von Feroz Khan unter der Überschrift „Gritt Kutscher ist mit Feroz Khan unterwegs". Khan ist ein aggressiver AfD-Agitator mit pakistanischen Wurzeln. Wer einen Beitrag, ein Bild mit Text oder ein Video kommentarlos teilt, macht sich nach der herrschenden Meinung in Rechtsprechung und Literatur deren Inhalt noch nicht zu eigen, „solange er sich nicht mit ihm identifiziert und ihn so in den eigenen Gedankengang einfügt, dass er als sein eigener erscheint"[512]. Durch die Überschrift „Gritt Kutscher ist mit Feroz Khan unterwegs" hat sie sich mit dem Inhalt des Videos identifiziert. Deshalb geht der Dresdner Landgerichtspräsident Martin Uebele in seiner Einleitungsverfügung zum dritten Disziplinarverfahren zu Recht davon aus, dass Richterin Kutscher für jedes Wort in Khans Merkel-Porträt mit verantwortlich ist. Und das wiegt schwer. Denn in diesem Video haben Hass und Hetze eine Schärfe erreicht, dass sich Facebook genötigt sah, es aus dem Netz zu nehmen. Mit dem perfiden Vergleich, dass „Merkel länger an der Macht ist als Hitler", assoziiert Khan, dass das demokratische System der Bundesrepublik in eine menschenverachtende Kanzlerinnendiktatur mutiert ist. Eine rhetorische Manipulation, die sich Richterin Kutscher zurechnen lassen muss. Im Video erklärt Khan weiter, dass die Opfer von Vergewaltigungen und terroristischer Gewalt durch Flüchtlinge „ihre (Merkels) Toten" seien,

---

510 AfD-Gutachten des Bundesamts für Verfassungsschutz, S. 86.
511 AfD-Gutachten des Bundesamts für Verfassungsschutz, S. 83, 85.
512 OLG Frankfurt vom 26. November 2015 Az. 16 U 64/15, Beck RS 2016, 2583, Rn. 32; OLG Dresden Urteil vom 7. Februar 2017 Az. 4 U 1419/16; Niko Härting, Internetrecht, 6. Auflage, Rn. 2526.

die den „alljährlichen Merkel-Sommer einläuten". Für Landgerichtspräsident Uebele wird „in dem geteilten Video" der Bundeskanzlerin „in völlig unhaltbarer Weise eine Mitverantwortung für Tötungsverbrechen [...] zugewiesen". Die Bundeskanzlerin, erläutert Khan an anderer Stelle, solle keine „Rechtsstaatlichkeit" „heucheln": „Gesetze interessieren sie bestenfalls, wenn sie in ihren Kram passen." Der Bundeskanzlerin zu unterstellen, dass sie den Verfassungsgrundsatz der Bindung an Gesetz und Recht missachtet, wirft ernsthaft die Frage auf, ob Amtsrichterin Kutscher noch auf dem Boden der freiheitlich-demokratischen Grundordnung steht. Auf jeden Fall hat sie bei den zitierten wie folgenden Sätzen das richterliche Mäßigungsgebot verletzt. Ein Richter soll sich nämlich besonders zurückhalten, wenn er sich für „extreme politische Ansichten" engagiert, weil solche Meinungen leicht „zu einer Personalisierung der Diskussion und damit zu einem Hinterfragen seines Richteramts führen" können.[513] In diese Tabuzone ist Gritt Kutscher zweifellos beim Teilen von zwei Videos von Feroz Kahn eingedrungen. „Ersparen sie uns ihr (Merkels) heuchlerisches Geschwafel", heißt es im Merkel-Porträt: „Ihren Job könnte ein Kanarienvogel besser machen". Unerträglich ist auch, wenn sie ein zweites Video mit dem Titel *Angela Merkel: Ein Meister der Manipulation*" im geschützten Freundeskreis teilt. Eine solche Entgleisung mag sich vielleicht ein Björn Höcke leisten, für eine Richterin geziemt sie sich nicht. Das gilt auch für Kahns Behauptung, dass „Deutschland unter ihrer (Merkels) Führung zum Spitzenreiter im Zensieren von unliebsamen Nachrichten geworden" sei. Das Bundesamt für Verfassungsschutz kennt dieses Gedanken- und Sprachgut aus der AfD. Nach ihm wird Deutschland von einer „politisch korrumpierten Clique" regiert, die „einem Kartell gleich die Macht unter sich aufteilt und die politische Meinungs- und Willensbildung manipuliert". Mit grenzüberschreitender Schmähkritik verfolgt die AfD nach Meinung des Bundesamtes das „Ziel", „die Bundesrepublik als Quasi-Diktatur zu verunglimpfen und sich selbst als rettende Kraft zu inszenieren".[514]

Eine wahrscheinlich unbeabsichtigte Nebenfolge haben die drei Disziplinarverfahren und zwei Verweise gegen Amtsrichterin Kutscher bisher immerhin gehabt: Sie hat die rechtlich möglicherweise angreifbare Kommunikation aus der Netzöffentlichkeit ihres Facebook-Accounts in ihren geschützten Freundeskreis verlagert. „Ein weiteres hervorragendes Video" „meines Freundes Feroz Khan" „kann ich leider nicht öffentlich teilen", weil „ich allein wegen des kommentarlosen Teilens" des „ersten Merkel-Videos" „ein weiteres Disziplinarverfahren bekommen habe", greint sie. Ihre Empfehlung: „Schaut Euch das Video an! Liken und teilen." Ihr Netz-Freundeskreis hat für sie offenbar die Funktion einer Ersatzöffentlichkeit übernommen.

---

513 Schmidt-Räntsch, Deutsches Richtergesetz, § 39, Rn. 28.
514 AfD-Gutachten des Bundesamts für Verfassungsschutz, S. 39.

Der frühere Dresdner Landgerichtspräsident Gilbert Häfner und sein Nachfolger Martin Uebele haben sich bemüht, die mit einem Richteramt teilweise unverträgliche rechtspopulistische Rhetorik von Gritt Kutscher mithilfe von Verweisen zu bremsen. Das ist in den letzten fünf Jahren nicht gelungen. Statt IT-Expertise zu mobilisieren, um Kutschers Behauptung überprüfen zu lassen, dass ihr Facebook-Account gehackt und manipuliert worden sei, sind von ihr bestrittene Äußerungen nach § 154 StPO als „nicht beträchtlich ins Gewicht" fallend oder mangels Beweises eingestellt worden. Unverständlich ist zum Beispiel, warum im zweiten Disziplinarverfahren keine schärfere Sanktion, sondern noch einmal ein milder Verweis erteilt worden ist. Beide Präsidenten haben verkannt, dass sie eine hartnäckige Wiederholungs- und Überzeugungstäterin ist. „Und wenn ich jetzt das nächste Disziplinarverfahren bekomme, ICH KUSCHE NICHT!", hat sie bereits am 13. Februar 2016 auf Facebook angekündigt. Mit dieser falschen Nachsicht will Landgerichtspräsident Uebele im dritten Disziplinarverfahren anscheinend brechen, weil Gritt Kutscher als „polemisierende, polarisierende und grob unsachlich argumentierende Richterin" weiter das „Mäßigungsgebot" verletzt habe. Weil die auf Verweise beschränkte Sanktionsgewalt der Justiz nicht ausreicht, hat Präsident Uebele das dritte Disziplinarverfahren über das Oberlandesgericht Dresden an das sächsische Justizministerium weitergeleitet. Nach monatelanger Untätigkeit hat es in einer Disziplinarklage vor dem Richterdienstgericht eine Geldbuße beantragt, weil ein Verweis „zur angemessenen Ahndung nicht mehr als ausreichend erachtet worden ist".[515]

Eine Entscheidung des Dienstgerichts wird nach dem Pressesprecher nicht vor Herbst 2022 erwartet.

„Gib Gates keine Chance": AfD-nahe Berliner Staatsanwältin demonstriert mit „Reichsbürgern" und „Querdenkern"

Der 29. August 2020 ist ein dunkler Tag auf Berlins Demonstrationskalender: erst Angriffe von Rechtsextremisten und Hooligans auf Polizisten vor der russischen Botschaft, später dann der Versuch, den Reichstag zu stürmen, die Herzkammer der deutschen Demokratie. In der vordersten Reihe der Demonstranten vor der Polizeikette an der Ecke Friedrichstraße/Rosmarinstraße die Berliner Staatsanwältin Renate H. (Name geändert) mit ihrem Sohn. Als Staatsdienerin sollte sie eigentlich auf der anderen Seite der Polizeiabsperrung stehen.[516] Sie trägt ein selbst gebasteltes Plakat, auf dem wohl,

---

515 E-Mail des Ministeriums an den Verfasser vom 20. Oktober 2021.
516 Die folgenden Ausführungen basieren im Wesentlichen auf Recherchen des Tagesspiegel: Geiler/Fröhlich, 2020, Berliner Staatsanwältin demonstriert mit „Reichsbürgern" und „Querdenkern", unter https://

weil nicht genau zu erkennen, der Spruch steht: „Wo Unrecht zu Recht wird, wird Widerstand zur Pflicht." Dieser Satz ist im rechten Milieu populär, um Gewalt beim Kampf gegen die freiheitlich-demokratische Grundordnung zu legitimieren. Bei dem Versuch, die Polizeikette zu durchbrechen, soll Renate H. nach *Tagesspiegel*-Recherchen an vorderster Front mit dabei gewesen sein und dem Pfeffersprayeinsatz der Polizei getrotzt haben. Einer Demonstrantin neben ihr soll sie eine Flasche Wasser gereicht haben, damit sie sich ihre Augen auswischen kann.

Sie ist allem Anschein nach keine Gelegenheits-, sondern Überzeugungstäterin. Sie marschierte mit „Reichsbürgern" und „Querdenkern" auf der ersten Anti-Corona-Demonstration am 1. August 2020 in Berlin und besuchte die teilweise gewalttätigen Proteste in Leipzig am 22. August 2020. Auf ihrem Facebook-Profil verbreitete die Vertreterin der Staatsgewalt monatelang Verschwörungstheorien. Lange stand auf ihrem Profilbild der Slogan „Gib Gates keine Chance". In den Querdenker-Kreisen ist die These populär, nach der der Microsoft-Gründer die Pandemie absichtlich ausgelöst habe, um sich mit ihr eine goldene Nase zu verdienen. Andere Posts legen den Schluss nahe, dass sie ideologisch im rechtsextremen Milieu verwurzelt ist. Mehrfach hat sie Beiträge geteilt, die von der schwarz-weiß-roten Reichsflagge als „Symbol für einen Friedensvertrag" sprachen. Auf ihrer Facebook-Seite stellt sie Querverbindungen zwischen den Corona-Einschränkungen und dem Nationalsozialismus her. Ein Foto zeigt eine karikierte Person, die an den NS-Propaganda-Chef Joseph Goebbels erinnert. In einer Sprechblase fragt die Person: „Wollt ihr den totalen Lockdown?" Die Masse brüllt zurück: „Jaaaaaaaa." Im Juni 2020 hatte die Vertreterin der Staatsgewalt auf ein Video des AfD-Rechtsaußen Stefan Räpple verwiesen, der mittlerweile von der baden-württembergischen AfD-Landtagsfraktion ausgeschlossen wurde.[517] Der Anlass: Am 26. September 2020 soll er zum Sturz der Bundesregierung aufgefordert haben: „Man müsse sich gewaltsam Zutritt zum Bundeskanzleramt verschaffen." Im Rechtsausschuss des Berliner Abgeordnetenhauses hat der Justizsenator Dirk Behrendt (Die Grünen) bestätigt, dass der hier teilweise wiedergegebene Artikel des *Tagesspiegel* inhaltlich zutreffend ist.

Die Dienstvorgesetzten der Staatsanwältin reagierten auf den Artikel mit einer Mischung aus erklärendem Verständnis und entschlossener Härte. Der Sprecher des Justizsenators sagte einerseits: „Wir werden es immer verteidigen, wenn sich die Mitarbeitenden der Justiz auch politisch engagieren". Er erklärte aber auch: „Man sollte es sich gut

---

www.tagesspiegel.de/berlin/wollt-ihr-den-totalen-lockdown-berliner-staatsanwaeltin-demonstriert-mit-reichsbuergern-und-querdenkern/26619624.html (abgerufen am 11. November 2020).

517 Die Welt, 2020, AfD-Fraktion wirft Stefan Räpple nach Gewaltaufruf raus, unter https://www.welt.de/politik/deutschland/article216756462/AfD-Fraktion-wirft-Stefan-Raepple-nach-Gewaltaufruf-raus.html (abgerufen am 11. November 2020).

überlegen, an Versammlungen mit Rechtsextremen, Reichsbürgern und Antisemiten teilzunehmen, weil so ein öffentlicher Eindruck entstehen kann, der dem Ansehen der Justiz schadet." Für Staatsdiener gelte ein Abstandsgebot gegenüber Rechtsextremisten, Antisemiten, Rassisten und Verfassungsfeinden. Auch der Sprecher der Berliner Staatsanwaltschaft Martin Steltner verwies darauf, dass jeder Staatsbürger das Recht habe, „selbst bei abstrusen Veranstaltungen teilzunehmen". Die Staatsanwaltschaft beim Kriminalgericht Moabit hat gegen die demonstrierende Kollegin ein Ermittlungsverfahren wegen versuchter Nötigung eingeleitet. „Ansonsten äußern wir uns nicht zu Personalangelegenheiten", stellte Steltner klar. Diese Intransparenz ist nur schwer mit dem Postulat eines wehrhaften Rechtsstaats in Einklang zu bringen.

AfD-Richter und -Staatsanwälte als Amtsträger und Wahlkämpfer

Der besondere Schutz der Parteien durch das Grundgesetz führt dazu, dass eine AfD-Mitgliedschaft für die Justiz kein Grund ist, einen Juristen nicht einzustellen oder einen rechten Robenträger zu entlassen, solange die Partei nicht verboten ist. An diesem rechtlichen Rahmen ändern weder die Einstufung der AfD als Verdachtsfall durch das Bundesamt für Verfassungsschutz noch die Beobachtung des formell aufgelösten, aber noch einflussreichen völkisch-nationalen Flügels wegen „erwiesen extremistischer" Bestrebungen etwas. Für alle Sanktionen gegen rechte Robenträger ist neben der Mitgliedschaft immer der individuelle Nachweis zu führen, dass sie verfassungsfeindliche Auffassungen vertreten oder Ziele verfolgen. Das kann gelingen, wenn sich Amt und politische Propaganda verschränken. Zum Beispiel, wenn Richter oder Staatsanwälte mit Amtsbezeichnungen oder mit Porträtfotos in schwarzer Robe im Wahlkampf auftreten oder sich im Netz oder im Wirtshaus rhetorisch austoben.

Eine offene Wunde des Rechtsstaates: der juristische Streit um die Rückkehr des rechtsextremistischen AfD-Abgeordneten und Richters Maier in die sächsische Justiz

Am 23. Dezember 2021 hat der AfD-Bundestagsabgeordnete und frühere Richter am Landgericht Dresden Jens Maier einen Antrag auf Rückkehr in den sächsischen Justizdienst gestellt. Diesen Schritt hatte das sächsische Justizministerium gefürchtet, seitdem seine Wiederwahl in den Bundestag gescheitert war. Der Rückkehrwunsch Maiers bereitete dem Justizministerium in Dresden arge Kopfzerbrechen, rechtliche wie politische. Nach § 6 AbgG hat er als Bundestagsabgeordneter einen Rückführungsanspruch zwar nicht an das Landgericht Dresden, aber in die sächsische Justiz. Lange Zeit sah das Justizministerium rechtlich keine Handhabe, ihn wegen seiner aggressiven fremden- und islamfeindlichen Rhetorik und seines Engagements für den Höcke-„Flügel" in der AfD an einem Dienstantritt an einem sächsischen Gericht zu hindern. Erst nach diesem wollte das Ministerium ein Disziplinarverfahren mit dem Ziel einleiten, ihn wieder zu entlassen. Diese allein aus rechtlichen Gründen selbst auferlegte Handlungsunfähigkeit löste einen Tsunami der Entrüstung aus, erst in der Juristenwelt, dann im gesamten politischen Spektrum. Zur Speerspitze des rechtlichen Widerstandes avancierte der Bremer Staatsrechtler Andreas Fischer-Lescano, der in einem Verfassungsblog die Meinung vertrat, dass es rechtlich möglich sei, Maier den Rückweg vor einem Dienstantritt zu versperren. Er attackierte die zögerliche Reaktion des Dresdner Justizministeriums als „skandalös" und beschuldigte es, sich dem „Kampf gegen den Rechtsextremismus in der sächsischen Justiz" „zu verweigern".[518] Mit dieser populären Rechtsmeinung avancierte Fischer-Lescano für eine Weile zum Medienstar mit einem vielminütigen Auftritt in den ARD-Tagesthemen als Höhepunkt. In einem Gegengutachten warfen Dresdner Ministerialbeamte Fischer-Lescano „Rechtsansichten" vor, die mit „elementaren Grundsätzen des geltenden Richterrechts nicht in Einklang zu bringen" seien. Im Text folgten juristische Ohrfeigen wie „verkannt" oder „nicht überzeugend". Das ministeriale Gegengutachten blieb ohne nachhaltige öffentliche Wirkung, zumal sich Anfang Februar 2022 der Bonner Professor für öffentliches Recht Klaus-Ferdinand Gärditz der Meinung Fischer-Lescanos angeschlossen hatte, zumindest im Ergebnis.[519] Gärditz warf dem Gegengutachten „deutliche Einseitigkeit" vor, auch weil es den „Eindruck" vermittle, „man wolle sich um jeden Preis aus der Verantwortung stehlen": „Bislang gibt die sächsische Justiz im Umgang mit dem offen rechtsextremistischen Richter ein denkbar schlechtes öffentliches Bild ab".[520] Eine Gegenrede im Verfassungsblog folgte prompt: Für Michael Schneider „drängt sich der Eindruck auf, dass Gärditz – ebenso wie Fischer-Lescano – versucht, einer rein ergebnisorientierten Auslegung das Wort zu reden. Die von Gärditz präsentierte Ansicht mag politisch wünschenswert sein, mit herkömmlichen juristischen Methoden ist sie hingegen nicht nachvollziehbar".[521]

In der ersten Hälfte Februar 2022 spitzte sich die öffentliche Kritik an der defensiv-abwartenden Haltung des sächsischen Justizministeriums zu. Der *Deutsche Richterbund*, die Neue Richtervereinigung, der Deutsche Anwaltverein, das Deutsche Institut für Menschenrechte, OMAS GEGEN RECHTS, der Zentralrat der Juden und das Internationale Auschwitz Komitee forderten das sächsische Justizministerium auf, die Rückkehr des rechtsextremistischen Richters Maier in die Justiz zu blockieren. Der gemeinsame Tenor: Verfassungsfeinde auf dem Richterstuhl sind unerträglich.[522]

Am 12. Februar 2022 versuchte die grüne Justizministerin Katja Meier mit einem überraschenden, bisher nicht diskutierten juristischen Schachzug, die rechtliche und politische Deutungshoheit zurückzugewinnen. Neben der Zuweisung des AfD-Rich-

---

518 Fischer-Lescano, Warum der Rechtsextremist Jens Maier nicht wieder Richter werden darf, unter https://verfassungsblog.de/warum-der-rechtsextremist-jens-maier-nicht-wieder-richter-werden-darf/ (abgerufen am 26. Mai 2022).
519 Gärditz, Zum Rückkehrrecht extremistischer Abgeordneter in den öffentlichen Dienst, unter https://verfassungsblog.de/zum-rueckkehrrecht-extremistischer-abgeordneter-in-den-offentlichen-dienst/ (abgerufen am 26. Mai 2022).
520 Gärditz, Extremistische Rückkehrer in den Richterdienst II, unter https://verfassungsblog.de/extremistische-ruckkehrer-in-den-richterdienst-ii/ (abgerufen am 26. Mai 2022).
521 Gärditz, Extremistische Rückkehrer in den Richterdienst II, unter https://verfassungsblog.de/extremistische-ruckkehrer-in-den-richterdienst-ii/ (abgerufen am 26. Mai 2022).
522 Vgl. die Zusammenfassung des Protestchors in der Pressemitteilung des Bundesvorstandes und des Landesverbandes Sachsen der Neuen Richtervereinigung vom 11. Februar 2022.

ters Jens Maier zum Amtsgericht Dippoldiswalde ab Mitte März 2022 beantragte das Justizministerium beim Richterdienstgericht in Leipzig, Maier in den Ruhestand zu versetzen und ihm die Führung der Amtsgerichte vorläufig zu untersagen. § 31 Nr. 3 DRiG ermöglicht diese Maßnahme gegen einen Justizdiener, „wenn Tatsachen außerhalb seiner richterlichen Tätigkeit eine Maßnahme dieser Art es zwingend gebieten, um eine schwere Beeinträchtigung der Rechtspflege abzuwenden". Katja Meier nunmehr entschlossen: „Wer durch staatliche Behörden als Extremist eingestuft wird, kann kein glaubwürdiger Repräsentant der rechtsprechenden Gewalt sein und beschädigt das Ansehen der Justiz schwerwiegend."[523] Begründet wurde dieser Schritt in erster Linie mit der Einstufung Maiers als rechtsextrem durch den Sächsischen Verfassungsschutz und der „gravierenden Erschütterung des Vertrauens in die sächsische Justiz", die „nicht zuletzt durch die öffentliche Diskussion der letzten Wochen und die Äußerungen von Institutionen wie dem Zentralrat der Juden oder dem Internationalen Auschwitz Komitee" belegt ist.[524] Wundersam war, dass das Justizministerium am Ende die Kritik an seinem abwartenden Agieren dazu genutzt hat, den Antrag auf Versetzung in den Ruhestand von Maier rechtlich zu unterfüttern. Je heftiger die öffentliche Schelte, desto stärker wurde die juristische Position des Ministeriums im Ruhestandsverfahren. Die Doppelstrategie – die Zuweisung eines neuen Arbeitsplatzes für Maier und die gleichzeitige Verhinderung seines Dienstantritts – war widersprüchlich, aus juristischer Not geboren.

Um die Sprengkraft der Kontroverse um den AfD-Richter Maier für die Justiz zu verstehen und zu bewerten, sind fünf Fragen zu beantworten: Wie weit rechts stand Maier bei den Rechtspopulisten? Wie hat die Justiz auf seine verfassungsfeindliche Rhetorik und AfD-Aktivitäten vor seiner Wahl in den Bundestag 2017 reagiert? Wo liegen die Dollpunkte im juristischen Streit zwischen Dresdner Justizministerium und seinen Kritikern? Welche Chancen eröffnen die drei Verfahren – Disziplinarverfahren, Versetzung in den Ruhestand, Richteranklage –, Maier vom Richterdienst fernzuhalten? Und: Welche Lehren sind aus der „Affäre Maier" für den Umgang mit AfD-Richtern und -Staatsanwälten zu ziehen?

Richter Maier war selbst für AfD-Verhältnisse ein Rechtsausleger. Einige Beispiele auf seinen fremden- und islamfeindlichen Tiraden: Auf seinem Facebook-Account hatte er vollverschleierte Muslima als „Schleiereulen" diskreditiert, ein „Gesindel", für das er „nur noch Wut und Zorn" „empfinde".[525] „Was der Nationalsozialismus auf der

---

523 Presseerklärung des Staatsministeriums der Justiz vom 12. Februar 2022.
524 Presseerklärung des Staatsministeriums der Justiz vom 12. Februar 2022.
525 Schlottmann/Wolf, 2017, Die Würde des Amtes, unter: https://www.saechsische.de/die-wuerde-des-amtes-3592924.html (abgerufen am 22. April 2021); Meissner/Ringelstein, 2017, Der Richter von der AfD: Ein Demagoge in Robe, unter: https://www.tagesspiegel.de/politik/vorredner-

politischen Strecke war", ist nach seiner Meinung „heute der Islam auf der religiösen". Asylsuchende verunglimpfte er als „potenzielle Kriminelle". Der „kleine Höcke", wie er sich auch schon mal genannt hat, war zeitweise so weit nach rechts gedriftet, dass die Ex-Vorsitzende Frauke Petry ihn aus der AfD ausschließen wollte. Der Ausschlussantrag wurde unter anderem damit begründet, dass Maier „mehrfach und beharrlich die NPD" „gelobt" habe in dem Bewusstsein, dass „es sich dabei um eine verfassungsfeindliche Partei handelt". Nicht akzeptabel sei es außerdem gewesen, dass er Verständnis für den „Rechtsterroristen Breivik" habe, ein „besonders abstoßender Fall eines Kinder- und Massenmörders, eine in der AfD bislang beispiellose Geschmacklosigkeit".[526] Der Ausschlussantrag scheiterte, weil sich der „Flügel" damals hinter Maier gestellt hatte.[527] Später haben AfD-Bundesvorstand und die AfD-Bundestagsfraktion ihn trotzdem abgemahnt wegen eines Tweets von seinem Account, der den Sohn von Tennislegende Boris Becker Noah Becker als „kleinen Halbneger" bezeichnet hatte.

Dem damaligen Präsidenten des Landgerichts Dresden Gilbert Häfner war Maiers rechte Gesinnung schon früh aufgefallen. 2016 hatte Maier über einen Verbotsantrag der NPD gegen Aussagen des Dresdner Extremismusforschers Steffen Kailitz zu befinden. Als Einzelrichter hatte er damals dem Dresdner Politikwissenschaftler Steffen Kailitz mit einer einstweiligen Anordnung die Aussage verboten, die NPD „plane rassistische Staatsverbrechen".[528] Mit dieser in der ZEIT aufgestellten Behauptung hatte sich Kailitz auf die programmatische Ansicht der NPD bezogen, im Fall der Regierungsübernahme für eine massenhafte Ausbürgerung von deutschen Staatsangehörigen bezogen, deren Staatsangehörigkeit zu entziehen und sie dann aus dem Staatsgebiet der Bundesrepublik

---

von-bjoern-hoecke-der-richter-von-der-afd-ein-demagoge-in-robe/19295504.html (abgerufen am 22. April 2020).

526 Locke, 2017, Ärger in der AfD: Petry vs. Maier, unter: https://www.faz.net/aktuell/politik/inland/aerger-in-der-afd-petry-vs-maier-15022139.html (abgerufen am 22. April 2020); Locke, AfD in Sachsen: Applaus für Schimpftiraden gegen Petry, faz.net 9. Juni 2017, unter https://ww.faz.net/aktuell/politik/bundestgaswahl/bei-der-afd-in-sachsen--waechst-der-widerstand-gegen-petry-15052556.html (abgerufen 22. April 2020).

527 Locke, 2017, Ärger in der AfD: Petry vs. Maier, unter: https://www.faz.net/aktuell/politik/inland/aerger-in-der-afd-petry-vs-maier-15022139.html (abgerufen am 22. April 2020); Steffen/Heck, 2017, AfD: Petry beantragt Parteiausschluss von Bundestagskandidat Maier, unter: https://www.zeit.de/politik/deutschland/2017-05/afd-jens-maier-parteiausschluss-npd-frauke-petry (abgerufen am 22. April 2020); WESTFALEN-BLATT, 2017, „Kleiner Höcke" – AfD-Chefin Petry will umstrittenen Richter Maier loswerden, unter: https://www.westfalen-blatt.de/Ueberregional/Nachrichten/Politik/2820779-Kleiner-Hoecke-AfD-Chefin-Petry-will-umstrittenen-Richter-Maier-loswerden (abgerufen am 2. April 2020).

528 Diese Einzelheiten sind dem Rechtsgutachten von Prof. Christoph Möllers für die Fraktion der Grünen im sächsischen Landtag entnommen: „Tatbestandliche Voraussetzungen des grundgesetzlichen Verfahrens der Richteranklage im Freistaat Sachsen in Anwendung auf den Fall Maier" vom 21. März 2022, S. 27 f.

fortzuschaffen. In der mündlichen Verhandlung stellt Landrichter Maier fest: „Ich weiß nicht, wie man, wenn man das Programm der NPD liest, auf Staatsverbrechen kommen kann. Wenn jemand aufgrund von gesetzlichen Grundlagen zurückgeführt wird, ist das kein Staatsverbrechen." Der Hamburger Medienrechtler Jörg Nabert, der Kailitz damals vertrat, erinnert sich noch deutlich an Maiers Verhandlungsführung, weil der „inhaltlich den Positionen der NPD zugeneigt" habe. Naber erfuhr damals auch, dass Maier mit dem damaligen NPD-Chef auf Facebook befreundet war.

Als Präsident Häfner aufgrund „eigener Erkenntnisse und Überzeugung" zu dem Schluss gekommen war, dass der AfD-Richter Jens Maier in Verfahren mit AfD- oder NPD-Bezug nicht mehr „unbefangen richten" kann, legte er ihm nahe, die Zuständigkeit zu wechseln – „im Einvernehmen", wie es später hieß. Häfner war der Ansicht, dass die bei Maier beobachtete „Voreingenommenheit" für rechtsextreme Positionen wegen der engen Grenzen der richterlichen Dienstaufsicht kein Disziplinarverfahren gerechtfertigt hätte. Der damalige Zuständigkeitswechsel stoppte Maiers rechten Furor jedoch nicht. Als Vorredner von „Flügel"-Chef Björn Höcke warnte er im Januar 2017 im Brauhaus Watzke vor der „Herstellung von Mischvölkern" und erklärte den „Schuldkult" für „endgültig" beendet.[529] Für diesen Ausflug in die NS-Rhetorik und zwei Facebook-Einträge erteilte ihm der Präsident des Dresdner Landgerichts Häfner 2017 einen Verweis, weil er mit ihnen gegen das richterliche Mäßigungsgebot verstoßen habe: „Mit seinen Beiträgen habe Richter Maier, dessen Beruf als Richter dabei immer bekannt gewesen sei, dem Ansehen der Justiz allgemein und des Landgerichts Dresden im Besonderen Schaden zugefügt."[530]

Häfner ist einer der wenigen Gerichtspräsidenten, die aus eigener Initiative gegen einen Rechtsextremisten in den eigenen Reihen disziplinarisch vorgegangen ist, am Ende aber ohne die notwendige Entschlossenheit. Er hat es mit einem Verweis bewenden lassen und das Dresdner Justizministerium damals nicht gebeten, eine Disziplinarklage gegen Maier zu erheben, weil seine eigene Disziplinargewalt für schärfere Sanktionen als Verweise nicht reichte. Mit einer Disziplinarklage vor dem Richterdienstgericht wären schärfere Sanktionen wie Gehaltskürzungen oder sogar eine Entlassung möglich gewesen. Im März 2022 hat das Sächsische Richterdienstgericht zutreffend festgestellt, dass der „Verweis" „nicht bewirkt" habe, dass sich Maier „in seinen politischen und sonstigen Äußerungen auch im Hinblick auf eine mögliche Zurückführung in ein Richteramt gemäßigt und auf eine Trennung von Politik und Richteramt geachtet hätte".[531] Immer-

---

529 Meisner, Die Unabhängigkeit der Justiz und ihre Grenzen. Die Brandrede von Höcke, ein Dresdner Richter und ein Geraer Staatsanwalt, in: Meisner/Kleffner (Hrsg.), Extreme Sicherheit, Rechtsradikale in Polizei, Verfassungsschutz, Bundeswehr und Justiz, S. 211 (212).
530 Presseerklärung des Landgerichts vom 11. August 2017.
531 Sächsisches Dienstgericht für Richter vom 24. März 2022 Az. 66 DG 1/22, Rn. 43.

hin war Richter Maier in gewissem Sinne ein Wiederholungstäter, hatte er sich doch durch den „nahegelegten" Zuständigkeitswechsel wegen Befangenheit nicht veranlasst gesehen, sich bei seinen außergerichtlichen politischen Aktivitäten zu mäßigen. Dass die beiden gerügten Verhaltensweisen sich in unterschiedlichen Bereichen abspielten – gerichtlich und außergerichtlich – dürfte hier zweitrangig sein, da beide in derselben rechtsextremen Grundhaltung wurzelten. „Eine Entlassung Maiers wäre beim Dienstgericht nie durchgegangen", war Präsident Häfner seinerzeit überzeugt. Der vom Richterdienstgericht Karlsruhe und Richterdienstgerichtshof beim OLG Stuttgart in zwei Instanzen gebilligte Rauswurf des Freiburger Staatsanwalts Thomas Seitz spricht angesichts Maiers völkisch-nationaler Wahlkampfausfälle eher für das Gegenteil.[532] Nach dem sächsischen Verfassungsschutzbericht 2020 gehört Maier zu den „rechtsextremistischen Hauptprotagonisten" des aufgelösten AfD-„Flügels".[533] Heute besteht Einigkeit darüber, dass die Äußerungen Maiers in ihrer extremistischen Radikalität denen von Seitz in nichts nachstanden. Für den Bremer Verfassungsrechtler Fischer-Lescano zeigt der Fall Jens Maier „wie im Brennglas, wie wenig wehrhaft die deutsche Justiz gegen die grassierende Gefahr des Rechtsextremismus [...] aufgestellt ist".[534] Sie sei „jahrelang zu nachsichtig" gewesen.

Diese Milde rächt sich heute auf einem anderen Gebiet. Verweise als schwächste disziplinarrechtliche Sanktion werden nach zwei Jahren gelöscht mit der Folge, dass Maiers Personalakte disziplinarrechtlich nach dem Ende seines Bundestagsmandats wieder weiß war und alle Äußerungen, die mit dem Verweis sanktioniert worden sind, in einem neuen Disziplinarverfahren nicht mehr berücksichtigt werden dürfen. Diese kurze Löschungsfrist von zwei Jahren bei Verweisen ist eine der zahlreichen rechtlichen Schwachstellen bei der Reaktion der Justiz auf die Herausforderung durch rechtsextremistische Referendare, Richter, Staatsanwälte und Schöffen.

Bei dem Versuch, den Rückkehranspruch des Rechtsextremisten Maier in die Justiz abzuwehren, mussten das sächsische Justizministerium, die Dienstaufsicht des Landgerichts Dresden und das Richterdienstgericht in Leipzig juristisches Neuland betreten. Selbst Kritiker des sächsischen Justizministeriums wie der Bonner Verfassungsrechtler Gärditz räumen ein, dass die „Rechtslage verwinkelt ist und die Causa Jens Maier trotz offenkundig verfassungsfeindlicher Äußerungen sicher kein einfacher Fall" und

---

532 Vgl. S. 188 ff.
533 Verfassungsschutzbericht 2020, S. 50, 52.
534 Fischer-Lescano, Warum der Rechtsextremist Jens Maier nicht wieder Richter werden darf, unter https://verfassungsblog.de/warum-der-rechtsextremist-jens-maier-nicht-wieder-richter-werden-darf/ (abgerufen am 26. Mai 2022).

ein „disziplinarisches Vorgehen mit rechtlichen Risiken verbunden" ist.[535] Der Umgang mit diesen Risiken ist eine Wurzel für das heftige Aufeinanderprallen der Meinungen des Justizministeriums und der beiden Rechtswissenschaftler Fischer-Lescano und Gärditz. Während Letztere Rechtsvorschriften folgenlos verfassungskonform auslegen können, lastet auf dem sächsischen Justizministerium die volle rechtliche und politische Verantwortung für jede mögliche Niederlage in Verfahren gegen Jens Maier. Für die Ministerialen wog deshalb solides juristisches Handwerk schwerer als die kühnen Rechtskonstruktionen der beiden Rechtswissenschaftler, die erkennbar von einem gewünschten Ergebnis bestimmt wurden. Hier ist nicht der geeignete Platz, um in dem Meinungsstreit mit tiefschürfenden dogmatischen Erörterungen Partei für die eine oder andere Seite zu ergreifen. Hier soll sich auf eine kurze Wiedergabe der unterschiedlichen Positionen unter einem Blickwinkel beschränkt werden: Was lehrt uns die Causa Maier für die Behandlung ähnlicher Fälle in der Zukunft?

Im Zentrum der Kontroverse stand die Frage, in welchem Umfang richterliche Pflichten während des Abgeordnetenverhältnisses fortbestehen. Nach dem Abgeordnetengesetz „ruhen" sie mit Ausnahme der Pflicht zur Amtsverschwiegenheit und des Verbots zur Annahme von Belohnungen und Geschenken (§ 8 Abs. 1 i. V. m. § 6 Abs. 1 Satz 1 AbgG). Philipp Austermann, Professor an der Hochschule des Bundes für öffentliche Verwaltung, geht hier von einer klaren Gesetzeslage aus: „Äußerungen, die in die Zeit als Abgeordnete fallen, können für etwaige Disziplinarverfahren keine Rolle spielen."[536] Diese rechtliche Folge habe der Gesetzgeber 1976 in der Begründung des Gesetzes ausdrücklich betont: „So ruhen besonders die Pflicht zur Unparteilichkeit und die politische Treuepflicht" sowie die „Pflicht zur Mäßigung und Zurückhaltung bei politischer Tätigkeit."[537] Das ist auch die Position des ministerialen Gegengutachtens. Auf den Fall Maier übertragen bedeutet das: Seine Aktivitäten als Obmann des AfD-„Flügels" in Sachsen wie seine Reden im Bundestag oder auf Parteitagen während seines Abgeordnetenmandats dürfen bei der rechtlichen Beurteilung seines Rückkehranspruches nicht berücksichtigt werden. Der Bremer Staatsrechtler Fischer-Lescano ist dagegen überzeugt, dass das „Ruhen eines Beamtenverhältnisses" nicht mit dem „vollständigen

---

535 Gärditz, Zum Rückkehrrecht extremistischer Abgeordneter in den öffentlichen Dienst, unter https://verfassungsblog.de/zum-ruckkehrrecht-extremistischer-abgeordneter-in-den-offentlichen-dienst/ (abgerufen am 26. Mai 2022).
536 Kaufmann, Wird Jens Maier wirklich wieder Richter?, unter https://www.lto.de/recht/justiz/j/jens-maier-richter-disziplinarverfahren-richteranklage-befangenheit-sachsen-justiz-landgericht/ (abgerufen am 21. Januar 2022).
537 Zitiert nach Kaufmann, Wird Jens Maier wirklich wieder Richter?, unter https://www.lto.de/recht/justiz/j/jens-maier-richter-disziplinarverfahren-richteranklage-befangenheit-sachsen-justiz-landgericht/ (abgerufen am 21. Januar 2022).

Ruhen" der richterlichen Dienstpflichten einhergeht.[538] Er argumentiert, dass das richterliche Dienstverhältnis nur „ruhe", aber nicht weg sei. Für seine Auffassung beruft er sich auf ein Urteil des Bundesverwaltungsgerichts aus dem Jahr 1985.[539] Zum gleichen Ergebnis gelangte der Bonner Verfassungsrechtler Gärditz in einer verfassungskonformen Auslegung der §§ 5, 6 AbgG, indem er die sich aus Art. 33 Abs. 5 GG ergebende Pflicht zur Verfassungstreue von Beamtinnen und Beamten in diese Vorschriften hineininterpretiert.[540]

Zwei weitere Knackpunkte in dem Rechtsstreit waren die Fragen, ob das Justizministerium ein Disziplinarverfahren gegen Maier anstoßen kann, bevor er seinen Dienst angetreten hat, und ob das Ministerium solche Verfahren in Gang setzen kann. Das ministeriale Gegengutachten ist hier klar: Ein Disziplinarverfahren kann erst eingeleitet werden, „wenn die früheren Dienstpflichten wieder aufleben", also erst nach dem Dienstantritt Maiers Mitte März. Und zuständig dafür seien auch nur die unmittelbaren Dienstvorgesetzten, in diesem Fall die Vizepräsidentin des Landgerichts Dresden. Die im sächsischen Disziplinargesetz vorgesehenen Ausnahmen lägen nach dem Gegengutachten nicht vor. Das Gegenteil behauptet Fischer-Lescano unter Berufung auf die Rechtsprechung des Bundesgerichtshofes.[541] Gärditz vertritt im Ergebnis die gleiche Rechtsauffassung, begründet sie jedoch anders.[542] Nach ihm hat das öffentlich-rechtliche Dienstverhältnis bzw. das Statusverhältnis von Maier zu seinem Dienstherrn während der Mandatszeit latent fortbestanden mit der Folge, dass die sächsische Justizverwaltung schon vor seinem Dienstantritt ein Disziplinarverfahren hätte einleiten können. Ob diese rechtlichen Hürden zu überwinden sind, wird sich in dem Disziplinarverfahren zeigen, das die Vizepräsidentin des Landgerichts Stefanie Vossen-Kempkens gegen Maier nach dessen Dienstantritt eingeleitet hat.

Das Verfahren wird möglicherweise überflüssig werden, weil das Richterdienstgericht Leipzig in einer Eilentscheidung vom 24. März 2022 Richter Maier die Führung seiner

---

538 Fischer-Lescano, Warum der Rechtsextremist Jens Maier nicht wieder Richter werden darf, unter https://verfassungsblog.de/warum-der-rechtsextremist-jens-maier-nicht-wieder-richter-werden-darf/ (abgerufen am 26. Mai 2022).
539 BVerwG vom 23. April 2085 Az. 2 WD 42.84.
540 Gärditz, Zum Rückkehrrecht extremistischer Abgeordneter in den öffentlichen Dienst, unter https://verfassungsblog.de/zum-rueckkehrrecht-extremistischer-abgeordneter-in-den-oeffentlichen-dienst/ (abgerufen am 26. Mai 2022).
541 Fischer-Lescano, Warum der Rechtsextremist Jens Maier nicht wieder Richter werden darf, unter https://verfassungsblog.de/warum-der-rechtsextremist-jens-maier-nicht-wieder-richter-werden-darf/ (abgerufen am 26. Mai 2022).
542 Gärditz, Zum Rückkehrrecht extremistischer Abgeordneter in den öffentlichen Dienst, unter https://verfassungsblog.de/zum-rueckkehrrecht-extremistischer-abgeordneter-in-den-oeffentlichen-dienst/ (abgerufen am 26. Mai 2022).

Amtsgeschäfte vorläufig untersagt hat, um eine schwere Beeinträchtigung der Rechtspflege durch seine Tätigkeit abzuwenden (§ 46 SächsRiG i. V. m. § 35 DRiG).[543] Wegen Maiers „exponierter Tätigkeit im ‚Flügel' der AfD werde er als Rechtsextremist wahrgenommen". Daraus könne eine „schwere Beeinträchtigung" erwachsen, „weil seine Rechtsprechung nicht mehr als glaubwürdig erscheinen könne und dadurch das öffentliche Vertrauen in eine unabhängige und unvoreingenommene Rechtspflege beseitigt oder gemindert würde". Der Kernsatz des Beschlusses: „Der öffentliche Eindruck des Richters lasse ihn gegenwärtig nicht mehr als tragbar erscheinen, weil er voraussichtlich nicht mehr die Gewähr dafür biete, sein Amt verfassungstreu, unparteiisch und uneigennützig und ohne Ansehen der Person zu führen." Rechtlich interessant ist, dass das Sächsische Richterdienstgericht bei seiner Entscheidung auch alle Äußerungen und Aktivtäten Maiers während seiner Zeit als Bundestagsabgeordneter berücksichtigt hat, weil auch sie geeignet seien, das Vertrauen in Maiers Persönlichkeit für die „Gegenwart und Zukunft" zu erschüttern, worauf § 31 DRiG abstellt.[544]

Dieser Beschluss des Richterdienstgerichts Leipzig befreit das sächsische Justizministerium aus großer rechtlicher und politischer Not und macht eine weitere Diskussion über eine Richteranklage obsolet. Nach dem Gutachten des Staatsrechtlehrers Christoph Möllers für die Fraktion der Grünen im sächsischen Landtag hätte die Erhebung einer Richteranklage vor dem Bundesverfassungsgericht zur Folge, dass das erfolgreiche Verfahren wegen schwerer Beeinträchtigung der Rechtspflege gegen Richter Maier ausgesetzt werden müsste.[545] Es wird wohl niemand auf die Idee kommen, sich so ins eigene Knie zu schießen.

Der Fall Maier offenbart eine Überforderung der sächsischen Justiz im Umgang mit rechtsextremistischen Robenträgern – aufgrund falscher Nachsicht und unzureichender gesetzlicher Grundlagen. Sie hat nicht erkannt, dass eine Herausforderung durch verfassungsfeindliche Richter und Staatsanwälte eine andere Qualität hat als ein Robenträger mit freundschaftlichen Beziehungen ins Rotlicht-Milieu oder kinderpornografischen Neigungen. Diese Fälle aus der Vergangenheit sind zu handhabende Einzelfälle. Hier geht es um eine andere Dimension und Herausforderung: den Schutz des Rechtsstaates vor Verfassungsfeinden in der Dritten Gewalt. Aus generalpräventiven Gründen sind für einen wehrhaften Rechtsstaat frühzeitig schärfere Sanktionen bei Dienstpflichtverletzungen zu verhängen, Löschungsfristen für Disziplinarstrafen in Personalakten zu verlängern und der Rückkehranspruch von Robenträgern nach Man-

---

543 Pressemitteilung des Richterdienstgerichts beim Landgericht Leipzig vom 24. März 2022.
544 Sächsisches Richterdienstgericht vom 24. März 2022 Az. 66 DG 1/22, Rn. 29.
545 Möllers, Rechtsgutachten „Tatbestandliche Voraussetzungen des grundgesetzlichen Verfahrens der Richteranklage im Freistaat Sachsen auf den Fall Maier", S. 21.

datszeiten durch einen Vorbehalt der Verfassungstreue zu ergänzen.[546] Gesetzgeber und Justiz müssen sich darauf einstellen, dass der Fall Maier nicht der letzte seiner Art bleiben wird.

Überraschende Kehrtwende: Berliner Justizsenatorin will AfD-Landrichterin Malsack-Winkemann in den Ruhestand versetzen

Ohne öffentliche Begleitmusik ist es zunächst einer zweiten früheren AfD-Richterin gelungen, nach einer gescheiterten Kandidatur bei der Bundestagswahl 2021 an ihren alten Arbeitsplatz zurückzukehren: Birgit Malsack-Winkemann. Seit dem 14. März 2022 arbeitet sie wieder an ihrer alten Wirkungsstätte: dem Berliner Landgericht. Und zwar an der Zivilkammer 19a, die für Bausachen zuständig ist. Die Berliner Justizverwaltung hat vor der Rückkehr der Richterin „intensiv geprüft, ob Gründe für ihre Versetzung oder Amtsenthebung vorliegen". Die hat sie „nach bekannten Informationen" zunächst nicht gefunden. Damit hatte die Justiz zum zweiten Mal ein Mitglied einer Partei wieder aufgenommen, die das Bundesamt für Verfassungsschutz wegen des Verdachts verfassungsfeindlicher Bestrebungen mit nachrichtendienstlichen Mitteln beobachten darf. Möglicherweise nicht von längerer Dauer.

Denn drei Monate später machte die Berliner Justizverwaltung eine überraschen Kehrtwende. Im Juni 2022 beantragte die Berliner Justizsenatorin Lena Kreck (Die Linke) beim Berliner Richterdienstgericht die Versetzung von Birgit Malsack-Winkemann in den Ruhestand , „im Interesse der Rechtspflege", wie es heißt (§ 31 DRiG).[547] Eine erneute „intensive" Prüfung ihres „Verhaltens" „außerhalb des Richterdienstes" gebiete „zwingend" eine „Zurruhesetzung": „Die Richterin hat in der Vergangenheit über einen längeren Zeitraum wiederholt und öffentlich Menschen, die in Deutschland Schutz suchen, ausgegrenzt und wegen ihrer Herkunft herabgesetzt. Durch ihre Äußerungen ist in der Öffentlichkeit der Eindruck entstanden, die Richterin werde künftig nicht unvoreingenommen Recht sprechen". „Es darf keinen Zweifel an der Verfassungstreue und der Gewährleistung von diskriminierungsfreien Verfahren geben, das Ansehen der unabhängigen Justiz muss gewahrt bleiben", ergänzt die Justizsenatorin Kreck. Woher kam der Sinneswandel? Zu vermuten ist, dass der Anstoß vom Urteil des Richterdienstgerichts Leipzig gegen Ex-Richter Maier gekommen ist. In Sachsen wie Berlin hatten die Justizministerien zunächst nur das richterliche Disziplinarrecht im Blick, um Maier beziehungsweise Malsack-Winkemann die Rückkehr auf den Richterstuhl zu verwehren. Erst nach wochenlangen rechtlichen Diskussionen kam das Dresdner Justizminis-

---

546 Vgl. S. 240.
547 Presseerklärung vom 16. Juni 2022.

terium auf die letztlich erfolgreiche Idee, die Schiene über die „Versetzung im Interesse der Rechtspflege" zu nutzen (§ 31 DRiG). Die hat nach dem Richterdienstgericht Leipzig den rechtlichen Vorteil, dass bei der Frage, ob bei einem Richter eine „schwere Beeinträchtigung der Rechtspflege" zu befürchten ist, auch Äußerungen und Aktivitäten während der Mandatszeit von beurlaubten Robenträgern berücksichtigt werden können – unabhängig davon, ob die richterlichen Dienstpflichten während des Mandats ruhen oder nicht. Diese Entscheidung des Leipziger Dienstgerichts war vermutlich der Türöffner der Berliner Justizverwaltung für einen neuen Anlauf, um Frau Malsack-Winkemann wegen ihrer Reden im Bundestag in den Ruhestand zu versetzen. Denn andere Anknüpfungsgesichtspunkte sind für die Entfernung aus dem Dienst nicht erkennbar.

Rechtlich interessant und brisant ist das entschiedene Vorgehen der Berliner Justizsenatorin, weil es sich gegen eine AfD-Richterin richtet, die im Unterschied zum Ex-AfD-Richter Maier und dem Ex-AfD-Staatsanwalt Seitz nicht dem völkisch-nationalen Flügel der Rechtspopulisten zugerechnet wird. Die Entscheidung des Richterdienstgerichts über die Versetzung in den Ruhestand wird damit zu einem Präjudiz mit potenziell weitreichenden Folgen für alle AfD-nahen Robenträger, mit oder ohne Mitgliedsbuch.

Frau Malsack-Winkemann gilt in der AfD als gemäßigt. Die *taz* schrieb im April 2017, dass „grenzwertige Äußerungen von [...] bislang [...] nicht bekannt" seien.[548] Nach einer späteren Einschätzung derselben Zeitung sei sie „einer größeren Öffentlichkeit bisher kaum aufgefallen", habe auf „Parteitagen aber schon bewiesen, dass sie sich auf flüchtlingsfeindliche Hetzreden" verstehe.[549]

Auf welche „außergerichtlichen" Äußerungen sich der Versetzungsantrag stützt, will die Berliner Justizverwaltung nicht offenlegen. Die rechtliche Bewertung dieses Schrittes muss sich daher in erster Linie an den 31 Reden und Wortmeldungen von Malsack-Winkemann im 19. Bundestag orientieren und mit ihnen vorliebnehmen.

Bei der Analyse ihrer Beiträge fallen zunächst die üblichen AfD-Herabwürdigungen und Beschimpfungen der Bundesregierung auf sowie zuwanderungs- und fremdenfeindliche Äußerungen an und jenseits der Grenze zur Menschenverachtung. Auf diese spielt offenbar die Anmerkung von Justizsenatorin Kreck an, dass sie mit der Versetzung der Richterin „diskriminierungsfreie Verfahren" „gewährleisten" möchte. Die Justizverwaltung befürchtet also, dass sie künftig nicht mehr unvoreingenommen Recht sprechen werde.

548 Peter, 2017, Staatsbedienstete in der AfD – Erst im Bundestag rumsauen, unter https://taz.de/Staatsbedienstete-in-der-afd-/!5399726/ (abgerufen am 24. Juni 2022).
549 Gürgen, 2017, AfD im Bundestag; Sie kommen ..., unter https://taz.de/AfD-im-Bundestag/!5453699 (abgerufen am 24. Juni 2022).

Der Bundesregierung hat Malsack-Winkemann unter anderem „Merkelismus" vorgeworfen.[550] Sie hat verlangt, die Bundesregierung, „insbesondere aber Frau Dr. Merkel und Herrn Maas" „von ihren Amtspflichten zu entbinden".[551] Und sie hat die Mitglieder der Regierung mit einer „Bordkapelle der leckgeschlagenen Titanic" verglichen, „die ihren Swinging-Jazz spielt, bis sich der halbe Dampfer – nämlich unser Land – senkrecht stellt und im großen weiten Ozean versinkt".[552] Solche außergerichtlichen AfD-Polemiken einer **Politikerin** taugen wohl kaum, um einen Rauswurf einer **Richterin** aus der Dritten Gewalt zu rechtfertigen. Sie gehören zum Politik-Alltag der Rechtspopulisten, seitdem sie im Bundestag und in fast allen Landtagen Sitze erobert haben. Im politischen Meinungskampf und Wettbewerb ist das Grundrecht auf Meinungsfreit weit auszulegen. Diese AfD-Rhetorik kann keinen Zweifel an der Verfassungstreue der Richterin begründen.

Grenzwertig sind dagegen einige Äußerungen und Aktivitäten Malsack-Winkemanns zur Zuwanderungs- und Asylpolitik der Bundesregierung. Als Mitglied des Haushaltsausschusses hatte sie ein Hauptagitationsfeld: die „flüchtlingsbedingten Kosten" beim Bundeszuschuss für den Gesundheitsfonds der Gesetzlichen Krankenkassen, die der damalige Bundesgesundheitsminister Jens Spahn nicht beziffern konnte oder wollte. „Jedem vernünftig denkenden Menschen sei klar, dass diese Flüchtlinge aus Ländern stammen, in denen es Krankheiten gibt, die hierzulande vor der Flüchtlingswelle nur in einem überschaubaren Umfang vorhanden waren oder sogar als ausgerottet galten, wie Tuberkulose, HIV, Hepatitis oder andere, hier früher nicht bekannte, möglicherweise sogar tödliche Krankheiten", erklärt sie.[553] Sie beklagte unter anderem, dass ein „Großteil der Flüchtlinge" „Analphabeten" sei, deren Behandlung übermäßig hohe Kosten verursache. Dabei berief sie sich auf eine angeblich im Rahmen einer Konferenz der Bundesapothekerkammer vorgestellten Studie. Nach ihr sollen den Kassen „jährliche Kosten zwischen 9 und 15 Milliarden Euro" entstehen, „weil Beipackzettel nicht gelesen werden können oder die Medikation nicht verstanden wird, sodass mehr Notfallbehandlungen und Krankenhausaufenthalte die Folge sind".[554] Nach einem Faktencheck der Deutschen Apothekerzeitung hat die Abgeordnete Malsack-Winkemann in diesem Zusammenhang den „Namen der Bundesapothekerkammer missbraucht", „um Stimmung gegen Flüchtlinge zu machen". Die von ihr aufgestellten Behauptungen seien

---

550 Plenarprotokolle des Deutschen Bundestages 102. Sitzung vom 17. Mai 2019, 19. Wahlperiode, S. 12472.
551 198. Sitzung vom 9. Dezember 2020, 19. Wahlperiode S. 24967.
552 178. Sitzung vom 29. September 2020, 19. Wahlperiode, S. 22506.
553 Plenarprotokolle des Deutschen Bundestages, 131. Sitzung vom 28. November 2019, 19. Wahlperiode S. 16430.
554 Plenarprotokolle des Deutschen Bundestages, 34. Sitzung vom 18. Mai 2018, 19. Wahlperiode, S. 3222.

„dreist konstruiert" und hätten „keinerlei Wahrheitsgehalt".[555] Eine Studie mit diesem Ergebnis gäbe es nicht, und eine Verknüpfung zwischen Analphabetismus und Gesundheitskosten sei bei der Konferenz von niemandem hergestellt worden. Eine weitere These von Frau Malsack-Winkemann: Weil die Dunkelziffer von HIV-Undiagnostizierten ein „großes epidemiologisches Potenzial" bilde, fordert sie wie die AfD eine „bundeseinheitliche Routinetestung von Asylsuchenden auf HIV".[556] Auch für den Anstieg der gemeldeten Tuberkulosefälle zwischen 2014 und 2016 um fast 25 Prozent macht Malsack-Winkemann die „Migration" verantwortlich. Sie sei dafür der „Hauptgrund".[557] Die „Hälfte der Erkrankten stamme aus vier Ländern, nämlich Somalia, Afghanistan, Syrien und Eritrea". Bei den an Hepatitis B erkrankten Asylsuchenden kämen 62 Prozent aus Afrika. In ihren Reden folgen nach den Ursachenanalysen in der Regel Berechnungen darüber, wie viel die Behandlungen von HIV-Infizierten, an Tuberkulose und Hepatitis Erkrankten den deutschen Steuerzahler kosten. Besonders aufgeregt hat sich Frau Malsack-Winkemann über einen Artikel im „Ärzteblatt" vom 23. Mai 2018. Nach ihm soll „jeder vierte Migrant in Europa von antibiotikaresistenten Bakterien besiedelt oder mit solchen infiziert" sein.[558] Wegen dieses Befundes und der beschriebenen Krankheiten von Asylsuchenden verlangt Malsack-Winkemann eine „gründliche Gesundheitsuntersuchung jedes Migranten" und „eine Form der Quarantäne der erkrankten Migranten": „Unsere Bevölkerung hat einen Anspruch darauf, dass die eigene Regierung sie vor eingeschleppten Krankheiten schützt, und das nicht nur im Blick auf die exorbitanten Kosten".[559] Außerdem hat die Abgeordnete Malsack-Winkemann einen Antrag der AfD-Fraktion mit unterzeichnet, die fordert, das Kindergeld für im Ausland lebende Kinder zu indexieren und das Kindergeld für nicht in Deutschland lebende Kinder von EU-Bürgern an die Lebenshaltungskosten am Wohnort des Kindes anzupassen.[560] Der Grund: Durch die geltende Rechtslage entstehe ein „Anreiz zur Einwanderung in unser Sozialsystem, weil deutsche Kindergeldleistungen in Mitgliedstaaten mit niedrigem Lohnniveau eine signifikante Einkommensquelle darstellen können".

---

555 Rohrer, 2018, Wie die AfD den Namen der Bundesapothekerkammer missbraucht, unter https://www.deutusche-apotheker-zeitung.de/news/artikel/2018/05/22/wie-die-afd-den-namen-der-bundesapothekerkammer-missbrucht (abgerufen 24. Juni 2022).
556 Plenarprotokolle des Deutschen Bundestages, 65. Sitzung vom 22. November 2018, 19. Wahlperiode, S. 7407.
557 Plenarprotokolle des Deutschen Bundestages, 50. Sitzung vom 14. September 2018, 19. Wahlperiode, S. 4288.
558 Plenarprotokolle des Deutschen Bundestages, 50. Sitzung vom 14. September 2018, 19. Wahlperiode, S. 5289.
559 Plenarprotokolle des Deutschen Bundestages, 50. Sitzung vom 14. September 2018, 19. Wahlperiode, S. 5289.
560 Deutscher Bundestag, BT-Drucksache 17/2999, S. 1.

Ein Teil dieser Äußerungen und Aktivitäten zeigt, dass Frau Malsack-Winkemann als **Politikerin** Asylbewerber als Menschen zweiter Klasse diskriminiert. Das Schicksal und die Not von politisch oder religiös Verfolgten spielen für sie offenbar ebenso keine Rolle wie die Tatsache, dass etliche Asylsuchende aus Bürgerkriegsländern geflohen sind, um Gesundheit und Leben zu retten. Hier hat das Berliner Richterdienstgericht mehrere neue höchst delikate Rechtsfragen zu beantworten: Vertritt es wie das Leipziger Dienstgericht die Auffassung, dass auch Äußerungen und Aktivitäten von Richtern und Staatsanwälten während ihrer Zeit als Bundestags- oder Landtagsabgeordnete herangezogen werden dürfen, um „schwerwiegende Beeinträchtigungen der Rechtspflege abzuwenden"? Dabei ist zu beachten, dass die AfD bisher nicht verboten und die Meinungsfreiheit im politischen Meinungskampf weit auszulegen ist. Würde hier unter Umständen das richterliche Mäßigungsgebot, was während der Mandatszeit ruht, durch die Hintertür doch ins richterliche Dienstrecht hineinwirken? Außerdem ist zu fragen, ob eine evidente Voreingenommenheit in einem Politikfeld – der Zuwanderungs- und Asylpolitik – es rechtfertigt, einer Richterin die Rechtsprechungsfähigkeit im Ganzen abzusprechen? Konkreter: Ist es mit dem Grundsatz der Verhältnismäßigkeit vereinbar, eine Richterin in Bausachen wegen ausgeprägter Ressentiments in der Zuwanderungs- und Asylpolitik in den Ruhestand zu versetzen? Würde das Berliner Richterdienstgericht den Schritt des Berliner Senats billigen, wäre dies ein Präjudiz, das auch alle gemäßigten AfD-nahen Robenträger gefährdet mit der Einschränkung, dass es am Ende immer auf den Einzelfall ankommt.

Eine Stellungnahme von Frau Malsack-Winkemann zum Antrag auf Versetzung in den Ruhestand war nicht zu erhalten, weil sich das Berliner Kammergericht „grundsätzlich nicht zu Personaleinzelangelegenheiten äußert" mit der Folge, dass es „grundsätzlich auch keine Anfragen der Presse an Richterinnen und Richter weiterleitet".[561]

„Neger" ist keine Beleidigung: der Fall des Freiburger AfD-Staatsanwalts Thomas Seitz

Einen radikalen Schnitt haben die Staatsanwaltschaft in Freiburg und das Justizministerium in Stuttgart bei Staatsanwalt Thomas Seitz vollzogen. Sie haben gewagt, was andere scheuen: ihn zu entlassen. Allerdings auch in diesem Fall nicht aus eigenem Antrieb, sondern erst nach heftiger Kritik der SPD an Seitz im Landtagswahlkampf 2015/16, einer Initiative der Freiburger Anwaltschaft und öffentlichem Druck durch die Medien.

Negativ aufgefallen war Seitz dem Freiburger Rechtsanwalt Jens Janssen zum ersten Mal in einem Strafprozess, als der meinte, dass das Wort „Neger" keine Beleidigung sei.

---

561 Mail des Pressesprechers der Berliner Zivilgerichte vom 24. Juni 2022. Am 13. Oktober 2022 hat das Richterdienstgericht Berlin den Antrag auf Versetzung in den Ruhestand der Richterin Malsack-Winkelmann abgelehnt (Pressemitteilung vom 13.10.2022).

Darüber schrieb er einen Aktenvermerk und nahm Kontakt zur Staatsanwaltschaft auf, die er mit dem Eindruck verließ, dass sie nichts unter den Teppich kehren wollte. Vor dem Hintergrund seiner Erfahrung, dass die Justiz „immer eines Anstoßes aus der Zivilgesellschaft bedarf, bevor etwas passiert", organisierte er eine Erklärung gegen Seitz. Die unterschrieben 22 Freiburger Strafverteidiger. Sie wurde am 9. März 2016 als Presseerklärung veröffentlicht. Dort äußerten die Verteidiger die Befürchtung, dass Seitz Mandanten mit „Migrationshintergrund, islamischen Glaubens und Mitbürger mit ‚diametral' anderen gesellschaftspolitischen Auffassungen [...] nicht unvoreingenommen entgegentritt".[562] Außerdem forderten sie, Staatsanwalt Seitz von Strafverfahren gegen Beschuldigte mit Migrationshintergrund freizustellen. Einen Tag darauf berichteten die *Badische Zeitung* und etwas später die *Landesschau Baden-Württemberg* über den Vorstoß der Freiburger Strafverteidiger. Im Urteil des Richterdienstgerichts Karlsruhe vom 13. August 2018 spielte diese Verteidigerinitiative eine Schlüsselrolle: „Das wohl beispiellose Vorgehen der in Freiburg ansässigen Verteidiger spricht für sich und hat bewirkt, dass der Beklagte [Seitz] nicht mehr zum Sitzungsdienst eingeteilt wurde."[563] Im Juli 2016, also Monate später, hat der Leitende Oberstaatsanwalt in Freiburg ein Disziplinarverfahren gegen Seitz „wegen Zweifels an der Unvoreingenommenheit gegenüber Flüchtlingen und Muslimen" eingeleitet und das Verfahren, damals einmalig in der Republik, im September 2016 wegen nicht ausreichender Disziplinargewalt der Staatsanwaltschaft an das baden-württembergische Justizministerium abgegeben.

Wer die Urteilsgründe des Richterdienstgerichts Karlsruhe liest, fragt sich, warum auch bei Seitz die Dienstaufsicht versagt hat. Von den 15 Facebook- und Interneteinträgen, auf die sich das Urteil stützt, stammen 14 aus der Zeit vor der Einleitung des Disziplinarverfahrens und waren teilweise Thema im Landtagswahlkampf 2015/16. Offenbar gehört es bisher nicht zum Selbstverständnis einer Dienstaufsicht, bei öffentlich bekannten Anhaltspunkten für ein amtswidriges Verhalten ins Netz zu schauen und zu prüfen, ob sich Mitarbeiter außergerichtlich an das Mäßigungsgebot halten. Dort hätten sie entdecken können, dass Seitz auf seinem Facebook-Account und im Internet mit Selbstporträts und Insignien seines Berufes und der Partei warb: AfD-Plakette, Robe über der Schulter, weißes Hemd und Langbinder sowie einer Gesetzessammlung „Strafrecht" unter dem Arm.[564] Außerdem wären sie auf zahlreiche ausländer-, islam- und verfassungsfeindliche Äußerungen von Seitz gestoßen.[565] Einige Kostproben aus der Urteilsbegründung: Er bezeichnete Flüchtlinge als „Invasoren" und „Migrassoren"

---

562 Gemeinsame Erklärung der vor Freiburger Gerichten tätigen Strafverteidigerinnen und Strafverteidiger zum dienstlichen Verhalten von Herrn Staatsanwalt Thomas Seitz vom 9. März 2016.
563 Richterdienstgericht vom 13. August 2018 Az. RDG 1/17, S. 22.
564 Richterdienstgericht Karlsruhe vom 13. August 2018 Az. RDG 1/179, S. 2 f.,15 f.
565 Die folgenden Äußerungen sind zitiert aus dem Urteil des Richterdienstgerichts, S. 15–22.

und den Propheten Mohammed als „sadistischen Blutsäufer und Kinderschänder". Ein Posting zeigte einen in der Toilette liegenden Koran. Der amerikanische Präsident Barack Obama war für Seitz ein „Quotenneger". Im Zusammenhang mit der Flüchtlingskrise hat er den Staat als „politisches Unterdrückungsinstrument" und die Dritte Gewalt als „Gesinnungsjustiz" desavouiert. Nach Auffassung des Richterdienstgerichts hatte Seitz durch diese „herabwürdigenden" und „unangemessen aggressiven" „Ausführungen" seine staatsanwaltlichen „Pflichten zur Mäßigung, Neutralität" und „Überparteilichkeit" sowie seine „Verfassungstreue" verletzt. Wie angekündigt hat Seitz gegen das Urteil beim Dienstgerichtshof für Richter am OLG Stuttgart Berufung eingelegt, die am 18. März 2021 verhandelt wurde. Seitz hält das Urteil des Richterdienstgerichts Karlsruhe „für falsch, weil eine mögliche Verletzung des Mäßigungsgebots eine Entlassung nicht rechtfertigt, und die Hintergründe seiner Äußerungen nicht hinreichend gewürdigt" worden seien. Das haben das Richterdienstgericht und der Dienstgerichtshof am Oberlandesgericht Stuttgart anders gesehen. Am 30. Juni 2021 haben die höchsten Dienstrichter die Entlassung von Seitz bestätigt.[566] Der Verlust des Rückkehrrechts in die Justiz und seiner Pension werden ein wenig durch seine Wiederwahl in den Bundestag im September 2021 gelindert.

Die rechtskräftige Entlassung des Staatsanwalts Seitz ist ein ermutigendes Signal an Justiz, Justizministerien und Richterverbände, dass auch radikale Schritte gegen AfD-nahe Akteure Bestand haben können. Ein wertvolles Präjudiz für die Zukunft.

Ein „gemäßigter Law-and-Order-Mann": der Fall des Richters am Oberlandesgericht Schleswig Gereon Bollmann

Auch das Disziplinarverfahren gegen den Richter am OLG Schleswig Gereon Bollmann ist durch einen Vertreter der Zivilgesellschaft angestoßen worden, durch einen Hinweis einer Rechtsanwältin „aus dem links-grünen Anwaltsmilieu" (Bollmann). Er erhielt einen Verweis, weil er in einem AfD-Wahlkampfvideo den Ausdruck „Systemparteien" benutzt hatte, mit dem die Nationalsozialisten die Parteien der Weimarer Republik verächtlich gemacht hatten. Angekreidet wurde ihm außerdem, dass er auf dem Video mit seiner Berufsbezeichnung „Richter am Oberlandesgericht" geworben hatte. Bollmann, der sich als „gemäßigter Law-and-Order-Mann" versteht, ist enttäuscht, dass das Verfahren nicht wegen geringer Schuld eingestellt wurde – nach 41 Jahren im Dienste Justitias. Und er war frustriert, dass er 2017 den Sprung in den Bundestag verpasst hat. Der gelang ihm dann aber bei der Bundestagswahl im September 2021. Sein Leben als pensionierter Richter setzt er nun in der AfD-Bundestagsfraktion fort.

---

566 Pressemitteilung des OLG Stuttgart vom 30. Juni 2021.

„Patriotismus mit bürgerlichem Antlitz": ein AfD-Richter und -Abgeordneter verliert sein Amt als Referendarausbilder

Sieben Minuten hatte der Schöneberger Amtsrichter Antonin Brousek Zeit, um sich für Platz neun auf der AfD-Landesliste für die Wahlen zum Berliner Abgeordnetenhaus im September 2021 zu bewerben. Eigentlich ein aussichtsloses Unterfangen, denn der Platz war einem seiner beiden Mitbewerber bereits versprochen. Brousek, erst ein Jahr in der AfD, drehte die Stimmung auf dem AfD-Nominierungsparteitag, redete wie ein erfahrener Profi und nicht wie ein spät berufener Amateur. Er plädierte für einen „Patriotismus mit bürgerlichem Antlitz" und erklärte, warum er der AfD beigetreten sei: „Jedes Mal fahre ich über die Urbanstraße und die Sonnenallee. Und jedes Mal, wenn ich da lang fahre, denke ich mir: Nein, das ist nicht mehr mein Land. Das ist nicht mehr das, was ich wollte." Eine typische AfD-Rhetorik, die im Saal ankam. Geholfen hat ihm vermutlich noch eine andere Attacke bei den gern querköpfigen AfD-Delegierten, die alles lieben, wenn es gegen die da oben geht, nicht nur gegen die Merkel-Bundesregierung, sondern auch gegen das eigene Parteiestablishment. In seiner Rede offenbarte er, dass die Parteitagsregie ihn von seiner Bewerbung abhalten wollte: „Wenn Du es wagst gegen die Liste anzutreten, wird das schlimme Folgen für Dich haben. Das kam nicht von Don Vito Corleone, sondern von einem, der in der Partei ziemliche Macht hat", stichelte er. Diese Drohungen seien ihm „egal": „Diese Liste erinnert mich an Schindlers Liste. Wenn man auf der steht, dann lebt man, und wenn man nicht auf der steht, überlebt man nicht", sagt er. Dabei soll die Aufstellung der Kandidatenliste doch ein „fairer politischer Wettbewerb" sein. Für diese Attacke gab es Applaus im Saal – obwohl Brousek gerade die Deportation von Juden mit einem innerparteilichen Konkurrenzkampf verglichen hatte. Geschickt warb er auch damit, dass er seit dreißig Jahren Richter beim Amtsgericht Schöneberg sei – ein bei der AfD geschätzter Beruf, weil er das Image einer bürgerlichen Partei unterstreicht.[567] Brousek wurde gegen den Widerstand der Parteioberen auf Platz neun der Landesliste gewählt und sitzt seitdem als Abgeordneter im Berliner Abgeordnetenhaus. Als Richter hat er sich beurlauben lassen, seine Funktion als Referendarausbilder wollte er dagegen weiter ausüben.[568]

Womit Brousek wahrscheinlich nicht gerechnet hatte, war, dass seine Kandidatur für die AfD einen massiven Widerstand in seiner Referendararbeitsgemeinschaft ausgelöst hat. Schon vor Beginn des Einführungslehrgangs im August 2021 hatten Teilnehmer im Netz herausgefunden, dass er für die Rechtspopulisten kandidierte. „Ich war schockiert", erzählte eine Referendarin dem *Tagesspiegel*: „Ich dachte, das kann doch nicht

---

567 Vgl. S. 15.
568 Dieses Kapitel beruht zu großen Teilen auf Recherchen des *Tagesspiegel* vom 20. November 2021, S. 3.

sein, dass das Kammergericht uns so einem ausliefert." Im Kurs gab es auch Referendare mit Migrationshintergrund. Der Gegenwind in der 14-köpfigen Arbeitsgemeinschaft verstärkte sich, als Teilnehmer Brouseks Bewerbungsrede im Netz entdeckten. Sie informierten den Personalrat der Referendare. Der setzte das Thema „politische Neutralität von AG-Leitern" auf die Tagesordnung des Jour fixe am 20. September 2021 mit der Leiterin der Referendarausbildung beim Kammergericht Antje Klamt. Damals ging es in erster Linie um die Klärung der Rechtslage, zum Beispiel um die Frage, ob eine „Parteimitgliedschaft oder eine Kandidatur bei der Anstellungsbehörde nicht angezeigt werden muss, sofern sie nicht die Durchführung der Arbeitsgemeinschaft berührt": „Ein AG-Wechsel allein aufgrund der politischen Auffassung bzw. des außerdienstlichen politischen Engagements der AG-Leiterin oder des AG-Leiters ist nicht möglich", heißt es im Protokoll des Jour fixe.

Die Verantwortlichen für die Referendarausbildung beim Kammergericht befanden sich in einem „Zwiespalt" gegenüber Brousek, heißt es in Berliner Justizkreisen: eine „schwierige Personalie." Er war über zwanzig Jahre ein sehr qualifizierter Ausbilder. Hin und wieder war er sehr deutlich gegenüber Referendaren geworden, einige fühlten sich von ihm angegriffen, er wurde aber auch wertgeschätzt. Er wurde sehr eng evaluiert und war nie durch rechtspopulistische oder fremdenfeindliche Äußerungen aufgefallen. Besonders hoch wurde ihm angerechnet, dass er auch sogenannte „Ergänzungsvorbereitungsdienste" übernommen hatte und mit ihnen zurechtkam. In solchen Arbeitsgemeinschaften sitzen nur Referendare, die schon mal durch das zweite Examen gefallen sind. Eine solche „vulnerable Gruppe, die besonderer Unterstützung bedarf", wie es in Justizkreisen heißt, war auch die Arbeitsgemeinschaft, die Front gegen Brousek machte. Daher haben die Ausbildungsverantwortlichen beim Kammergericht lange gezögert, etwas gegen Brousek zu unternehmen.

Im Oktober 2021 wandte sich ein „Referendar XY" in einer Mail anonym an das Kammergericht. Anonym, weil die Widerständler schlechte Zeugnisse fürchteten, falls ihre Namen bekannt würden. In der Mail heißt es, dass sich Brouseks Form der politischen Betätigung keinesfalls mit dem Mäßigungsgebot vereinbaren lasse. Zudem sei sein politisches Engagement zeitlich bereits mit der Arbeitsgemeinschaftsarbeit kollidiert. Eine Antwort vom Kammergericht bekam er nicht, weil es auf anonyme Mails prinzipiell nicht eingeht.

Brousek hatte kein Verständnis für das Aufbegehren in der Arbeitsgemeinschaft, wie er den Berliner *Tagesspiegel* wissen ließ. Es empörte ihn, dass sich die Teilnehmer anonym über ihn beschwert hatten. „Der größte Lump im ganzen Land ist der Denunziant", sagte er. In der Gruppe könnten einige offensichtlich nicht ertragen, mit jemandem zu arbeiten, der andere „politische Ansichten" vertrete als sie.

Ein Umdenken bei den Referendarausbildern dürfte dann ein Artikel im *Tagesspiegel* über den Fall Brousek angestoßen haben. Mitte November 2021 wandte sich ein Referendar XY in einer Mail an die Zeitung, weil man sich vom Kammergericht nicht ernst genommen fühlte. Im Betreff stand: „Gefahr für die Jurist*innenausbildung – Rechtspopulistischer AfD-Politiker leitet Jurist*innenausbildung in der Berliner Justiz." Das Kammergericht, heißt es in der Mail weiter, habe sich dafür entschieden, die Referendar*innen von jemandem ausbilden zu lassen, dessen „menschenfeindliches Weltbild öffentlich bekannt" sei. „Wie kann angesichts dessen davon ausgegangen werden, dass eine politisch neutrale Ausbildung gewährleistet ist?", fragte die Mail: „Wie sollen wir Refendar*innen und dabei insbesondere solche, die als migrantisch gelesen werden, uns in einem solchen Ausbildungsverhältnis sicher fühlen?" Bei einem Treffen zwischen einer *Tagesspiegel*-Redakteurin und zwei Mitgliedern der Arbeitsgemeinschaft wurde deutlich, dass der Protest einen realen Hintergrund hatte. Die Atmosphäre in der aktuellen Gruppe, berichteten die beiden Referendarinnen, sei sehr angespannt gewesen. In jeder AG-Stunde sei das Thema – Brouseks politische Betätigung – unausgesprochen präsent gewesen.

Dieses Stimmungsbild von der Referendarbasis deckte sich weitgehend mit den Beobachtungen der Ausbildungsverantwortlichen. In der Arbeitsgemeinschaft habe sich so viel „Unruhe angesammelt, dass die Mitglieder von den Examensvorbereitungen abgelenkt und dadurch die Ausbildungszwecke gefährdet wurden". Man habe Brousek daraufhin im November 2021 in einem Gespräch wissen lassen, dass er erst mal nicht mehr als Ausbilder eingesetzt werde – mit Bedauern auf beiden Seiten, wie man durchblicken ließ. Allerdings soll die Tür zur Referendarausbildung für Brousek nicht endgültig zugeschlagen sein.

Vielleicht wird ihn ein wenig trösten, dass er nach dem Aus als Ausbilder einige Mails von Teilnehmern der Arbeitsgemeinschaft bekommen hat, die ihm mitteilten, dass sie seine politischen Auffassungen nicht teilten, aber trotzdem bedauern, dass er nicht mehr als AG-Leiter tätig sei.

Der Umgang der Justiz mit dem Fall Brousek zeigt exemplarisch, wie schwer es ihr fällt, mit AfD-Mitgliedern in ihren Reihen umzugehen. Vor und nach der Wahl zum Berliner Abgeordnetenhaus hat er seine Stellung als Richter und AG-Leiter nicht für politische Äußerungen missbraucht – sieht man von seiner Bewerbungsrede für einen Listenplatz ab. Es gibt keine disziplinarrechtlich relevanten Vorwürfe gegen ihn. Und alle Indizien sprechen dafür, dass er eher der pragmatischen Strömung in der AfD um den Ex-Bundessprecher Jörg Meuthen zuzurechnen ist. Trotzdem erscheint seine Ablösung als AG-Ausbilder vertretbar, weil sein außergerichtliches Wirken seinen Ausbildungsauftrag nachhaltig negativ beeinflusst hat und insbesondere für Migranten zu einer Belastung geworden ist. Beträblich ist auch hier, dass Ausbilder am Kammergericht erst auf öffentlichen Druck reagiert haben, nämlich auf Recherchen des *Tagesspiegel*.

Ein AfD-Richter mit Trillerpfeife: Protest gegen die Zuwanderung

Für den Regensburger Strafverteidiger Jan Bockemühl begann die Verhandlung vor der Berufungskammer beim Landgericht Weiden (Oberpfalz) am 5. März 2020 mit einer Überraschung. Der Vorsitzende Reinhold Ströhle verlas einen Briefwechsel, den er nicht kannte. Aus dem ergab sich, dass der Nebenklagevertreter Rechtsanwalt Marc Steinsdörfer im Vorfeld der Verhandlung beim Richter schriftlich angefragt hatte, ob er den Angeklagten Peter A. kenne.[569] Bei seiner Mandantin bestünden Bedenken wegen seiner Unvoreingenommenheit, weil der in erster Instanz Verurteilte für die AfD-Fraktion im Münchner Landtag arbeite. Schriftlich antwortete der Richter dem Anwalt, dass er diesen nicht kenne. Der Hintergrund der Anfrage: Justizbekannt ist, dass Richter Ströhle dritter Vorsitzender des AfD-Kreisverbandes in Weiden ist und bei der Kommunalwahl 2020 für den Weidener Stadtrat und den Kreistag des Landkreises Neustadt/Weiden kandidiert hat. Nach der schriftlichen Antwort war die Angelegenheit für Anwalt Steinsdörfer eigentlich erledigt, weil er meinte, dass sich aus der AfD-Mitgliedschaft des Richters und dem AfD-Mitarbeiterstatus des Angeklagten allein keine Befangenheit begründen lasse. Unvermutet machte Richter Ströhle den Briefwechsel dann doch zu Beginn der Berufungsverhandlung zum Thema. Er las den Briefwechsel vor und schloss mit der Bemerkung: Er „wundere sich, ob sich auch ein Katholik erklären müsse, wenn der Angeklagte Katholik sei. Oder ob die Frage aufgekommen wäre, wenn er CSU-Mitglied wäre". Der frühere Weidener Landgerichtspräsident Walter Leupold („Ober-CSUler") war viele Jahre CSU-Kreisvorsitzender und Stadtrat gewesen. Ströhle beklagte sich, dass die AfD anscheinend auch in Bayern inzwischen eine diskriminierende Sonderstellung unter den Parteien einnähme. Anscheinend hatte er nicht realisiert, dass sich die Rechtspopulisten durch ihre Radikalisierung selbst in eine Außenseiterposition in der deutschen Parteienlandschaft manövriert haben. Auf die zusätzliche Frage, ob jemand einen Befangenheitsantrag stellen wolle, reagierten weder Staatsanwalt Peter Frischholz noch der Nebenklagevertreter Steinsdörfer. „Man macht so etwas grundsätzlich nicht", erklärt der Pressesprecher der Staatsanwaltschaft Weiden Gerd Schäfer das Verhalten beider nach bayerischem Landrecht.

Indizien sprechen dafür, dass sich Richter Ströhle wie andere Richterkollegen mit AfD-Nähe aus Protest gegen die offenen Grenzen 2015/2016 den Rechtspopulisten zuge-

---

569 Vgl. zum Ganzen der „Der Neue Tag" vom 7. März 2020, unter https://www.onetz.de/oberpflaz/problem-richter-angeklagter-afd-bezug-id2988596.html (abgerufen am 25. Mai 2022).

wandt hat, ohne großes berufliches Risiko wenige Jahre vor seiner Pensionierung, also am Abend seiner Laufbahn in der Justiz. 2017 hat er mit Trillerpfeife in Regensburg unter AfD-Demonstranten gegen Bundeskanzlerin Merkel bei einer Wahlkampfveranstaltung demonstriert. Im August 2018 hat er vor der Stadthalle Neustadt/Weiden mit AfD-Leuten protestiert, während ein Gerichtskollege bei der Gegendemonstration mitmarschierte. 2019 stellte die AfD ihn als Kandidaten für den Stadtrat und den Kreistag bei den Kommunalwahlen 2020 auf. Er ließ geschehen, dass die Partei mit seinem Beruf „Richter" warb – auf der Kandidatenliste und auf Wahlplakaten. „Ich kandidiere, weil ich mich für die berechtigt in unserem Land Lebenden einsetzen möchte", erklärte er seine Motive auf einem AfD-Wahlplakat. Daneben stand „erlernter" und „aktuell ausgeübter Beruf: Richter". Hätte er selbst aktiv mit seinem Richterberuf geworben, hätte er nach der Rechtsprechung des Richterdienstgerichts Karlsruhe gegen zwei Dienstpflichten verstoßen: die unterlassene Trennung von Amt und politischem Meinungskampf und der Pflicht zur Mäßigung, Neutralität und Unparteilichkeit.[570] Richter Ströhle ist daher lediglich vorzuwerfen, dass er passiv geduldet hat, dass die AfD mit seiner Berufsbezeichnung im Wahlkampf wirbt. Ihm hätte eigentlich klar sein müssen, dass sein Beruf als Richter auf einer Kandidatenliste oder einem Wahlplakat eine andere Außenwirkung erzielt, als wenn hinter einem Namen Bauleiter oder Werkzeugmechaniker stünde. Weil das Richterbild des Deutschen Richtergesetzes politische Betätigung von Robenträgern nicht nur billigt, sondern sogar wünscht, wird man im Dulden einer Namensnennung im Wahlkampf wohl noch keine Dienstpflichtverletzung eines Richters sehen können. Landrichter Ströhle war weder zu einer mündlichen noch zu einer schriftlichen Stellungnahme bereit.

Zurück zum Fall: In erster Instanz hatte das Amtsgericht Tirschenreuth Peter A. wegen eines sexuellen Übergriffs zu neun Monaten mit Bewährung verurteilt.[571] Er hatte die unsittliche Berührung einer Kollegin gestanden und war daraufhin vom Roten Kreuz Tirschenreuth fristlos entlassen worden. Staatsanwaltschaft und Verteidigung gingen in Berufung, weil Ersterer die Strafe zu milde war und Letztere einen Freispruch wollte. Am Ende traf man sich in der Mitte: Die Berufungskammer stellte das Verfahren gegen eine Geldauflage von 300 Euro ein. Natürlich springt einem sofort der Verdacht an, dass ein AfD-Landrichter einen AfD-nahen Angeklagten bevorzugt hat. Dafür gibt es jedoch kein Indiz. Ein gründlicherer Blick auf Whatsapp- und Facebook-Nachrichten in der Hauptverhandlung zeigte, dass die unsittliche Berührung möglicherweise „einvernehmlich" war, wie vom Angeklagten behauptet. Auch nach dem Vorfall hatten beide nämlich weiter schlüpfrige Nachrichten ausgetauscht. Außerdem hatte das Opfer dem

---

570 Richterdienstgericht Karlsruhe vom 13. August 2018 Az. RDG 1/17 – juris.
571 „Der Neue Tag" vom 7. März 2020, unter https://www.onetz.de/oberpflaz/problem-richter-angeklagter-afd-bezug-id2988596.html (abgerufen am 25. Mai 2022).

Angeklagten in sozialen Medien Hoffnung gemacht, dass es zu sexuellen Handlungen kommen könnte. Sie bedauerte und schämte sich in der Hauptverhandlung, dass sie ihn „befeuert" habe, aber das rechtfertige nach ihrer Meinung nicht, dass er sie angefasst habe.

Reinhold Ströhle ist ein eher stiller und zurückhaltender Vertreter seiner Zunft – als Richter wie Kommunalpolitiker. Fremdenfeindliche oder nationalistische Hetzreden sind von ihm nicht bekannt. Tabubrüche und Regelverletzungen seiner AfD-Parteifreunde auf der Berliner Bühne und in der Justiz haben jedoch einen Generalverdacht gegen rechtspopulistische Robenträger wachsen lassen. In dessen Schatten tauchen neuerdings bei etlichen Verfahrensbeteiligten Zweifel an der politischen Neutralität von AfD-Richtern auf, die sich zunehmend in Befangenheitsanträgen niederschlagen.[572]

In Kantinen und Kaffeerunden: justizinterne Ausgrenzung von rechten Robenträgern

Als der Richter am Oberlandesgericht Schleswig Gereon Bollmann am Tage nach der Enthüllung seiner AfD-Kandidatur für den Bundestag durch die *Kieler Nachrichten* die morgendliche Kaffeerunde aufsuchte, deren Mitglied er zwanzig Jahre war, ist die Mehrheit der Kollegen aufgestanden und hat den Raum verlassen. Sie haben mich wie einen „Outcast" behandelt, erinnert sich der inzwischen pensionierte Bollmann: „Wenn sie gekonnt hätten, hätten sie mich ausgespien." Der AfD-nahen Amtsrichterin Gritt Kutscher erging es nicht besser. Am Amtsgericht Meissen ist sie isoliert. An den Kaffeerunden nach dem Mittagessen nimmt sie seit drei Jahren nicht mehr teil. „Tage der offenen Tür" und Kunstausstellungen im Gericht ignoriert sie. Als bekannt wurde, dass Jens Maier, Richter am Landgericht Dresden, bei den Bundestagswahlen 2017 für die AfD kandidiert, haben es Kolleginnen und Kollegen abgelehnt, künftig mit ihm zusammenzuarbeiten, oder sie haben ihn persönlich geschnitten, zum Beispiel sich geweigert, mit ihm in der Cafeteria an einem Tisch zu sitzen. Bei anderen AfD-Robenträgern fiel die soziale Ächtung nicht ganz so harsch aus, wenn öffentlich wurde, dass ihre Flurnachbarn oder Kammermitglieder Rechtspopulisten unterstützen oder sie für den Bundestag kandidierten. Nach Angaben des Freiburger Staatsanwalts Thomas Seitz hat sein politisches Engagement für die AfD unter den Kollegen „niemanden interessiert": „Über politische Betätigung redet man nicht." Gemischt war das Echo beim Berliner Oberstaatsanwalt Roman Reusch. Aus seiner Sicht gab es nur „erbitterte Gegner oder Sympathisanten": Einige Kolleginnen und Kollegen „grüßten nicht mehr, andere hielten den Daumen nach oben". Beim Amtsgericht Weimar haben die Außenseiterentscheidungen der Familienrichter Dettmar und Guericke zur Maskenpflicht in

---

572 Vgl. S. 74 f. und 119 f.

Schulen einen Graben zur Mehrheit der Richter am Amtsgericht aufgerissen, die eine Zuständigkeit in diesem Komplex abgelehnt hat. Zwischen beiden Gruppen herrscht Funkstille. Man umschleicht einander wie Katzen den heißen Brei. In der Regel essen die Mehrheit und das Abweichler-Duo getrennt, jede Gruppe für sich. Auch bei den informellen sozialen Kontakten ist das Reaktionsspektrum der Richter und Staatsanwälte auf alte, plötzlich AfD-mutierte Kollegen also weit. Unter dem Strich scheint die Abwehr- und Ausgrenzungsbereitschaft auf der informellen sozialen Ebene etwa stärker ausgeprägt als auf der formellen.

Der wehrhafte Rechtsstaat: kein Zugang zum Referendariat für Links- und Rechtsextremisten

Das erfolgreiche Absolvieren des juristischen Vorbereitungsdienstes ist nicht nur Voraussetzung für den Eintritt in die Justiz als Staatsanwalt oder Richter, sondern auch Türöffner für zahlreiche andere juristische Berufe, für Anwälte, Syndizi in Unternehmen und Verbänden oder Leiter von Rechtsabteilungen. Nach ständiger Rechtsprechung des Bundesverfassungsgerichts und des Bundesverwaltungsgerichts ist der Zugang zur Referendarausbildung als Ausbildungsstätte durch Art. 12 Abs. 1 Satz 1 GG grundrechtlich geschützt.[573] Eine Einschränkung dieses Grundrechtes kann daher nur in extremen Fällen in Betracht kommen und muss sorgfältig begründet werden. Denn ein verweigerter Eintritt in den Vorbereitungsdienst läuft faktisch auf ein Berufsverbot für die klassischen juristischen Berufe hinaus. Es verwundert daher nicht, dass extremistische Juristen mit dem ersten Staatsexamen, denen der Einstieg in den Referendardienst von den zuständigen Oberlandesgerichten als Einstellungsbehörden versperrt worden ist, häufig den Rechtsweg in jahrelangen Prozessen bis zum Bundesverfassungsgericht ausschöpfen.

Intransparenz statt Aufklärung: eine Umfrage bei den Landesjustizverwaltungen zum Zugang von Extremisten zum Vorbereitungsdienst

Nach einer Umfrage des Verfassers bei den Justizverwaltungen der Länder haben sich bei zehn Ländern rechtsextremistische Juristen mit dem ersten Staatsexamen für den Vorbereitungsdienst beworben. Sie wurden mithilfe von polizeilichen Führungszeugnissen, Internetrecherchen oder Fragen nach Mitgliedschaften in extremistischen Organisationen entdeckt.

Die Zahl zehn erscheint überraschend hoch angesichts der Tatsache, dass diese neue Herausforderung der Justiz bisher weitgehend unbekannt ist. Ein genauerer Blick zeigt indes, dass die Zahl von zehn Bewerberinnen und Bewerbern keine Rückschlüsse auf die tatsächliche Zahl von rechtsradikalen Aspiranten auf den Vorbereitungsdienst erlaubt. Unter ihnen ist nämlich die Praxis verbreitet, dass sie sich wegen des hohen Ablehnungsrisikos in mehreren Bundesländern neben- oder nacheinander um Referenda-

---

573 BVerfG vom 22. Mai 1975 Az. 2 BvL 13/73 – juris, Rn. 111; BVerfG vom 5. Oktober 1977 Az. 2 BvL 10/7 – juris, Rn. 39 ff.; BVerwG vom 13. Februar 1979 Az. 2B 38.78.

riate bemühen. So kann es durchaus sein, dass sich hinter den zehn Fällen nur drei oder vier Personen verbergen. So hat sich zum Beispiel der Rechtsextremist Matthias B. in mindestens vier Bundesländern beworben, in Bayern, Thüringen, Niedersachsen und Sachsen. Von dem heutigen Vorsitzenden der verfassungsfeindlichen Partei Die Rechte Sascha Krolzig ist bekannt, dass er nicht nur in Nordrhein-Westfalen, sondern auch in anderen Bundesländern an die Türen der Justiz geklopft hat. Trotz dieser Erkenntnisschwächen verweigern fast alle Justizverwaltungen nähere Angaben zu den rechtsradikalen Bewerbern, weil sie meinen, zum Schutz ihrer Privatsphäre aus datenschutzrechtlichen Gründen nichts sagen zu dürfen, es sei denn, dass sie Hinweise auf Klagen von Bewerbern und Gerichtsentscheidungen geben, die wie in Bayern, Thüringen oder Sachsen bereits veröffentlicht sind. Wegen dieser Intransparenz ist es unmöglich, die Dimension des Problems „Rechtsextremisten vor und im Vorbereitungsdienst der Justiz" auszumessen.

Eine Analyse der Verordnungen beziehungsweise Gesetzen über die Juristenausbildung der Länder offenbart, dass die Mehrzahl gesetzlich noch nicht auf die neuen Herausforderungen durch rechtsextremistische Bewerber für den Referendardienst vorbereitet ist. Ausgangspunkte für ihre Ablehnung sind in allen Ausbildungsverordnungen oder -gesetzen die beiden unbestimmten Rechtsbegriffe „nicht würdig" oder „ungeeignet" für den Vorbereitungsdienst.[574] Nach den erläuternden Regelbeispielen gehen die Verordnungs- oder Gesetzgeber bisher überwiegend davon aus, dass Gefahren für den Referendardienst durch Bewerber mit strafrechtlichen Belastungen drohen, durch rechtskräftige Verurteilungen, Ermittlungs- oder Strafverfahren. Solche Versagungsgründe hat es in der Praxis zwar gegeben, diese haben aber in rechtsextremistischen Lebensläufen nur eine Nebenrolle gespielt.

Nur drei Ausbildungsverordnungen und -gesetze sprechen bisher die Herausforderungen des Vorbereitungsdienstes durch extremistische Juristen direkt an. In Thüringen ist nach § 33 Abs. 5 Nr. 4 THürJAPO „die Aufnahme in den Vorbereitungsdienst zu versagen, wenn der Bewerber aktiv gegen die freiheitlich-demokratische Grundordnung tätig ist". In Rheinland-Pfalz wird nach §14 Abs. 3 JAPO niemand in den Vorbereitungsdienst aufgenommen, „wer die freiheitlich-demokratische Grundordnung in strafbarer Weise bekämpft". Nach § 8 Abs. 3 Nr. 3 des im März 2021 formulierten Sächsischen Juristenausbildungsgesetzes ist einem Bewerber die Aufnahme „in der Regel" zu versagen, wenn er die „freiheitlich-demokratische Grundordnung in strafbarer

---

574 Das Kriterium „nicht würdig" findet sich unter anderem in Nordrhein-Westfalen und Schleswig-Holstein, das Kriterium „ungeeignet" unter anderem in Bremen, Sachsen, Hessen, Thüringen, Bayern, Hamburg, Baden-Württemberg, Mecklenburg-Vorpommern, Brandenburg, Niedersachsen und Berlin.

Weise bekämpft".575 In Sachsen wurde diese Verschärfung der Ausschlussgründe durch den unbefriedigenden Umgang mit dem wegen Landfriedensbruch rechtskräftig bestraften Referendar Brian E. ausgelöst.576 Damit wollte der Gesetzgeber einen „neuen Tatbestand" schaffen, der die bisherigen Ausschlussgründe vom Vorbereitungsdienst „präziser fasst und unter Beachtung der Anforderungen des Art. 12 des Grundgesetzes maßvoll erweitert".577 Angeknüpft hat er nicht an die „Gesinnung" von Bewerbern, sondern an „nach außen manifestiertes strafbares Verhalten", für das allerdings „strafbare Aktivitäten" ausreichen sollen.578 Die Justizministerin Katja Meier (Bündnis 90/Die Grünen) „möchte nicht, dass in Sachsen Feinde unserer freiheitlich-demokratischen Grundordnung zu Volljuristinnen und Volljuristen ausgebildet werden. Personen, die nach der Bundesrechtsanwaltsordnung keine Zulassung zur Anwaltschaft bekommen, sollen auch nicht in den juristischen Vorbereitungsdienst aufgenommen werden".579

Die Formulierungen in den Ausbildungsgesetzen in Rheinland-Pfalz und Sachsen sind in der Tat von § 7 Abs. 1 Nr. 6 der Bundesrechtsanwaltsordnung (BRAO) inspiriert, der die Versagung der Zulassung von Rechtsanwälten regelt. Diese im Kern richtige justizpolitische Weichenstellung hat indes eine dogmatische Schwäche, weil der Gesetzestext an wichtigen Punkten unklar ist. Mit welcher Form von Straftaten bekämpft ein Rechtsextremist die freiheitlich-demokratische Grundordnung? Mit jeder Straftat, die er begeht? Mit einer Körperverletzung bei einer Wirtshausschlägerei, mit Widerstand gegen einen Polizeibeamten oder nur mit politischen Delikten wie Landes- oder Hochverrat? Wie ist in einem Prozess nachzuweisen, dass Straftaten Teil eines Kampfes gegen die freiheitlich-demokratische Grundordnung sind? Diese ungeklärten Fragen erschweren die Anwendung der Paragrafen in der Praxis erheblich. Und es steht zu befürchten, dass die Voraussetzungen zu hoch sind, um gefährliche Verfassungsfeinde, die etwa dem AfD-„Flügel" angehören oder mit ihm sympathisieren, vom Referendardienst fernzuhalten.

Weil bisher nur drei Ausbildungsgesetze beziehungsweise -verordnungen zur Juristenausbildung den Versagungsgrund verfassungsfeindliche Aktivitäten direkt adressiert haben, konnten Oberlandesgerichte als Einstellungsbehörden in der Vergangenheit Extremisten nur als „nicht würdig" oder „nicht geeignet" ablehnen.580 Das ist dogmatisch

---

575 § 8 Abs. 3 Nr. 3 SächsJAG.
576 Vgl. S. 17, 210 ff.
577 Gesetzentwurf zur Anpassung der Vorschriften mit Bezug zur Justiz Drucksache 7/4269, S. 9.
578 Gesetzentwurf zur Anpassung der Vorschriften mit Bezug zur Justiz Drucksache 7/4269, S. 12.
579 Zitiert nach Sehl, 2021, Keine Verfassungsfeinde ins Referendariat, unter https://www.lto.de/karriere/jura-referendariat/stories/detail/sachsen-verfassungsfeinde-referendariat-zugang-vorbereitungsdienst-strenger-regeln-kritik-verfassungswidrigkeit (abgerufen am 17. Mai 2022).
580 Vgl. S. 200.

vertretbar, kann aber angesichts des Verfassungsgrundsatzes der Bestimmtheit von Gesetzen nur eine Hilfskonstruktion sein.

Alle Versagungsgründe für die Aufnahme in den Referendardienst, die hier beschrieben und diskutiert werden, sind mutatis mutandis auch Gründe für die Entlassung aus ihm.

Gegen linksextreme Juristen: Bundesverfassungsgericht entwirft Leitbild für die Referendarausbildung

In der ersten Hälfte der Siebzigerjahre des 20. Jahrhunderts haben sich die Oberlandesgerichte in Schleswig und Hamburg als Einstellungsbehörden erstmals geweigert, linksextremistische Juristen in den Vorbereitungsdienst zu übernehmen.[581] In Schleswig-Holstein war ein Bewerber aufgefallen, der an Veranstaltungen der Roten Zelle Jura teilgenommen hatte, einer damals verfassungsfeindlichen Organisation. In Hamburg scheiterte ein Kandidat, der sich auch in anderen Bundesländern erfolglos beworben hatte, weil er im Zusammenhang mit dem „Sozialistischen Patientenkollektiv Heidelberg" wegen gemeinschaftlichen Hausfriedensbruchs und Widerstands gegen Polizeibeamte, Körperverletzung und Beleidigung verurteilt worden war. Nach Verfassungsbeschwerden gegen diese Ablehnungen hat das Bundesverfassungsgericht erstmals Grundsätze entwickelt, die es erlauben, linksextremistischen Juristen den Eintritt in den Vorbereitungsdienst zu verwehren. Es hat ein „Leitbild" für die Juristenausbildung entworfen, das den „Grundsätzen des demokratischen und sozialen Rechtsstaates" verpflichtet ist. Dieses Leitbild, ursprünglich gegen linksextremistische Juristen entwickelt, spielt heute bei der Abwehr von rechtsextremistischen Kandidaten für den Vorbereitungsdienst eine Schlüsselrolle.

Ausgangspunkt der Rechtsprechung des Bundesverfassungsgerichts ist, dass der Zugang zum Vorbereitungsdienst zum Zwecke der Berufsausbildung – egal, ob beamtenrechtlich, öffentlich-rechtlich oder privatrechtlich organisiert – „nicht völlig unbeschränkt jedermann zugänglich ist".[582] Es verbiete sich, „Bewerber, die **darauf ausgehen**, die freiheitlich-demokratische Grundordnung zu beeinträchtigen oder zu beseitigen, in die praktische Ausbildung zu übernehmen". Zur Rechtfertigung verweisen die Karlsruher Richter auf den Kerngedanken des wehrhaften Rechtsstaates: „Die in diesen Konstitutionsprinzipien unserer Verfassung enthaltenen Wertentscheidungen schließen es aus, dass der Staat seine Hand dazu leiht, diejenigen auszubilden, die auf die Zerstörung der Verfassungsordnung ausgehen".[583] Daran ändere auch das Grundrecht auf Berufsfrei-

---

581 BVerfG vom 22. Mai 1975 Az. 2 BvL 13/73, openJur 2011, 118231; BVerfG vom 5. Oktober 1977 Az. 2 BvL 10/75.
582 BVerfG vom 5. Oktober 1977 Az. 2 BvL 10/75.
583 BVerfG vom 5. Oktober 1977 2 BvL 10/75 II 1.

heit nach Art. 12 GG nichts, weil es ebenfalls durch die „Konstitutionsprinzipien des Grundgesetzes begrenzt" werde.

In zwei Beschlüssen zum Kopftuchverbot von Referendarinnen hat das Bundesverfassungsgericht 2020 diese Grundsätze unter Bezugnahme auf die Beschlüsse aus den Jahren 1975 und 1977 bestätigt. Nach der Rechtsprechung des Bundesverfassungsgerichts haben verfassungsfeindliche Juristen also trotz Art. 12 GG keinen Anspruch auf Aufnahme in den Referendardienst.

Pilotverfahren beim Oberlandesgericht Hamm: Rechtsextremist Krolzig darf nicht Referendar werden

Als der seinerzeitige Präsident des Oberlandesgerichts Hamm 2015 den Antrag des Rechtsextremisten Sascha Krolzig auf Zulassung zum Referendardienst auf den Tisch bekam, musste er in einem schwierigen rechtlichen Umfeld operieren. Weil das OLG und er persönlich in dem Verfahren gegen den in NRW bekannten Rechtsausleger einen Vorgang von „grundsätzlicher Bedeutung" sahen, hat der Präsident das Verfahren permanent verfolgt, persönlich gezeichnet, mit den zuständigen Dezernenten gesprochen und zum Düsseldorfer Justizministerium Kontakt gehalten, vom Anfang bis zum Ende. Es war ein Pilotverfahren, der erste Versuch, einem rechtsextremistischen Juristen mit dem ersten Staatsexamen den Zugang zum Referendardienst befristet zu verwehren. Ausgangspunkt aller rechtlichen Überlegungen war die Überzeugung, dass nur eine vorübergehende Ablehnung Krolzigs – in diesem Fall für drei Jahre – mit Art. 12 GG vereinbar wäre und vor den Verwaltungsgerichten bestehen könnte. Das Kalkül erwies sich als richtig. Im Eil- wie im Hauptsacheverfahren vor dem Verwaltungsgericht Minden (VG) und dem OVG Münster hatte der ablehnende Bescheid Bestand.[584] Eine Verfassungsbeschwerde Krolzigs hat das Bundesverfassungsgericht nicht zur Entscheidung angenommen.[585]

Nach § 30 Abs. 4 Nr. 1 JAG NRW ist eine „Aufnahme in den Vorbereitungsdienst zu versagen, wenn die Bewerberin oder der Bewerber der Zulassung „nicht würdig" ist. Um die Eingriffstiefe bei Art. 12 GG zu begrenzen, hat das OLG Hamm als Einstellungsbehörde den Negativbescheid mit einer Wohlverhaltensklausel von drei Jahren versehen. Bestehe er die, könne er wieder einen Antrag auf Zulassung zum Vorbereitungsdienst stellen. Das war ein geschickter rechtlicher Schachzug, um die Rechtmäßigkeitsprüfung zu überstehen.

---

584 VG Minden Beschluss vom 12. Juni 2015 Az. 4 L 441-15, BeckRS 2015,47713; Beschluss des VG Minden vom 22. Februar 2016 Az. 4 K 1153-15; Beschluss des OVG vom 12. August 2015; OVG Münster Beschluss vom 30. März 2017 Az. 6 A 687/16.
585 BVerfG Beschluss vom 8. Oktober 2015 Az. 1 BvR 2204/15.

Das VG Minden und das OVG Münster haben die fehlende Würdigkeit Krolzigs auf seine Vorstrafen und/oder sein Engagement in der „Kameradschaft Hamm", die das NRW-Innenministerium 2012 als verfassungsfeindlich verboten hat, und in der rechtsextremistischen Partei Die Rechte gestützt. Das OVG Münster hat Krolzigs Vorstrafen in den Mittelpunkt gestellt. Nach seiner Ansicht war er über einen Zeitraum von zehn Jahren „in regelmäßigen Abständen von etwa ein bis zwei Jahren immer wieder strafrechtlich in Erscheinung getreten". Von Straftaten habe er sich weder durch „noch laufende Bewährungsstrafen" noch durch sein „Studium der Rechtswissenschaft abhalten" lassen.[586] Auch das VG Minden unterstreicht diesen Mangel an Gesetzestreue, setzt aber einen zweiten Akzent bei seiner „aktiven Betätigung" für die „Kameradschaft Hamm" und die Partei Die Rechte. Bei ihr bestünden „erhebliche Anhaltspunkte für die Annahme, dass er als Mitglied dieser Vereinigungen darauf **ausgeht**, die freiheitlich-demokratische Grundordnung zu beeinträchtigen oder zu beseitigen, sodass es sich nach dem Bundesverfassungsgericht verbietet, dass der Staat „seine Hand zu seiner Ausbildung leiht".[587] Ein „Ausgehen" setze nicht notwendigerweise ein „gewaltsames Vorgehen" voraus. Vielmehr verbiete sich die Übernahme eines Bewerbers in den Vorbereitungsdienst bereits dann, wenn er die „grundlegenden Prinzipien unserer verfassungsmäßigen Ordnung gewaltfrei, aber doch kämpferisch-aggressiv zu beseitigen suche". Für die „Kameradschaft Hamm" und die Partei Die Rechte habe sich Krolzig nach Verfassungsschutzberichten „engagiert", nicht nur als einfaches Mitglied, sondern teilweise auch in einer „Führungsrolle".[588]

Beruflich musste Krolzig seine rechtsextremistischen Aktivitäten teuer bezahlen. Statt als Rechtsanwalt muss er seinen Lebensunterhalt heute als „Freier Redner und Zeremonienmeister in Westfalen-Lippe" verdienen.[589]

Verlorene Prozesse: der erfolglose Bewerbungsmarathon des Rechtsextremisten Matthias B. um ein Referendariat

2020 und 2021 hat sich der Rechtsextremist Matthias B. in Bayern, Thüringen, Sachsen und Niedersachsen vergeblich um einen Vorbereitungsdienst in der Justiz beworben. Überall sah er die rote Karte. In Bayern, Thüringen und Sachsen hat er jeweils drei Eil- beziehungsweise Hauptverfahren begonnen und alle verloren.[590] Zweimal hat

---

586 OVG Münster Beschluss vom 12. August 2015 Az. 6 B 733/15 BeckRS 2015, 49834, Rn. 7.
587 VG Minden vom 12. Juni 2015 Az. 4 L 441/ 15 BeckRS 2015, 4771, S. 14.
588 Beschluss des VG Minden vom 12. Juni 2015 Az. 4 L 441/15 BeckRS 2015, 47713, S. 18.
589 *Lippische Landes-Zeitung* 2022, unter https://www.lz.de/owl/20964328-vom-Rechtsextremisten-zum-Trauerredner.html (abgerufen am 12. Dezember 2021).
590 In Bayern VG Würzburg vom 30. März 2020 Az. W 1 E 20.460; Bayerischer Verwaltungsgerichtshof vom 30. April 2020 Az. 3 CE 20.729; Bayerischer Verwaltungsgerichtshof vom 30. März 2020 Az. W

das Bundesverfassungsgericht Verfassungsbeschwerden von Matthias B. nicht zur Entscheidung angenommen.[591] In Niedersachsen ist er viermal gescheitert, hat sich dort aber nicht gegen die Ablehnungsbescheide gewehrt. Um Wiederholungen zu vermeiden, soll die bisher dominierende Rechtsauffassung anhand des Verwaltungsgerichts Würzburg dargestellt werden.[592] Auf andere Urteile in der Causa Matthias B. wird nur zurückgegriffen, wenn es juristisch geboten erscheint.

Das Verwaltungsgericht Würzburg hält Matthias B. für den Vorbereitungsdienst für „ungeeignet", weil er als Mitglied „in herausgehobener Funktion" „seit geraumer Zeit und kontinuierlich Mitglied mehrerer verfassungsfeindlicher Organisationen" war, die „darauf ausgingen", die „freiheitlich-demokratische Grundordnung in kämpferisch aggressiver Weise zu beeinträchtigen beziehungsweise zu beseitigen".[593] Aufgrund der „Konstanz seiner Aktivitäten spricht" nach Ansicht des Verwaltungsgerichts „auch nichts dafür, die länger zurückliegenden Tätigkeiten bei der [...] Eignungsprüfung außen vor zu lassen". In seinen „Engagements" sieht das Verwaltungsgericht sich „nahtlos einfügende Bausteine in einer lückenlosen Kette" von Aktivitäten für verfassungsfeindliche Organisationen und Parteien.[594] Das Recht, seine gesamte rechtsextremistische Laufbahn zu berücksichtigen, leitete die 1. Kammer auch aus einer Erklärung ab, dass er „seine politische Überzeugung nicht wie ein benutztes Hemd ablegen" könne.[595]

Von 2005 bis 2012 war Matthias B. Mitglied der NPD, die das Bundesverfassungsgericht 2017 für verfassungswidrig erklärt hat, in Unterfranken zeitweise sogar als Kreis- und Bezirksvorsitzender. Von 2009 bis 2013 war er Mitglied des neo-nazistischen Netzwerkes „Freies Netz Süd", die das Bayerische Staatsministerium des Innern 2014 als verfassungsfeindlich verboten hat. 2013 schloss er sich der Partei Der III. Weg an, nicht nur als einfaches Mitglied, sondern als stellvertretender Gebietsverbandsleiter Süd und stellvertretender Leiter des Stützpunktes Mainfranken in einer „herausgehobenen Funktion". Für das Verwaltungsgericht Würzburg haben die Verfassungsschutzberichte Bayerns 2017 und 2018, des Bundes 2018 sowie Mittleilungen des Landesamtes für Verfassungsschutz über Matthias B. „umfangreich und überzeugend dargelegt, dass es sich bei der Partei Der III. Weg, der NPD und dem „Freien Netz Süd" um Organisatio-

---

1 E 20.460; in Thüringen VG Weimar vom 22. Oktober 2020 Az. 4 E 1407/20 We; Thüringer Verwaltungsgerichtshof vom 18. Dezember 2020 Az. 2 EO 727/20 We; Thüringer Verfassungsgerichtshof vom 23. Juni 2021 Az. 5/21 – juris; in Sachsen VG Dresden vom 26. April 2021 Az. 11 L 272/21; VG Dresden vom 14. Oktober 2021 Az. 11 L 658/21; Sächsisches OVG vom 29. April 2021 Az. 2 B 210/21.
591 BVerfG vom 23. September 2020 Az. 2 BVR 829/20 und vom 23. Februar 2021 Az. 2 BvR 198/21.
592 VG Würzburg vom 10. November 2020 Az. W 1 K 20.449.
593 VG Würzburg vom 10. November 2020 Az. W 1 K 20.449, S. 36.
594 VG Würzburg vom 10. November 2020 Az. W 1 K 20.449, S. 36.
595 VG Würzburg vom 10. November 2020 Az. W 1 K 20.449, S. 42.

nen handelt, die die „freiheitlich-demokratische Grundordnung in kämpferisch aggressiver Weise beeinträchtigen beziehungsweise beseitigen" wollen.[596]

Die zitierten Verfassungsschutzberichte hat Matthias B. „im Kern" nicht bestritten.[597] Nach seinen Angaben will er jedoch seine politischen Aktivitäten in der Öffentlichkeit eingestellt und seine Führungsämter im Dritten Weg im ersten Halbjahr 2020 niedergelegt haben. Nach Erkenntnissen des sächsischen Verfassungsschutzes gab es eine solche „Zäsur" indes nicht.[598] Nach ihm soll er weiter an der Basis des Dritten Weges aktiv gewesen sein, als Versammlungsleiter, Redner, Anmelder eines Info-Standes, Fahnenträger und Spendensammler.[599] Es gibt kein Indiz dafür, dass Matthis B. sich seit seinem Studium der Rechtswissenschaften und seinen ersten Bemühungen um ein Referendariat aus seinem verfassungsfeindlichen Umfeld gelöst hat.

Rechtlich gestützt hat sich das Verwaltungsgericht Würzburg in erster Linie auf die beiden zentralen Entscheidungen des Bundesverfassungsgerichts aus den Jahren 1975 und 1977 und das dort entwickelte Leitbild der Juristenausbildung.[600] Großen Wert legt die 1. Kammer auf die Feststellung, dass ein Referendar „richterliche, staatsanwaltliche und anwaltliche Aufgaben wahrzunehmen" und dabei bei der „Verwirklichung des Rechts" mitzuwirken habe. Er müsse „eigenverantwortlich" mündliche Verhandlungen in Zivilgerichten leiten, die Staatsanwaltschaft im Sitzungsdienst sowie Anwälte in mündlichen Verhandlungen vertreten.[601] Überdies bestehe bei extremistischen Rechtsreferendaren die „konkrete Gefahr", dass sie den „Gerichts- und Behördenbetrieb nutzen", um die aus „Akten, Besprechungen und Beratungen erlangten und zum Teil höchst sensiblen Daten und Informationen für ihre verfassungsfeindlichen Ziele" zu missbrauchen.[602]

Keine Sperrwirkung hatte für die Würzburger Verwaltungsrichter die Tatsache, dass die Partei Der III. Weg nicht verboten ist. Entscheidend für die Frage einer Eignung für den Referendardienst sei nicht die Zugehörigkeit zu einer Partei, sondern allein das **„Verhalten"** des Bewerbers: „ Es wäre geradezu willkürlich, dieses Element der Beurteilung seiner Persönlichkeit auszublenden, nur weil – aus welchen Gründen auch immer – eine Entscheidung des Bundesverfassungsgerichts über die Verfassungswidrigkeit einer Partei nicht getroffen wurde."[603]

---

596 VG Würzburg vom 10. November 2020 Az. W 1 K 20.449, S. 30.
597 A. a. O., S. 34.
598 VG Dresden vom 26. April 2021 Az. 11 L 272/21, S. 13.
599 A. a. O., S. 14.
600 VG Würzburg vom 10. November 2020 Az. W 1 K 20.449, S. 25, 29, 44.
601 A. a. O., S. 36.
602 VG Würzburg vom 10. November 2020 Az. W 1 K 20.449, S. 38 f.
603 VG Würzburg vom 10. November 2020 Az. W 1 K 20.449, S. 27 f.; ebenso Thüringer Verwaltungsgerichtshof vom 18. Dezember 2020 Az. 2 EO 727/20 We.

Einladung nach Dresden: Sächsischer Verfassungsgerichtshof öffnet Referendariat für Matthias B. und andere rechtsextremistische Juristen

Völlig überraschend und im Widerspruch zur bisherigen Rechtsprechung hat der Sächsische Verfassungsgerichtshof im Spätherbst 2021 in zwei Entscheidungen für Matthias B. die Türen zum Vorbereitungsdienst in Sachsen geöffnet.[604] Er hält die bisher von anderen Gerichten verweigerte Zulassung für unvereinbar mit dem landesverfassungsrechtlichen Grundrecht der freien Berufswahl (Art. 28 Abs. 1 SächsVerf) und der freien Wahl der Ausbildungsstätte (Art. 29 SächsVerf). Außerdem hat er dem Freistaat Sachsen im Wege einer einstweiligen Anordnung aufgetragen, Matthias B. rückwirkend zum 1. November 2021 die Teilnahme am Vorbereitungsdienst in einem öffentlich-rechtlichen Ausbildungsverhältnis zu ermöglichen. Dabei geht das höchste sächsische Gericht davon aus, dass der Vorbereitungsdienst so gestaltet werden „kann", „dass einer Gefährdung der Funktionsfähigkeit der Rechtspflege entgegengewirkt wird".[605] Helfen sollen dabei „sichernde Auflagen".

Nach Ansicht des Sächsischen Verfassungsgerichtshofs hatten das Verwaltungsgericht Dresden und das Sächsische Oberverwaltungsgericht in ihren ablehnenden Urteilen die Grundrechte der freien Berufswahl und der freien Wahl der Ausbildungsstelle nicht mit dem „erforderlichen Gewicht berücksichtigt".[606] Das „besondere Gewicht" ergäbe sich aus dem von der sächsischen Verfassung „verbürgten Schutz der Ausbildung als Vorstufe der Berufsauswahl und Berufsausbildung". Werde einer Person wie Matthias B. die Aufnahme in den Vorbereitungsdienst versagt, werde in die Grundrechte der Ausbildungs- und der Berufswahlfreiheit eingegriffen, weil ihm der Zugang zu allen Berufen verwehrt werde, die „Volljuristen vorbehalten sind". So werde zum Beispiel der Zugang zum Beruf eines Rechtsanwalts „abgeschnitten und insofern sein weiterer Bildungs- und Lebensweg ebenso intensiv wie nachhaltig negativ beeinflusst". Dieser Eingriff wiegt „umso schwerer", weil der Staat hier ein „Ausbildungsmonopol" besitze.[607] Durch eine Nichtzulassung zum Vorbereitungsdienst würde der Grundsatz der Verhältnismäßigkeit verletzt, weil sie zu einem „dauerhaften Eingriff in die Berufswahlfreiheit" führe.

---

604 SächsVerfGH von 21. Oktober 21 Az. Vf. 49-IV-21 (HS) und vom 4. November 2021 Az. 96-IV-21; Sehl, 2021, „Der III. Weg"-Aktivist darf Volljurist werden, unter https://www.lto.de/karriere/jura-referendariat/stories/detail/verfgh-sachsen-96-iv-21-referendar-iii-weg-aktivist-rechtsextrem-partei-jura-ausbildung-referendariat (abgerufen am 13. Dezember 2021).
605 SächsVerfGH vom 4. November 2021 Az. Vf. 96-IV-21.
606 SächsVerfGH vom 4. November 2021 Az. Vf. 96-IV-21, S. 9.
607 SächsVerfGH vom 4. November 2021 Az. Vf. 96-IV-21, S. 9.

Dafür, dass der Verfassungsgerichtshof das höchste sächsische Gericht ist, sind die rechtlichen Begründungen der beiden Beschlüsse erstaunlich schwach. Der ehemalige Verwaltungsrichter von Roetteken spricht in einer Urteilsanmerkung von „Unzulänglichkeiten".[608] Zu diesen gehören, dass er sich mit dem politischen Werdegang vom Matthias B., den anderslautenden Entscheidungen des Verwaltungsgerichts Dresden und des Sächsischen Oberverwaltungsgerichts und der Rechtsprechung des Bundesverfassungsgerichts nicht angemessen auseinandergesetzt hat.

Übersehen hat der Sächsische Verfassungsgerichtshof, dass Art. 28 Abs. 1 und Art. 29 SächsVerf und Art. 12 Abs. 1 S. 1, 2 GG inhaltsgleiche Rechte gewähren. In solchen Fällen sind Landesverfassungsgerichte nach § 31 Abs. 1 BVerfGG an die Rechtsprechung des Bundesverfassungsgerichts gebunden. Will das Landesverfassungsgericht von ihr abweichen, hätte es die Rechtsfrage nach Art. 100 Abs. 3 1. Alt. GG eigentlich dem Bundesverfassungsgericht vorlegen müssen.[609] In dieser Unterlassung sieht von Roetteken eine Verletzung des Rechts auf den gesetzlichen Richter (Art. 101 Abs. 1 S. 2 GG).[610]

Verfehlt ist ferner die Auffassung der Dresdner Verfassungsrichter, dass die Nichtzulassung zum Vorbereitungsdienst zwingend voraussetzt, dass ein Bewerber die freiheitlich-demokratische Grundordnung in „strafbarer Weise" bekämpfen muss (§ 8 Abs. 3 S. 2 Nr. 3 SächsJAG). Das sei Matthias B. nicht vorzuwerfen. Daraus ziehen sie den Schluss, dass die „Anforderungen an die Aufnahme in den Vorbereitungsdienst nicht höher sein dürfen als die Zulassung zur Rechtsanwaltschaft".[611] Diese Auffassung wäre nur vertretbar, wenn der Versagungsgrund „in strafbarer Weise" lex specialis wäre und nicht nur ein Regelbeispiel. Das trifft indes nicht zu. Hätten sich die Dresdner Verfassungsrichter näher mit der Entstehungsgeschichte des Versagungsgrundes der Bekämpfung der freiheitlich-demokratischen Grundordnung „in strafbarer Weise" beschäftigt, hätten sie wie das Sächsische Oberverwaltungsgericht zu einem anderen Ergebnis kommen müssen.[612] Mit dem neu gefassten Sächsischen Juristenausbildungsgesetz war nach der Begründung eine „maßvolle Erweiterung der Versagungsgründe für die Aufnahme in den Vorbereitungsdienst beabsichtigt". Daraus könne aber, so die Verwaltungsrichter, nicht gefolgert werden, dass eine „Ungeeignetheit" einer „nach außen manifestierten verfassungsfeindlichen Betätigung unterhalb der Strafbarkeitsschwelle ausgeschlossen werden" soll. Würde man das tun, „würde die Gesetzesänderung zu einer Reduzierung der Versagungsgründe führen, was ausweislich der Gesetzesbegründung gerade nicht

---

608 Von Roetteken, PraxisReport ArbR 2/2022 vom 12. Januar 2022.
609 BVerfG vom 15. Oktober 1997 Az. 2 BvN 1/95 – juris, Rn. 95, 99.
610 Von Roetteken, PraxisReport ArbR 2/2022 vom 12. Januar 2022.
611 SächsVerfGH vom 4. November 2021 Az. Vf. 96-IV-21, S. 12.
612 SächsOVG vom 29. April 2021 Az. 2 B 210/21, S. 9.

gewollt war".⁶¹³ Es ist unerfindlich, warum die Dresdner Verfassungsrichter diese Gesetzgebungsgeschichte bei der Auslegung des neuen sächsischen Juristenausbildungsgesetzes nicht berücksichtigt haben. Außerdem hat das Bundesverfassungsgericht in seinen beiden Grundsatzscheidungen in den Siebzigerjahren des vorigen Jahrhunderts bereits klargestellt, dass der Grundsatz der „streitbaren Demokratie" es auch ermöglicht, den Zugang zum Vorbereitungsdienst zu verwehren, wenn die Bewerber weder Gewalt angewandt noch Straftaten begangen haben⁶¹⁴. Nach Meinung von Roettekens ist die Einschränkung „in strafbarer Weise" eine „Erfindung des Sächsischen VerfGHs".

Nebulös bleibt der Sächsische Verfassungsgerichtshof ferner bei der Frage, welche rechtliche Rolle die Tatsache spielt, dass die Partei Der III. Weg nicht verboten ist, obwohl auch die jüngsten Verfassungsschutzberichte des Bundes und Bayerns aus dem Jahr 2020 die Partei weiterhin als verfassungsfeindlich einstufen.⁶¹⁵ Die Dresdner Verfassungsrichter räumen ein, dass Mattias B. „Aktivitäten in der Neonaziszene bis in die jüngere Zeit nachgewiesen werden können". Dann folgt der lapidare Satz, dass diese „Partei bislang nicht mit einem Parteiverbot belegt worden ist".⁶¹⁶ Es ist unverständlich, dass der Beschluss die potenzielle Wirkung eines unterlassenen Parteiverbots zwar erwähnt, ohne sich zu seiner rechtlichen Relevanz zu äußern. Sollte mit dem Satz gemeint sein, dass das fehlende Parteiverbot es verbiete, Mathias B.'s Aktivitäten für den Dritten Weg bei der Eignungsprüfung für den Referendardienst zu berücksichtigen, würde er die bisher herrschende Meinung in der Rechtsprechung missachten. Für die Frage, ob sich ein Bewerber mit verfassungsfeindlichen Zielen für den juristischen Vorbereitungsdienst eignet oder nicht, kommt es allein auf seine politischen Aktivitäten an, solange die Partei nicht verboten ist.

Unklar bleibt nach dem Beschluss weiter, welche „Auflagen" den Schutz der Funktionsfähigkeit der Rechtspflege „sichern" sollen. Die Verfassungsrichter gehen davon aus, dass Matthias B. während des Referendariats keine politischen Ämter in der extremistischen Partei „Der III. Weg" übernehmen und nicht als Redner auftreten darf. Diese Beschränkungen sollen nach ihrer Meinung jedoch nicht ausreichen, um seine verfassungsfeindlichen Aktivitäten „vollständig auszuschließen", zumal es seinen Ausbildern „weder zumutbar noch möglich wäre, solche Auflagen unter Kontrolle zu halten".⁶¹⁷ Das OLG Dresden hat diese beiden Schranken durch folgende „Auflagen" ergänzt: Matthias B. darf keine verfassungsfeindlichen Symbole tragen und soll Tattoos mit solchen Inhalten verdecken; er wird von allen hoheitlichen Handlungen mit Außenwahrneh-

---

613 SächsOVG vom 29. April 2021 Az. 2 B 210/21, S. 9.
614 Vgl. S. 202 f.
615 Verfassungsschutzberichte des Bundes 2020, S. 91 und Bayerns 2020, S. 161.
616 SächsVerfGH vom 4. November 2021 Az. Vf. 96-IV-21, S. 13.
617 SächsVerfGH vom 4. November 2021 Az. 96-IV-21, S. 5 f.

mungen wie Sitzungsvertretungen im Zivil- und Strafverfahren ausgeschlossen; und das OLG behält sich vor, der Wahl einer Rechtsanwalts- oder Wahlstation zu widersprechen, falls die im rechten Milieu zu verorten ist. Diese in der Justiz einmalige Liste von Ausbildungsbeschränkungen für einen Referendar offenbart, auf welch abschüssigen Weg sich der Dresdner Verfassungsgerichtshof mit seinem Beschluss begeben hat.

Interessant wäre zu wissen, ob sich die Dresdner Verfassungsrichter über die Auswirkungen ihrer Entscheidungen in der Praxis Gedanken gemacht haben. Sie laden nämlich alle rechtsextremistischen Juristen mit dem ersten Staatsexamen ein, sich in Sachsen zu bewerben, entweder als erste Adresse oder nach einer roten Karte in anderen Bundesländern. Da Gerichte in den übrigen Bundesländern ihre Rechtsprechung kaum aufgeben werden, droht der juristische Vorbereitungsdienst in Sachsen zu einem „Sammelbecken" für rechtsextremistische Juristen zu werden.[618] Der durch den Verfassungsgerichtshof verordnete sächsische Sonderweg bei der Zulassung zum Referendariat wird der Justiz und den Justizministern des Landes noch viel Kopfzerbrechen bereiten.

Der Fall Brian E.: rechtsextremistischer Gewalttäter darf sein Referendariat beenden

Am 11. Januar 2016 haben über 200 Neonazis und Hooligans gezielt und organisiert den Leipziger Stadtteil Connewitz angegriffen, eine Hochburg der Linken. Sie attackierten und beschädigten Bücherläden, Dönerbuden, Kneipen und Wohnhäuser mit Stangen, Schlägern, Geschossen und Sprengstoff. Am Ende der Gewaltorgie gelang es der Polizei, den Pulk einzukesseln und festzusetzen, unter ihnen auch der Kampfsportler Brian E. Zur Zeit des Angriffs war er noch Jura-Student. Als das Amtsgericht Leipzig ihn gut zweieinhalb Jahre nach dem Überfall am 28. November 2018 wegen Landfriedensbruchs in einem besonders schweren Fall (§§ 125, 125a StGB) zu einer Freiheitsstrafe von einem Jahr und vier Monaten auf Bewährung verurteilt hat, hatte er mit dem Referendardienst begonnen. Der Einstellungsbehörde, dem OLG Dresden, war damals bekannt, dass gegen ihn ein Verfahren wegen schweren Landfriedensbruchs lief, sah sich aber rechtlich außerstande, Brian E. den Eintritt in den Referendardienst zu verwehren, weil das Urteil damals nicht rechtskräftig war. Die Rechtskraft trat erst im Mai 2020 ein, zu einem Zeitpunkt, als die Referendarausbildung von Brian E. weit fortgeschritten war. Während des Referendardienstes waren weitere Zweifel an seiner Verfassungstreue aufgetaucht.[619] Ein auf Facebook gepostetes Bild sollte den Hobby-Kampfsportler zei-

---

618 Von Roetteken, Urteilsanmerkung zu SächsVerGH vom 27. Oktober 2021, PraxisReport, ArbR 2/2022 vom 12. Januar 2022.
619 Sehl, 2018, Rechtsreferendar in Sachsen verurteilt, unter https://www.lto.de/karriere/jura-referen dariat/stories/detail/leipzig-krawalle-neonazis-prozess-referendar-sachsen-justiz-landfriedensbruch (abgerufen am 20. Dezember 2021).

gen: mit geballter Faust und in Siegerpose, mit nackter Brust und einem griechisch/nordischen Tattoo – dem Anschein nach nicht fern von einem Hakenkreuz. Das OLG Dresden stellte als Einstellungsbehörde eine Strafanzeige, die aber verpuffte. Anfang 2020 hat die Staatsanwaltschaft die Ermittlungen eingestellt.

Trotz der rechtskräftigen Verurteilung zu einem Jahr und vier Monaten hat das OLG Dresden Brian E. nicht aus dem Referendardienst entlassen. Angestoßen durch Anfragen von Medien rechtfertigte die Sprecherin des Oberlandesgerichts Dresden den Verbleib von Brian E. im Referendardienst als „Ermessensentscheidung".[620] Die zentralen Gründe: „Die Referendarausbildung bei Juristen sei kein typisches Beschäftigungsverhältnis, sondern eine Ausbildung, für die der Staat das Monopol habe [...] Die Entlassung aus dem juristischen Vorbereitungsdienst würde [...] bedeuten, dass der Betroffene die Ausbildung zum Volljuristen nicht abschließen könne und ihm das Ergreifen eines juristischen Berufes verwehrt würde. Angesichts der bereits weit fortgeschrittenen jahrelangen Ausbildung [...] überwiege bei Beachtung des Ausbildungsmonopols des Staates das in Art. 12 GG geschützte Grundrecht auf freie Berufswahl [...] das Gemeinschaftsgut der funktionierenden Rechtspflege."[621] Diese könne zudem durch „geeignete Auflagen gesichert werden". Auf die Frage, welche das seien, verweigerte die Sprecherin eine Auskunft, weil dies personenbezogene Daten seien und folglich als Privatsphäre des Referendars zu schützen seien.

Das Echo auf diese Entscheidung des OLG Dresden als Einstellungsbehörde war überwiegend negativ. Laut *Legal Tribune Online* sollen sich 234 Referendare in Sachsen in einer Chatgruppe mit dem Namen „Ref-Kurssprecher" zusammengefunden haben, die die Entscheidung des OLG Dresden kritisiert haben.[622] In einer sechsseitigen Stellungnahme konstatieren sie, dass die Berufsfreiheit keinen Anspruch auf die Ausübung eines Wunschberufes begründe. Mit dem ersten Staatsexamen habe Brian E. bereits die Qualifikation für die Ausübung eines juristischen Berufes erhalten, er könne zum Beispiel Diplomjurist werden. Außerdem monieren die Referendare, dass er künftig kaum für die freiheitlich-demokratische Grundordnung einstehen würde. Als Anwalt, Richter oder Staatsanwalt werde man schließlich Organ der Rechtspflege. Nicht alle der

---

620 Ebd.
621 Die Zitate sind einer E-Mail der Sprecherin des Oberlandesgerichts Dresden vom 21. Dezember 2021 an den Verfasser entnommen.
622 Die folgende Darstellung stützt sich weitgehend auf einen Artikel in der *Legal Tribune Online* von Markus Sehl vom 29. November 2018, Rechtsreferendar in Sachsen verurteilt, unter https://www.lto.de/karriere/jura-referendariat/stories/detail/leipzig-krawalle-neonazis-prozess-referendar-sachsen-justiz-landfriedensbruch (abgerufen am 20. Dezember 2021).

500 Referendare in Sachsen haben hinter dieser Stellungnahme gestanden, „zu links, zu politisch, zu zugespitzt".⁶²³

Unterstützt wurde der Protest der Referendare von der Arbeitsgruppe Sozialdemokratischer Juristen in Leipzig. „Menschen, die durch Rassismus und Gewaltbereitschaft zeigen, dass sie unserer freiheitlich-demokratischen Grundordnung feindlich gegenüberstehen, haben kein Recht, zum Volljuristen ausgebildet zu werden. Diese zum Richteramt zu befähigen, stärkt weder den Rechtsstaat noch das Vertrauen in das Rechtssystem", meint ihr Vorsitzender Arnold Arpaci.⁶²⁴ Rückendeckung erhielt das OLG Dresden allein vom Landesverband Sachsen des Deutschen Anwaltsvereins. Dessen Präsident Friedbert Striewe sagt der Leipziger Volkszeitung: „Die Qualität des Rechtsstaates ist es, Konflikte nach vorher festgelegten Regeln zu behandeln, nicht nach aktuellen politischen Stimmungen. Das Gericht habe die Grundrechte sorgfältig abgewogen. Der Fall zeige, dass der Rechtsstaat funktioniert".⁶²⁵

Die Sorge, dass Brian E. eines Tages als Anwalt von Mandanten aus der rechten Szene auftaucht, besteht nicht mehr. Seit Ende 2021 befindet sich Brian E. nicht mehr im juristischen Vorbereitungsdienst des Freistaates Sachsen. Er hat das zweite Staatsexamen nicht bestanden. Sein Traum vom Volljuristen ist geplatzt.

AfD-Juristen vor und im Referendariat: Fazit und Ausblick

Die Rechtsextremisten Sascha Krolzig, Matthias B. und Brian E. sind ideologische Überzeugungstäter entweder mit langen oder kurzen Vorstrafenregistern, in einem Fall sogar mit einer Gewalttat belastet. Schwere Kaliber also mit langjährigen extremistischen Karrieren. Ihnen kann man mit guten Gründen den Zutritt zum Referendardienst versperren, auch wenn das bei Matthias B. aufgrund einer rechtlichen Außenseiterentscheidung des Sächsischen Verfassungsgerichtshofs am Ende gescheitert ist. Wer realistisch in die Zukunft schaut, erkennt die Gefahr ähnlicher, womöglich noch heiklerer Konflikte am Horizont: Bewerber mit dem ersten Staatsexamen und einer Mitgliedschaft in oder in Nähe zu der nach rechts driftenden AfD für das Referendariat. Wie wenig einige Bundesländer für diese Herausforderung gerüstet sind, zeigt die Justizverwaltung in Bremen. Nach dem Gesetz über die Juristenausbildung dürfen dort „ungeeignete" Bewerber abgelehnt werden. Als einzigen Versagungsgrund nennt das

---

623 Sehl, 2018, Rechtsreferendar in Sachsen verurteilt, unter https://www.lto.de/karriere/jura-referen dariat/stories/detail/leipzig-krawalle-neonazis-prozess-referendar-sachsen-justiz-landfriedensbruch (abgerufen am 20. Dezember 2021).
624 Ebd.
625 Zitiert nach Sehl, 2018, Rechtsreferendar in Sachsen verurteilt, unter https://www.lto.de/karriere/ jura-referendariat/stories/detail/leipzig-krawalle-neonazis-prozess-referendar-sachsen-justiz-land friedensbruch (abgerufen am 20. Dezember 2021).

Gesetz bisher eine Freiheitsstrafe von mindestens einem Jahr. Inzwischen hat die Justizbehörde an der Weser begriffen, dass sie Aspiranten vom AfD-„Flügel" vor den Toren des Referendardienstes nicht ablehnen kann, weil eine konkrete Rechtsgrundlage für einen Eingriff in Art. 12 GG fehlt. Bei der Überarbeitung des Gesetzes über die Juristenausbildung will die Justizbehörde für mehr Klarheit sorgen und einen Ausschlussgrund „Zweifel an der Verfassungstreue der Bewerberinnen und Bewerber" in das Gesetz aufnehmen, ohne dass dies schon eine abschließende Formulierung wäre, wie man dort betont. Diese Korrektur weist in die richtige Richtung.

Stellen wir uns einmal vor, AfD-Frontmann und Rechtsausleger Björn Höcke würde sich für ein Gerichtsreferendariat bewerben. Natürlich könnten Justizverwaltungen ihn als „ungeeignet" oder „nicht würdig" ablehnen. Als konkretisierende Regelbeispiele dafür rechtskräftige Strafen von mindestens einem Jahr oder Ermittlungsverfahren und Strafverfahren mit einer solchen zu erwartenden Strafe aufzuzählen, wird aus zwei Gründen künftig nicht reichen. Einmal fehlt eine hinreichend konkrete Rechtsgrundlage für einen Eingriff in Art. 12 GG, um dem Bestimmtheitsgebot gerecht zu werden. Zum anderen droht die Gefahr für die Justiz vor der Einstellung von Referendaren nicht in erster Linie von Gewalt- oder Straftätern, sondern von gewaltfrei agierenden Verfassungsfeinden, von denen einige strafrechtlich vorbelastet sein mögen. Der Rechtsextremist Höcke zum Beispiel ist nicht vorbestraft. Alle Ermittlungsverfahren wegen Betrugs, Volksverhetzung, Verleumdung und Verwendung von Kennzeichen verfassungswidriger Organisation sind im Sande verlaufen. Seine allgemeinen Aufrufe zum Widerstand oder zum eigenmächtigen Schutz deutscher Interessen sind nicht strafbar. Die eigentliche Gefahr, die vom „Flügel" der AfD ausgeht, ist, dass er Demokratie und Rechtsstaat von innen aushöhlen will. Zwei Beispiele von Ende Dezember 2021. Die AfD-Landtagsfraktion in Thüringen soll nach Innenminister Georg Maier (SPD) „Tipps herausgegeben haben, wie man illegale Demos als Spaziergänge tarnt und mit der Polizei Katz und Maus spielt".[626] Auf Facebook schreibt die von Höcke geführte AfD-Fraktion: „1000 Spaziergänger ohne Ausweis sind nicht zu kontrollieren." Ähnliche Erkenntnisse sollen Verfassungsschutzämter anderer Bundesländer gesammelt haben.[627]

Nach der Rechtsprechung des Bundesverfassungsgerichts sollen das „Leitbild der Juristenausbildung" und der „Kerngedanke des wehrhaften Rechtsstaates" es ausschließen, dass der „Staat seine Hand dazu leiht, diejenigen auszubilden, die auf eine Zerstörung der Verfassungsordnung ausgehen".[628] Um dieses Ziel zu erreichen, empfiehlt es sich,

---

626 Zitiert nach *Der Spiegel* Nr. 52 vom 24. Dezember 2021, S. 23.
627 Zitiert nach *Der Spiegel* Nr. 52 vom 24. Dezember 2021, S. 23.
628 Vgl. S. 202 f.

dass Länder nach dem Bremer Vorbild den Versagungsgrund „Zweifel an der Verfassungstreue von Bewerberinnen und Bewerbern" in Juristenausbildungsgesetze aufzunehmen. Der jüngst von einigen Ländern favorisierte Versagungsgrund, nach dem Bewerber die freiheitlich-demokratische Grundordnung „in strafbarer Weise" bekämpfen müssen, stärkt zwar den Schutz des Grundrechts auf freie Berufswahl und -ausübung, verkennt aber die Gefahren, die heute von rechtsextremistischen Organisationen und Parteien drohen. Die Rechtsverstöße einiger Mitglieder haben in der Regel nicht eine Qualität, um aus ihnen abzuleiten, dass sie die freiheitlich-demokratische Grundordnung „in strafbarer Weise bekämpfen".

Machtgewinn in der Justiz: AfD-Abgeordnete in Richterwahlausschüssen

Richterwahlausschüsse sollen die demokratische Legitimation von Richtern und Staatsanwälten und der Dritten Gewalt erhöhen sowie die Transparenz von Personalentscheidungen stärken. Im Richterwahlausschuss des Bundestages für das Bundesverfassungsgericht sitzt für die AfD der Kölner Rechtsanwalt Fabian Jacobi, der keinem Flügel zuzuordnen ist.[629] Er hat sich für die Rechtspopulisten entschieden, um eine „Funktionsstörung der deutschen Demokratie" zu beheben.[630] Im Richterwahlausschuss für die obersten Bundesgerichte sitzt für die AfD der Rechtsanwalt Fabian Jacobi. Seine Stellvertreter sind der Rechtsanwalt Stephan Brandner und der ehemalige Staatswanwalt Thomas Seitz, die beiden dem Höcke-„Flügel" zuzurechnen sind.

Während das Grundgesetz für die Wahl von Richtern am Bundesverfassungsgericht und an den obersten Gerichten die Einrichtung von Richterwahlausschüssen zwingend vorschreibt (Art. 94 und 95 Abs. 2 GG), überlässt es den Bundesländern, ob sie für ihre Gerichte Richterwahlausschüsse installieren oder nicht (Art. 98 Abs. 4 GG). Neun Bundesländer haben von dieser verfassungsrechtlichen Möglichkeit Gebrauch gemacht. Die personelle Zusammensetzung der Ausschüsse ist vielfältig: Dort sitzen Justizminister, Richter, Rechtsanwälte, Bürger, vor allem aber Abgeordnete aus Landtagen. In einigen Bundesländern bilden Letztere nach ihrer Stimmenzahl Machtblöcke, weil sie die Mehrheit der Ausschussmitglieder stellen (Hessen) oder sogar eine Zweidrittelmehrheit haben (Thüringen, Schleswig-Holstein, Brandenburg). Den Parlamentariern fällt damit eine Schlüsselrolle bei der Wahl von Robenträgern zu – zumindest theoretisch. Aufgrund ihrer Wahlerfolge ist die AfD in Richterwahlausschüssen mal mit einem (Hessen, Rheinland-Pfalz, Berlin), mal mit zwei Abgeordneten (Brandenburg, Thüringen) vertreten. Damit haben die Rechtspopulisten zum ersten Mal in der Geschichte der Bundesrepublik auch direkten Einfluss auf die personelle Zusammensetzung der Justiz. „Richterwahlausschüsse haben nun mal eine wichtige Funktion in der Staatsorganisation", erläutert Stefan Sommer, AfD-Abgeordneter im Thüringer Landtag und Mitglied des dortigen Richterwahlausschusses. Die Stimme eines einzelnen AfD-Abgeordneten mag nicht viel Gewicht haben. Aber in Brandenburg und Thüringen ist das Wahlverfahren gesetzlich so gestaltet, dass den AfD-Vertretern trotz

---

629 Ringendahl, 2017, Kölner AfD-Abgeordnete gehören keinem Flügel an, unter https://www.ksta.de/koeln/bundestagswahl-koelner-afd-abgeordneter-gehoeren-keinem-fluegel-an-28486198 (abgerufen am 29. Januar 2022).

630 Biermann et al., 2017, Rechts bis extrem im Bundestag, unter https://www.zeit.de/politik/deutschland/2017-09/afd-kandidaten-bundestagswahl-abgeordnete (abgerufen am 29. Januar 2022).

geringer Zahl erhebliche Macht zugewachsen ist. Diese Machtverschiebung hat teils kurze, teils lange Machtkämpfe zwischen SPD, Linke und Grünen auf der einen Seite und der AfD auf der anderen Seite ausgelöst – zum Schaden der Justiz.

In der Brandenburger Justiz herrschte Ende 2019 Personalmangel, was die Mitglieder des Richterwahlausschusses unter Handlungsdruck setzte. Dabei kam der AfD entgegen, dass der Ausschuss nur als beschlussfähig gilt, wenn alle Mitglieder präsent sind. Im Dezember 2019 schlug die AfD zunächst die Volljuristin Lena Duggen und Christoph Berndt als ihren Vertreter vor. Beide fielen bei der ersten Wahl durch. Duggen gehörte nach ihrem Lebenslauf von 2011 bis 2014 der Partei „Die Freiheit" an, die in Bayern vom dortigen Verfassungsschutz 2013 beobachtet und als islamfeindlich eingestuft wurde. Berndt leitete den rechtsgerichteten Verein „Zukunft Heimat".[631]

Durch die Arbeitsunfähigkeit des Ausschusses geriet der Richterwahlausschuss gegenüber der Rechtsgemeinschaft kurzfristig in Erklärungsnot. Diese zwang die Parteien zu Kompromissen. Die AfD schlug statt Berndt Andreas Galau vor, den Landtagsvizepräsidenten. „Keiner der AfD-Kandidaten löst bei uns Begeisterung aus", erklärte CDU-Fraktionschef Jan Redmann: „Aber es geht hier um staatspolitische Verantwortung. Die Bürger erwarten, dass es einen arbeitsfähigen Richterwahlausschuss gibt."[632] Galau war auch der SPD vermittelbar. Bei den Sozialdemokraten verließ ein Teil der Parlamentarier vor der Abstimmung den Saal, achtete aber darauf, dass noch genug Abgeordnete für eine gültige Wahl präsent blieben. Dadurch verringerte die SPD gleichzeitig die Zahl potenzieller Nein-Stimmen. Hätten die SPD-Abgeordneten mit abgestimmt und sich dann enthalten, wären diese Stimmen als Nein-Stimmen gewertet worden. Mit Kompromissbereitschaft der Union und dem SPD-Manöver wählte der Landtag einen Monat nach der ersten gescheiterten Wahl die beiden AfD-Kandidaten mit komfortabler Mehrheit in den dann handlungsfähigen Richterwahlausschuss.

Mit ihrer Kandidatur als Stellvertreter für den Richterwahlausschuss scheiterten hingegen der damalige AfD-Fraktionschef Andreas Kalbitz und der Landtagsabgeordnete Daniel Freiherr von Lützow, beide wegen ihrer rechtsextremistischen Einstellungen. Der Wahlausschuss ist trotzdem arbeitsfähig, weil die Hauptmitglieder gewählt sind.

Nicht mehr als ein politisches Geplänkel erscheint der Brandenburger Konflikt im Vergleich zu den Machtkämpfen in Thüringen, die die Arbeit der dortigen Richterwahl-

---

631 WELT, 2020, Landtag wählt AfD-Politiker in Richterwahlausschuss, unter https://www.welt.de/regionales/berlin/article204838038/landtag-waehlt-AfD-Politiker-in-Richterwahlausschuss.html (abgerufen 8. Dezember 2021).
632 Hausding, 2020, AfD-Abgeordnete gewählt: Landtag wendet Krise ab, unter https://www.lr-online.de/nachrichten/brandenburg/richterwahlausschuss-AfD-Abgeordnete-gewaehlt-landtag-wendet-krise-ab.42409818.html (abgerufen am 8. Dezember 2021).

und Staatsanwaltsausschüsse über vierzehn Monate blockierte. Auslöser war die grundsätzliche Weigerung der rot-rot-grünen Regierungsfraktionen, AfD-Abgeordnete in den Richterwahlausschuss zu wählen, „weil sie alle dem aufgelösten, aber immer noch wirkmächtigen Höcke-„Flügel" der Partei angehören und sich nicht von ihm distanzieren", erklärt Madeleine Henfling (Bündnis 90/die Grünen) die Haltung der drei Fraktionen: „Die Justiz ist ein sensibler Bereich. Und die AfD verfolgt die Strategie, ihre Leute dort zu platzieren." Diese harte Linie führte auch dazu, dass SPD, Grüne und Linke über Monate nicht bereit waren, den Rechtsanwalt und Parlamentarischen Geschäftsführer der AfD-Fraktion Stefan Möller zum Vorsitzenden des Justizausschusses und Prof. Michael Kaufmann zum Vizepräsidenten des Thüringer Landtages zu wählen. Diese Posten standen der AfD eigentlich zu. Für die drei linken Parteien galt Möller wegen seines Verhaltens im Landtag als „unwählbar". Dort habe er „durch zahlreiche Sitzungsunterbrechungen parlamentarische Rechte missbraucht".[633] Die AfD-Fraktion reagierte auf diesen Wahlboykott verschnupft. Sie zog die stellvertretende Vorsitzende des Justizausschusses Wiebke Muhsal zurück und weigerte sich, zwei Kandidaten für den Richterwahlausschuss zu benennen: Man wolle erreichen, dass die „parlamentarischen Gepflogenheiten wieder eingehalten werden", sagte sie.[634] Stefan Sommer, AfD-Vertreter im Richterwahlausschuss, wirft der Regierungskoalition vor, „geltendes Recht fortgesetzt und aktiv zu missachten, um Oppositionspolitikern eine Teilhabe an parlamentarischen Prozessen und Kontrolle zu verweigern".

Mit der Weigerung der AfD, eigene Kandidaten zu benennen, war der Richterwahlausschuss arbeitsunfähig, weil nach dem Thüringer Richter- und Staatsanwaltsgesetz (ThürRiStAG) jede Fraktion ein Mitglied in den Richterwahlausschuss entsenden muss. Die fehlenden Wahlvorschläge der AfD und das Koppelgeschäft mit der Besetzung des Landtagsvizepräsidenten und des Vorsitzes des Justizausschusses griff die Grünen-Abgeordnete Astrid Rothe-Beinlich scharf an: „Ich bin versucht zu sagen: So geht organisierte Verantwortungslosigkeit".[635] Die SPD-Landtagsabgeordnete Dorothea Marx fühlte sich „erpresst". Den Rechtsanwalt und AfD-Abgeordneten im Thüringer Landtag Stefan Möller plagte da kein schlechtes Gewissen: „Das Schaffen und

---

633 Kaufmann, 2017, AfD will Richterwahlausschuss blockieren, unter https://www.lto.de/recht/nachrichten/n/richterwahlausschuss-thueringen-afd-will-wahl-blockieren-justiz/ (abgerufen am 17. November 2021).
634 Süddeutsche Zeitung, 2019, AfD-Abgeordneter Möller fällt bei zwei Wahlen durch, unter https://www.sueddeutsche.de/politik/landtag-erfurt-afd-zieht-sich-aus-richterwahlausschuss-zurueck-dpa.urn-newsml-dpa-com-20090101-171212-99-248825 (abgerufen am 17. November 2021).
635 Süddeutsche Zeitung, 2020, Rothe-Beinlich kritisiert AfD für fehlende Wahlvorschläge, unter https://www.sueddeutsche.de/politik/landtag-erfurt-rothe-beinlich-kritisiert-afd-fuer-fehlende-wahlvorschlaege-dpa.urn-newsml-dpa-com-20090101-200130-99-708858 (abgerufen am 17. November 2021).

Nutzen von Blockadepositionen spielt seit jeher auf allen Ebenen und in allen Parteien eine erhebliche Rolle."

Die Schärfe des Konflikts ist ohne die vergiftende Vorgeschichte nicht zu verstehen. In der vorausgegangenen sechsten Legislaturperiode hat die rot-rot-grüne Koalition sechs von acht AfD-Kandidaten für den Richterwahlausschuss durchfallen lassen, darunter Björn Höcke, Stephan Brandner und Stefan Möller, alle Exponenten des offiziell aufgelösten, politisch aber immer noch einflussreichen „Flügels". Abgenickt haben sie schließlich im fünften Anlauf Stephan Brandner und Wiebke Muhsal. Nachdem Stephan Brandner in den Bundestag gewechselt war, wurde Stefan Möller in den Richterwahlausschuss nachgewählt. Die grüne Abgeordnete Madeleine Henfling steht noch heute zu dieser Linie: „Es entspricht den Grundsätzen einer wehrhaften Demokratie, dass Extremisten und Faschisten nicht in Gremien wie dem Kontrollausschuss für die Geheimdienste und, ähnlich schwierig, im Richterwahlausschuss sitzen." Befeuert wurde das politische Armdrücken im Erfurter Landtag durch die CDU, die sich sperrte, der Nominierung von zwei grünen Abgeordneten für den Richterwahlausschuss zuzustimmen, wodurch diese die dafür notwendige Zweidrittelmehrheit verfehlten. Durch die gegenseitigen Blockaden verschärfte sich die personelle Notlage in der Thüringer Justiz gravierend. Im Februar 2020 warteten nach einer Meldung der *Thüringer Allgemeinen* 24 Richter und Staatsanwälte auf Probe auf grünes Licht für ihre Ernennung durch den Wahlausschuss.[636]

Am 5. März 2020 hat Ministerpräsident Bodo Ramelow **öffentlich** erklärt, für den AfD-Abgeordneten Prof. Michael Kaufmann bei der Wahl zum Vizepräsidenten des Thüringer Landtages stimmen zu wollen. Sein Vorstoß kam für die rot-rot-grüne Koalition überraschend, sie war nicht abgesprochen. Mit der öffentlichen Ankündigung wollte der Ministerpräsident der Regierungskoalition ein Zeichen geben, die gegenseitige Blockade zu beenden. Das Signal wurde von der Mehrheit der Koalitionsabgeordneten verstanden. Kaufmann wurde ebenso wie Möller zum Vorsitzenden des Justizausschusses gewählt. Und die Richter- und Staatsanwaltswahlausschüsse konnten ihre Arbeit wieder aufnehmen. Die Stimmabgabe für Kaufmann brachte Ministerpräsident Ramelow heftige Kritik ein. „Viele sind enttäuscht und wütend", räumte er ein, vor allem in seiner eigenen Partei, deren geschäftsführender Parteivorstand die Stimme für die AfD-Personalien schlichtweg für „falsch" erklärte.[637] Ein Affront! „Ich habe diese Entscheidung getroffen", erläuterte Ramelow in seinem Tagebuch, „weil ich mich als Ministerpräsident in der Pflicht gesehen habe, Verantwortung für die Handlungsfähigkeit

---

636 Thüringer Allgemeine vom 4. Februar 2020, S. 1.
637 Erklärung des geschäftsführenden Parteivorstandes der Linken vom 7. März 2020, unter https://www.die-linke.de/start/nachrichten/detail/erklaerung-des-geschaeftsfuehrenden-Parteivorstandes/ (abgerufen am 9. Januar 2022).

demokratischer Institutionen zu übernehmen, zu der auch die Wiedererlangung der Handlungsfähigkeit des Richterwahlausschusses und des Staatsanwaltswahlausschusses gehört".[638] Offen räumt Ramelow ein, dass die AfD in diesem Fall „alle anderen Fraktionen des Landtages erpresst hat": „Ich wollte diese Erpressungssituation durch meine Stimmabgabe und den offenen Umgang damit beenden."

Bemerkenswert ist ein Seitenhieb Ramelows in Sachen Demokratieerziehung an seine rot-rot-grüne Koalition. Dort hat es bei allen drei Fraktionen Überlegungen gegeben, den Satz, dass alle Fraktionen in den Wahlausschüssen vertreten sein müssen, aus dem Richtergesetz zu streichen, um die Arbeitsfähigkeit des Richterwahlausschusses durch eine Gesetzesänderung wiederherzustellen. Von diesem Vorhaben nahmen sie schließlich Abstand, weil sie selbst erkannten, dass es undemokratisch war, in einem laufenden Verfahren die gesetzlichen Grundlagen zu ändern. Ministerpräsident Ramelow bewertet das Vorhaben als so schwerwiegend, dass er den Koalitionsparteien folgende Sätze ins Stammbuch schrieb: „Ist es wirklich eine Option, ein Gesetz zu ändern, um zu verhindern, dass eine Fraktion zwingend (im Ausschuss) vertreten sein muss? Ist das Demokratie, wie wir sie verstehen? Führt das nicht eher dazu, all jene zu stärken, die uns immer wieder vorwerfen, wir würden alles so hinbiegen, dass die AfD draußen bleibt? Gesetze sollten nur dann geändert werden, wenn es dafür auch einen sachlichen Grund gibt, und nicht dann, wenn es opportun erscheint." Es spricht für Ramelow, dass er die zahlreichen ungelösten Probleme im Umgang mit der AfD offen angesprochen und dafür plädiert hat, die Fahne der demokratischen Rechte an der Nahtstelle zwischen Gebrauch und Missbrauch durch die Rechtspopulisten hochzuhalten.

Nach den Beobachtungen des grünen Mitgliedes des Richterwahlausschusses Henfling bringen sich die AfD-Mitlieder nicht „sonderlich aktiv" in die Arbeit des Ausschusses ein: „Sie agieren unauffällig." Bei der Ernennung des Leipziger Staatsanwalts Sebastian Schermaul auf Lebenszeit könnten ihre Stimmen aber den Ausschlag gegeben haben. Für ihn votierte eine knappe Mehrheit von sechs zu fünf Stimmen. Der Grund für die Skepsis gegenüber dieser Personalie: Nach Recherchen des Ausschussmitgliedes Katharina König-Preuss (Die Linke) kam Schermaul politisch aus der rechtskonservativen Ecke: Er war Mitglied der CDU und der extrem rechten Burschenschaft Arminia Leipzig. Außerdem engagierte er sich 2013 in der „Bürgerinitiative Gholis sagt nein" gegen den Bau einer Moschee im Leipziger Stadtteil Gholis.[639] Schermaul war damals Mitarbeiter der Juristischen Fakultät am Lehrstuhl für Bürgerliches Recht an der Universität. Ein Student hat seinerzeit beobachtet, wie er damals das Wort ergriffen hat,

---

638 Unter https://www.bodo-ramelow.de/aktuell/article/2020/03/08/demokratie-ist-keine-einbahnstrasse/ (abgerufen 9. Januar 2022).
639 So unter https://www.linksunten.archive.indymedia.org/node/97971/index.html (abgerufen am 31. Januar 2022).

um die Bürgerinitiative zu gründen.[640] Die Moschee störe ihn wegen der „Emissionen", soll er gesagt haben. Außerdem meinte er, dass ein orientalisches Gebäude nicht in die Jugendstil-Idylle passe. Nach Recherchen des *linksunten Archiv* war er 2004 Gründungsmitglied des Schülermagazins *Blaue Narzisse*, die Politikwissenschaftler ideologisch in der Neuen Rechten verorten.[641] Die Zeitschrift, die heute nur noch als Online-Magazin erscheint, ging nach Nachforschungen des *linksunten Archivs* aus der „Pennalen Burschenschaft Theodor Körner zu Chemnitz" hervor. Zu den alten Herren dieser Schülerverbindung gehören neben Sebastian Schermaul der Chemnitzer Kameradschaftskader Maik Otto und der führende Kopf der „Wählervereinigung Pro Chemnitz" Martin Kohlmann, die vom sächsischen Landesamt für Verfassungsschutz beobachtet wird.[642] Die *Blaue Narzisse* berichtet nach ihrer Selbstdarstellung über „Tagespolitik aus konservativer Sicht und macht sich Gedanken, welche Alternativen es zur Islamisierung und Überfremdung Europas, zum Verfall des Regierungssystems und zum Parteiklüngel in Deutschland gibt".[643] Das ist eine rechtspopulistische Agenda, mindestens. Dass ein Jurist mit solchen ideologischen Wurzeln in Thüringen zum Staatsanwalt auf Lebenszeit ernannt wird, ist wahrscheinlich nur mit der besonderen politischen Landschaft des Bundeslandes zu erklären.

Zwei Dinge hat die grüne Abgeordnete Madeleine Henfling im Zusammenhang mit der Arbeit im Richterwahlausschuss gelernt: „Der Ausschuss ist meist nicht mehr als ein Abnick-Ausschuss, weil die Letztentscheidung immer beim Justizministerium liegt". Das frustriert sie. Die zweite Lektion: „Gesetzgeberisch ist die wehrhafte Demokratie auf die Herausforderung durch rechtspopulistische Parteien wie den AfD-‚Flügel' in Thüringen nicht vorbereitet."

Die Mitwirkung von AfD-Abgeordneten in Richterwahlausschüssen ist für Rechtspopulisten ein willkommenes Instrument in ihrer Strategie, sich als wahrer Verteidiger des Rechtsstaates zu präsentieren und zu profilieren. Es ist ein erstrebter Machtgewinn, der in einigen Landesparlamenten konfliktfrei verläuft, in Brandenburg Mini-Konflikte und in Thüringen massive Auseinandersetzungen provoziert hat. Die Bedeutung dieser Machtverschiebungen hat einige Justizverwaltungen unvorbereitet getroffen– zum Nachteil der Dritten Gewalt.

---

640 Stange, 2013, Die Altgestrigen laufen Sturm gegen Leipziger Moscheebau, unter https://www.vice.com/de/article/zn5z48/die-altgestrigen-laufen-sturm-gegen-leipziger-moscheebau (abgerufen am 31. Januar 2022).
641 Unter https://de.wikipedia.org/wiki/Blaue_Narzisse (abgerufen am 31. Januar 2022).
642 So unter https://www.linksunten.archive.indymedia.org/node/97971/index.html (abgerufen am 31. Januar 2022).
643 Unter https://de.wikipedia.org/wiki/Blaue_Narzisse (abgerufen am 31. Januar 2022).

Politisierung und Entpolitisierung: neue Gefahren für die Unabhängigkeit der Justiz

„Noch nie in der deutschen Geschichte war die Unabhängigkeit der Gerichte so groß und rechtlich so gut abgesichert wie zurzeit", stellte der ehemalige Bundesverfassungsrichter und Hamburger Justizsenator Wolfgang Hoffman-Riem 2002 auf dem 64. Deutschen Juristentag fest.[644] Dieser Befund gilt auch noch 2021.[645]

Die Garantie der Unabhängigkeit soll historisch in erster Linie vor politischen Einflüssen und Druck von **außen** schützen, vor Regierungen und Parteien. Übersehen wird meist, dass der Unabhängigkeit auch Gefahren von **innen** drohen können – durch das Verhalten von Richtern und Staatsanwälten im Arbeitsalltag. Der ehemalige Senatspräsident beim Bundesarbeitsgericht Franz Josef Düwell macht sich hier neuerdings Sorgen. Er beobachtet zwei „Störquellen" von innen: **„politische Bewertungen in Urteilen"** und eine **„untätige Dienstaufsicht"**. Eine dritte Störquelle ist hinzuzufügen: die **Entpolitisierung der Strafverfolgung**. In den letzten Jahren ist häufiger aufgefallen, dass Gerichte den rechtsradikalen oder rechtsextremistischen Hintergrund von Tätern bei der Auslegung von Straftatbeständen und bei der Strafzumessung nicht berücksichtigen und damit entpolitisieren, zum Beispiel bei den Plakaten der Partei Die Rechte im Europawahlkampf 2019, im Urteil des Ballstädt-Verfahrens gegen Neonazis und in den Verurteilungen des SEK-Polizisten Marko G. und des KSK-Soldaten Philipp Sch. wegen illegalen Besitzes von Kriegswaffen, Munition und Sprengkörpern mit Freiheitsstrafen auf Bewährung.

Zu den Aufgaben einer politisch neutralen Justiz gehört es, bei politischen Sachverhalten ihre politische Dimension in die Rechtsfindung zu integrieren, sie nicht zu ignorieren. Tut sie Letzteres, gerät sie schnell in den Verdacht, auf der jeweils anderen Seite zu stehen und damit parteiisch zu sein, obwohl sie das möglichweise gar nicht ist. Der politische Richter muss idealerweise den politischen Kern von Sachverhalten erkennen und ihn dann rechtlich bewerten und einordnen, ohne seinen Hintergrund zu leugnen oder, schlimmer noch, sich von ihm überwältigen zu lassen wie in den amtsgerichtlichen Urteilen zu den Corona-Schutz-Maßnahmen der Regierungen.

Mit seiner wegweisenden Entscheidung aus dem November 2020 hat der Bundesgerichtshof die Gefahren politischer, in diesen Zeiten meist rechter Meinungsäußerungen in der Rechtsprechung erkannt und der Dienstaufsicht deutlicher als zuvor die Mög-

---

644 Hoffman-Riem, Referat auf dem 64. Deutschen Juristentag, B II71, S. Q 12 (Q 17).
645 Wagner, Ende der Wahrheitssuche, S. 47.

lichkeit eröffnet, gegen politische Meinungsäußerungen in Urteilen disziplinarisch vorzugehen.[646] Die Hauptargumente in Rechtsprechung und Schrifttum für diese Linie: Der Kernbereich der Rechtsprechung bleibt durch die Unabhängigkeitsgarantie immer geschützt, darf aber nicht zweckentfremdet werden. Nach dem Kommentar zum Deutschen Richtergesetz von Schmidt-Räntsch „verlässt" ein Richter den „Kernbereich (der Unabhängigkeit), wenn er sein Urteil oder eine andere richterliche Handlung zur Verbreitung seines politischen Standpunkts nutzt".[647] In diese Kategorie dürfte zum Beispiel die offene Kritik des Richters Guericke an der Corona-Politik der Bundesregierung bei der Begründung seines Freispruchs für den Veranstalter einer Geburtstagsfeier fallen. Dort beschreibt er die von der Bundesregierung festgestellte epidemische Notlage als „Schreckensszenarien", ein Strategiepapier des Bundesinnenministeriums rückt er in die Nähe von „science fiction" und die „Politik des Lockdowns" ist für ihn in Teilen eine „katastrophale politische Fehlentscheidung".[648] Wenn ein Richter die Corona-Politik der Bundesregierung und der Landesregierungen in einem Urteil so massiv attackiert, „delegitimiert" er für den früheren Senatsvorsitzenden am Bundesarbeitsgericht Franz Josef Düwell den „demokratischen Rechtsstaat und betreibt damit das Geschäft der AfD". Auch die politisch-historischen Ausflüge des Gießener Verwaltungsrichters Höfer bei der Auslegung des § 130 StGB gehören in den Bereich der politisch dominierten Rechtsprechung.[649]

Die vier Anti-Corona-Amtsrichter in Weimar, Weilheim, Meiningen und Wuppertal haben durch ihre Beschlüsse das Vertrauen in die Unabhängigkeit der Justiz von innen erschüttert. Wer Zuständigkeitsanmaßungen, handwerkliche Fehler und die selektive Auswahl von Gutachtern und wissenschaftlichen Erkenntnissen in den drei Beschlüssen der Amtsgerichte analysiert, dem fällt auf, dass sie in erster Linie politisch motiviert waren, mehr oder minder geschickt dogmatisch verkleidet. Dadurch stehen sie im Widerspruch zum Neutralitätsgebot der Justiz und müssten eigentlich Berufsverbände, Dienstaufsicht und in letzter Instanz die Justizministerien mit lauter Kritik auf den Plan rufen. Mit einer Ausnahme ist das nicht geschehen, eher das Gegenteil. Der thüringische Justizminister Dirk Adams (Die Grünen), in dessen Zuständigkeitsbereich das Amtsgericht Weimar fällt, findet, dass der „Rechtsstaat funktioniert" hat: „Die unabhängigen Ermittlungen der Staatsanwaltschaft und die von einem unabhängigen Ermittlungsrichter genehmigten Durchsuchungen (wegen des Verdachts der Rechtsbeugung) sind Ausdruck der Unabhängigkeit der Justiz."[650] Der *Deutsche Richterbund* lehnt jede

---

646 Vgl. S. 69 ff.
647 Schmidt-Räntsch, Deutsches Richtergesetz, § 26, Rn. 30.
648 Vgl. hierzu die S. 87.
649 Vgl. S. 72 f.
650 Interview in der *Thüringer Allgemeinen* vom 7. Mai 2021.

Stellungnahme zu den Beschlüssen der Amtsgerichte ab, weil er „grundsätzlich keine Einzelfälle kommentiert". Holger Pröstel, Richter am Landgericht Erfurt und Vorsitzender des Landesverbandes Thüringen des *Richterbundes*, bewertet „Entscheidungen grundsätzlich nicht inhaltlich, mögen sie auch noch so fragwürdig sein – aus Respekt vor der Unabhängigkeit der Richter". Allein die Vorsitzende des *Richterbundes* in Brandenburg Claudia Cerreto moniert öffentlich die Äußerungen des Berliner Landrichters und Netzwerk-Mitbegründers Schleiter zur Maskenpflicht: „Corona zu verleugnen, ist in diesen Zeiten nicht nur gefährlich, sondern angesichts der fast täglich steigenden Todesfälle auch ein Hohn für die Opfer der Pandemie", sagt sie.[651] Das Tragen einer Maske sei auch einem Richter zuzumuten – sowohl privat als auch dienstlich. Dieser deutliche Kommentar ist ihr wohl auch deshalb leichter gefallen, weil er sich nicht auf eine gerichtliche Entscheidung bezog und deshalb kein Konflikt mit der Heiligen Kuh der Unabhängigkeit drohte. Lediglich in der Causa Maier hat sich der *Deutsche Richterbund* eingemischt: „Es wäre ein unerträglicher Zustand, wenn ein offenkundiger Rechtsextremist in den Justizdienst zurückkehren und in Deutschland Recht sprechen würde."[652]

Er hat an die „politisch Verantwortlichen in Sachsen appelliert, im Fall Maier alle rechtlichen Möglichkeiten auszuschöpfen".

Während der *Deutsche Richterbund* für die öffentliche Diskussion der amtsgerichtlichen Anti-Corona-Beschlüsse fast komplett ausfällt, beteiligt sich die *Neue Richtervereinigung* mit einer Presseerklärung engagiert an ihr. Allerdings gibt es auch für sie eine rote Linie, die sie nicht überschreiten will: die „verfassungsrechtliche Unabhängigkeit". Das heißt in der Praxis, dass sie ihren Widerstand gegen Entscheidungen, die sie für „juristisch unhaltbar" hält, auf „Rechtsmittel" beschränken will.[653]

Zu milde und zu langsam: das Versagen der richterlichen Dienstaufsicht

Öffentliche Kritik und Rechtsmittel zur Fehlerkorrektur reichen aber mittel- und langfristig nicht aus, um die Neutralität der Rechtsprechung zu sichern und der Gefahr ihrer Politisierung von rechts entgegenzuwirken, wenn die Option von Disziplinarverfahren im Kernbereich der Unabhängigkeit von vornherein ausgeschlossen wird. Erfolgreiche Rechtsmittel sind für die aufgehobenen Robenträger zwar ärgerlich, treffen sie aber nicht unmittelbar. Wenn Disziplinarverfahren im Kernbereich der Rechtsprechung eng

---

651 Kaufmann, 2021, Brandenburger Jurist legt Verfassungsbeschwerde gegen Corona-Regeln ein, unter https://www.tagesspiegel.de/berlin/er-arbeitet-am-berliner-landgericht-brandenburger-jurist-legt-verfassungsbeschwerde-gegen-corona-regeln-ein/26824682.html (abgerufen am 13. April 2021).
652 Presseerklärung vom 9. Februar 2022.
653 Pressemitteilung vom 12. April 2021.

begrenzt auf Zweckentfremdungen für politische Meinungsäußerungen beschränkt bleiben, droht der Unabhängigkeit der Dritten Gewalt durch sie auch keine Gefahr. Im Gegenteil: Sie schützen diese.

Die neue Herausforderung durch rechte Amtsträger und ihre gerichtlichen wie außergerichtlichen Aktivitäten hat die Dienstaufsicht der Justiz in ihrer Tragweite bisher noch nicht erkannt. Sie war **zu passiv, zu langsam, zu milde und zu intransparent.** Auf Eigeninitiativen der zuständigen Gerichtspräsidenten und Generalstaatsanwälte sind bisher nur zwei Disziplinarverfahren zurückzuführen: gegen einen Richter vom Amtsgericht Zittau und gegen den Dresdner Landrichter Jens Maier. Alle anderen Disziplinarverfahren, Sanktionen, Versetzungen und Freistellungen vom Sitzungsdienst bei rechten Richtern und Staatsanwälten sind aus der Zivilgesellschaft angeschoben worden, von Anwälten, Netzaktivisten, Parteien oder Medien. Von einer funktionierenden Dienstaufsicht kann also bisher keine Rede sein. Eher von einem Offenbarungseid. Regelmäßig stellen sich Dienstvorgesetzte unter Berufung auf die Unabhängigkeit bei Vorwürfen zunächst vor ihre Berufskollegen – und das selbst bei schweren rechtlichen Fehlern und grobem außergerichtlichem Fehlverhalten. Befangenheitsanträge werden häufig abgelehnt, selbst in krassen Fällen wie beim Gießener Verwaltungsrichter Höfer oder dem Meininger Amtsrichter Kuba. Das gilt mutatis mutandis auch für die Generalstaatsanwaltschaften. Die Generalstaatsanwaltschaft Thüringen hat selbst bei der eindeutig rechtslastigen Amtsführung des Geraer Staatsanwalts Zschächner kein Dienstvergehen erkennen können.[654] Hier spielen Korpsgeist und das Bewusstsein eine Rolle, dass Dienstvorgesetzte eines Tages selbst von einer restriktiven Anwendung der Disziplinargewalt profitieren könnten, wenn sie in den Verdacht geraten, ihre Machtbefugnisse missbraucht zu haben. Jeder Verzicht auf ein Disziplinarverfahren schützt ja zugleich den eigenen Freiheitsraum.

Eine Achillesferse ist die Dauer einiger Disziplinarverfahren. Dafür gibt es zwei Ursachen. Einmal haben die unmittelbaren Dienstvorgesetzten rechtslastige Urteilsbegründungen und Amtsführungen zunächst geduldet oder weggeschaut. Sie sind erst nach politischem Druck oder nach Medienanfragen tätig geworden. Ein zweiter Verzögerungsfaktor sind Rechtsmittel, die betroffene Staatsanwälte und Richter in der Regel gegen Sanktionen einlegen.

Der unerhörte Beschluss des Meininger Amtsrichters Kuba, nach dem „in der BRD weder das Grundgesetz noch viele andere Gesetze" gelten, fiel Mitte Februar 2021. Im November 2021 teilte das thüringische Justizministerium dem Verfasser mit, dass die „Prüfung der Einleitung eines Disziplinarverfahrens noch andauert".[655] Also nach

---

654 Vgl. S. 64.
655 Mail an den Verfasser vom 9. November 2021.

neun Monaten noch keine Entscheidung. Anfang Februar 2022, fast ein Jahr nach dem Beschluss, erklärte das Landgericht Meiningen als Disziplinarvorgesetzter, dass „zwischenzeitlich" ein Disziplinarverfahren gegen Richter Kuba eingeleitet worden sei.[656] Jeder unbefangene Beobachter fragt sich, warum dieser Entscheidungsprozess zwischen neun und zwölf Monaten dauern musste. Vermutlich gab es unter den Beteiligten einen Dissens, ob ein Disziplinarverfahren gestartet werden soll oder nicht.

Einige Disziplinarvorgesetzte schieben Verfahren vor sich her, weil sie die Klagefreudigkeit sanktionierter Kollegen kennen, die Arbeit und Nerven bedeutet und Disziplinarverfahren verlängert. Während das erste Disziplinarverfahren gegen Amtsrichterin Kutscher zügig abgewickelt wurde, auch weil sie auf gerichtliche Schritte verzichtete, lagen beim zweiten Disziplinarverfahren zwischen der Tatzeit Anfang 2018 und dem letztinstanzlichen Beschluss des Dienstgerichtshofes beim OLG Dresden im Juni 2021 drei Jahre und vier Monate. Im dritten Disziplinarverfahren fielen die gerügten Äußerungen im Sommer 2019. Im September 2022 hatte das Richterdienstgericht Leipzig immer noch nicht über die vom sächsischen Justizministerium beantragte Geldstrafe entschieden.

Mit Ausnahme der Entlassung des Freiburger AfD-Staatsanwalts Seitz sind bisher alle in Disziplinarverfahren von Dienstvorgesetzen und Richterdienstgerichten verhängten Maßnahmen und Sanktionen zu milde ausgefallen. Das gilt vor allem für Reaktionen auf politische Äußerungen in Beschlüssen und Urteilen. In den bisher bekannten Fällen haben Gerichtspräsidenten regelmäßig nur ein „Vorhalt" gemacht, zum Beispiel im Fall des Gießener Verwaltungsrichters Höfer und seinem von NPD-Gedanken und -Rhetorik durchtränkten Beschluss. Solche Vorhalte liegen als „missbilligende Äußerungen" unter der Schwelle von Disziplinarmaßnahmen. Da stellen sich mehrere Fragen: Ist der erhobene Zeigefinder wirklich eine angemessene Antwort auf eine offen rechte Politisierung unserer Rechtsprechung? Wird hier eine rechte Gefahr erneut unterschätzt? Unbegreiflich ist, dass der Amtsrichter Guericke für seine politische Polemik gegen die Anti-Coronamaßnahmen der Bundesregierung – „katastrophale politische Fehlentscheidung" und „Schreckensszenarien" – nicht einmal einen „Vorhalt" bekommen hat.[657]

Ein Beleg für diese These sind die nachsichtigen Sanktionen gegen die AfD-nahe Amtsrichterin Kutscher in drei Disziplinarverfahren. Die ersten Beschwerden gegen ihre fremden- und islamfeindlichen Netzaktivitäten gingen bereits im September 2015 beim Amtsgericht Meißen ein, die letzten radikalerer Wortmeldungen fielen im Sommer

---

656 Mail an den Verfasser vom 7. Februar 2022.
657 Vgl. S. 113.

2019 auf und gaben Anlass für das dritte Disziplinarverfahren.[658] In den ersten beiden Verfahren haben die Dresdner Gerichtspräsidenten jeweils einen „Verweis" verhängt, die schwächste disziplinarrechtliche Sanktion. Das ist ungewöhnlich. Im Strafrecht ist es üblich, dass ein Täter im Wiederholungsfall eine höhere Strafe bekommt als beim ersten Mal. Richterin Kutscher war eine überzeugte Wiederholungstäterin, wie sie selbst im Netz angekündigt hat.[659] Angesichts dieser Zusammenhänge bleibt unverständlich, dass der Dienstgerichtshof beim OLG Dresden im Juni 2021 den zweiten Verweis wegen geringer Schwere der Tat auch noch aufgehoben hat.[660] Wir erleben hier ein krasses Versagen der richterlichen Dienstaufsicht und Dienstgerichtsbarkeit in Sachsen.

Persönlichkeitsschutz contra öffentliches Informationsinteresse: die Intransparenz der richterlichen Dienstaufsicht

In dieses graue Bild passt, dass fast alle Justizverwaltungen Disziplinarverfahren als interne vertrauliche Personalangelegenheiten behandeln – ohne Informationsanspruch der Öffentlichkeit und der Medien. Gebetsmühlenartig verweigern Gerichte, Staatsanwaltschaften und Justizministerien Auskünfte über Disziplinarverfahren gegen Robenträger, Namen von Beteiligten an Gerichtsverfahren und Rückkehransprüche von AfD-Richtern in die Justiz nach Mandatsverlusten.

Am restriktivsten erscheint die Auskunftspraxis des Berliner Senators für Justiz und Verbraucherschutz. Die Behörde hat sich geweigert zu sagen, ob gegen die demonstrierende Anti-Corona-Staatsanwältin beim Kriminalgericht Moabit ein Disziplinarverfahren eingeleitet worden ist.[661] Und sie hat bis Ende März 2022 auch nicht die Frage beantwortet, ob die ehemalige Berliner Landrichterin und AfD-Bundestagsabgeordnete Birgit Malsack-Winkemann ihren Rückkehranspruch in die Berliner Justiz geltend gemacht hat: „Zu Einzelpersonenangelegenheiten können wir grundsätzlich keine Auskunft geben".[662] Erst als Frau Malsack-Winkemann im Dienstplan des Berliner Landgerichts auftauchte, gab die Justizverwaltung preis, dass sie ihren Dienst am 14. März 2022 in der Berliner Justiz wieder angetreten hatte. Im Juni 2022 teilte die Justizsenatorin Kreck mit, dass sie die Richterin Malsack-Winkemann in den Ruhestand versetzen will, um schwere Nachteile für die Justiz abzuwenden.

Das sächsische Justizministerium hat monatelang alle Informationen über die Disziplinarverfahren gegen die Amtsrichterin Kutscher geblockt, bis es ab Oktober 2021

---

658 Vgl. S. 164, 169 f.
659 Vgl. S. 164.
660 Vgl. S. 163 ff.
661 Vgl. S. 173.
662 E-Mails vom 27., 29. Oktober 2021 und 26. Januar 2022.

seine Auskunftspraxis zu Disziplinarverfahren liberalisiert hat. Zugeknöpft auch die Präsidentin des Landgerichts Weimar Renate Schwarz, die es aus „Fürsorgegründen in Personalangelegenheiten" ablehnte mitzuteilen, ob gegen den Weimarer Anti-Corona-Amtsrichter Guericke ein Disziplinarverfahren angestrengt worden sei.[663] Im Februar 2022 hat das thüringische Justizministerium darüber informiert, dass gegen Amtsrichter Guericke „nach sogfältiger Prüfung" kein Disziplinarverfahren eingeleitet worden sei.[664] Über Wochen haben sich die Staatsanwaltschaft Erfurt und die Präsidentin des Landgerichts Erfurt geweigert, die Namen des Staatsanwalts und der beiden Amtsrichter zu nennen, die an drei Verfahren teilgenommen haben, in denen ein Staatsanwalt versucht haben soll, Muslime auf den Koran schwören zu lassen, obwohl sie zur Bekanntgabe der Namen nach der Rechtsprechung des Bundesverwaltungsgerichts verpflichtet gewesen wären.[665] Erst nach einer Beschwerde des Verfassers beim Erfurter Justizministerium hat die Landgerichtspräsidentin Schwarz die Namen der beteiligten Richter genannt. Die Leiterin der Erfurter Staatsanwaltschaft, die Leitende Oberstaatsanwältin Bettina Keil-Rüther, sperrt sich bis heute gegen die Offenlegung des Namens des Initiators und Hauptakteurs der Koran-Affäre. Auf die Frage, ob gegen den Weidener AfD-Landrichter Ströhle ein dienstrechtliches Verfahren eingeleitet worden ist, antwortet der Sprecher des Landgerichts, „dass unter Berücksichtigung des Persönlichkeitsrechtes [...] grundsätzlich keinerlei Auskünfte gegeben werden, also weder bestätigt noch dementiert werden kann, dass ein derartiges Verfahren anhängig ist oder war".[666]

Von diesen Informationsblockaden gab es bisher nur wenige Ausnahmen. Im Fall des Landrichters Maier hat sich der damalige Landgerichtspräsident Gilbert Häfner für Transparenz entschieden. Beim Zuständigkeitswechsel und beim „Verweis" gegen Jens Maier hat er jeweils Presseerklärungen herausgegeben. In diesen Ausnahmefällen überwog nach seiner Auffassung das „öffentliche Interesse" an Information den „Persönlichkeitsschutz" des Betroffenen. Im Gegensatz zu den meisten seiner Kollegen hat er die politische Dimension von Disziplinarverfahren gegen AfD-Richter und -Staatsanwälte erkannt und einen Weg gefunden, diese in das Verfahren zu integrieren. Weitere Ausnahmen sind die öffentlichen Verhandlungen des Disziplinarverfahrens gegen die Amtsrichterin Kutscher vor dem Richterdienstgericht Leipzig und der Berufung des Freiburger Staatsanwalts Thomas Seitz gegen seine Entlassung aus dem Justizdienst vor dem Dienstgerichtshof beim OLG Stuttgart. Im Vorfeld gerichtlicher Auseinandersetzungen von Disziplinarfällen dominiert dagegen das Schweigen der Pressestellen der

---

663 E-Mail an den Verfasser vom 27. Oktober 2021.
664 E-Mail an den Verfasser vom 15. Februar 2022.
665 BVerwG NJW 2015, 807. Vgl. S. 88 f.
666 E-Mail vom 1. Juni 2022.

Gerichte und Justizministerien. Das mag bei Disziplinarverfahren wegen Alkohol am Steuer oder Spielsucht als ausschließlich persönlichen Verfehlungen vertretbar sein. Geht es hingegen um gerichtliches und außergerichtliches Fehlverhalten von Richtern und Staatsanwälten mit einer politischen Dimension, ist diese Intransparenz nicht mehr zeitgemäß. Richter und Staatsanwälte üben ihr Amt im Auftrag der Rechtsgemeinschaft und damit im öffentlichen Interesse aus. Urteile werden im Namen des Volkes gesprochen. Das hat einen Anspruch darauf zu erfahren, ob die Dritte Gewalt Kraft und den Willen hat, sich selbst zu kontrollieren oder nicht. Dieser Auskunftsanspruch erstreckt sich nicht nur auf die Tatsache eines Disziplinarverfahrens, sondern auch auf seinen Inhalt, seinen Stand und gegebenenfalls auf Sanktionen. Die bisherige Intransparenz in Disziplinarsachen ist mit dem Bild einer bürgernahen Dritten Gewalt nicht vereinbar. Selbstkontrolle der Justiz in erster Instanz agiert faktisch ohne Kontrolle der politischen und medialen Öffentlichkeit.

Rechtsbeugung: ein stumpfes Schwert mit einer Ausnahme

Als ein stumpfes Schwert bei der Selbstkontrolle der Justiz haben sich erneut Ermittlungsverfahren wegen Rechtsbeugung gegen krasse richterliche Fehlentscheidungen erwiesen (§ 339 StGB). Mit einer Ausnahme: der Anklage gegen den Weimarer Amtsrichter Dettmar, die offensichtlich ein Zeichen setzen soll.[667] Sowohl das Verfahren wegen Rechtsbeugung gegen den Gießener Amtsrichter Höfer als auch das gegen den Weimarer Amtsrichter Guericke sind eingestellt worden. Das liegt zweifelsohne hauptsächlich an der restriktiven Rechtsprechung des Bundesgerichtshofes. Nach ihr sollen die „bloße Unvertretbarkeit" oder „bloße" objektive Willkür nicht ausreichen, um den Tatbestand zu erfüllen.[668] Er greife nur bei einem „elementaren Rechtsbruch", in dem sich der Richter „bewusst und in schwerwiegender Weise von Gesetz und Recht entfernt".[669] Diese Schwellen sind so gut wie nie zu überwinden.

Zusammengefasst: Die Justiz ist beim Umgang mit AfD-affinen Richtern und -Staatsanwälten bisher nur „bedingt abwehrbereit", um eine *SPIEGEL*-Titelgeschichte zu zitieren, die 1962 die *SPIEGEL-Affäre* ausgelöst hat.

---

667 Vgl. S. 114 ff.
668 Fischer, Vom Beugen des Rechts, Betrifft Justiz, Nr. 148 (2021), 173 (175).
669 BGHST 41, 247 (251); 47, 106 (108); 62, 332; BGH NStZ-RR 2010, 310.

Die unklare Rolle des Verfassungsschutzes: der lückenhafte Schutz der Justiz vor extremistischen Juristen

Eine Umfrage bei den Landesjustizministerien hat ergeben, dass sie die Gefahr, ungewollt radikale oder extremistische Juristen einzustellen, sehr unterschiedlich bewerten.[670] Neun Länder – Berlin, Hamburg, Schleswig-Holstein, Baden-Württemberg, Sachsen, Thüringen, Sachsen-Anhalt, Rheinland-Pfalz und das Saarland – sind überzeugt, dass sich die Aufklärungsinstrumente in den traditionellen Auswahlverfahren bewährt haben: Beobachtungen während des Referendariats, polizeiliches Führungszeugnis, Personalakte, Auswahlgespräche, Eide auf die Verfassung oder schriftliche Erklärungen zur Verfassungstreue. Auf eine Anfrage beim Verfassungsschutz wollen diese Länder nur bei „Anhaltspunkten" für eine extremistische Einstellung zurückgreifen. Solche haben diese neun Länder in der Vergangenheit nicht gefunden. Deshalb wollen sie auch nicht zur Regelanfrage zurückkehren. Im Übrigen meinen sie, dass die AfD-affinen Robenträger nur „Einzelfälle" sind, die das Ansehen der Justiz nicht gefährden. Der thüringische Justizminister Dirk Adams (Die Grünen) hält die Regelanfrage für „praktisch irrelevant".[671] Auch die linksliberale Neue Richtervereinigung lehnt die Regelanfrage ab, weil sie einer „anlasslosen und intransparenten Gesinnungsprüfung gleichkäme".[672]

Einen anderen Kurs haben Bayern, Bremen, Brandenburg, Niedersachsen, Mecklenburg-Vorpommern und Hessen eingeschlagen, oder sie denken über eine Änderung nach. Dabei fällt auf, dass sich diese Länder seit Monaten schwertun, eine Lösung zu finden – mit Ausnahme Mecklenburg-Vorpommerns. Die Justizministerkonferenz hat bisher ergebnislos darüber diskutiert, ob die Schwelle für Regelanfragen bei den Landesverfassungsschutzämtern zu senken sei.[673] In der Tat haben Befürworter wie Gegner der Regelanfrage gute Argumente für ihre jeweiligen Positionen, wie das Pro der niedersächsischen Justizministerin Barbara Havliza (CDU) und das Contra des thüringischen Justizministers Dirk Adams in der Dezember-Ausgabe 2020 der *Deutschen Richterzeitung* zeigt.[674] Es geht bei dieser Debatte, was nie offen ausgesprochen wird, fast ausnahmslos darum, wie rechtsextremistischen Juristen Zugang zur Dritten Gewalt zu verwehren ist.

---

670   Umfrage des Verfassers bei den Landesjustizministerien.
671   DRiZ 2020 (12), S. 428.
672   Presseerklärung anlässlich der Mitgliederversammlung vom 27./28. November 2021.
673   DRiZ 2020 (12), S. 428.
674   DRiZ 2020 (12), S. 428.

Die Debatte über die Regelanfrage kreist immer nur um Bestandsabfragen im nachrichtlichen Informationssystem NADIS. Bei ihnen werden die Namen der Bewerber in einen Computer eingegeben und nur „bereits vorliegende Erkenntnisse" abgefragt, verspricht der Gesetzgeber in Mecklenburg-Vorpommern.[675] Das ist für den Datenschutzbeauftragten des Landes Heinz Müller der „wesentliche Unterschied […] zum sogenannten Radikalenerlass".[676] Eine weitergehende Beschaffung von Informationen mit nachrichtendienstlichen Mitteln für die Regelabfrage ist in keinem Bundesland geplant. „Es bedarf keiner weiteren Ermittlungen", versichert der Schweriner Gesetzgeber.[677]

Die bayerische Justiz hat bereits 2016 die „beschränkte Regelanfrage" eingeführt, „beschränkt", weil sie nur mit Zustimmung des Bewerbers erfolgen darf. Das Verfahren ist zweistufig. Zunächst bekommen die Kandidaten wie alle Bewerber im öffentlichen Dienst eine Liste mit als extremistisch eingestuften Organisationen von *Roter Hilfe* über die örtlichen *Pegida*-Gruppierungen bis zu *Al Qaida* vorgelegt und einen Fragebogen mit vier Fragen. Erkundigt wird sich nach der Mitgliedschaft oder Unterstützung einer dieser Gruppen, nach einer früheren Mitarbeit in der Stasi und ob Verfahren gegen den Bewerber wegen Verstoßes gegen die Menschlichkeit oder Rechtsstaatlichkeit eingeleitet worden sind.[678] Nur wenn sich aus den Antworten Zweifel an der Verfassungstreue des Bewerbers ergeben, wird auf einer zweiten Stufe beim Landesamt für Verfassungsschutz angefragt. Die vorgeschaltete erste Vorstufe mit dem Fragebogen hält das Staatsministerium der Justiz für erforderlich, weil andernfalls die Unschuldsvermutung zugunsten der Bewerber verletzt wäre. Die bayerische Überprüfung konzentriert sich also auf die Mitgliedschaft und Unterstützung von verfassungsfeindlichen Organisationen. Diese freiwillige Selbstbeschränkung verkennt einen Teil der extremistischen Bedrohung der Dritten Gewalt und verfehlt deshalb in erheblichem Umfang den Schutzzweck des Verfassungstreue-Checks. An die Tür der Justiz können organisierte wie nicht-organisierte Extremisten klopfen. Im Netz fallen ja immer wieder Einzelpersonen auf, die sich in antisemitischen, islamfeindlichen, menschenverachtenden und undemokratischen Suaden ergehen. „Nicht-organisierte Extremisten dürften so schnell

---

675 Entwurf eines Gesetzes zur Neuregelung des Besoldungsgesetzes und zur Änderung weiterer dienstrechtlicher Vorschriften des Landes Mecklenburg-Vorpommern, Landtag, Drucksache 7/5440, S. 379, künftig Entwurf des Besoldungsgesetzes.
676 Anhörung im Finanzausschuss am 14. Januar 2021, Protokoll Nr. 102, Ausschussdrucksache 7/1293–2.
677 Entwurf des Besoldungsgesetzes Drucksache 7/5440, S. 379.
678 Sehl, 2021, Überprüfung von Richtern und Staatsanwälten – Wie die Justiz gegen Verfassungsfeinde aufrüstet, unter https://www.lto.de/recht/justiz/j/richter-staatsanwaelte-verfassungstreue-extremisten-verfassungsschutz-ueberpruefung-regelabfrage/ (abgerufen am 17. Mai 2021).

keine Schwierigkeiten (in Bayern) bekommen", wenn sie in die Justiz wollen, analysiert die *Legal Tribune Online* zutreffend.[679]

„Treffer" bei der Überprüfung der Bewerber hat es in Bayern bislang nicht gegeben, was nicht sonderlich verwundert. Allein die Existenz des Prüfprogramms wird Bewerber mit einer extremistischen Vergangenheit abschrecken mit der Folge, dass sie sich gar nicht erst bewerben. Aufschlussreich sind die drei Argumente, mit denen Bayern seinen Schwenk 2016 begründet hat.

Erstens: Eine Anfrage beim Verfassungsschutz erst bei „konkreten Verdachtsmomenten" gewähre nur einen „lückenhaften Schutz". Für diese These sprechen zwei Fälle. An einem bayerischen Amtsgericht arbeitete 2014 ein Maik B. als Proberichter, bis ihn dort zufällig seine braune Vergangenheit einholte. Vor seinem Umzug von Brandenburg nach Bayern war er Frontmann der Neonazi-Band *Hassgesang*. In der Staatsanwaltschaft Gera hatte Martin Zschächner durch Sympathie für die AfD und durch eine rechtslastige Amtsführung öffentlich Anstoß erregt. Wie wir gesehen haben, war seine rechte Gesinnung bereits Kommilitonen während des Studiums aufgefallen.[680] In beiden Fällen wurde ihre Verfassungstreue weder vor noch nach ihrer Einstellung geprüft, weder in Baden-Württemberg, wo Zschächner in der Justiz anfing, noch in Thüringen, wohin er wechselte. Das gilt auch für Maik B., der in Brandenburg anfing, bevor er nach Bayern umzog. Er hatte die Frage nach seiner Mitgliedschaft in extremistischen Organisationen falsch beantwortet. In allen betroffenen Bundesländern gab es damals keine Regelanfrage beim Verfassungsschutz. Ob eine solche sie enttarnt hätte, muss natürlich offen bleiben. Hätte sie es in Bayern gegeben, wäre Maik B. nicht eingestellt worden. Denn der brandenburgische Verfassungsschutz hatte seine bayerischen Kollegen anlässlich des Umzuges von Maik B. nach Bayern umfassend über dessen braunen Hintergrund informiert.[681] Warum diese damals nicht interveniert haben, ist bis heute ungeklärt.

Das zweite Argument: Fällt ein Justizdiener später durch extremistische Äußerungen oder rechtslastige Amtsführung auf, sei es schwer, ihn wieder zu feuern, weil der Weg nur über Dienstgerichte und langwierige Prozesse führt. Dieser Einschätzung wird jeder Gerichtspräsident zustimmen, der disziplinarisch mit AfD-Robenträgern zu tun hatte. In solchen Fällen, so das dritte Argument, sei in der Regel ein „Verlust des Vertrauens in die Judikative" „bereits eingetreten".

---

679 Sehl, 2021, Überprüfung von Richtern und Staatsanwälten – Wie die Justiz gegen Verfassungsfeinde aufrüstet, unter https://www.lto.de/recht/justiz/j/richter-staatsanwaelte-verfassungstreue-extremisten-verfassungsschutz-ueberpruefung-regelabfrage/ (abgerufen am 17. Mai 2021).
680 Vgl. S. 63 f.
681 Fröhlich, 2014, Wie ein Neonazi aus Brandenburg Richter werden konnte, unter https://www.tagesspiegel.de/berlin/rechtsextremismus-wie-ein-neonazi-aus-brandenburg-richter-werden-konnte/10831812.html (abgerufen am 14. März 2022).

Ein ähnliches Verfahren hat das Justizministerium in Niedersachsen bisher praktiziert. Im Bewerbungsverfahren gibt es ein Feld, in dem jeder Bewerber sein Einverständnis mit einer Überprüfung durch die Verfassungsschutzbehörde erklären soll. In der Erinnerung des Personalreferenten im niedersächsischen Justizministerium haben dort bisher auch alle Bewerber einen Haken gemacht. Nachgefragt bei der Verfassungsschutzbehörde wurde nach diesem Modell aber nur, wenn es einen Anlass gab. Das war bisher nicht der Fall. Angestoßen durch die Affäre um die kurzzeitige Rückkehr des rechtsextremistischen AfD-Richters Maier in die sächsische Justiz und die Fälle des Gießener Verwaltungsrichters Höfer sowie des Geraer Staatsanwalts Zschächner strebt die niedersächsische Justizministerin Barbara Havliza (CDU) jetzt nach einem noch „besseren Schutzniveau". Sie möchte vor Einstellungen in den Justizdienst die anlasslose Regelanfrage beim Verfassungsschutz einführen: „Die Erkenntnisse des Verfassungsschutzes im Rahmen des Einstellungsverfahren zu nutzen, ist ein wichtiger Schritt, um die Justiz und die Gesellschaft vor demokratiefeindlichem Gedankengut zu schützen." Havlicas Plan ist am Ende am Widerstand der SPD gescheitert.

Anfang Mai 2021 hat der Landtag in Mecklenburg-Vorpommern als erstes Bundesland beschlossen, vor der Einstellung von Richtern und Staatsanwälten routinemäßig in einem standardisierten Verfahren beim Verfassungsschutz anzufragen – auch ohne Zustimmung der Bewerber. Das Land geht damit erheblich weiter als Bayern und Niedersachsen.

Das Gesetzgebungsverfahren war außergewöhnlich. Die Regelanfrage für Richter und Staatsanwälte beim Verfassungsschutz wurde zusammen mit der für Beamte eingeführt, und zwar in einem Gesetz zu einem ganz anderen Thema: der Neuregelug der Beamtenbesoldung. Ein geschickter Schachzug, da natürlich außer dem Finanzminister kein Richter oder Staatsanwalt etwas gegen mehr Geld auf dem Konto hat. Trotzdem waren dieser Mix aus Besoldungs- und Sicherheitspolitik wie die Regelanfrage für Justizdiener im Gesetzgebungsverfahren in hohem Maße streitig. Bei der Anhörung im Finanzausschuss haben sich von den elf eingeladenen Verbänden acht gegen die Regelanfrage zur Verfassungstreue ausgesprochen.[682] Es gab keinen einzigen Befürworter.[683]

Im Kern kreisten die meisten Argumente um verfassungsrechtliche Bedenken, nach denen der Gesetzentwurf gegen den Grundsatz der Verhältnismäßigkeit verstößt. Beispielhaft die Einwände des Landesverbandes Mecklenburg-Vorpommern des *Deutschen*

---

682 Kritisch waren unter anderem der Deutsche Beamtenbund, DGB-Nord, der Datenschutzbeauftragte, der *Deutsche Richterbund*, Gewerkschaft der Polizei (GdP) und die Deutsche Polizei Gewerkschaft (DPolG). Vgl. hierzu unter https://www.landtag-mv.de/landtag/ausschuesse/ausschuesse/finanzausschuss.

683 Vgl. hierzu unter https://www.landtag-mv.de/landtag/ausschuesse/finanzausschuss.

Richterbundes.[684] Er verwies darauf, dass in Mecklenburg-Vorpommern „kein einziger Fall bekannt geworden sei, in dem Richter oder Staatsanwälte nicht die Gewähr geboten hätten, dass sie für die freiheitlich-demokratische Grundordnung eintreten".[685] „Bundesweit" sei „nur ein einziger Fall bekannt". Um dieser geringen Bedrohung zu begegnen, gäbe es „mildere Mittel" wie Fragebögen zur Verfassungstreue, Auszüge aus dem Bundeszentralregister und die Möglichkeit, Richter und Staatsanwälte auch wieder aus dem Dienst zu entfernen. Von dieser Kritik ließ sich die rot-schwarze Koalition in Schwerin indes nicht beeindrucken. Die teilweise fast wortgleiche Begründung für die Einführung der Regelanfrage für Beamte sowie Richter und Staatsanwälte lässt vermuten, dass es dem Gesetzgeber in erster Linie um die Einführung einer Regelanfrage für Beamte ging und er dann keinen Grund sah, Richter und Staatsanwälte anders als Beamte zu behandeln. In der Vergangenheit waren es ja eher Polizeibeamte und Soldaten als andere Staatsdiener, die durch rechtsextremistische Umtriebe aufgefallen waren.[686]

Erhellend ist die gesellschafts- und sicherheitspolitische Analyse des Gesetzgebers für die Regelabfrage bei Justizdienern. Danach ist der „Extremismus" aus Sicht des Gesetzgebers eine „zentrale Herausforderung für die Sicherheitsbehörden": „Einschlägige Hasskommentare im Internet begünstigen ein Klima von Aggression und Gewalt. Beim Extremismus herrschen hohe Gewaltbereitschaft, Intoleranz und die Unfähigkeit zum Kompromiss".[687] Für den Gesetzgeber gelingt es der „extremistischen Szene zunehmend, über das jeweilige Anhänger- und Sympathisantenpotenzial hinaus Wirkung zu entfalten. Damit verliert das antiautoritäre Fundament des Grundgesetzes an Substanz." Vor diesem „Hintergrund" sei es für eine „wehrhafte Demokratie" „von besonderer Bedeutung", „dass Extremisten, die nicht auf dem Boden des Grundgesetzes stehen, keine Möglichkeit erhalten, im Rahmen der Amtsausübung ihr extremistisches Weltbild einfließen zu lassen".[688] Dies gelte „umso mehr für die Richterschaft, die eine zentrale Bedeutung für das Funktionieren einer wehrhaften Demokratie" habe und „Garant für den demokratischen Rechtsstaat" sei. Deshalb habe der Dienstherr die „Pflicht, dafür zu sorgen, dass in seinem Personalkörper Extremisten keinen Zugang finden". Aufgrund dieser Analyse hält die Schweriner Landesregierung die Regelanfrage für „geeignet" und auch „erforderlich", um „Verfassungsfeinden den Zugang zum Richterdienst zu verwehren". Zu Recht weist die Landesregierung darauf hin, dass „mildere Mittel wie

---

684 Finanzausschuss des Landtages von Mecklenburg-Vorpommern, Ausschussdrucksache 7/1293-3, S. 5.
685 Finanzausschuss des Landtages von Mecklenburg-Vorpommern, Ausschussdrucksache 7/1293-3, S. 4.
686 Entwurf eines Gesetzes zur Neuregelung des Besoldungsrechts, Landtag von Mecklenburg-Vorpommern, Drucksache 7/5440, S. 332 ff. (für die Polizei) und S. 378 ff. (für Richter und Staatsanwälte).
687 Entwurf eines Gesetzes zur Neuregelung des Besoldungsrechts, Landtag für Mecklenburg-Vorpommern, Drucksache 7/5440, S. 378
688 Entwurf eines Gesetzes zur Neuregelung des Besoldungsrechts, Landtag von Mecklenburg-Vorpommern, Drucksache 7/5440, S. 378

zum Beispiel die Einholung einer Auskunft vom Bundeszentralregister, die Nutzung frei zugänglicher Medien, der persönliche Eindruck beim Bewerbergespräch oder eine Anfrage bei den Verfassungsschutzbehörden im Einzelfall nicht gleichermaßen geeignet sind (wie die Regelanfrage). Diese Mittel kommen bereits jetzt zur Anwendung, ihr Erkenntnisgewinn ist jedoch nicht mit einer Abfrage zu vorhandenen Erkenntnissen der Verfassungsschutzbehörde zu vergleichen und kann diese nicht ersetzen".[689]

Brandenburg und Niedersachsen planen Regelanfragen. In Potsdam hat Innenminister Michael Stübgen (CDU) angekündigt, künftig nicht nur die Verfassungstreue von Beamten, sondern auch von Richtern und Staatsanwälten vor Einstellungen vom Verfassungsschutz prüfen zu lassen: „In Brandenburg zählen wir heute so viele Personen mit Extremismusbezug wie nie zuvor."[690] „Wir wollen verhindern", sagt Stübgen, „dass erkannte Extremisten den Staat unterwandern. Das hat mit der Gesinnungsschnüffelei des Radikalenerlasses nichts gemein."[691]

In Bremen hat die Justizverwaltung einen Gesetzentwurf mit einer Regelanfrage vor der Einstellung von Richtern und Staatsanwälten eingebracht, dafür aber in der rot-grün-roten Koalition noch keine Mehrheit gefunden. Hessen will ein „Stufenverfahren" mit dem Ziel entwickeln, nur Robenträger zu berufen, die eine „Gewähr dafür bieten, dass sie jederzeit für die freiheitlich-demokratische Ordnung eintreten".

Nach der Umfrage bei den Landjustizministerien ist ferner umstritten, ob Persönlichkeit und Lebenslauf von Bewerbern für den Justizdienst mit Internetrecherchen ausgeleuchtet werden dürfen oder der Schutz personenbezogener Daten das nicht zulässt. In Bayern, Brandenburg, Rheinland-Pfalz und Schleswig-Holstein wird das Internet nicht genutzt. Alle anderen Bundesländer halten das Internet als „öffentlich zugängliche Quelle" für ein „legitimes Hilfsmittel", um sich ein genaueres Bild von Kandidaten zu machen, allerdings häufig flankiert von Einschränkungen: nur in „Einzelfällen" (Sachsen, Thüringen) und nicht als „Entscheidungsgrundlage mangels Validität" der Informationen, aber zur Vorbereitung von Auswahlgesprächen (Sachsen-Anhalt, Niedersachsen). Nur vorsichtig nähert sich also die Mehrheit der Justizministerien dem Hilfsmittel Internetrecherche bei der Personalauswahl.

---

689   Entwurf eines Gesetzes zur Neuregelung des Besoldungsrechts, Landtag von Mecklenburg-Vorpommern, Drucksache 7/5440, S. 379.
690   *Der Spiegel* vom 6. März 2021, S. 20.
691   *Der Spiegel* vom 6. März 2021, S. 20.

Eine vorsichtige Interpretation der Entwicklung in den letzten Monaten erkennt bei der Hälfte der Bundesländer eine wachsende Bereitschaft, die Justiz gegen Verfassungsfeinde aufzurüsten.[692]

---

[692] Ebenso unter https://www.lto.de/recht/justiz/richter-staatsanwaelte-verfassungstreue-ueberprüfung-regelabfrage/ (abgerufen am 17. Mai 2021).

Den Anfängen wehren:
Fazit und Ausblick

Die Umfrage bei den Landesjustizverwaltungen, Gespräche mit Gerichtspräsidenten, Richtern, Staatsanwälten und Richtervereinen vermitteln einen bestimmenden Eindruck: Beim Umgang mit rechten und rechtsextremen Richtern und Staatsanwälten fehlt bisher ein Kompass – auf der präventiven wie reaktiven Ebene.

Rechte und rechtsextreme Robenträger sind in der Justiz bisher ein Randphänomen. Noch. Es gibt zwei Problemzonen zum Nachdenken.

Da sind einmal die Einzelfälle. Bei ihnen ist mit guten Argumenten auch die Meinung zu vertreten, dass Einzelfälle keine dunklen Schatten auf die Dritte Gewalt insgesamt werfen und die Problemfälle mit Wachsamkeit und höherer Sensibilität einzudeichen sind. Dass rechte Robenträger in der Justiz arbeiten, sei nichts anderes als ein Spiegelbild unserer Gesellschaft und deshalb kein Grund zur Beunruhigung. Ja, man könne das Argument sogar positiv wenden und behaupten, dass die Mitwirkung rechter Robenträger sogar die Akzeptanz der Justiz erhöhen könnten, weil sie den rechten Rand des Meinungsspektrums in die Rechtsprechung integrieren und ihm Geltung verschaffen. Diesem Anspruch ist die Justiz jedoch bisher nicht gerecht geworden, weil ihr beim Umgang mit Einzelfällen Entschlossenheit und Konsequenz gefehlt haben. Einzelfälle rechtslastiger Ermittlungen und Entscheidungen bergen immer die Gefahr, relativiert und verharmlost zu werden. Sie haben sich bereits negativ auf das Vertrauen in die Justiz ausgewirkt und werden weiter Spuren hinterlassen.

Gefährlicher ist die zweite Problemzone: das institutionelle Versagen von Teilen der Strafjustiz bei der Entkriminalisierung mehrdeutiger rechtsextremistischer und antisemitischer Propaganda sowie der Kampf einzelner Amtsrichter und des *Netzwerkes Kritischer Richter und Staatsanwälte* gegen einen Teil der staatlichen Corona-Schutzmaßnahmen mit einer politischen Agenda bis an die Grenze der Rechtsbeugung. Wir begegnen hier zwei sehr unterschiedlichen Phänomenen. Die Nicht-Verfolgung von rechtsextremistischen antisemitischen Äußerungen wurzelt vermutlich nicht in rechten oder rechtspopulistischen Haltungen der Justizdiener. Sie entspringt wohl eher positivistischem Rechtsdenken alter Schule bei Richtern und Staatsanwälten – ohne Gespür für die Betroffenheit jüdischer Mitbürger und ohne historische Verantwortung.[693] Bei den Corona-kritischen Urteilen und Beschlüssen von Amtsrichtern und dem Selbstverständnis des *Netzwerkes Kritischer Richter und Staatsanwälte* erleben wir eine bisher

---

693 Vgl. S. 44 ff.

unbekannte offene Politisierung der Rechtsprechung und ein gebrochenes Verhältnis zur Wahrheitssuche mit einem diffusen Hintergrund zwischen AfD-Programmen und Querdenker-Argumenten.

Auf diese neuen Herausforderungen ist unsere Justiz nicht vorbereitet. Sie hat sich noch nicht ernsthaft mit der Frage beschäftigt, wie Justizdiener mit AfD-Flügel- oder NPD-Gesinnung in die Justiz gelangen konnten. Bei der Rekrutierung neuer Robenträger hat die Justiz bisher übersehen oder verdrängt, dass es in unserer Bevölkerung inzwischen erhebliche Potenziale rechtspopulistischer und rechtsextremistischer Einstellungen gibt, unter denen sich auch Interessenten für die Ämter eines Staatsanwalts oder Richters finden könnten. In Thüringen hat der Richterwahlausschuss mit knapper Mehrheit einen Staatsanwalt gewählt, der eine Bürgerinitiative gegen den Bau einer Moschee mitgegründet hat – vermutlich mit Stimmen der beiden AfD-Vertreter. Nach der Untersuchung der Friedrich-Ebert-Stiftung „Verlorene Mitte – feindselige Zustände" hatten 2018/19 2,4 Prozent der Bundesbürger rechtsextreme Einstellungen, nach der Leipziger-Mitte-Studie sechs Prozent.[694] Nach der Umfrage der Bertelsmann Stiftung „Rechtsextreme Einstellungen der Wähler:innen vor der Bundestagswahl 2021" leben knapp acht Prozent der Wahlberechtigten mit einem „geschlossen rechtsextremen Weltbild".[695] Das Populismusbarometer 2020 der Bertelsmann Stiftung registriert einen Anteil von 21 Prozent populistischer Einstellungen unter den Bundesbürgern.[696] Bei den Bundestagswahlen 2021 war die AfD in Sachsen und Thüringen stärkste Partei. Es ist daher kein Wunder, dass sich diese politischen Haltungen schon heute in der Rechtsfindung vor allem im Straf-, Asyl-, Familien- und Verwaltungsrecht abbilden – meist im Zusammenhang mit der Zuwanderung seit 2015 oder der Corona-Pandemie. Rechtslastige Ermittlungen und Entscheidungen kommen überproportional häufig in den neuen Bundesländern vor, mit einer besonderen Ballung in Thüringen und Sachsen.

Aufgrund dieser rechtspopulistischen und rechtsextremistischen Potenziale sollte die Justiz bei der Auswahl von Juristen stärker als bisher das Internet als Informationsquelle nutzen und insbesondere die Regelanfrage nach dem Vorbild Mecklenburg-Vorpommerns in allen Bundesländern einführen. Ob hierfür die AfD-Mitgliedschaft allein ausreichen soll, um einen Bewerber nicht einzustellen, liegt im Ermessen der Justizverwaltungen.

---

694 Zick, Andreas / Küpper, Beate / Berghan, Wilhelm, Verlorene Mitte – feindselige Zustände, hrsg. von der Friedrich-Ebert-Stiftung, Bonn 2018; Flucht ins Autoritäre, Rechtsextreme Dynamiken in unserer Gesellschaft, hrsg. von Oliver Decker und Elmar Brähler, S. 87.
695 Vehrkamp, Rechtsextreme Einstellungen der Wähler:innen vor der Bundestagswahl 2021, S. 1.
696 Populismusbarometer der Bertelsmann Stiftung 2020, Executive Summary, S. 7.

Vier Argumente sprechen für die Regelanfrage: Unsere Geschichte fordert eine besondere Aufmerksamkeit gegenüber rechtsextremen antisemitischen Bestrebungen. Wir müssen national wie international in der überschaubaren Zukunft weiter mit starken rechtspopulistischen Parteien mit demokratie- und rechtsstaatsfeindlichen Unterströmungen rechnen. Auch Einzelfälle rechtslastiger Amtsführung sowie AfD-Propaganda im Internet und in der politischen Arena von rechten Robenträgern schaden dem Ansehen und der Neutralität der Justiz erheblich. Sind solche Robenträger erst einmal im Dienst, ist es sehr schwer, sie wieder zu entlassen. Deshalb: Wehret den Anfängen!

Ein zweiter Schwerpunkt künftiger Justizpolitik muss beim Schutz der Unabhängigkeit der Justiz vor Gefahren von **innen** liegen, die durch eine rechtspopulistische und Corona-kritische Politisierung beziehungsweise falsche Entpolitisierung der Rechtsprechung drohen. Die immer noch zu stark von Buddy-Mentalität infizierte Dienstaufsicht muss aktiver, schneller, strenger und transparenter werden, damit sie diesen Namen verdient.

Justizpolitisch am bedeutsamsten, weil am größten, ist eine Gruppe von Richtern und Staatsanwälten, die in positivistischer Tradition die gesellschaftlichen und politischen Folgen ihrer Entscheidungen nicht mitdenken und dadurch den Eindruck rechtslastiger Amtsführung erwecken oder stärken. Einen solchen Verdacht nähren etwa die Verweigerung der Staatsanwaltschaften, antisemitische Propaganda der rechtsextremistischen Partei Die Rechte als Volksverhetzung und Beleidigung zu verfolgen; die Genehmigung für die rechtsextremistische Gruppe *Thügida/Wir lieben Ostthüringen*, an Hitlers Geburtstag zu demonstrieren; die Strafzumessung im Urteil über den Überfall auf eine Kirmesgesellschaft in Ballstädt ohne den neonazistischen Hintergrund und die milden Strafen des SEK-Polizisten Marko G. und des KSK-Soldaten Philipp Sch. Zu dieser Gruppe gehören ferner die Strafverfolgungsdefizite bei den Plakaten „Hängt die Grünen" und den Judensternen mit den Aufschriften „Nicht geimpft" und „Impfen macht frei". In diesen Bereichen bleibt unklar, ob sie von politischer Gleichgültigkeit, historischem Desinteresse, Konfliktscheu, Arbeitsvermeidung oder rechtspopulistischem Gedankengut gespeist sind. Um den Eindruck von Rechtslastigkeit zu vermeiden, sollte die Justiz künftig in Verfahren mit politischem Hintergrund entschiedener, wacher, sensibler und geschichtsbewusster agieren. In vielen Rechtsvorschriften gibt es Auslegungsräume, in die eine oder andere Richtung zu entscheiden, ohne den Kanon der Auslegungsregeln zu verlassen. Und Justizministerien wie Justiz sollten intensiver als bisher darüber nachdenken, welche Rolle und Verantwortung die Dritte Gewalt bei der Bekämpfung des Rechtsextremismus und Antisemitismus übernehmen will beziehungsweise soll. Ein Schritt in die richtige Richtung ist die Einrichtung von Antisemitismusbeauftragten bei den Generalstaatsanwaltschaften in zehn Bundesländern, die allerdings mit sehr unterschiedlichem Engagement operieren. Aktiv und vorbildlich erscheinen hier vor allem die Beauftragten in Berlin, Bayern, Baden-Württemberg und Niedersachsen.

An mehreren Stellen ist deutlich geworden, dass es in Bund und Ländern einen gesetzgeberischen Handlungsbedarf gibt, um die Dritte Gewalt effektiver gegen rechtsextremistische Juristen zu schützen. Das Problem wird sich verschärfen, weil nicht nur Juristen aus neonazistischen Gruppen, den rechtsextremistischen Parteien Die Rechte und der III. Weg, den Reichsbürgern und der Identitären Bewegung an den Türen der Justiz klopfen werden, sondern auch solche aus der AfD auf ihrem abschüssigen Weg zu einer möglicherweise extremistischen Partei. Der Parteitag in Riesa Ende Juni 2022, auf dem der völkisch-nationale Höcke-„Flügel" die Macht im Bundesvorstand an sich gerissen hat, zeigt, wie real diese Gefahr ist.

Die Rückkehrversuche des Dresdner Landrichters Maier und der Berliner Landrichterin Malsack-Winkemann nach dem Verlust ihrer AfD-Bundestagsmandate in die sächsische beziehungsweise Berliner Justiz haben eine Gesetzeslücke im Abgeordnetengesetz offengelegt. Für den Fall, dass ein extremistischer AfD-Richter mangels beruflicher Alternativen nach einem Ausflug in die Politik wieder in die Justiz eintreten möchte, hat bisher die gesetzgeberische Fantasie gefehlt. Die neue Bundesinnenministerin Nancy Faeser hat das erkannt: „Womöglich müssen wir noch mal ans Gesetz ran und regeln, was eigentlich passiert, wenn jemand sein Amt ruhen lässt, sich aber extremistisch betätigt. Warum ist das eigentlich so schwer, ihn aus dem Staatsdienst zu entfernen? Warum dauert es so lange?"[697] Die Antworten auf diese Fragen sind relativ einfach. Den Rückkehranspruch eines Beamten, Richters oder Staatsanwalts muss der Bundesgesetzgeber durch den Vorbehalt einschränken, dass er nur besteht, wenn der Betroffene die Gewähr dafür bietet, jederzeit für die freiheitlich-demokratische Grundordnung einzutreten. Mit einem solchen Vorbehalt hätten weder Richter Maier noch Studienrat Höcke Ansprüche auf Rückkehr in ihre alten Jobs.

Eine verfassungsrechtlich wesentlich heiklere Frage haben die Bundesländer zu beantworten, nämlich wann extremistischen Juristen die Aufnahme in den Referendardienst versperrt werden soll. Nach dem Bundesverfassungsgericht sollen das „Leitbild der Juristenausbildung" und der „Kerngedanke des wehrhaften Rechtsstaates" es ausschließen, dass der Staat Juristen ausbildet, die unsere freiheitlich-demokratische Grundordnung untergraben wollen.[698] Für alle empfiehlt sich, nach dem Bremer Vorbild den Versagungsgrund bei „Zweifeln an der Verfassungstreue von Bewerberinnen und Bewerbern" in ihre Gesetze über die Juristenausbildung aufzunehmen.

---

697 Die Zeit vom 13. Januar 2022, S. 4; Süddeutsche Zeitung vom 20. Januar 2022, S. 2.
698 Vgl. S. 202 ff.

Ratsam wäre auch, die Löschungsfristen bei Disziplinarstrafen zu verlängern. Die sächsische Justizministerin Katja Meier (Bündnis 90/Die Grünen) hat in Sachsen vorgeschlagen, die Lösungsfristen von zwei, drei und sieben Jahren auf drei, fünf und zehn Jahre zu verlängern. Das Modell ist von den Regierungsfraktionen im sächsischen Landtag positiv aufgenommen worden. Allerdings hätten diese längeren Löschungsfristen im Fall Maier nicht geholfen, weil eine Legislaturperiode bekanntlich vier Jahre dauert und sein Verweis nach diesem Modell schon nach drei Jahren hätte getilgt werden müssen. Längere Löschungsfristen würden also nicht in allen Fällen helfen, aber in einigen.

Der Drang ins Ehrenamt:
rechte und rechtsextremistische Schöffen und ehrenamtliche Richter[699]

Bis zum Dezember 2019 war die Nominierung von 35 ehrenamtlichen Richtern für das Verwaltungsgericht Kassel durch die Kreistage und Stadträte des Gerichtsbezirks reine Formsache. Die Parteien einigten sich entsprechend den Sitzverteilungen vorab, wer wie viele Kandidaten für die Vorschlagsliste benennen darf. Seitdem die AfD in den Kommunalparlamenten in Hessen vertreten ist, gibt es diese Routine nicht mehr. Die Aufstellung der Kandidatenlisten für das Ehrenamt ist seitdem häufig parteipolitisch umkämpft. Die Reaktionsbreite in den Gemeinde- und Stadträten pendelt zwischen totaler Ausgrenzung der Rechtspopulisten und gebremster Zusammenarbeit.[700] Ein Blick in den kommunalpolitischen Mikrokosmos bei den letzten Wahlen ehrenamtlicher Richter für das Verwaltungsgericht Kassel.

Im Schwalm-Eder-Kreis waren die Parteien im Kreistag zuvor übereingekommen, für die zehn möglichen Listenplätze keinen AfD-Vertreter aufzustellen. Bei den Einzelabstimmungen erhielten dann alle Bewerber die erforderliche Zweidrittelmehrheit, einschließlich Peter Paschkewitz von der Linkspartei. Nur die AfD-Fraktionschefin Renate Glaser fiel durch, obwohl ihre Partei nach der vom Verwaltungsgericht Kassel geforderten „Hare-Niemeyer Berechnung" einen Anspruch auf einen ehrenamtlichen Richter hatte. Die Linkspartei verfügte nämlich nur über zwei, die AfD dagegen über sieben Mandate. Den Widerspruch der AfD-Kreistagsfraktion gegen dieses Abstimmungsergebnis blockte der Kreistag als unzulässig ab, weil er nur als E-Mail und nicht in Schriftform eingelegt worden war. In den anderen Kommunalparlamenten des Gerichtsbezirks sprang die Ampel für AfD-Bewerber mal auf Grün, mal auf Rot. Die Kreise Kassel und Waldeck-Frankenberg haben jeweils einen Kandidaten der Rechtspopulisten auf die Vorschlagsliste gesetzt, der Kreis Fulda sogar zwei, während er einen dritten Aspiranten wegen seiner rechtsextremen Vergangenheit in der *Identitären Bewegung* von der Liste strich. Im Kreis Hersfeld-Rotenburg setzte die Mehrheit einen Kandidaten

---

699 Auch Schöffen sind ehrenamtliche Richter. Nach § 45a DRiG werden sie in der Strafgerichtsbarkeit als Schöffen bezeichnet. Wenn im Text von Schöffen die Rede ist, sind ehrenamtliche Richter an Strafgerichten gemeint, in den anderen Gerichtsbarkeiten werden sie ehrenamtliche Richter genannt. Der Sprachgebrauch im Text entspricht der Gesetzessprache im Gerichtsverfassungsgesetz und den Verfahrensordnungen der anderen Gerichtsbarkeiten.

700 Hessenschau vom 19. Februar 2020, unter https://www.hessenschau.de/politik/zusammenarbeit-mit-der-afd-wie-kreistage-damit-umgehen,ehrenamtliche-richter-afd-102.html (abgerufen am 7. Dezember 2020).

der Freien Wähler durch, über zwei AfD-Kandidaten senkte sie dagegen den Daumen. Die Grünen-Fraktionschefin Kaya Kinkel sah damals „Anhaltspunkte" dafür, dass die Politik der AfD gegen die freiheitlich-demokratische Grundordnung gerichtet war und einen „Vertreter von ihnen in die Judikative zu wählen, nicht infrage kommt".[701]

Das Ende einer Illusion: die unpolitische Schöffenwahl

Bis zum Einzug der AfD in den Bundestag und in alle Landesparlamente haben Stadt- und Gemeinderäte bundesweit Listen für die Wahlen von Schöffen für Strafgerichte und ehrenamtlichen Richtern für Verwaltungs-, Sozial- und Finanzgerichte sowie Kammern für Handelssachen wie in der hessischen Provinz meist konfliktfrei durchgewunken und die endgültige Auswahl, auf einer zweiten Stufe, den jeweiligen Richterwahlausschüssen überlassen. Das hat sich bei den letzten Schöffenwahlen 2018 für die fünfjährige Amtszeit von 2019 bis 2023 grundlegend verändert. Je größer der Einfluss der Rechtspopulisten in den Kommunen, desto ausgeprägter ihre Bemühungen, Mitglieder und Sympathisanten in die staatsbürgerlichen Ehrenämter zu hieven. Die Auswahl von Schöffen und ehramtlichen Richtern ist zu einem Zankapfel im politischen Machtkampf geworden, nicht flächendeckend, aber in zahlreichen Winkeln der Republik. Überraschenderweise überwiegend in den alten Bundesländern, höchst selten in den neuen.[702] Andreas Höhne, Präsident des Bundesverbandes ehrenamtlicher Richterinnen und Richter räumt ein, dass es bei der Schöffenwahl 2018 „Probleme" gegeben hat. Warum im Osten nur in Ausnahmefällen, weiß Höhne nicht, der in Personalunion auch Vorsitzender der Landesverbände in Sachsen, Thüringen und Sachsen-Anhalt ist. Eine mögliche Erklärung liefert René Standtke, AfD-Abgeordneter im Rat der Gemeinde Muldenhammer im sächsischen Vogtland. Aufgrund seiner Erfahrungen im Gemeinderat wie im Schöffenwahlausschuss für die Amtsgerichte Plauen und Auerbach ist das „Klima zwischen den Parteien" im Osten „angenehmer" als im Westen: „sachlich, menschlich neutral, kein böses Blut". Bei der Bundestagswahl 2017 gewannen die Rechtspopulisten im Vogtland 26 Prozent aller Zweitstimmen. Damit sind sie eine Macht, die schwer auszugrenzen ist.

---

701 Hessenschau vom 19. Februar 2020, unter https://www.hessenschau.de/politik/zusammenarbeit-mit-der-afd-wie-kreistage-damit-umgehen,ehrenamtliche-richter-afd-102.html (abgerufen am 7. Dezember 2020).

702 So sind zum Beispiel dem thüringischen Justizministerium bei den Schöffenwahlen 2018 nach einer Umfrage des Verfassers „keine parteipolitischen Auseinandersetzungen um AfD-Bewerber und Kandidaten rechtsextremistischer Parteien und Gruppierungen bekannt geworden". Auch Präsident Höhne, in Personalunion Vorsitzender der Landesverbände Sachsen, Thüringen und Sachsen-Anhalt, kennt solche Konflikte nicht.

Nie zuvor haben Parteibuch und politische Einstellungen eine Schöffenwahl so stark beeinflusst wie 2018. Die vom Gesetzgeber angestrebte unpolitische Wahl von Laienrichtern ist durch alte und neue Rechte sowie den Widerstand gegen sie politisiert worden. Das sind die Folgen unserer polarisierten Gesellschaft, des Machtzuwachses des völkisch-nationalen „Flügel" in der AfD und der Mobilisierungskampagnen von AfD, NPD, Die Rechte und Pegida in sozialen Netzwerken für das Ehrenamt.[703] Für den AfD-Kreisverband in Köln sollten Anhänger als Schöffen für „Gerechtigkeit in Strafprozessen sorgen". Der dem völkisch-nationalen „Flügel" zugerechnete AfD-Bundestagsabgeordnete Stephan Brandner forderte die Bürger Geras auf, sich für das Schöffenamt zur Verfügung zu stellen, weil der „einfache Bürger" in kaum einem anderen Amt außerhalb der Kommunalparlamente „derartige Möglichkeiten hat, auf die Geschicke der Gesellschaft, seiner Gesellschaft, Einfluss zu nehmen".[704] Der Landesverband der AfD in Sachsen-Anhalt ermunterte auf seiner Facebook-Seite alle interessierten Bürger, sich zu bewerben.[705] Pegida schrieb: „Jeder tut, was er kann, mit dem, was er hat, da, wo er ist." Die NPD trommelte: „Der Rechtsstaat braucht uns – werdet Schöffen": „Angesichts steigender Kriminalitätszahlen vor allem jugendlicher Migranten in Cottbus ist es erforderlich, dass die Schöffen ihre Entscheidungen streng nach geltender Rechtslage, nicht aber aus Beweggründen ‚politischer Korrektheit' treffen."[706]

Bundesweites Aufsehen erregten bei der Schöffenwahl 2018 vier Anhänger der rechtsextremen Bewegung Pro Deutschland, die es auf die Wahlliste der Stadt Remscheid für das Landgericht Wuppertal geschafft hatten. Als ihr brauner Hintergrund im Remscheider Stadtrat zufällig entdeckt wurde, war guter Rechtsrat teuer. Hatte der Stadtrat das Recht, ihre Namen zu streichen? Zweimal diskutierte der Rechtsausschuss des Düsseldorfer Landtages über diesen Fall. Nach Konsultationen mit dem Justizministerium und dem Landesamt für Verfassungsschutz hat der Remscheider Stadtrat sie aufgrund rechtlicher Erwägungen nicht von der Liste gestrichen, die vier aber dadurch ausgebremst, dass der Schöffenwahlausschuss die vier Rechtsextremisten keinem Gericht zugewiesen hat. Vor allem seit diesem Vorfall beobachten die NRW-Verfassungsschützer mit Sorge, dass Rechtsextremisten über Schöffenämter versuchen, „Einfluss auf die Rechtsprechung im Sinne ihrer fremdenfeindlichen und völkischen Ideologie

---

703 Vgl. hierzu u. a. Susanne Müller, Rechte Schöffen – was tun?, NRV-Info Baden-Württemberg 3 (2020), S. 3.
704 https://www.brandner-im-bundestag.de/thueringen/brandner-afd-s (abgerufen am 7. Dezember 2020).
705 Vgl. hierzu unter https://www.facebook.com/SachsenAnhalt.AfD/posts/164055572 (abgerufen am 7. Dezember 2020).
706 Wüstenberg, 2018, Schöffenkampagne: Wie AfD und NPD ihre Anhänger zu Richtern machen wollen, unter https://www.stern.de/politik/deutschland/schoeffenwahl--wie-afd-und-npd-ihre-anhaenger-zu-richtern-machen-wollen-7878050.html (abgerufen am 3. Dezember 2020).

zu nehmen". Im Verfassungsschutzbericht 2019 hat das Landesamt für Verfassungsschutz entsprechende Bestrebungen der NPD ausdrücklich erwähnt. Ihren Kollegen in Sachsen-Anhalt sind ähnliche Bemühungen der vom Bundesverfassungsgericht als verfassungsfeindlich eingestuften Partei bereits bei den Schöffenwahlen 2013 im Netz aufgefallen.

Niemand weiß bisher, was diese Aufrufe im rechten und rechtsextremen Lager letztlich bewirkt haben. Nach einigen Insidern nicht viel. Arno Bausemer, Landesschatzmeister der AfD Sachsen-Anhalt, fand die „Reaktion auf seinen Appell in seiner Partei enttäuschend: Niemand hat sich interessiert". Auch der bayerische AfD-Landtagsabgeordnete und Ex-Schöffe Markus Bayerbach erkennt bei seinen Parteifreunden kein „besonderes politisches Engagement für das Ehrenamt".

Von der DVU zur AfD: die kurze Tradition rechter Schöffen

Der Drang rechter und rechtsextremer Gruppen ins Schöffenamt hat eine, wenn auch nur kurze Tradition.[707] 1993 wurde die damalige DVU-Fraktionsvorsitzende in der Bremer Bürgerschaft Marion Blohm zweimal in Strafprozessen wegen der Besorgnis der Befangenheit abgelehnt.[708] Sie war zuvor in der Bürgerschaft durch ausländerfeindliche Äußerungen aufgefallen: „Am wichtigsten aber wäre es, das ganze Gesindel rauszuschmeißen, das sich bei uns breitmacht, als Kriminelle aus allen Kontinenten". Schöffe war damals auch der Vorsitzende der DVU-Fraktion in der Stadtverordnetenversammlung Bremerhaven Siegfried Tittmann. Dafür, dass er sich überhaupt mit zwei DVU-Schöffen abgeben musste, gab der Richter Bernd Asbrock schon damals „den Politikern die Schuld", die er bei den Richterwahlausschüssen verortete.[709] Er beklagte, dass solche Schöffen später nur noch auf Antrag der Prozessbeteiligten in Einzelfallentscheidungen abgelehnt und durch Ersatzschöffen ausgetauscht werden können. 2000 blockierte eine Minderheit aus SPD und Grünen die Kandidatur eines Republikaners für die Schöffenwahl in Hanau. 2008 hatte die NPD in Brandenburg „alle national gesinnten Deutschen der Mark" zur Bewerbung aufgerufen, um „selbst künftig über Schuld und Unschuld des deutschen Volkes zu richten". Geschafft haben soll es nach der Zeitschrift *Richter*

---

707 Die folgenden Fälle stammen aus einem Aufsatz von Hasso Lieber, Gefahr von rechts?, RohR 32 (2020), S. 1 (12).
708 LG Bremen StV 1993,69; DVU-Schöffin abgeschmiert: Gericht lehnte Marion Blohm ab, unter https://taz.de/DVU-Schoeffin-abgeschmiert-Gericht-lehnt-Marion-Blohm-ab/!1620846/ (abgerufen am 7. Januar 2021).
709 *taz. die tageszeitung*, 1993, DVU-Schöffin abgeschmiert: Gericht lehnte Marion Blohm ab, unter https://taz.de/DVU-Schoeffin-abgeschmiert-Gericht-lehnt-Marion-Blohm-ab/!1620846/ (abgerufen am 7. Januar 2021).

ohne Robe angeblich niemand.[710] Insbesondere in Sachsen hat die NPD damals öffentlich für das Ehrenamt die Werbetrommel gerührt, um mit seiner Hilfe das „gesunde Volksempfinden in die Urteilsfindung einfließen" zu lassen.[711] Zur Hilfsschöffin beim Amtsgericht Riesa wurde 2008 eine NPD-Mitarbeiterin gewählt, auch, weil man ihren extremistischen Hintergrund zunächst nicht kannte. Für den damaligen sächsischen Justizminister Jürgen Martens (FDP) erschien die Situation trotzdem seinerzeit so „besorgniserregend", dass er die Verwaltungsvorschrift für die Schöffenwahl änderte und Parteien wie Fraktionen das Recht aberkannte, Kandidaten zu nominieren. Der NPD sei es, erinnert sich Martens, in jenen Tagen „nicht gelungen, eigene Schöffen in großer Zahl vorzuschlagen".

AfD-Wahlerfolge: politische Machtverschiebungen bei der Schöffenwahl

Schöffen sollen einen Querschnitt der Bevölkerung repräsentieren. Nach § 36 GVG sollen Vorschlagslisten für das Amt „alle Gruppen der Bevölkerung nach Geschlecht, Alter, Beruf und sozialer Stellung angemessen berücksichtigen". Politische Einstellungen und Parteibücher sollen also keine Rolle spielen. Aufgrund dieses idealistischen Konzepts sind Konflikte vorprogrammiert, wenn der Konsens über Repräsentations- und Partizipationsrechte am Rechtsstaat und damit zugleich über die demokratische Teilhabe an der Justiz zerbricht. Bei den alle fünf Jahre stattfindenden Schöffenwahlen werden nicht nur Sportvereine und Feuerwehr, sondern auch die Parteien aufgefordert, Kandidaten für das Ehrenamt zu benennen. Es gibt sogar Gemeindevertretungen, in denen ausschließlich dort vertretene Fraktionen das Recht haben, Kandidaten aus ihrer Mitgliedschaft oder ihres Umfeldes vorzuschlagen.[712] Die Fraktionen verteilen bei dieser Methode die Zahl ihrer Vorschläge proportional nach ihrer Stärke in der Gemeindevertretung. Dieses Modell hat den Vorteil, dass die benannten Bewerber wenigstens einem Teil der Gemeindevertretungen bekannt sind. Sein Nachteil ist, dass bei ihm weite Kreise von interessierten und geeigneten Bürgen keine Zugangschancen zum Ehrenamt haben. Deshalb erscheint dieses Modell nicht mehr zeitgemäß.[713] Was allerdings nichts daran ändert, dass am Ende bei jedem Modell die Parteien in den

---

710 Hasso Lieber, Gefahr von rechts?, RohR 32 (2020), 3 (12).
711 Vgl. hierzu: *Der Spiegel*, 2009, Rechtsextremismus: NPD schleust Neonazis in Schöffenämter, unter https://www.spiegel.de/politik/deutschland/rechtsextremismus-npd-schleust-neonazis-in-schoeffenaemter-a-641603.html (abgerufen am 6. Januar 2021); *Süddeutsche Zeitung*, 2010, Rechtsextremismus: NPD ruft Mitglieder zur Schöffen-Kandidatur auf, unter https://www.sueddeutsche.de/politik/rechtsextremismus-npd-ruft-mitglieder-zur-schoeffen-kandidatur-auf-1.177772 (abgerufen am 6. Januar 2021).
712 Lieber, Die Verantwortung der Gemeinden und Kreise bei der Schöffenwahl 2018, S. 82.
713 Lieber, a. a. O., S. 82.

Gemeinde- und Stadträten entscheiden, wer auf die Vorschlagslisten kommt und wer nicht. Aufgrund ihrer Wahlerfolge kann die AfD mit einer gewissen politischen und rechtlichen Legitimität fordern, ehrenamtliche Richter zu stellen. Die Bedeutung dieser Machtverschiebung für die Justiz haben Parteien und Öffentlichkeit bisher nicht hinreichend wahrgenommen. Aufgrund der Landtagswahlergebnisse in den neuen Bundesländern, in denen die AfD zwischen 20 und 28 Prozent der Stimmen gewann, geht Präsident Höhne davon aus, dass dort mehr AfD-Sympathisanten auf Richterbänken sitzen als in den alten Bundesländern. In den Ost-Ländern ist die AfD eine Volkspartei.

2019 zählte das Bundesamt für Statistik 38 419 Schöffen allein in der Strafgerichtsbarkeit. Diese Zahl erfasst aber nur einen Teil der Realität, weil dies nur die Hauptschöffen sind. Gewählt wurden 2018 außerdem rund 23 000 Hilfsschöffen, die einspringen müssen, wenn die Hauptschöffen etwa wegen Krankheit ausfallen.[714] Hinzu kommt eine unbekannte Zahl von ehrenamtlichen Richtern in den anderen Gerichtszweigen, die seit 1998 statistisch nicht mehr erfasst wird. Der Bundesverband ehrenamtlicher Richterinnen und Richter schätzt, dass allein bei den Strafgerichten 60 000 Schöffen mit Recht sprechen, in allen Gerichtszweigen weit über 100 000 Laienrichter. Unter ihnen gibt es eine Problemgruppe: die zwangsrekrutierten Laienrichter, die nach dem Zufallsprinzip aus dem Melderegister ausgewählt werden, wenn sich nicht genug Freiwillige für das Ehrenamt finden. Das passiert regelmäßig in den meisten Großstädten. Diese Methode soll nach der Rechtsprechung des Bundesgerichtshofs nur als Notlösung rechtlich zulässig sein, wenn es nicht genug freiwillige Bewerbungen gibt.[715] In Dresden standen bei den Wahlen 2018 790 Namen auf der Schöffenliste, in Hamburg sogar um die 4000. Der Grund: Nach dem Gerichtsverfassungsgesetz sollen mindestens doppelt so viele Personen auf den Vorschlagslisten stehen wie die Gerichte angefordert haben, um den Wahlausschüssen bei den Gerichten eine Selektion zu ermöglichen. Und die Gerichte melden in der Regel hohe, manchmal zu hohe Zahlen an, weil sie auf Nummer sicher gehen wollen (§ 36 Abs. 4 GVG). Jeder Hauptschöffe soll nämlich zu nicht mehr als zwölf Sitzungstagen im Jahr herangezogen werden (§ 43 GVG), um sie nicht über Gebühr zu belasten, beruflich wie privat. Präsident Höhne schätzt, dass bundesweit rund 30 Prozent der Schöffen nach dem Zufallsprinzip aus den Melderegistern ausgewählt werden. Diese Lotterie hat in der Vergangenheit teils groteske, teils befremdliche Ergebnisse produziert. Personen sind ins Schöffenamt gelangt, die kein Deutsch konnten (in Köln), nicht lesen und schreiben konnten (in Berlin) oder für die NPD gearbeitet hatten (in Riesa).[716] Der Deutsche Bundestag hat auf diesen Missstand mit einem

---

714 Lieber, RohR 32 (2020), S. 3.
715 Lieber, Die Verantwortung der Gemeinden und Kreise bei der Schöffenwahl 2018, S. 85 mit Hinweisen zur Rechtsprechung.
716 Lieber, RohR 32 (2020), S. 3 (9).

Gesetz reagiert, dass nur Schöffe werden kann, wer die deutsche Sprache beherrscht. Damit sind aber weder das Qualitäts- noch das Extremismusproblem gelöst.[717]

Das Risiko, verfassungsfeindlichen Laienrichtern auf Richterbänken zu begegnen, droht vor allem an Strafgerichten, teilweise aber auch an Verwaltungsgerichten. In der Arbeits-, Finanz- und Sozialgerichtsbarkeit werden die Vorschlagslisten durch Berufsverbände und Interessenverbände eingereicht, die, so kann man vermuten, meist den persönlichen wie politischen Hintergrund ihrer Kandidaten kennen. Für diese These spricht, dass sich bisher die meisten Amtsenthebungsverfahren gegen Schöffen an Strafgerichten und gegen ehrenamtliche Richter an Verwaltungsgerichten gerichtet haben.

Zwei zu eins:
die potenzielle Macht von Laienrichtern

Am 20. Januar 2021 hat das Bundeskabinett einen Regierungsentwurf zur Fortentwicklung des Strafprozessrechts mit kleinen semantischen Korrekturen beim Schöffenrecht im Gerichtsverfassungsgesetz verabschiedet. Kein Wort verliert der Entwurf bedauerlicherweise auf die zurzeit aktuellste Frage: Droht dem staatsbürgerlichen Ehrenamt durch rechts- oder linksextremistische Schöffen und ehrenamtliche Richter eine Gefahr? Dabei hatte das Bundesverfassungsgericht schon 2008 die Landesjustizverwaltungen ausdrücklich aufgefordert, „streng darauf zu achten, dass nur Personen zum ehrenamtlichen Richter ernannt werden dürfen", die die „Pflicht zur besonderen Verfassungstreue" „jederzeit uneingeschränkt erfüllen".[718] Durch das Erstarken des Rechtspopulismus und des Rechtsextremismus hat dieser Appell an Aktualität gewonnen. Denn als Schöffen und ehrenamtliche Richter können Nichtjuristen direkten Einfluss auf Prozesse und Urteile nehmen. Für Arno Bausemer, Schatzmeister der AfD Sachsen-Anhalt, waren seine zehn Jahre als Jugendschöffe am Amtsgericht Stendal und als ehrenamtlicher Richter am Verwaltungsgericht Magdeburg sein „interessantestes Ehrenamt, weil man ohne Vorbereitung in kurzer Zeit die juristische Betrachtung mit der Lebenswirklichkeit abgleichen musste". Macht können Laienrichter vor allem in den Gerichtszweigen ausüben, in denen sie zahlenmäßig ein Übergewicht haben und dadurch Berufsrichter theoretisch überstimmen können: in den Kammern für Handelssachen, den Schöffengerichten, den Kleinen Strafkammern und den Arbeitsgerichten.[719] Das kommt in der Praxis vor, wenn auch selten. Wenn das passiert, gibt der Berufsrichter das indirekt zu verstehen, indem er bei einer Verurteilung oder einem Freispruch,

---

717 Lieber, RohR 32 (2020), S. 3 (9 f.).
718 Vgl. hierzu: Entscheidung vom 6. Mai 2008, Az. 2 BvR 337/08 Rn. 19, 21 f., unter https://www.bundesverfassungsgericht.de/SharedDocs/Entscheidungen/DE/2008/05/rk20080506_2bvr033708.html.
719 Janisch, 2020, Wie sich Gerichte gegen rechte Schöffen wehren können, unter https://www.sueddeutsche.de/politik/schoeffen-rechte-gerichte-1.477760 (abgerufen am 26. November 2020).

die oder der auf den Stimmen der beiden Schöffen beruht, formuliert: Das Gericht ist „in seiner heutigen Besetzung zu dem Ergebnis gekommen, [...]". Diese Formulierung ist für Staatsanwälte und Verteidiger ein Signal, gegebenenfalls Rechtsmittel einzulegen.

Angesichts dieser potenziellen Macht von Schöffen und ehrenamtlichen Richtern muss die rechtspolitische Schlüsselfrage heißen: Reicht das geltende Recht aus, um verfassungsfeindliche Richter von diesen Ehrenämtern fernzuhalten?

Ausgrenzung und Kooperation: politische Machtkämpfe um die Aufstellung der Vorschlagslisten

Die entscheidenden Weichen bei der Wahl von Schöffen und ehrenamtlichen Richtern werden bei Aufstellung der Vorschlagslisten durch Kreistage und Stadträte gestellt. Um die Wahl von Exoten und Querulanten zu vermeiden, braucht jeder Bewerber für das Amt eine Zweidrittelmehrheit der anwesenden Mitglieder in den Kommunalparlamenten. Bei den Schöffenwahlen 2018 hatte das zur Folge, dass SPD, Grüne und Linkspartei leicht eine Blockademinderheit gegen AfD-Bewerber und Rechtsextremisten mobilisieren konnten. Bei umgekehrten Versuchen scheiterten die Rechtspopulisten meist. „Teils wollten Linke verhindern, dass Rechte Schöffen werden können, teils lief es umgekehrt", bilanziert Susanne Müller, Mitglied der Arbeitsgruppe Strafrecht der *Neuen Richtervereinigung*, das kommunalpolitische Hickhack bei den Schöffenwahlen 2018. Einige Beispiele: 2013 war Frank Müller vom Gemeinderat im niedersächsischen Langwedel problemlos zum Schöffen beim Amtsgericht Verden gewählt worden. Als er fünf Jahre später wieder kandidierte, weigerte sich ein Teil des Rates, ihn für das Ehrenamt zu nominieren.[720] Der Hintergrund: sein zwischenzeitlicher Wechsel von den Grünen zur AfD. Der Fraktionschef der grün dominierten *Wählergemeinschaft Langwedel* Gero Langzettel begründete die Ablehnung Müllers offen: Er befürchte, dass dieser nicht unabhängig sein könne, weil er für eine Partei auftrete, die „rechtsradikal und menschenverachtend" sei.[721] Aufgrund des Widerstandes der Wählergemeinschaft und einiger SPD-Abgeordneter verfehlte Müller die notwendige Zweidrittelmehrheit. Dasselbe Schicksal widerfuhr dem AfD-Mitglied Jens Marten in der Nachbargemeinde Oyten. Auch seine Kandidatur für das Schöffenamt blockierte eine Minderheit im Gemeinderat – ohne Begründung. Im saarländischen Neunkirchen entschied der Stadtrat auf Antrag der SPD-Fraktion, einen AfD-Mitarbeiter auf einer Liste mit 68 Bewerbern

---

720 Purschke, 2018, Stimmen gegen AfD-Mitglieder – Parteibuch beeinflusst die Schöffenwahl, unter https://www.weser-kurier.de/landkreis-verden/gemeinde-achim/parteibuch-beeinflusst-die-schoeffenwahl-doc7e3xsdgzjr51934qgf5b (abgerufen am 3. Dezember 2020).

721 Purschke, 2018, Stimmen gegen AfD-Mitglieder – Parteibuch beeinflusst die Schöffenwahl, unter https://www.weser-kurier.de/landkreis-verden/gemeinde-achim/parteibuch-beeinflusst-die-schoeffenwahl-doc7e3xsdgzjr51934qgf5b (abgerufen am 3. Dezember 2020).

zu streichen – ohne Begründung.[722] Aufgrund eines Antrages der Linkspartei hat der Rat der Stadt Lüneburg zwei Bewerber wegen ihrer rechten Vergangenheit ausgebootet. Sie sollen für die NPD-nahe *Kommunalliste UWL/Bündnis Rechte* kandidiert und regelmäßig an Neonazi-Aufmärschen teilgenommen haben.[723] Auf Antrag der extremistischen DKP – von SPD, Grünen und der Linkspartei unterstützt – wurde die AfD-Liste bei der Schöffenwahl in Bottrop abgelehnt.[724] Nach Kenntnis von Thomas Röckemann, zeitweise Landessprecher der AfD in Nordrhein-Westfalen, ist in Nordrhein-Westfalen 2018 keinem einzigen Bewerber der Partei der Sprung auf die Schöffenliste gelungen, dessen Mitgliedschaft bekannt war, und selbst dann nicht, wenn er als erfahrener Schöffe eine zweite Amtszeit beginnen wollte. Dasselbe Schicksal widerfuhr dem AfD-Kreisvorsitzenden und Stadtrat Markus Bayerbach und seiner Frau in Augsburg. Als ihre politische Einstellung noch unbekannt war, wurden sie problemlos zum Schöffen beim Amtsgericht beziehungsweise zur ehrenamtlichen Richterin beim Sozialgericht bestimmt. Als beide 2018 wieder kandidierten, fielen sie durch. Im Augsburger Stadtrat wurde offen davon abgeraten, AfD-Mitglieder zu Laienrichtern zu machen, sagt Bayerbach. Der heutige AfD-Landtagsabgeordnete sieht im Ausschluss des Ehepaares eine „unselige Ausgrenzung, die die Spaltung unserer Gesellschaft vertieft". In Braunschweig hatte die AfD es umgekehrt versucht, nahezu 30 Mitglieder einer Bürgerinitiative aus SPD, Grünen und des Landesverbandes des Zentralrats der Muslime von der Vorschlagsliste zu kegeln.[725] Als das misslang, hat die Partei die Liste mit den Namen der nach ihrer Ansicht ungeeigneten Kandidaten an die Presse verteilt. Im Gegenzug blockierte die Mehrheit im Stadtrat die Aufnahme einer AfD-Vertrauensperson in den Schöffenwahlausschuss.

In den neuen Bundesländern ist bisher nur ein Ausschluss eines AfD-Mitgliedes öffentlich bekannt geworden: Im Kreis Stendal verhinderte eine Sperrminorität von Abgeordneten der Linkspartei und anderer Parteien die Wahl von Arno Bausemer zum ehrenamtlichen Richter am Verwaltungsgericht Magdeburg. Er erhielt zwar die Mehrheit der

---

722 Kirch, 2018, Warum ein AfD-Mitarbeiter kein Schöffe wird, unter https://www.saarbruecker-zeitung.de/saarland/warum-ein-afd-mitarbeiter-kein-schoeffe-wird_aid-23659491 (abgerufen am 30. November 2020).
723 Speit, 2018, Schöffen mit rechtsextremer Gesinnung: Rechte wollen Recht sprechen, unter https://taz.de/Schoeffen-mit-rechtsextremer-Gesinnung/!5507731/ (abgerufen am 30. November 2020); weitere Einzelheiten bei Müller, 2020, Rechte Schöffen – was tun? NRV-Info Baden-Württemberg 3/2020, S. 3–4.
724 Jänecke, 2018, Bottroper Stadtrat schließt AfD von der Schöffenwahl aus, unter https://www.waz.de/staedte/bottrop/bottroper-stadtrat-schliesst-afd-von-der-schoeffenwahl-aus-id214191831.html (abgerufen am 17. Februar 2021).
725 Speit, 2018, Wahl neuer Schöffen in Niedersachsen: AfD prangert unliebsame Personen an, unter https://taz.de/Wahl-neuer-Schoeffen-in-Niedersachsen/!5511416 (abgerufen am 30. November 2020).

Stimmen, verfehlte aber knapp die erforderliche Zweidrittelmehrheit der Anwesenden. Für die Minderheit zählte nicht, dass der AfD-Fraktionsvorsitzende im Stendaler Stadtrat bereits zehn Jahre als Jugendschöffe und ehrenamtlicher Richter aktiv war, ohne, soweit bekannt, in Jugendstraf- und Asylverfahren anzuecken. Die Sperrminderheit stufte Bausemer trotzdem als „charakterlich ungeeignet" ein, weil er auf seinem Facebook-Account ein „rechtswidrig" an einem Baum aufgehängtes Wahlkampfplakat der Linkspartei mit den hässlichen und missverständlichen Worten angeprangert hatte: „Hoch leben die Linken, an jedem Baum einer?"[726] Dass diese rhetorische Frage ironisch gemeint war, offenbart der nächste Satz: „Nicht doch, die AfD verteidigt den Rechtsstaat und kämpft mit Argumenten." Bausemer fehlt jedes Verständnis für die Blockade der Minderheit: „Die sollen sich freuen, wenn sich jemand interessiert, insbesondere, wenn sich wie in Stendal nicht genügend Bewerber finden."

Im sächsischen Vogtland haben die Rechtspopulisten bei der Wahl von Schöffen und ehrenamtlichen Richtern eine geschickte Ausweichstrategie entwickelt, um die ausgrenzende Wirkung von Blockademinderheiten auszuhebeln. Die AfD hat dort aufgehört, Kandidaten offiziell für Vorschlagslisten zu benennen und stattdessen Sympathisanten persönlich animiert, sich zu bewerben – als Einzelpersonen und nicht auf dem Parteiticket. Mit Erfolg. Nach René Standtke, AfD-Vertreter im Richterwahlausschuss des Vogtlandes, sind auf diese Weise alle von der Partei angesprochenen Bürger gewählt worden, „weil sie nicht bekannt waren".

Die Praxis von Grünen, SPD und Linkspartei, Kandidaten der AfD und rechtsextremer Organisationen bei der Schöffenwahl von der Liste zu schießen, mag vielen politisch verdienstvoll erscheinen. Eine andere Frage ist, ob es bei AfD-Bewerbern auch politisch klug ist, alle auszuschließen, unabhängig davon, ob sie dem gemäßigten oder dem extremistischen Fügel angehören. Der rechtspolitische Sprecher der FDP-Bundestagsfraktion Jürgen Martens etwa findet diese „rein ideologisch begründete Viktimisierung von AfD-Kandidaten nicht hilfreich": „Sie dient weder der politischen Kultur im Lande noch erfüllt sie ein Schutzbedürfnis der Justiz." Noch bedeutsamer ist aber eine andere Frage: Ist diese Praxis rechtlich überhaupt zulässig?

Chancengleichheit und Willkürverbot: rechtliche Grenzen bei der Schöffenwahl

Ausgangspunkt aller rechtlichen Erwägungen muss sein, dass kein Bürger ein subjektives Recht auf Aufnahme in eine Vorschlagsliste für Schöffen oder ehrenamtliche Rich-

---

726 Sitzung des Kreistages vom 12. Dezember 2019; Gerstner, 2020, Schöffen für Verwaltungsgericht gewählt. Kreistag Stendal: Bausemer fällt durch, unter https://www.az-online.de/altmark/stendal/kreistag-stendal-bausemer-faellt-durch-13436374.html (abgerufen am 30. November 2020).

ter hat und eine Nichtwahl nicht zu begründen ist.[727] Deshalb haben Stadt- und Gemeinderäte einen „Entscheidungsspielraum" bei der Zusammenstellung der Listen.[728] Keine Verfahrensordnung für die ordentliche Gerichtsbarkeit oder die Fachgerichtsbarkeiten fordert bisher eine anteilsmäßige Berücksichtigung politischer Parteien bei der Nominierung oder Wahl von Laienrichtern – mit Ausnahme von Hessen. Im Gegenteil: Politische Einstellung und Parteibuch sollen ja bei der Wahl von Laienrichtern keine Rolle spielen. Trotzdem sind Stadt- und Gemeinderäte bei der Aufstellung der Vorschlagslisten nach der verwaltungsgerichtlichen Rechtsprechung nicht völlig frei. Auch wenn eine Nichtwahl nicht anfechtbar ist, wird der „Entscheidungsprozess" durch das „Rechtsstaatsprinzip", die „Grundsätze der Chancengleichheit" und das „Willkürverbot" begrenzt.[729] Was bedeutet das für den Ausschluss von Rechtspopulisten und Rechtsextremisten von den Schöffenwahllisten in den geschilderten Einzelfällen?

Ist ein NPD-Mitglied oder -Anhänger von einer Schöffenliste im Gemeinde- oder Stadtrat gestrichen worden, ist das nach der Rechtsprechung rechtlich zulässig, weil das Bundesverfassungsgericht im gescheiterten NPD-Verbotsverfahren förmlich festgestellt hat, dass die Partei verfassungsfeindliche Ziele verfolgt.[730] Dies ist aber eine Ausnahme von dem nach wie vor geltenden Grundsatz, dass allein die Mitgliedschaft in einer Partei eine Person rechtlich nicht benachteiligen darf, solange sie nicht verboten ist. Nach der verwaltungsgerichtlichen Rechtsprechung begründet also allein die Mitgliedschaft in der AfD noch keine Zweifel an der Verfassungstreue, insbesondere bei Mitgliedern, die sich der gemäßigten Parteihälfte zugehörig fühlen.[731] Am Verwaltungsgericht Saarlouis etwa wirkt ein Mitarbeiter der AfD-Fraktion als Laienrichter in einer Kammer mit, der unter anderem für Asylverfahren zuständig ist. Soweit bekannt, bisher ohne Tadel.[732] Streicht eine Mehrheit im Gemeindeparlament oder Stadtrat ein AfD-Mitglied von der Liste oder blockiert eine Minderheit dessen Bewerbung allein aus politischen

---

727 VG Frankfurt vom 15. März 2019 Az. 7 L 541/17.F, Rn. 25; OLG München vom 21. März 2016 2 WS 131/16 Beck RS 2016, 8136, Rn. 17; Lieber, Die Verantwortung der Gemeinden und Kreise bei der Schöffenwahl 2018, S. 45.
728 VG Magdeburg vom 23. März 2016 Az. 9 A184/15, Rn. 41; Lieber, Die Verantwortung der Gemeinden und Kreise bei der Schöffenwahl 2018, S. 114.
729 VG Magdeburg vom 23. März 2016 Az. 9 A 184/15, Rn. 41; VG Frankfurt vom 15. März 2019 Az. 7 L 541/19. F, Rn. 18.
730 OLG Hamm vom 12. März 2019 Az. 1 WS 111/19 Beck RS 2019,16962; ebenso Hasso Lieber, Die Verantwortung der Gemeinden und Kreise für die Schöffenwahl 2018, S. 65: „Jedem Gemeindevertreter bzw. Mitglied des Jugendhilfeausschusses steht es frei, Mitglieder von als verfassungsfeindlich eingestuften Parteien für das Schöffenamt nicht für geeignet zu halten.".
731 VG Magdeburg vom 23. März 2016 Az. 9 A 184/15, Rn. 45.
732 Kirch, 2018, Warum ein AfD-Mitarbeiter kein Schöffe wird, unter https://www.saarbruecker-zeitung.de/saarland/warum-ein-afd-mitarbeiter-kein-schoeffe-wird_aid-23659491 (abgerufen am 30. November 2018).

Gründen, verstößt sie nach der verwaltungsgerichtlichen Rechtsprechung gegen das Recht von AfD-Mitgliedern auf „Gleichbehandlung" und ihr „Recht auf gleichen Zugang zu dem Amt des ehrenamtlichen Mitarbeiters an einem Verwaltungsgericht".[733] In solchen Fällen werden sie „sachwidrig benachteiligt", weil ihnen eine „Wahlchance" für das Ehrenamt verwehrt wird.[734] Nach der zutreffenden Meinung von Hasso Lieber ist es „unzulässig, wenn eine Gemeindevertretung Angehörige bestimmter politischer Gruppen in Gänze aus der Vorschlagsliste tilgt. Die Vorschlagsliste sollte eine Auswahl geeigneter Kandidaten darstellen und keine parteipolitische Auslese".[735] Nimmt man die Rechtsprechung der Verwaltungsgerichte und die herrschende Meinung in der Literatur als Prüfmaßstab, muss man zu dem Ergebnis kommen, dass die geschilderte Ausgrenzung von AfD-Mitgliedern auf Schöffenlisten in der Mehrzahl der Fälle rechtswidrig war, weil sie ausschließlich politisch motiviert war. Eine Begründung etwa, dass die AfD einen ausländer- und menschenfeindlichen Kommunalwahlkampf geführt habe, reicht rechtlich für einen Ausschluss nicht aus. Damit muss rechtlich aber nicht das letzte Wort gesprochen sein. Wenn Parteien im Gemeinde- oder Stadtrat über eine AfD-Mitgliedschaft hinaus sachlich und differenziert darlegen können, warum bei einem Bewerber Zweifel an seiner Verfassungstreue bestehen, können Blockaden rechtlich Bestand haben.[736] Wenn sie zum Beispiel vortragen, dass ein Bewerber dem „Flügel" der AfD zuzurechnen ist, der nach dem Bundesamt für Verfassungsschutz als „erwiesen extremistisch" gilt, und es zusätzlich Belege für eine Verletzung der „Pflicht zur besonderen Verfassungstreue" gibt.[737] Weitere Anknüpfungspunkte für Zweifel an der „besonderen Verfassungstreue" können antisemitische oder islamfeindliche Äußerungen in den sozialen Medien sein oder Teilnahmen an neo-nazistischen Treffen oder Demonstrationen. In Bremen hat die Bürgerschaft einmal Henrik Ostendorf von der Vorschlagsliste für die Wahl von ehrenamtlichen Richtern für das Verwaltungsgericht beziehungsweise Oberverwaltungsgericht in der Amtsperiode 2015–2020 genommen.

---

733 VG Magdeburg vom 23. März 2016 Az. 9 A 184/15, Rn. 45–48; VG Frankfurt 15. März 2019 Az. 7 L 541/19.F, Rn. 17.
734 VG Frankfurt vom 15. März 2019 Az. 7 L541/19.F, Rn. 17.
735 Lieber, Die Verantwortung der Gemeinden und Kreise bei der Schöffenwahl 2018, S. 113.
736 Lieber, Die Verantwortung der Gemeinden und Kreise bei der Schöffenwahl 2018, S. 65. „Die Kommunen übernehmen mit der Wahl der Schöffen die Gewähr für die Qualität der Beteiligung an der Rechtsprechung. Entsprechend dieser Verantwortung sollen sie die Bewerber für das Amt auswählen und auf Kandidaten verzichten, die eine verfassungsrechtlich nicht akzeptable Einstellung zu Staat und Strafrecht haben."
737 OLG Hamm vom 14. Juni 2017 Az. 1 WS 258/17; Schmitt, in Meyer-Goßner-Schmitt, Kommentar zur StPO, § 51, Rn. 2; BR-Drucksache 539,10, 21. Nach Erkenntnissen des Hamburger Verfassungsschutzes sind in der Hamburger AfD 40 Personen dem „Flügel" zuzurechnen. Die AfD-Fraktion in der Hamburger Bürgerschaft beschäftigt überdies zwei Anhänger der rechtsextremistischen *Identitären Bewegung* und einen Mitarbeiter mit NPD-Vergangenheit, „Extremisten in der AfD immer sichtbarer", info@verfassungsschutz.hamburg.de vom 18. Dezember 2020.

Henrik Ostendorf ist laut Verfassungsschutz ein bundesweit bekannter NPD-Aktivist und Drahtzieher im internationalen Netzwerk zwischen NPD, NS-Skin-Milieu und Hooliganszene.

Die parteipolitischen Auseinandersetzungen bei der Aufstellung von Listen für die Wahl von Schöffen und ehrenamtlichen Richtern finden heute in einer rechtlichen Grauzone statt, weil das Streben von Rechtspopulisten und Rechtsextremisten in diese Ehrenämter eine Dimension erreicht hat, die dem Gesetzgeber bisher fremd war. Deshalb kennt das Gerichtsverfassungsgesetz bisher auch keinen Ausschlussgrund „Verfassungsfeindlichkeit" von der Wahl zum Schöffenamt.[738] Diese Gesetzeslücke hat sich bei dem Versuch eines Ratsherrn im Remscheider Stadtrat negativ bemerkbar gemacht, die vier *Pro-Deutschland*-Mitglieder von der Schöffenwahl auszuschließen. Sein Einspruch wurde zurückgewiesen, weil es für sie keinen Ausschlussgrund im Gerichtsverfassungsgesetz gab. Mit gutem Grund fordert daher die *Neue Richtervereinigung* eine § 9 Nr. 2 DRiG entsprechende Bestimmung, die bisher nur für Berufsrichter gilt, für Laienrichter zu übernehmen, zum Beispiel als Ausschlussgrund Nummer 3 in § 32 GVG ins Gesetz zu schreiben. Auch Laienrichter müssten dann „Gewähr dafür bieten, jederzeit für die freiheitlich-demokratische Grundordnung im Sinne des Grundgesetzes einzutreten". Einen solchen Schritt hat Nordrhein-Westfalen bereits getan. Auch das baden-württembergische Justizministerium sieht hier eine Lücke.

Es ist rechts- und verfassungspolitisch vernünftig, zum Beispiel NPD-Mitgliedern, Sympathisanten des AfD-„Flügel" oder Anhängern der *Identitären Bewegung* den Weg in staatsbürgerliche Ehrenämter zu versperren, statt sie später in umständlichen Verfahren von den Oberlandesgerichten nachträglich von ihren Amtspflichten zu „entheben" oder zu „entbinden".

---

738 Müller, NRV-Info Baden-Württemberg 3/2020, S. 3 (4).

Losen statt Wählen:
die Überforderung der Schöffenwahlausschüsse in Großstädten

Die endgültige Entscheidung, ob ein Bürger Schöffe oder ehrenamtlicher Richter wird, treffen Wahlausschüsse für Schöffen und ehrenamtliche Richter. Sie werden mit erheblichem zeitlichem Vorlauf vor Beginn der fünfjährigen Amtsperiode an den jeweiligen Gerichten gebildet. Sie bestehen aus einem Richter als Vorsitzenden, einem Verwaltungsbeamten und sieben „Vertrauensleuten", die von Kreistagen, Stadträten oder Landtagen nach den Fraktionsstärken der Parteien aus den Bürgern der Gerichtsbezirke gewählt werden. Die Zusammensetzung dieser Wahlausschüsse wird also von Parteien bestimmt. Im Widerspruch dazu steht der Auftrag der Wahlausschüsse. Durch das Erfordernis, dass jeder Bewerber eine Zweidrittelmehrheit der anwesenden Mitglieder oder mindestens die Hälfte der gesetzlichen Mitgliederzahl braucht, soll die „Einwirkung einseitig parteipolitischer oder sonstiger unsachlicher Gesichtspunkte ausgeschlossen" werden.[739] Außerdem soll die politische Einstellung oder ein Parteibuch bei der Wahl von Laienrichtern keine Rolle spielen. Aus dem Spannungsverhältnis zwischen der parteipolitisch geprägten Zusammensetzung der Wahlausschüsse und der erstrebten unpolitischen Auswahlpraxis ergeben sich zwei Fragen: Gelingt den Ausschüssen eine unpolitische oder eine alle politischen Strömungen widerspiegelnde Wahl der Laienrichter? Und: Verhindern sie in der Praxis die Ernennung von extremistischen Laienrichtern?

Ohne Kenntnis der Bewerber:
die Kontrollschwäche des Schöffenwahlausschusses

Die Wahlausschüsse haben sicherzustellen, dass bei den Personen auf den Vorschlagslisten keine Ausschlussgründe wie Vorstrafen oder Vermögensverfall vorliegen und bestimmte formale Kriterien wie etwa Alter erfüllt sind. Außerdem sollen sie sich an einer Reihe von ungeschriebenen Eignungskriterien orientieren, die der Bundesgerichtshof und die Verwaltungsvorschriften der Länder aufgestellt haben.[740] Nach dem Bundesgerichtshof sollen es „erfahrene und urteilsfähige Personen" sein, mit Beurteilungskompetenz und Menschenkenntnis sowie einem ungebrochenen Verhältnis zum Staat und zum Strafrecht. Das ist der Anspruch. Die Wirklichkeit sieht bei den Schöffenwahlaus-

---

739 Gittermann, in: Löwe-Rosenberg, § 40 GVG, Rn. 40.
740 BGH St 38, 47 (49); Lieber, Die Verantwortung der Gemeinden und Kreise für die Schöffenwahl 2018, S. 67.

schüssen für Strafgerichte und den Wahlausschüssen für Verwaltungsgerichte anders aus, auf die sich hier beschränkt werden soll. Bei Arbeits-, Sozial-, Verwaltungs- und Finanzgerichten sowie den Handelskammern scheint das Risiko gering, extremistische ehrenamtliche Richter zu wählen, weil das Vorschlagsrecht für diese Ämter bei Gewerkschaften, Arbeitgeberverbänden, Industrie- und Handelskammern, Sozialverbänden und bei den Finanzgerichten sogar bei ihren Präsidenten liegt, die ihre Kandidaten kennen dürften.

Eine Wahl im klassischen Sinne mit Bewerbungsschreiben, Lebensläufen oder Vorstellungsgesprächen findet in gerichtlichen Wahlausschüssen nicht statt. Die Auswahl erfolgt ausschließlich nach formalen Kriterien wie Geschlecht, Alter und Beruf. Das zentrale Strukturproblem der Wahlausschüsse ist: Ihre Mitglieder „kennen die Bewerber noch weniger, als dies auf der Ebene der Gemeinden der Fall ist oder sein kann", meint der Schöffen-Experte Hasso Lieber.[741] Diese These erscheint plausibel. Bei den Abgeordneten von Kreis- und Stadträten, die die Listen zusammenstellen, ist eher anzunehmen, dass sie etliche Bewerber persönlich oder wenigstens vom Hörensagen kennen. „Man wählt eine Person, die man nicht kennt", räumt Sibylle H. ein, die in Halle bereits in drei Schöffenwahlausschüssen gesessen hat und 2018 unter 500 Personen wählen musste.[742] Das Masseproblem ist ein Grund, warum die Ausschüsse für die Wahl von ehrenamtlichen Schöffen als Kontrollgremien für die Verhinderung von extremistischen Kandidaten faktisch ausfallen, obwohl sie rechtlich dafür verantwortlich sind. Bei kürzeren Listen gehen viele Mitglieder von Wahlausschüssen davon aus, dass die Weichen für die Wahl auf der kommunalen Ebene gestellt werden. So nimmt Mathias Metzner, Vizepräsident des Verwaltungsgerichts Kassel, bei der Wahl von 35 ehrenamtlichen Richtern an, dass die „informelle soziale Kontrolle" bei der Auswahl durch die Kreistage und Räte kreisfreier Städte verhindert, dass ungeeignete, darunter extremistische Kandidaten aufgestellt werden. Auch beim Verwaltungsgericht Cottbus geht sein Sprecher Gregor Nocon davon aus, dass die Kreis- und Stadträte bei der Zusammenstellung der Vorschlagslisten die „Ausschließungs-, Hinderungs- und Ablehnungsgründe beachten". Das Dumme ist nur, dass sich Kommunalvertretungen umgekehrt darauf verlassen, dass es die „Schöffenausschüsse richten werden", meint Bettina Cai, die in drei Schöffenwahlausschüssen Erfahrungen gesammelt hat: „Wenn die ordentlich arbeiten würden, könnte man NPD-Leute verhindern, so rutschen sie durch."

Ein zweiter Grund für das Versagen gerichtlicher Wahlausschüsse bei der Entdeckung extremistischer Kandidaten ist, dass sie nach ihrem gesetzlichen Auftrag und Selbstverständnis nicht auf die Parteizugehörigkeit achten sollen. Beim Selegieren aus einer Vor-

---

741 Lieber, Die Schöffenwahl 2013 – Erfahrungen und Konsequenzen, RohR 1 (2014), S. 4 (6).
742 Der Name ist verändert.

schlagsliste für ehrenamtliche Richter mit siebzig Namen für das Verwaltungsgericht Kassel hat nach Gerichtsvize Metzner die „Couleur keine Rolle gespielt": „Es gab keine Diskussion über die Zugehörigkeit zur AfD", obwohl es einige AfD-Mitglieder auf die Liste geschafft hatten, wie wir gesehen haben. Ins selbe Horn stößt der Sprecher des Verwaltungsgerichts Cottbus Gregor Nocon: „Es findet keine Gesinnungsprüfung statt. Die Justiz prüft auch keine Parteibücher."

Diese Kontrollschwäche bei extremistischen Kandidaten hat möglicherweise eine weitere Ursache im Fehlen eines gesetzlich normierten Ausschlussgrundes bei Zweifeln an der „Pflicht zur besonderen Verfassungstreue" von Aspiranten, der die Wahlmänner für diesen Aspekt sensibilisieren könnte. Diese Lücke vermag der § 44a DRiG nicht zu schließen, der sich direkt an die gerichtlichen Wahlausschüsse wendet.[743] Nach ihm soll nicht zum Amt eines ehrenamtlichen Richters ernannt werden, „wer gegen die Grundsätze der Menschlichkeit und der Rechtsstaatlichkeit verstoßen" oder eine Vergangenheit als Stasi-Mitarbeiter hat. Diese Vorschrift stammt aus der Zeit der deutschen Wiedervereinigung. Für den Ausschluss von extremistischen Laienrichtern hat sie bisher keine Sperrwirkung entfaltet, weil er ein nicht mehr bestehendes Problem bekämpft. Beim Verwaltungsgericht Cottbus ist es trotzdem weiterhin üblich, von den Bewerbern eine Erklärung zu erbitten, dass die Voraussetzungen des § 44a Abs. 2 DRiG bei ihm vorliegen. Urteile über ehrenamtliche Richter, die nach dieser Vorschrift abgelehnt oder abberufen wurden, sind nicht bekannt, was den Schluss nahelegt, dass sie bisher im Wesentlichen ins Leere gelaufen ist.[744]

Zwei weitere Ursachen für die Kontrollschwäche der Laienrichter-Wahlausschüsse sind die schiere Masse der zu wählenden Personen in Großstädten und der hohe Anteil von Zwangsverpflichteten, die nach dem Zufallsprinzip aus den Melderegistern ausgewählt werden.[745] In drei Stunden aus einer Liste von 950 Bewerbern 464 Schöffen für das Amtsgericht Tiergarten auszuwählen, war für Bettina Cain 2018 das „Schlimmste, was sie je erlebt hat": „Drei Stunden zum Fremdschämen."[746] Aus der Vorschlagsliste einer mittelgroßen Stadt wie Halle mit knapp 200 000 Einwohnern waren die Schöffen aus 500 Personen herauszusuchen. Auf der Liste für das Amtsgericht Hamburg standen zunächst 4000 Namen. Um 800 bis 1000 Richter ohne Robe auszuwählen, brauchte

---

743 Vgl. hier BR-Drucksache 539/10: Der dort genannte Verstoß gegen die „Grundsätze der Menschlichkeit oder Rechtsstaatlichkeit" ist nicht deckungsgleich mit einer verfassungsfeindlichen Betätigung.
744 Müller, NRV-Info Baden-Württemberg 3/20, S. 3 (4).
745 Lieber, RohR 32 (2020), 8 (9): „Obwohl der BGH die Aufstellung nach dem Zufallsprinzip aus dem Einwohnermelderegister problematisiert und den Gemeinden vorgeschrieben hat, bei der Vorschlagsliste auf die Eignung der Bewerber zu achten, greifen insbesondere sehr große Kommunen beständig auf diese Methode zurück".
746 Cain, RohR 30 (2018), S. 127 (128).

der Schöffenwahlausschuss an der Elbe einen ganzen Tag. Deshalb ist es kein Wunder, wenn alle Schöffenwahlausschüsse nach Wegen suchen, um Zeit und Arbeit zu sparen – mit negativen Folgen für den Auswahlprozess.

Gesetzeslücken: extremistische Kandidaten können nicht entdeckt werden

Bei den Wahlen für ehrenamtliche Richter im Januar 2020 fielen Helmut Engels, Präsident des Verwaltungsgerichts Magdeburg, zwei merkwürdige Phänomene auf. Für die 73 auszuwählenden Laienrichter gab es einen noch nie erlebten Bewerber-Boom, nämlich über 500. Während einige der sieben Landkreise des Gerichtsbezirks kaum die notwendige Zahl von Kandidaten zusammenbrachten, kamen andere auf über hundert Interessenten. Weder die Wahlmänner noch Engels kannten die Personen auf der Liste – von wenigen Ausnahmen abgesehen. Den einen oder anderen Namen hat Präsident Engels im Internet recherchiert – ohne Treffer. Bei ihm glomm der Verdacht, dass die große Zahl von Bewerbern möglicherweise von der AfD-Werbeaktion für das Schöffenamt in Sachsen-Anhalt angestoßen worden war. Eine Nachfrage wegen der hohen Anzahl der Bewerber bei einer Gemeinde verpuffte. „Da halten wir uns raus", wurde ihm beschieden. Engels gewann den Eindruck, durch die „beschränkten Erkenntnismöglichkeiten" in einem „Dilemma" zu stecken: „Ich weiß nicht, wen ich da vor mir habe. Nach der politischen Einstellung frage ich nicht, weil mich das grundsätzlich nichts angeht. Den Verfassungsschutz einzuschalten, um Extremisten zu ermitteln, geht ohne gesetzliche Grundlage nicht."

Diese Erkenntnisohnmacht und die Vielfalt der Auswahlmodelle bei den Gerichten veranschaulichen nach dem Schöffen-Experten Hasso Lieber, dass die Auswahlverfahren in den gerichtlichen Wahlausschüssen „höchst defizitär" sind. Das zentrale ungeschriebene Auswahlkriterium „Eignung fürs Schöffenamt" kann nicht geprüft werden, weil sich die Ausschüsse fast ausschließlich an formalen Merkmalen orientieren, die nicht sonderlich aussagefähig sind. Aufgrund der Sachzwänge sind Zufällen Tür und Tor geöffnet. In der Praxis der Wahlausschüsse hat sich bisher offenbar niemand mit der Forderung des Bundesverfassungsgerichts auseinandergesetzt, nur Personen zu ernennen, die Gewähr dafür bieten, für die freiheitlich-demokratische Ordnung einzustehen. Hier ist zu vermuten, dass die Wahlausschüsse dieser Forderung bis jetzt keine Aufmerksamkeit geschenkt haben. Gerichtsentscheidungen zu diesem Problemkreis sind wenigstens nicht bekannt geworden.[747] Positiv hebt sich hier die Anfrage des Hamburger Amtsgerichts vor den Schöffenwahlen 2018 beim Verfassungsschutz des Stadtstaates ab, ob ihm Erkenntnisse über Bemühungen rechtsextremistischer Parteien

---

747 Müller, NRV-Info Baden-Württemberg 3 (2020), S. 3 (5).

vorlägen, das Schöffenamt an der Elbe zu unterwandern. Auch in Remscheid gab es im Rahmen der Schöffenwahl nicht näher zu konkretisierende Kontakte zum NRW-Verfassungsschutz.

Reichsbürger und NPD-Mitglieder: Amtsenthebungen extremistischer Laienrichter

Weil die politische Einstellung und das Parteibuch bei der Wahl von Laienrichtern keine Rolle spielen sollen und wegen des Beratungsgeheimnisses nichts über ihr Verhalten in Prozessen bekannt ist, ist es fast unmöglich zu erkunden, wie verbreitet das Phänomen rechtspopulistischer und rechtsextremer Schöffen und ehrenamtlicher Richter ist. Indizien für eine rechte Unterwanderung des staatsbürgerlichen Ehrenamtes gibt es bislang nicht.[748] Richter berichten bisher nur von Einzelfällen, meist von fremden-, islamfeindlichen oder gar rassistischen Äußerungen von Laienrichtern. Zum Beispiel von einem Satz wie „Wenn die hierherkommen und das Gastrecht ausnutzen, muss man zeigen, dass das so nicht geht". Der Ahrensburger Amtsrichter Ulf Thiele hat von Schöffen gehört, die die „freiheitlich-demokratische Grundordnung nicht leben". Richter meinen allerdings, dass sie Probleme mit extremistischen Laienrichtern im Gerichtsalltag durch sensibilisierende Hinweise und rechtliche Argumente einhegen können. Trotzdem bleibt hier Aufmerksamkeit geboten. Friedrich Straetmanns, rechtspolitischer Sprecher der Bundestagsfraktion der Linken, fordert „Berufsrichter" auf, „bei Gerichtsverwaltungen zu intervenieren" und Amtsenthebungsverfahren anzustoßen, wenn durch „Schöffen oder ehrenamtliche Richter fragwürdige Auffassungen in die Verhandlung hineingetragen" werden.

Das haben anscheinend schon etliche Robenträger in der Vergangenheit getan. Denn es gibt bereits ein Bündel von Urteilen von Oberlandesgerichten und Verwaltungsgerichtshöfen, die verfassungsfeindliche Schöffen von ihren Ämtern „enthoben" oder „entbunden" haben, weil sie ihre Pflicht zur Verfassungstreue „gröblich verletzt" hatten (§ 51 GVG). Der Sicherheitsrechtler Matthias Fahrner hat bereits dreizehn veröffentlichte Urteile zu diesem Problemkreis gesammelt.[749] Getroffen hat es unter anderem Mitglieder der Reichsbürgerszene, einer rechtsextremistischen Skinhead-Band und zwei NPD-Mitglieder, in allen Fällen freilich nicht allein wegen einer Mitgliedschaft, sondern weil sie verfassungsfeindliche Liedtexte gesungen, völkische Deklarationen

---

748 Ebenso Janisch, 2020, Wie sich Gerichte gegen rechte Schöffen wehren können, unter https://www.sueddeutsche.de/politik/schoeffen-rechte-gerichte-1.477760 (abgerufen am 26. November 2020). So auch Berlin und Sachsen: „Anhaltspunkte dafür, dass die Schöffenwahl 2018 gezielt dazu missbraucht wurde, Schöffinnen und Schöffen in das Amt wählen zu lassen, obwohl die Voraussetzungen nicht vorlagen, traten im Rahmen der Wahlen nicht zutage". Dem Bundesjustizministerium sind in der „neuen Schöffenperiode 2019 keine Auffälligkeiten aus den Ländern bekannt geworden".
749 Fahrner, Zeitschrift für das Gesamte Sicherheitsrecht 2021, S. 6 (9).

unterzeichnet oder sich selbst für befangen erklärt hatten.[750] Der Verwaltungsgerichtshof Mannheim hat einen ehrenamtlichen Richter von seinem Amt entbunden, der eine Facebook-Seite weitergeleitet hatte, die die Träger von sprachlich verfremdeten ausländischen Vornamen als geeignetes Futtermittel für Kampfhunde ansah.[751] Zudem hatte er einen Beitrag „Ich bin ein Bürger des deutschen Reiches und kein Personal der Firma BRD" weitergeleitet. Allerdings soll nach der Rechtsprechung und der Entstehungsgeschichte des § 51 GVG in besonderen Fällen auch die Mitgliedschaft in einer Partei wie der NPD allein oder in einer Organisation wie den „*Reichsbürgern*" oder der *Identitären Bewegung* für eine Amtsenthebung ausreichen, wenn diese verfassungsfeindliche Ziele verfolgen.[752]

Weder das Deutsche Richtergesetz noch das Gerichtverfassungsgesetz stellen bisher ausdrücklich fest, dass Laienrichter sich auch außergerichtlich wie hauptamtliche Richter zu verhalten haben und bei politischer Betätigung dem Mäßigungsgebot unterliegen. In seinem Beschluss aus dem Jahr 2008 hat das Bundesverfassungsgericht erfreulich klargemacht, dass sich Schöffen und ehrenamtliche Richter auch privat ihrem Amt entsprechend verhalten müssen. Außerdem neigt die Rechtsprechung der Oberlandesgerichte jüngst dazu, dass Schöffen wie Berufsrichter das Mäßigungsgebot nach § 39 DRiG beachten müssen, sich also auch „außerhalb des Amtes, auch bei politischer Betätigung, so zu verhalten, dass das Vertrauen in ihre Unabhängigkeit nicht gefährdet wird."[753]

Die meisten Sachverhalte, die bislang in Entfernungen aus dem Amt mündeten, waren so krass, dass Rückgriffe auf das Mäßigungsgebot nicht notwendig waren. Wer auf seinem Balkon die schwarz-weiß-rote, frühere Reichsfahne hisst und die Bundesrepublik als „Besatzungsregime" beschimpft oder wer Hassbotschaften gegen Pädophile („Tod" den „perversen Schweinen") oder Ausländer (Asylbewerber sind „Halbwilde" und „Tiere") verunglimpft, taugt nicht für das staatsbürgerliche Ehrenamt.[754] Eine solch eindeutige, rechtliche Wertung passt auf viele Äußerungen von Schöffen und ehrenamtlichen Richtern mit AfD-Hintergrund nicht, wie das Beispiel des Mitglieds des AfD-Landesvorstandes in Sachsen-Anhalt Arno Bausemer zeigt. Er war zehn Jahre ehrenamtlicher Richter am Verwaltungsgericht Magdeburg und Jugendschöffe, was

---

750 Zur Reichsbürgerszene OLG Dresden vom 8. Dezember 2014 Az. 2(S) AR37/14; NStZ-RR 2015, 121; VG Düsseldorf vom 29. August 2018 BeckRS 2018, 28405.
751 VGH Mannheim vom 19. Februar 2016 Az. 1 S 308/16 – juris.
752 BR-Drucksache 539/10, S. 21, OLG Hamm vom 14. Juni 2017 Az. 1 Ws 258/17; NStZ-RR 2017, 354; Schmitt, in: Meyer-Goßner, Kommentar zur StPO, 63. Auflage, § 51, Rn. 2.
753 So u. a. OLG Dresden vom 4. September 2017 Az. 2(S) AR 32/17 BeckRS, 133728, 5. Leitsatz und Rn. 12.
754 OLG München vom 21. März 2016 2 Az. Ws131/16; BeckRS 2016, 8136; KG vom 25. Mai 2016 Az. 3 Ars 5/16 – Gen AR 26/16; Beck NStZ-RR 2016, 252.

ihn aber nicht hinderte, auf Facebook gegen die Flüchtlingspolitik der Bundesregierung in typischer AfD-Rhetorik zu polemisieren. Dort beklagt er die „Verdoppelung" von Flüchtlingszahlen und den „Asylmissbrauch". Wegen der „zahlreichen sexuellen Übergriffe" arabischstämmiger Flüchtlinge auf Mädchen sind diese Straftäter ein „kriminelles und radikales Pack".[755] Es spricht viel dafür, dass diese Meinungsäußerungen noch vom Grundrecht auf Meinungsfreiheit gedeckt sind. Ohne Rückgriff auf das Mäßigungsgebot, dessen Anwendung auf ehrenamtliche Richter bisher umstritten ist, wäre es allerdings unmöglich, gegen ihn vorzugehen.[756] Damit nähme man aber auch das Risiko in Kauf, dass Schöffen mit einer solchen Geisteshaltung in Verfahren wegen Besorgnis der Befangenheit abgelehnt werden, was Berufsrichter gern vermeiden und Anwälte jüngst mithilfe sozialer Medien auszunutzen versuchen. In Einzelfällen ist ihnen das auch schon gelungen. In Berlin wurde ein Strafprozess ausgesetzt, weil sich eine Schöffin in Leserbriefen abfällig über Jugendliche mit Migrationshintergrund geäußert hatte.[757] Vor dem Düsseldorfer Landgericht ist ein Vergewaltigungsprozess gegen einen Deutsch-Eritreer wegen Befangenheit geplatzt, nachdem der Schöffe in Facebook-Kommentaren zu erkennen gegeben hatte, dass er „Angst vor einer Überfremdung seiner Heimat Deutschland" hat.[758] Am Landgericht Lübeck wurde 2017 ein Schöffe aufgrund verfassungsfeindlicher Äußerungen auf seinem Facebook-Profil wegen Besorgnis der Befangenheit abgelehnt und anschließend vom Oberlandesgericht Schleswig wegen grober Pflichtverletzung seines Amtes enthoben.[759] In der inkriminierten Passage heißt es unter anderem: „Ich bin stocksauer. Für mich sind das keine Volksvertreter, sondern V*lkssch*dl*ng*. Leider kann man sie nicht per Bundestagswahl in die Wüste schicken, weil sie über Koalitionen immer wieder an die Macht gelangen. Bleibt nur die Hoffnung, dass sie und ihre Parteiklappmaulpuppen beim Defäkieren vom Blitz getroffen werden!" Für den 1. Strafsenat des OLG Schleswig lag der Fall klar: „Durch die Verwendung des aus dem NS-Sprachgebrauch stammenden Wortes „Volksschädlinge", die Bezeichnung der Politiker als „Pack" und die Behauptung, demokratische Entscheidungs-

---

755 Zitiert nach der *jungen Welt*, einer marxistisch orientierten Tageszeitung, unter https://www.jungewelt.de/artikel/346416.bundesweites-phänomen-rechte-laienrichter.html (abgerufen am 7. Dezember 2020).
756 Vor allem Gewerkschafter, Verbandsvertreter und Kommunalpolitiker warnen davor, das Mäßigungsgebot für Berufsrichter auf Laienrichter auszudehnen, weil sie sich dann entweder rhetorisch zurückhalten müssten oder sich nicht mehr für das Ehrenamt bewerben würden.
757 Wüstenberg, 2017, Befangenheit – U-Bahn-Treter-Prozess ist vorerst geplatzt, unter https://www.stern.de/panorama/stern-crime/berlin--prozess-gegen--u-bahn-treter--wird-neu-aufgerollt-7498424.html (abgerufen am 3. Dezember 2020).
758 Kannegiesser, 2017, Landgericht Düsseldorf: Prozess platzt wegen Facebook-Kommentaren von Laienrichter, unter https://rp-online.de/nrw/staedte/duesseldorf/prozess-platzt-wegen-facebook-kommentaren-von-laienrichter_aid-21142611 (abgerufen am 5. Dezember 2020).
759 OLG Schleswig-Holstein vom 6. Oktober 2017 Az. 1 Ws 380/17 (257/17).

prozesse seien wirkungslos, sowie der in Fäkalsprache geäußerte Wunsch nach einem Blitztod der Abgeordneten stellt sich der Schöffe außerhalb der verfassungsmäßigen Ordnung." In Hessen war ein ehrenamtlicher Richter beim Arbeits- und Sozialgericht nach einem Hinweis aus der Bevölkerung aufgefallen. Ein Antrag auf Amtsenthebung hat das zuständige Oberlandesgericht dann aber als unbegründet angesehen, nachdem der ehrenamtliche Richter die Äußerungen gelöscht und sich entschuldigt hatte.

Auffällig ist, dass Amtsenthebungen von Schöffen und ehrenamtlichen Richtern bisher nur durch außergerichtliche Äußerungen provoziert wurden. Dafür gibt eine Erklärung, die verdeutlicht, dass hier ein bislang übersehener Konfliktstoff schlummert. Wenn sich Schöffen oder ehrenamtliche Richter in Beratungen verfassungs-, fremden- oder islamfeindlich äußern, gibt es für Richter kein Verfahren, wie sie darauf reagieren können, ohne mit dem Gesetz in Konflikt zu geraten. Angreifbare Äußerungen von Laienrichtern dürfen sie nicht öffentlich machen, weil sie damit gegen das Beratungsgeheimnis verstoßen würden (§ 43 DRiG). Offene Durchbrechungen des Beratungsgeheimnisses aus diesem Anlass sind nach dem Wissen von Frank Bleckmann, Sprecher der *Neuen Richtervereinigung* in Baden-Württemberg, nicht bekannt geworden. „Deshalb gibt es hierzu keine Rechtsprechung, und es ist vollkommen unklar, in welchen Fällen eine Verletzung des Beratungsgeheimnisses erlaubt sein könnte", erläutert er. In der Praxis hätten einige wenige Richter in krassen Fällen versucht, „um das Problem herumzuarbeiten", sagt er. So sei in einem Verfahren mit Zustimmung von Richter, Staatsanwalt und Verteidiger einmal versucht worden, das Verfahren für drei Wochen zu unterbrechen in der Erwartung oder dem Wissen, dass der vorurteilsbeladende Schöffe oder ein anderer Prozessbeteiligter kurzfristig nicht kann und der Prozess dann platzt (§ 229 StPO). Auf diesem Wege könnte das Verfahren mit anderen Schöffen neu beginnen. Dieses angedachte Verfahren hatte indes fatale Folgen für die Beteiligten. Weil Richter und Staatsanwalt plötzlich kalte Füße bekamen, haben sie sich ihren Dienstvorgesetzten offenbart. Die sahen darin Dienstvergehen, weil sie mit dieser Manipulation des Verfahrens gegen das Gebot des gesetzlichen Richters verstoßen hätten. Die faktische Fast-Unmöglichkeit, Schöffen oder ehrenamtliche Richter aus laufenden Verfahren zu entlassen, verstärkt die Notwendigkeit, bei der Wahl von Schöffen und ehrenamtlichen Richtern sorgfältiger vorzugehen als bisher.

Die Angst vor einem neuen Radikalenerlass: die umstrittene Rolle des Verfassungsschutzes bei Schöffenwahlen

In seinem Beschluss aus dem Jahr 2008 hatte das Bundesverfassungsgericht die „Justizverwaltungen" aufgefordert, „streng darauf zu achten, nur Personen zu ernennen, die Gewähr dafür bieten", dass sie ihre „Pflicht zur besonderen Verfassungstreue" erfüllen.[760] Eine Umfrage bei den Justizministerien und -senatoren der Länder hat ergeben, dass sie diesen Auftrag nicht sonderlich ernst nehmen. Sie vertrauen dem bestehenden System, das sich aber als löchrig erwiesen hat. Die Antworten bilden einen föderalen Flickenteppich von rechtlichen und tatsächlichen Argumenten, die sich allerdings in einem zentralen Punkt unterscheiden: der Einschätzung der Gefahr einzelner rechtspopulistischer und rechtsextremer Laienrichter für das Ansehen von und das Vertrauen in unsere Justiz. Die einen meinen, dass diese Einzelfälle das Ansehen der Justiz nicht oder nicht nachhaltig beschädigen, andere wie die linksliberale *Neue Richtervereinigung* sehen in Laienrichtern, die sich in einer „antisemitischen, antiziganen, fremden-, menschenwürde-, demokratie- und rechtsstaatsfeindlichen Weise äußern", nicht nur eine Gefahr für das „Ansehen", sondern auch für den „Kern der gewalt- und willkürfreien Rechtsstaatlichkeit unseres Grundgesetzes".

Zwölf Justizverwaltungen sehen keine Notwendigkeit, hier Gesetze oder Verfahren zu ändern, während eine Minderheit den bisher praktizierten Schutz vor verfassungsfeindlichen Schöffen und ehrenamtlichen Richtern für nicht ausreichend erachtet.[761] Dazu einige Streitfelder und rechtliche Grauzonen:

Ohne Kontrollwirkung: das öffentliche Aushängen von Schöffenlisten

Im Unterschied zu den meisten Landesjustizverwaltungen geht das schleswig-holsteinische Justizministerium davon aus, dass der Beschluss des Bundesverfassungsgerichts, der zu ehrenamtlichen Richtern an Arbeitsgerichten ergangen ist, nicht auf die Wahl

---

760 Beschluss des Bundesverfassungsgerichts vom 11. Januar 2008 Az. 2 BvR 337/08, Rn. 19, 21.
761 Bayern, Baden-Württemberg, Hessen, Rheinland-Pfalz, Saarland, Schleswig-Holstein, Mecklenburg-Vorpommern, Berlin, Brandenburg, Sachsen, Thüringen, Sachsen-Anhalt. Einige Einzelbeispiele: Für Schleswig-Holstein besteht „kein Handlungsbedarf". Thüringen will den „bisherigen (erfolgreichen) Weg fortsetzen". Beim Bayerischen Staatsministerium der Justiz gibt es „keine Erkenntnisse, dass sich die bestehenden Rechtsvorschriften zum Schutz des Schöffenamtes vor verfassungsfeindlichen Einflüssen in den vergangenen Jahren als unzureichend erwiesen haben".

von Schöffen anwendbar ist, weil sich Auswahl- und Ernennungsverfahren für Arbeits- und Strafgerichte erheblich unterscheiden. Diese Differenzierung überzeugt nicht, weil gerade wegen der andersartigen Verfahren die Gefahr, dass verfassungsfeindliche Laienrichter den Sprung ins Ehrenamt schaffen, bei den Strafgerichten erheblich höher ist als bei den Arbeitsgerichten, wo die ehrenamtlichen Richter von den Verbänden vorgeschlagen werden. Die Forderung nach sorgfältiger Auswahl von Laienrichtern nicht auf alle Gerichtsbarkeiten zu beziehen, würde die ratio des Beschlusses der Verfassungsrichter ins Gegenteil verkehren.[762] Gewichtiger ist da schon ein anderes Argument der Kieler Ministerialbeamten, das auch in den meisten Antworten der Umfrage auftaucht und Gewicht hat.[763] Das Gerichtsverfassungsgesetz hat die Wahlen von Schöffen bewusst so gestaltet, dass sie unabhängig von politischen Einflüssen von Justizministerien, Kommunalparlamenten und gerichtlichen Wahlausschüssen durchgeführt werden. Diese geteilten Verantwortungsbereiche sollen sicherstellen, dass neben unabhängigen Berufsrichtern unabhängige Laienrichter sitzen.[764] Dieses Ziel soll durch das Erfordernis der Zweidrittelmehrheit in den beiden Gremien erreicht werden, aber auch durch das Aushängen von Schöffenlisten mit Einspruchsmöglichkeiten für jedermann, durch die abschreckende Wirkung von Eidesleistungen und durch soziale Man-kennt-sich-Netzwerke in Landkreisen sowie kleineren und mittleren Städten. Die soziale Kontrolle kann in Landkreisen und Städten wie Remscheid, Fulda, Braunschweig oder Lüneburg mit Einwohnerzahlen zwischen 68 000 und 240 000 noch klappen. Mit Ausnahme Bremens, wo ein stadtbekannter NPD-Anhänger kandidiert hat, ist es Stadtparlamenten in anderen Großstädten aber bisher, soweit erkennbar, nicht gelungen, rechtspopulistische und rechtsextreme Bewerber für Schöffenämter herauszufiltern.[765] Wirklichkeitsfremd ist die Erwartung, dass die öffentliche Auslage der Schöffenlisten, auf die die Landesjustizverwaltungen an erster Stelle setzen, eine kontrollierende Wirkung entfaltet.[766] Präsident Höhne, seit 2009 im Amt, hat bei drei Schöffenwahlen noch kein einziges Veto gegen einen Bewerber erlebt, das sich auf eine öffentlich ausgehängte Namensliste als Quelle bezog. Weil mit dem geschilderten Instrumentarium nur eine zufällige

---

762 Ebenso das niedersächsische Justizministerium: Es „geht davon aus, dass die Anforderungen, die das Bundesverfassungsgericht für ehrenamtliche Richter bei den Arbeitsgerichten aufgestellt hat, natürlich auch für Schöffen gelten".
763 So zum Beispiel das Saarland: Die „Absicherung" der Verfassungstreue der Bewerber ist Aufgabe der Gemeinden und zuständigen Gerichte".
764 Diesen Aspekt betonen unter anderem die Länder Berlin, Brandenburg, Hessen, Schleswig-Holstein und Thüringen.
765 Anderer Auffassung das Bundesjustizministerium. Es meint, dass durch die öffentliche Aushängung von Vorschlagslisten, die Einspruchsmöglichkeiten für jedermann und die Prüfung der Ausschlussgründe durch die Schöffenwahlausschüsse die „Verhinderung von Schöffinnen und Schöffen keinesfalls dem Zufall" überlassen ist.
766 So insbesondere das Bundesjustizministerium gegenüber dem Verfasser.

und beschränkte Transparenz zu erreichen ist, überlegen einige Bürgermeister nach den Kenntnissen des ehemaligen rechtspolitischen Sprechers der SPD-Bundestagsfraktion Johannes Fechner, die Schöffenlisten für einen bestimmten Zeitraum ins Netz zu stellen.

Der Bremer Vorstoß:
extremistische Schöffen verhindern statt rauswerfen

Regelanfragen beim Verfassungsschutz durch die Justizverwaltungen oder die Schöffenwahlausschüsse vor den Wahlen lehnen das Bundesjustizministerium und die Mehrheit der Bundesländer ab, vor allem aus vier Gründen.[767]

Erstens: Die historische Hypothek des Radikalenerlasses, der Gesinnungsschnüffelei und Berufsverbote produziert hat, hat eine Grundskepsis gegenüber der Regelanfrage hinterlassen. Die rechtspolitische Sprecherin der Grünen-Bundestagsfraktion Katja Keul will keinen „neuen Radikalenerlass", weil wir für das Enttarnen von Rechtsextremisten „keinen Verfassungsschutz brauchen: Die kriegen wir auch mit den sozialen Medien". Der ehemalige rechtspolitische Sprecher der FDP-Bundestagsfraktion Jürgen Martens möchte nicht, dass der Verfassungsschutz „mitentscheidet, wer Laienrichter wird". Nach Meinung etlicher Bundesländer fehlt für das Abfragen personenbezogener Daten beim Verfassungsschutz überdies eine gesetzliche Grundlage, die zudem wegen der wenigen Einzelfälle gegen den Grundsatz der Verhältnismäßigkeit verstoßen würde.[768]

Zweitens: Für den früheren NRW-Justizminister Peter Biesenbach (CDU) gibt es „keinen Hinweis auf ein überdurchschnittliches oder plötzliches Anwachsen des Phänomens, dass sich Extremisten für das Schöffenamt interessieren".[769]

Drittens: „Eine Regelanfrage beim Verfassungsschutz könnte als erhebliches Misstrauen gegenüber Bewerberinnen und Bewerbern für das Schöffenamt empfunden werden", meint das Bundesjustizministerium: „Damit würde auch die Gewinnung von Bewerberinnen und Bewerbern für dieses wichtige Ehrenamt belastet".

---

767 So ausdrücklich Bayern, Sachsen, Hessen.
768 Brandenburg sieht keine Notwendigkeit für eine Regelanfrage, wenn, dann nur auf einer gesetzlichen Grundlage. Baden-Württemberg will weiter auf die Regelanfrage verzichten, unter anderem aus Gründen der Verhältnismäßigkeit. So oder ähnlich Hessen und Sachsen.
769 https://www.welt.de/regionales/nrw/article181509250/Landesregierung-Keine-rechte-Schoeffenamt-Unterwanderung.html (abgerufen am 27. Dezember 2020); Bericht des Ministeriums für Justiz und Verbraucherschutz für die 22. Sitzung des Rechtausschusses am 26. September 2018.

Viertens: Auch nach der Wahl kann ein Schöffe jederzeit aus seinem Amt abberufen werden.[770] Das gehe rechtlich auch leichter als bei Berufsrichtern und hätte für die Betroffenen keine wirtschaftlichen Folgen, weil ihre Mitwirkung in der Justiz ehrenamtlich erfolge.

Augenscheinlich halten sich nicht alle Bundesländer, die diese Position vertreten, an ihre Argumente. Das Düsseldorfer Justizministerium erklärt in seiner Antwort auf die Umfrage etwas nebulös, „in allen Fragen, die die Justiz betreffen, in regelmäßigem Austausch mit dem Verfassungsschutz" zu stehen. Auch das Hamburger Amtsgericht hat, wie wir gesehen haben, im Vorfeld der Schöffenwahl 2018 das Landesamt für Verfassungsschutz informell um etwaige Erkenntnisse über Einflüsse verfassungsfeindlicher Kräfte auf die Vorschlagslisten gebeten. Die konnte das Hamburger Landesamt für Verfassungsschutz nicht feststellen. In „begründeten Zweifelsfällen" sollen auch in Sachsen-Anhalt Anfragen des Schöffenwahlausschusses bei den Verfassungsschutzbehörden „in Betracht" kommen.

Angesichts der Erwartungen des Bundesverfassungsgerichts an die Justizverwaltungen der Länder bei der Schöffenwahl und der Tatsache, dass weder Justizministerien noch Justiz Einfluss auf die Aufstellung der Schöffenlisten haben, empfindet das niedersächsische Justizministerium die derzeitige „Rechtslage" als „nicht ganz befriedigend". Deshalb hat es „Vorschläge" ausgearbeitet, „um eine Diskussion über eine Gesetzesänderung in Gang zu bringen", zuletzt auf dem Treffen der Justizstaatssekretäre des Bundes und der Länder im September 2020. Welche Vorschläge es unterbreitet hat, verrät das Ministerium allerdings nicht. Immerhin: Das Bundesjustizministerium verfolgt den „Meinungsaustausch zwischen den Ländern über eine Ausweitung der Vorschriften des Gerichtsverfassungsgesetzes und über die Amtsunfähigkeit beziehungsweise Amtsenthebung von Schöffen aufmerksam". Ausgelöst wurde diese Diskussion für das Bundesjustizministerium „durch aktuelle Entwicklungen im Bereich politischer und religiöser Straftaten sowie der Hasskriminalität". Einen radikalen Schritt weiter will bisher allein die Bremer Justizverwaltung gehen. Ihr Gesetzentwurf will bei der Wahl von Schöffen und ehrenamtlichen Richtern eine **fakultative** Anfrage beim Verfassungsschutz ermöglichen. Die Justizverwaltung hält es für sinnvoller, Rechtsextremisten vom staatsbürgerlichen Ehrenamt fernzuhalten, statt sie später nach einer Enttarnung wieder rauszuwerfen, was dem Ansehen der Justiz schadet. Wegen rechtspolitischer Bedenken in der SPD-Fraktion liegt der Gesetzentwurf allerdings zurzeit auf Eis.

---

770 Das Justizministerium in Mecklenburg-Vorpommern hält die gesetzliche Möglichkeit zur nachträglichen „Amtsenthebung" für Einzelfälle „für ausreichend". Ebenso Rheinland-Pfalz, Saarland und Sachsen.

Damit scheint das letzte Wort noch nicht gesprochen. Vor allem in der SPD gewinnt diese Mindermeinung zunehmend Anhänger. Der frühere rechtspolitische Sprecher der SPD-Bundestagsfraktion Johannes Fechner hält die Einführung einer eingeschränkten Regelanfrage für Schöffen und ehrenamtliche Richter nach bayerischem Vorbild für „prüfenswert", die zumindest eine stichprobenartige Prüfung der vorgeschlagenen Personen ermöglichen soll. Dass die Schöffen- und Richterwahlausschüsse die Vorschlagslisten der Kommunen übernehmen müssen, ohne rechtliche Möglichkeiten zu haben, extremistische Hintergründe bei Verdacht aufzuklären, findet er schwierig. Das Dilemma, in dem sich der Präsident des Verwaltungsgerichts Magdeburg Engels bei der Wahl ehrenamtlicher Richter für sein Gericht im Jahr 2020 befand, ist ein Beispiel für diese Erkenntnis- und Handlungsohnmacht.[771] Auch Sven Wolf, stellvertretender Vorsitzender der SPD-Fraktion im Düsseldorfer Landtag, möchte es künftig nicht mehr dem Zufall überlassen, ob ein Anhänger von *Pro Deutschland* oder Mitglied des völkischnationalistischen AfD-„Flügel" bei einer Wahl von Laienrichtern entdeckt wird. Vor dem Hintergrund der zufälligen Identifizierung der vier *Pro Deutschland*-Anhänger in Remscheid, die er als Mitglied des Stadtrates persönlich miterlebt hat, plädiert er heute für eine Einführung der Regelanfrage beim Verfassungsschutz vor der Wahl von Laienrichtern: „Man kennt die Personen und Namen aus dem rechten Milieu nicht immer, da diese sich zudem häufig bürgerlich tarnen. Ich will mich nicht mehr auf den Zufall verlassen."

Ein Vergleich der Rechtslage, der Forderungen des Bundesverfassungsgerichts und der derzeitigen Auswahlpraxis von Schöffen und ehrenamtlichen Richtern offenbart zwei strukturelle Schwächen. Wenn politische Einstellung und Parteibuch bei der Wahl von Laienrichtern keine Rolle spielen sollen, entscheidet häufig der Zufall, ob die Wahl von Links- und Rechtsextremisten in das Ehrenamt verhindert wird oder nicht. Das bisher aufgespannte Netz sozialer Kontrolle mag in Landkreisen sowie kleinen und mittleren Städten wirken, hat aber die Wahl von NPD-Mitgliedern, Reichsbürgern und Anhängern der *Identitären Bewegung* zu Schöffen und ehrenamtlichen Richtern bisher nicht unterbunden. Und das Bundesverfassungsgericht bürdet den Justizverwaltungen der Länder mit der Aufforderung, auf die Verfassungstreue von Bewerbern für das Ehrenamt zu „achten", eine Verantwortung auf, der sie aufgrund der bestehenden Rechtslage nicht gerecht werden können. Zwar können Justizverwaltungen durch Richtlinien die Wahl ehrenamtlicher Richter in einem gewissen Rahmen steuern. Auf den konkreten Auswahlprozess von Schöffen und ehrenamtlichen Richtern sollen sie aber bewusst nicht einwirken können.

---

771 Vgl. hierzu S. 260.

Ungern geduldet: ehrenamtliche AfD-Richter an den Verfassungsgerichtshöfen der Bundesländer

Im Gegensatz zum Bundesverfassungsgericht sitzen auf den Bänken aller Verfassungs- und Staatsgerichtshöfe der Bundesländer neben Berufsrichtern im Nebenamt ehrenamtliche Richter, auch, um dem Anspruch der Dritten Gewalt gerecht zu werden, Urteile „im Namen des Volkes" zu sprechen. In elf Ländern bestimmen entweder die Landtage oder besondere Landtagsausschüsse mit Zweidrittelmehrheit in geheimer Wahl die Berufsrichter und die ehrenamtlichen Richter – Letztere ohne anteilsmäßige Berücksichtigung der Parteienstärke.

In diesen elf Ländern ist es den AfD-Fraktionen bisher nicht gelungen, ehrenamtliche Richter ihrer Couleur in die höchsten Landesgerichte zu entsenden. In Thüringen und Sachsen-Anhalt wussten die AfD-Fraktionen gar nichts von dieser Möglichkeit. In Sachsen scheiterte der Versuch der AfD-Faktion, einen Kandidaten im Landtagspräsidium durchzusetzen, weil sich CDU, Bündnis 90/Die Grünen und SPD vorab auf einen Kandidaten ihrer Wahl geeinigt hatten. Das Vorschlagsrecht für ehrenamtliche Richter am Verfassungsgerichtshof haben in Sachsen nur die Landesregierung und das Landtagspräsidium. Scheitert eine Fraktion bei ihm, hat sie keine Chance mehr, einen Bewerber ihrer Wahl durchzusetzen. Einen Anspruch von Fraktionen auf einen ehrenamtlichen Richter aufgrund eines Verhältnismäßigkeitswahlrechts gibt es in Sachsen nicht. In Mecklenburg-Vorpommern hat die AfD-Fraktion keinen geeigneten Kandidaten gefunden, weil Angesprochene Angst um ihre bürgerliche Karriere hatten. In den übrigen fünf Bundesländern ist die rechtliche Position der AfD-Fraktionen in unterschiedlichem Maße stärker. Bei ihnen soll sich die Auswahl von ehrenamtlichen Richtern nach dem Verhältnismäßigkeitswahlrecht an der Stärke der Fraktionen orientieren. In Brandenburg fordert das Gesetz über den Verfassungsgerichtshof, dass bei der Wahl der ehrenamtlichen Richter die „politischen Kräfte des Landes angemessen vertreten sind". In Bremen soll die „Stärke der Parteien nach Möglichkeit berücksichtigt werden". In Bayern, Baden-Württemberg und Hessen haben die Landtagsfraktionen eine noch mächtigere Rechtsposition. Aufgrund der Wahlergebnisse haben AfD-Fraktionen dort sogar ein Vorschlagsrecht, Personen ihrer Wahl in die höchsten Landesgerichte zu entsenden. „Die Zusammensetzung der nichtberufsrichterlichen Mitglieder stellt also ein Spiegelbild des parteipolitischen Kräfteverhältnisses im Landtag dar", heißt es auf der Website des Bayerischen Verfassungsgerichtshofes. Entsprechend den jeweiligen Fraktionsstärken sprechen inzwischen zwei ehrenamtliche Richter mit AfD-Parteibuch am Verfassungsgerichtshof in Bayern Recht, in Baden-Württemberg eine Richterin und in

Hessen ein Richter. Manchmal läuft deren Wahl ohne Komplikationen ab, manchmal sträuben sich die übrigen Parteien und verleihen ihrem Unwillen und Unbehagen durch ihr Stimmverhalten Ausdruck. So hat zum Beispiel der Landtag in Baden-Württemberg die von der AfD nominierte Unternehmensberaterin Sabine Reger im ersten Durchgang durchfallen lassen. Im zweiten Wahlgang votierten 30 Abgeordnete für sie, 28 dagegen und 65 enthielten sich. In Hessen wurde der Rechtsanwalt und AfD-Kreistagsabgeordnete Ulrich Fachinger in den Staatsgerichtshof gewählt. Er möchte verhindern, dass Deutschland zum „Linksstaat" „verkommt", dessen Ziel es sei, die „verfassungsmäßige Ordnung zu zersetzen". In München fiel die Wahl auf den Landshuter AfD-Vorsitzenden und ehemaligen Oberstaatsanwalt Wolfram Schubert. Der, schon sieben Jahre im Ruhestand, hat sich noch mal bei den Rechtspopulisten engagiert, um die „zunehmende Islamisierung" aufzuhalten, „über die man nicht sprechen durfte".[772] Diese drei rechten ehrenamtlichen Richter bewegen sich rhetorisch im AfD-Mainstream.

Verfassungsrichter unter Verfassungsfeinden: ein problematischer Rechtspopulist am Bayerischen Verfassungsgerichtshof

Nach kontroverser Debatte hat die AfD-Fraktion im bayerischen Landtag den Weilheimer Rechtsanwalt Rüdiger Imgart in den Verfassungsgerichtshof entsandt. Der Stadtrat und Kreisvorsitzende von Weilheim ist nach Meinung des AfD-Experten der *Süddeutschen Zeitung* Johann Osel eher dem formell aufgelösten, aber immer noch wirkmächtigen völkisch-nationalen Höcke-„Flügel" zuzurechnen. Für diese Einschätzung sprechen sein Facebook-Account und seine Teilnahme an der aus dem Ruder gelaufenen Querdenker-Demonstration vor dem Reichstag am 29. August 2020. Im Stadtrat und im Verfassungsgerichtshof soll er sich nach Osel unauffällig verhalten.

In den Augen des Grünen-Landtagsabgeordneten Andreas Krahl ist Imgarts Facebook-Profil ein Tummelplatz für „rechte Hetze", „Menschenverachtung" und „Rassismus".[773] Diese Wertungen gelten allerdings in der Mehrzahl Beiträgen von Usern, nicht von Imgart. So forderte ein Nutzer nach der schrecklichen Tat am Frankfurter Hauptbahnhof, bei der ein Eritreer eine Frau und ihren achtjährigen Sohn vor einen ICE gestoßen hatte, zur Selbstjustiz auf: „Das muss gerächt werden [...] Tod zu Tod ist die Antwort". Ein anderer Besucher stellte die pauschale These auf, nach der Deutschland „überrannt wird von einer Horde unzivilisierter Islamisten, die unsere Frauen vergewaltigen, unse-

---

772 https://www.idowa.de/inhalt/landshut-islamgegner-mit-ueberraschender-agenda-609b5eb8-3404-4588-a38a-a1cb0ca24a90.html (abgerufen am 23. Mai 2020).

773 Osel, 2019, Der Richter und die Hetzer, unter https://www.sueddeutsche.de/bayern/ruediger-imgart-verfassungsrichter-afd-weilheim-1.4550498 (abgerufen am 23. Mai 2020).

re Kinder schänden, unseren Rechtsstaat aushebeln und noch dazu unverschämte Forderungen stellen". Hin und wieder langt Imgart bei den Chats auch persönlich zu: „Das Verhalten" (von zugewanderten Straftätern und Randalierern) „spricht für sich: Fehlende Zivilisation, Inzucht und fehlende Bildung zeigen hier ihre Auswirkung". Er legt Wert darauf, dass alle Posts von seinem Team gelöscht werden, die von „strafrechtlicher Relevanz" sind oder die „Grenzen des Anstands" überschreiten. Dabei legt er diese Grenzen anscheinend weit aus. So findet man auf seinem Account ein blutverschmiertes Fahndungsfoto mit Merkel-Konterfei sowie eine Fotomontage eines Mischwesens mit einem Kopf des Alien-Gangsterchefs Jabba der Hutte aus Star Wars und dem Oberkörper der Bundeskanzlerin. Das sind menschenverachtende Geschmacklosigkeiten – und das auf dem Account eines ehrenamtlichen Verfassungsrichters. Imgart räumt ein, dass einige Passagen auf seinem „digitalen Stammtisch" „deftig" seien, meint aber, dass sie durch das Grundrecht auf Meinungsfreiheit gedeckt und daher mit seinem Amtseid vereinbar seien.[774]

Damit verteidigt Imgart auch seine private Teilnahme an der Querdenker-Demonstration vor dem Reichstag am 17. November 2020. Ein Foto zeigt den AfD-Verfassungsrichter ohne Mund-Nasen-Schutz mit einer Reichsflagge im Hintergrund. Nach der SPD-Website „Endstation rechts. Bayern" spricht er auf dem Foto mit einer Aktivistin von *Pegida* München, die vom bayerischen Verfassungsschutz beobachtet wird.[775] Politiker der Grünen und der SPD haben diese Ablichtung zum Anlass genommen, seinen Rücktritt vom Ehrenamt zu verlangen: ein Verfassungsrichter, der zusammen mit Reichsbürgern, Rechtsradikalen, Neonazis und Anhängern des *QAnon*-Kultes protestiert, sei am höchsten bayerischen Gericht untragbar.

Diese Forderungen werden schon aus rechtlichen Gründen nicht verfangen, weil das Gesetz über den Bayerischen Verfassungsgerichtshof weder eine Sanktionierung noch eine Abberufung von ehrenamtlichen Richtern vorsieht. In Bayern unterliegen die ehrenamtlichen Richter am Verfassungsgerichtshof weder der Dienstaufsicht noch dem Deutschen Richtergesetz mit der Folge, dass Imgart außergerichtlich folgenlos ohne Rücksicht auf sein hohes Amt agieren kann und nicht an das Mäßigungsgebot des Deutschen Richtergesetzes gebunden ist. Trotz dieser unhaltbaren Rechtslage beabsichtigt das Bayerische Staatsministerium des Inneren, das Gesetz über den Verfassungsrerichtshof nicht zu ändern.[776]

---

774 Osel, 2019, Der Richter und die Hetzer, unter https://www.sueddeutsche.de/bayern/ruediger-imgart-verfassungsrichter-afd-weilheim-1.4550498 (abgerufen am 23. Mai 2020).
775 Osel, 2020, Verfassungsrichter auf Demo vor Reichstag, unter https://www.sueddeutsche.de/bayern/corona-demo-berlin-verfassungsrichter-ruediger-imgart-afd-1.5015631 (abgerufen am 8. Januar 2021).
776 Auskunft des Ministeriums gegenüber dem Verfasser.

Dass die Verfassungsgerichtsbarkeit der Länder nicht nur durch rechtspopulistische oder rechtsextremistische ehrenamtliche Robenträger, sondern auch durch linksextremistische gefährdet werden kann, zeigt die Berufung der Diplomjuristin Barbara Borchardt an das Verfassungsgericht in Mecklenburg-Vorpommern im Frühsommer 2020, eine Berufung, die Empörungswellen bis nach Berlin schickte.[777] Die rote Richterin war und blieb auch nach ihrer Vereidigung Mitglied der *Antikapitalistischen Linken* (AKL), einer Arbeitsgemeinschaft der Linkspartei. Nach dem Bericht des Bundesamtes für Verfassungsschutz 2018 tritt die AKL für einen „grundsätzlichen Systemwechsel" sowie die Überwindung der bestehenden kapitalistischen Gesellschaftsordnung durch einen „Bruch mit den kapitalistischen Eigentumsstrukturen" ein. Außerdem schrieb Borchardt an einem Positionspapier der Linksfraktion mit, in dem der Mauerbau verteidigt wurde. Er sei für die „Führungen der Sowjetunion und der DDR ohne Alternative gewesen".[778] Borchardt wurde aufgrund eines Deals mit SPD und CDU gewählt, weil diese sonst die für ihre Kandidaten erforderlichen Zweidrittelmehrheiten nicht bekommen hätten.

Vernachlässigt:
die unklare Rechtsstellung ehrenamtlicher Verfassungsrichter

Dass es in Bayern kein Mittel gibt, einen ehrenamtlichen Verfassungsrichter wie Imgart von seinem Amt zu entbinden, ist ein Beleg für die Tatsache, dass es keine Gerichtsbarkeit gibt, die so schlecht auf die Herausforderungen durch rechtspopulistische und rechtsextreme ehrenamtliche Richter vorbereitet ist wie die Verfassungsgerichtsbarkeit der Bundesländer. Natürlich konnte Ende der Vierziger-, Anfang der Fünfzigerjahre, als die Gesetze über die Verfassungsgerichtshöfe der Länder erlassen wurden, niemand damit rechnen, dass eines Tages rechte und sogar rechtsextreme ehrenamtliche Richter an der verbindlichen Auslegung der Landesverfassungen teilnehmen. Die heutige Handlungsohnmacht hat aber noch eine zweite Wurzel: Etliche Landesgesetzgeber haben sich später wenig bis gar nicht um die Rechtsstellung der Verfassungsrichter gekümmert, zum Beispiel nicht klargestellt, ob und, wenn ja, in welchem Umfang die Vorschriften des Deutschen Richtergesetzes und des Gerichtsverfassungsgesetzes für die Berufsrichter auch für die ehrenamtlichen Verfassungsrichter gelten sollen. Dadurch ist insbesondere bei den ehrenamtlichen Richtern eine Regelungslücke bei ihrem außergerichtlichen Verhalten, beim Mäßigungsgebot und beim rechtlichen Instrumentarium für Abberufungen von ehrenamtlichen Richtern aufgerissen, wie die Umfrage bei den

---

777 Zum Beispiel in der Süddeutschen Zeitung vom 22. Mai 2020, S. 5.
778 Vgl. hierzu unter anderem Die antikapitalistische Richterin, unter https://www.zeit.de/politik/deutschland/2020-05/mecklenburg-vorpommern-wahl-landesverfassungsrichterin-barbara-borchardt (abgerufen am 23. Mai 2020).

Landesjustizministerien und -senatoren der Länder zeigt. Mit Ausnahme Niedersachsens haben die meisten Bundesländer darauf verzichtet, die Vorschriften des Deutschen Richtergesetzes für entsprechend anwendbar zu erklären. So gilt das Mäßigungsgebot nicht für ehrenamtliche Richter in Baden-Württemberg, Hamburg, Rheinland-Pfalz, Schleswig-Holstein und dem Saarland. In Baden-Württemberg sollen die Verhaltensrichtlinien des Bundesverfassungsgerichts die Lücke füllen. Bremen hat sich eigene Verhaltensregeln gegeben, die weitgehend auf entsprechende Vorschriften des Richtergesetzes zurückgreifen.

Beklagenswert ist, dass nur eine Minderheit von Gesetzen über Verfassungsgerichtshöfe rechtliche Möglichkeiten eröffnet, ehrenamtliche Richter bei groben Pflichtverletzungen von ihren Ämtern zu entbinden, so unter anderem in Hamburg, Niedersachsen und Thüringen. In anderen Bundesländern scheinen Fälle wie der des Weilheimer AfD-Rechtsaußen Imgart bisher außerhalb der Vorstellungskraft der Gesetzesmacher gelegen zu haben, sollten doch für dieses Ehrenamt nur honorige Bürger infrage kommen, die im „öffentlichen Leben erfahren" sind und sich dort ausgezeichnet haben. Die Folge ist, dass Bundesländer ohne Vorschriften über Amtsenthebungen für ehrenamtliche Richter keine rechtlichen Instrumente haben, um extremistische Rechts- oder Linksabweichler unter den ehrenamtlichen Verfassungsrichtern aus ihren Ämtern zu entfernen.

Die Landesgesetzgeber haben jetzt zwei Optionen. Entweder sie sind weiter der Auffassung, dass die fragwürdigen Einzelfälle so selten sind, dass sie sich durch eine erhöhte politische Sensibilität bei der Wahl von ehrenamtlichen Richtern für die höchsten Landesgerichte verhindern lassen. Oder sie legen gesetzlich fest, dass die Vorschriften im Deutschen Richtergesetz und Gerichtsverfassungsgesetz über außergerichtliches Verhalten, das Mäßigungsgebot und die Entbindung vom Amt für Berufsrichter auch auf ehrenamtliche Richter anwendbar sind.

Für einen wehrhaften Rechtsstaat:
Fazit und Ausblick

Schöffen und ehrenamtliche Richter sind trotz aller Totengesänge immer noch unverzichtbare Repräsentanten des demokratischen Rechtsstaates in der Justiz. Durch ihre Beteiligung an Gerichtsverfahren soll das Vertrauen der Bürger in die Dritte Gewalt gestärkt und die Rechtsprechung lebensnäher werden. Sie ist bis heute ein unentbehrliches Bindeglied zwischen Rechtsstaat und Bürgern, erfreut sich aber nach Beobachtung des Schöffen-Experten Hasso Lieber „durch die Rechtspolitik nur wohlwollender Nichtbeachtung". Auch Friedrich Straetmanns, rechtspolitischer Sprecher der Linkspartei, findet aufgrund seiner 25-jährigen Erfahrung als Richter an den Sozialgerichten Dortmund und Detmold, dass die „Bedeutung der Schöffen und ehrenamtlichen Richter nicht hinreichend gewürdigt wird, repräsentieren sie doch das Volk, in dessen Namen Recht gesprochen wird".

Die Auswahl von Schöffen und ehrenamtlichen Richtern leidet an zwei Defiziten: Sie stützt sich bei der Eignungsprüfung fast ausschließlich auf formale Kriterien und überlässt die Abwehr extremistischer Richter ohne Robe bisher den politischen Machtkämpfen in Kommunalparlamenten und dem Zufall.[779] Das war bis zum Aufstieg der AfD eine vertretbare Position. Seit ihren Wahlerfolgen in der Bundestagswahl 2017 und den jüngsten Landtagswahlen gehört das Thema rechter und rechtsextremistischer Schöffen und ehrenamtlicher Richter auf die rechtspolitische Agenda – präventiv wie reaktiv.

Im Januar 2022 hat das Bundesjustizministerium vorgeschlagen, auch für ehrenamtliche Richter eine Pflicht zur Verfassungstreue in § 44a DRiG zu verankern. Danach „soll" zum Amt eines ehrenamtlichen Richters nicht berufen werden, wer „keine Gewähr dafür bietet, dass er jederzeit für die freiheitlich-demokratische Grundordnung im Sinne des Grundgesetzes eintritt". In der Begründung betont das Bundesjustizministerium, dass diese Ergänzung die bestehende Rechtslage nur „nachzeichnet und verdeutlicht", sie aber „inhaltlich" nicht ändert. Die Ausgestaltung als „Soll-Vorschrift" verteidigen die Ministerialbeamten mit der Befürchtung, dass nach dieser Vorschrift ausgeschlossene Personen nicht zu einer „fehlerhaften Besetzung von Spruchkörpern führen sollen, die mit Verfahrensrügen angegriffen werden könnten". Die um Stellungnahme gebetenen Landesjustizverwaltungen haben den Berliner Vorstoß entweder begrüßt oder sich nicht gegen ihn ausgesprochen. Bei einigen Ländern – Niedersachsen, Brandenburg, Hessen, Bremen und Sachsen – ist lediglich die Ausgestaltung als Soll-

---

[779] Lieber, RohR 32 (2020), S. 3 (10).

Vorschrift auf Kritik gestoßen. Der Hauptgrund: Sie falle hinter die Rechtsprechung des Bundesverfassungsgerichts zurück, die eine Pflicht zur Verfassungstreue von ehrenamtlichen Richtern fordert. Für die hessische Justizministerin Eva Kühne-Hörmann ist „Verfassungstreue von Richterinnen und Richtern ein derart hohes Gut", dass sie natürlich „vor" ihrem „Einsatz geprüft werden muss". Das Risiko von Besetzungsrügen ist nach ihrer Auffassung gering und in Kauf zu nehmen. Im Bundesjustizministerium verwundert diese Kritik. Auch die „Soll"-Vorschrift räume kein Ermessen ein. Das bedeutet: Entweder wird jemand angenommen oder abgelehnt.

Am deutlichsten fällt die Kritik der *Neuen Richtervereinigung* aus, die eine gesetzlich verankerte Pflicht zur Verfassungstreue bei ehrenamtlichen Richtern seit Langem fordert. In ihren Augen ist die vom Bundesjustizministerium „geplante Regelung" nur „ein Schritt in die richtige Richtung, der allerdings nicht weit genug geht". Auch sie bemängelt die Ausgestaltung als „Soll-Vorschrift", weil es bisher „keine hierauf gestützten Besetzungsrügen gibt". Außerdem kritisiert die Richtervereinigung zu Recht, dass der Gesetzgeber nicht gleichzeitig die Ablehnungsgründe für ehrenamtliche Richter in den §§ 32 und 33 GVG und anderen Verfahrensordnungen durch den Ablehnungsgrund der mangelnden Verfassungstreue ergänzt hat. Ihr bitteres Fazit: Weil die Neuregelung „rein deklaratorisch" sei, „bleiben die wahren Schwierigkeiten in der praktischen Umsetzung der Auswahlverfahren ungelöst".

Im Bundesjustizministerium ist die Neigung bisher gering, über die gesetzliche Klarstellung hinaus Lücken zu schließen, um die Wahl von links- und rechtsextremen Schöffen und ehramtlichen Richtern effektiver als bisher zu verhindern.[780] Auch hält es eine weitere Angleichung der Rechtsstellungen von Berufs- und Laienrichtern für verfehlt, weil sich ihre „Funktionen grundlegend unterscheiden". Die einen bringen rechtliche Kompetenz ein und sind auf Lebenszeit berufen, die anderen steuern „Lebenserfahrung, Menschenkenntnis und ihre Gerechtigkeitsvorstellungen" bei, und das auch nur befristet jeweils „für eine Wahlperiode". Diese Haltung ist gut begründbar. Rechte und rechtsextreme Laienrichter sind bislang nur ein Randphänomen. Der AfD ist es anscheinend noch nicht gelungen, zahlreiche Anhänger ins Ehrenamt zu befördern – mangels organisatorischer Schlagkraft und/oder fehlendem Interesse ihrer Anhänger. Aber das muss nicht so bleiben. Dabei kann es nicht darum gehen, alle Rechtspopulisten vom Ehrenamt fernzuhalten. Das wäre undemokratisch, politisch unklug und rechtlich nicht zulässig, solange die Partei nicht verboten ist. Die Herausforderung besteht vielmehr darin, dass durch die Radikalisierung und Machtverschiebungen in der AfD zugunsten des Höcke-„Flügels" die Zahl verfassungsfeindlicher Mitglieder und Wähler gestiegen ist und sich dadurch die Gefahr erhöht hat, dass ihnen der Sprung auf die

---

780 Auskunft gegenüber dem Verfasser.

Richterbank gelingt. Bei der Bundestagswahl 2021 hat die AfD 4,8 Millionen Zweitstimmen bekommen, in Sachsen und Thüringen ist sie stärkste Partei geworden. In den neuen Bundesländern sind die Rechtspopulisten Volksparteien, allerdings mit der Besonderheit, dass sie in Brandenburg, Thüringen, Sachsen-Anhalt und Sachsen vom Verfassungsschutz als „Verdachtsfall" mit nachrichtendienstlichen Mitteln beobachtet werden und dadurch zumindest an der Grenze zur Verfassungsfeindlichkeit vorbeischrammen. Das Bundesamt für Verfassungsschutz hat die Bundes-AfD vom „Prüffall" zum „Verdachtsfall" hochgestuft.

Die Radikalisierung der Partei spiegelt sich in ihrer Wählerschaft wider. Nach der Bertelsmann Studie *Rechtsextreme Einstellungen der Wähler:innen vor der Bundestagswahl 2021* ist fast jeder dritte AfD-Wähler „manifest rechtsextrem eingestellt" (29 Prozent).[781] Etwas mehr als die Hälfte der AfD-Wähler hat nach der Umfrage ein „latent oder manifest rechtsextremes" Weltbild (56 Prozent). Das Fazit der Studie: „Das Einstellungsprofil der AfD-Wählerschaft ähnelt damit dem Profil der rechtsextremen NPD sehr viel stärker als dem Einstellungsprofil der anderen im Bundestag vertretenen Parteien. [...] Aus der rechtspopulistischen Mobilisierungsbewegung der Bundestagswahl 2017 ist vor der Bundestagswahl 2021 eine mehrheitlich von latent oder manifest rechtsextremen Einstellungen geprägte Wählerpartei geworden."[782] In der Anhänger- und Wählerschaft der AfD gibt es also zumindest statistisch ein großes Potenzial rechter und rechtsextremer Laienrichter.

Auf diese veränderte Gefahrenlage sollten sich die Gesetzgeber in Bund und Ländern sowie die Justizverwaltungen noch vor den neuen Wahlen von Schöffen und ehrenamtlichen Richtern im Jahr 2023 einstellen, statt zu hoffen, dass die Mobilisierungsbemühungen der AfD weiter relativ erfolglos bleiben oder sich die Partei spaltet und beide Rumpflager unter die Fünf-Prozent-Hürde rutschen. Dabei gibt es ein Strukturproblem zu lösen, das der Quadratur des Kreises ähnelt: Wie sollen rechtsextremistische Bewerber bei der Aufstellung von Vorschlagslisten auf der kommunalen Ebene und bei den Letztentscheidungen durch Schöffen- und Richterwahlausschüsse herausgefiltert werden, wenn politische Gesinnung und Parteibücher auf beiden Entscheidungsebenen keine Rolle spielen sollen? Das mag in kleineren Kreisen und kreisfreien Städten noch gelingen, scheitert aber schon bei der Wahl von ehrenamtlichen Richtern bei Verwaltungsgerichten, bei denen die Wahlmänner aus bis zu sieben großen Bezirken kommen, die bestenfalls die Kandidaten aus ihrem jeweiligen Sprengel kennen, nicht jedoch die-

---

781 Vehrkamp, Rechtsextreme Einstellungen der Wähler:innen vor der Bundestagswahl 2021, Bertelsmann-Stiftung, S. 1.
782 Vehrkamp, Rechtsextreme Einstellungen der Wähler:innen vor der Bundestagswahl 2021, Bertelsmann-Stiftung, S. 1.

jenigen aus den anderen Bezirken.[783] Dass dieser Ausleseprozess in Großstädten nicht klappen kann, ist evident. Das heißt aber auch: Es gibt bisher kein effektives Instrument, um rechtsextremistische Laienrichter zu verhindern.

Außerdem sollten Politiker das Trauma des Radikalenerlasses überwinden und Kommunalparlamenten und Wahlausschüssen für Schöffen und ehrenamtliche Richter rechtlich Möglichkeiten für eine Zusammenarbeit mit den Verfassungsschutzämtern der Länder eröffnen. Wer darauf verzichtet, nimmt billigend in Kauf, dass Reichsbürger oder Völkisch-Nationale sich auf Richterbänken wiederfinden, weil es keine Kontrollinstrumente gibt. Es ist nicht hinnehmbar, dass der Präsident des Verwaltungsgerichts Magdeburg Engels bei ungewöhnlichen hundert Bewerbern aus einem Kreis nicht dem naheliegenden Verdacht nachgehen kann, ob dahinter die AfD, die NPD oder eine andere rechtsextremistische Gruppierung steht, weil es für eine Anfrage beim Verfassungsschutz keine gesetzliche Grundlage gibt. Und noch ein anderer Umstand muss beunruhigen: der Strategiewechsel der AfD im Vogtland von der offenen Benennung ihrer Kandidaten, die in Kommunalparlamenten häufig ausgegrenzt werden, zur persönlichen Ansprache ohne Offenlegung ihres politischen Hintergrundes bei Aufstellung der Vorschlagslisten. Wird diese Ausweichstrategie von anderen Parteigliederungen übernommen, werden die Hürden noch höher, um zum Beispiel Höcke-Sympathisanten bei den Wahlen von Laienrichtern zu entdecken.

Für eine Zusammenarbeit mit den Landesämtern für Verfassungsschutz bieten sich zwei Wege an. Einmal könnte sich das Erkenntnisinteresse auf die Frage richten, ob rechtsextreme Gruppierungen vor den jeweils anstehenden Wahlen von Laienrichtern versucht haben, ihre Unterstützer für das Ehrenamt zu mobilisieren. Solche Anfragen hat es in der Vergangenheit vom Schöffenwahlausschuss in Hamburg gegeben und wohl auch in Nordrhein-Westfalen. Fallen diese Auskünfte positiv aus, sollte das weitere Wahlverfahren mit erhöhter Aufmerksamkeit verfolgt werden.

Erkenntnisse in dieser Phase des Wahlverfahrens und das rechtsextremistische Potenzial in unserem Lande legen es außerdem nahe, nach dem Bremer Vorbild gesetzlich eine Möglichkeit für Kommunalparlamente und gerichtliche Wahlausschüsse zu schaffen, für Stichproben oder bei einem Verdacht punktuell mit dem Verfassungsschutz zusammenzuarbeiten. Dies ist kein Plädoyer für eine eingeschränkte Regelanfrage, die schon quantitativ nicht zu bewältigen wäre und zudem gegen den Grundsatz der Verhältnismäßigkeit verstoßen würde. Hier soll es nur darum gehen, rechtliche Grundlagen für Kontrollinstrumente zur Abwehr von in erster Linie rechtsextremen Schöffen

---

783 Lieber, RohR 32 (2020), S. 3 (10): „Hinsichtlich der Eignung von Kandidaten können sich die Mitglieder des Wahlausschusses ohnehin nur in seltenen Fällen ein eigenes Bild machen, da ihnen Bewerber aus anderen Gemeinden kaum bekannt sind."

und ehrenamtlichen Richtern zu schaffen, um den Wirkradius des Regisseurs Zufall zu begrenzen.

Aus dem verfassungspolitischen Konzept der wehrhaften Demokratie hat das Bundesverfassungsgericht 2008, wie bereits erwähnt, die Aufforderung an die Justizverwaltungen der Länder abgeleitet, nur Personen als Schöffen und ehrenamtliche Richter zu berufen, die die „Pflicht zur besonderen Verfassungstreue" erfüllen. Dieser Appell ist bisher nur lückenhaft umgesetzt – rechtlich wie tatsächlich. Angesichts der in den letzten Jahren erheblich gewachsenen rechtsextremistischen Gefahr brauchen wir bei der Berufung von Schöffen und ehrenamtlichen Richtern eine Rückbesinnung auf das Konzept des „wehrhaften Rechtsstaates".

Literaturverzeichnis

Antisemitismusbericht der Bundesregierung 2017, Deutscher Bundestag, Drucksache 18/11970

Benöhr-Laquer, Susanne, Plakatierung des öffentlichen Raums mit volksverhetzenden Schildern: Wie reagieren die Ordnungsbehörden?, KommunalePraxis 79 (2020), 1

Cain, Bettina, Der Schöffenwahlausschuss wird's schon richten ... Gesetzlicher Anspruch und Wirklichkeit – Drei Stunden zum Fremdschämen, RohR 30 (2018), 127

Cobbinah, Beatrice von, Zu wenig, zu selten, Die Berücksichtigung von rassistischen Motiven durch die Strafjustiz, in: Recht gegen rechts, Report 2020, hrsg. von Nele Austermann, Andreas Fischer-Lescano, Wolfgang Kaleck, Heike Kleffner, Kati Lang, Maximilian Pichel, Ronen Steinke und Tore Vetter, Frankfurt am Main 2020

Decker, Oliver / Brähler, Elmar (Hrsg.) Flucht ins Autoritäre, Rechtsextreme Dynamiken in der Mitte unserer Gesellschaft, Gießen 2018

Deyda, Jonas, Divergierende Rechtsprechungslinien zum Ausschluss aus dem juristischen Vorbereitungsdienst, Verfassungsblog vom 4. Januar 2022, https://verfassungsblog.de/nazis-im-staatsdienst/

Fahrner, Matthias, Quis custodiet ipsos custodes? Extremismus in der Justiz und das Verhältnis der dritten Gewalt zum Verfassungsschutz, Zeitschrift für das Gesamte Sicherheitsrecht 1/2021, 6

Fischer, Thomas, Vom Beugen des Rechts, Plädoyer für die Einführung eines minder schweren Falls der Rechtsbeugung, Betrifft Justiz 2021, 173

Fischer-Lescano, Andreas, Warum der Rechtsextremist Jens Maier nicht wieder Richter werden darf, Verfassungsblog vom 10. Januar 2022, https://verfassungsblog.de/warum-der-rechtsextremist-jens-maier-nicht-wieder-richter-werden-darf

Gärditz, Klaus-Ferdinand, Extremistische Rückkehrer in den Richterdienst I, Verfassungsblog vom 7. Februar 2022, https://verfassungsblog.de/extremstische-rueckkehrer-in-den-richterdienst/

Gärditz, Klaus-Ferdinand, Zum Rückkehrrecht extremistischer Abgeordneter in den öffentlichen Dienst, Verfassungsblog vom 4. Februar 2022, https://verfassungsblog.de/author-klaus-ferdinand-gaerditz/

Gravenhorst, Wulf, Anmerkung zu AG Meiningen Beschluss vom 19. Februar 2021, jurisRRArbeit 3/2022 Anm. 6

Härting, Nico, Internetrecht, 6. Aufl., Köln 2017

Hoffmann-Riem, Wolfgang, Mehr Selbständigkeit für die Dritte Gewalt?, in: Referat auf dem 64. Deutschen Juristentag, Band II/1 Q 12 ff.

Koopmans, Ruud, Assimilation oder Multikulturalismus? Bedingungen gelungener Integration, Berlin 2017

Lang, Kati, Hakenkreuze in Polizist*innenchats, in: Recht gegen rechts, Report 2020, hrsg. von Nele Austermann, Andreas Fischer-Lescano, Wolfgang Kaleck, Heike Kleffner, Kati Lang, Maximilian Pichel, Ronen Steinke und Tore Vetter, Frankfurt am Main 2020

Lehmann, Jens, Leugnung des Holocaust und „Israelkritik" als neuere Formen der Volksverhetzung, in: Rechtsextremismus und Rechtsterrorismus, hrsg. von Frank Lüttig und Jens Lehmann, Baden-Baden 2020

Lieber, Hasso, Weimar, Weilheim, Wuppertal – Ein Lehrstück zur richterlichen Unabhängigkeit und Gesetzesbindung, in: Auf dem Weg zu einem sozialen und inklusiven Rechtsstaat – Covid-19 als Herausforderung, Liber amicorum Franz Josef Düwell, hrsg. von Nora Düwell, Inken Gallner, Carsten Haase und Martin Wolmerath, Baden-Baden 2021, S. 877 ff.

Lieber, Hasso, Gefahr von rechts?, RohR 32(2020), 12

Lieber, Hasso, Die Ergebnisse der Schöffenwahlen für die Amtszeit 2019 bis 2023, RohR 32(2020), 3

Lieber, Hasso, Die Verwaltungsvorschriften der Länder zur Schöffenwahl, Eine kritische Nachbetrachtung, RohR 32(2020), 8

Lieber, Hasso, Die Verantwortung der Gemeinden und Kreise bei der Schöffenwahl 2018 Wiesbaden 2017

Lieber, Hasso, Die Schöffenwahl 2013 – Erfahrungen und Konsequenzen, RohR 1(2014), 4

Lies-Benachib, Gudrun, Zur Untersagung von schulischen Anordnungen aus Gründen des Kindeswohls durch Familiengerichte, Betrifft JUSTIZ, Nr. 146 (2021), 70

Löwe, Ewald / Rosenberg, Werner, Die Strafprozessordnung, 26. Auflage, Berlin 2012

Meisner, Matthias, Die Unabhängigkeit der Justiz, ein Dresdner Richter und ein Geraer Staatsanwalt, in: Extreme Sicherheit, Rechtsradkale in Polizei, Verfassungsschutz, Bundeswehr und Justiz, hrsg. von Matthias Meisner und Heike Kleffner, Freiburg–Basel–Wien 2019, 211

Meyer-Goßner, Lutz / Schmitt, Bertram, Kommentar zur StPO, 63. Auflage München 2020

Möllers, Christoph, Rechtsgutachten vom 21. März 2022 für die Fraktion Bündnis 90/Die Grünen im Landtag Thüringens, Tatbestandliche Voraussetzungen des grundgesetzlichen Verfahrens der Richteranklage im Freistaat Sachsen – in Anwendung auf den „Fall Maier"

Müller, Susanne, Rechte Schöffen – Was tun ?, NRV-Info, Baden-Württemberg, 3(2020), 3

Özcan, Mustafa Enes, Nur ein falsches Urteil oder schon Rechtsbeugung?, LTO vom 5. Juni 2022, https://www.lto.de/recht/hintergruende/h/weimarer-famlienrichter-anklage-rechtsbeugung-einschaetzung/

Rebehn, Sven, Verfassungsfeinde haben keine Chance, DRiZ, 9 (2020), 292

Roetteken, Torsten von, Anmerkung zu SächsVerfGH, PraxisReport ArBR 2/2022 vom 12. Januar 2022

Roetteken, Torsten von, Unzulässigkeit politischer Meinungsbekundung in einem Gerichtsurteil, Anmerkung zu AG Weimar vom 11. Januar 2021–6-OW-523 Js 202518/20, juris PR-ArbR 18/2021, Anm. 6

Schmidt-Räntsch, Günther und Jürgen, Deutsches Richtergesetz, Kommentar 6. Aufl., München 2008

Stegbauer, Andreas, Die Propaganda- und Äußerungsdelikte der §§ 86,86a, 111, 130, 140 StGB, in: Rechtsextremismus und Rechtsterrorismus, hrsg. von Frank Lüttig und Jens Lehmann, Baden-Baden 2020, 254

Vanoni, Claudia, Berichte der Antisemitismusbeauftragten der Generalstaatsanwaltschaft Berlin, Jahresberichte September 2018–2019 und 2020

Vehrkamp, Robert, Rechtsextreme Einstellungen der Wähler:innen vor der Bundestagswahl 2021, Bertelsmann Stiftung, 2021

Wagner, Joachim, Rechte Roben, NJW-aktuell 17/2020, 17

Wagner, Joachim, Die Macht der Moschee, Scheitert die Integration am Islam? 1. Aufl. und aktualisierte Neuausgabe, Freiburg im Breisgau 2018, 2019

Wagner, Joachim, Ende der Wahrheitssuche, Justiz zwischen Macht und Ohnmacht, München 2017

Windau, Bendedikt, Maskenverbot statt Maskenpflicht im Sitzungssaal?, ZPO-Blog vom 25. März 2022, https://anwaltsblatt.anwaltverein.de/de/zpoblog/corona-masken verbot-sitzungspolizeiliche-anordnung

Zick, Andreas/Küpper, Beate/Berghan, Wilhelm, Verlorene Mitte – Feindselige Zustände, Rechtsextreme Einstellungen in Deutschland 2018/2019, hrsg. von der Friedrich-Ebert-Stiftung, Bonn 2019

Zöller, Richard, Zivilprozessordnung, Kommentar, 33. Auflage, Köln 2020